금융 시장 이해

금융 AI의 이해

1판 1쇄 발행 2024년 8월 29일

지은이 김태헌
펴낸이 장성두
펴낸곳 주식회사 제이펍

출판신고 2009년 11월 10일 제406-2009-000087호
주소 경기도 파주시 회동길 159 3층 / **전화** 070-8201-9010 / **팩스** 02-6280-0405
홈페이지 www.jpub.kr / **투고** submit@jpub.kr / **독자문의** help@jpub.kr / **교재문의** textbook@jpub.kr

소통기획부 김정준, 이상복, 안수정, 박재인, 송영화, 김은미, 배인혜, 권유라, 나준섭
소통지원부 민지환, 이승환, 김정미, 서세원 / **디자인부** 이민숙, 최병찬

진행 김은미 / **교정·교열** 이정화 / **내지 디자인** 이민숙 / **내지 편집** 블랙페퍼디자인 / **표지 디자인** nu:n
용지 에스에이치페이퍼 / **인쇄** 한승문화사 / **제본** 일진제책사

ISBN 979-11- 93926-47-5 (93000)
책값은 뒤표지에 있습니다.

제이펍은 여러분의 아이디어와 원고를 기다리고 있습니다. 책으로 펴내고자 하는 아이디어나 원고가 있는 분께서는
책의 간단한 개요와 차례, 구성과 지은이/옮긴이 약력 등을 메일(submit@jpub.kr)로 보내주세요.

AI
-FOR
FINAN
CE

금융 AI의 이해

김태헌 지음

Jpub
제이펍

CHAPTER **4**   AI를 활용한 금융 사기 거래 탐지 및 예방 201

CHAPTER **5**   금융 AI 프로덕트 관리 277

추천의 글 ─────────────────────

김도국, 인하대학교 인공지능공학과 학과장

타 분야 못지않게 금융 분야에서의 AI 활용 잠재력 또한 무궁무진하지만, 기존 책들은 AI 기반 투자나 시계열 예측에 집중되어 금융 AI를 종합적으로 다루지는 못했던 것이 현실이다. 그러나 이 책은 금융 투자뿐 아니라 신용 리스크, 사기 탐지와 프로덕트 관리 등 저자의 풍부한 경험을 바탕으로 전례 없이 폭넓은 금융 AI 분야에 대해 다루고 있다. 이론은 물론이고 저자의 노하우가 고스란히 녹아 있는 실습 자료까지 풍부해 금융 AI를 공부하고자 하는 독자에게 최고의 길잡이가 되어 줄 것이라고 확신한다.

김세준, PwC 삼일회계법인 생성형AI팀 리더

금융계에서 AI를 도입하는 일을 하면서 가장 많이 느끼는 점은 실무진이 이용할 만한 서적이 부족하다는 점이다. 경영학적인 관점, 혹은 AI 엔지니어링 관점의 양 극단에 치우친 서적은 많으나, 이 두 가지를 포용하면서 기술을 설명하는 서적은 매우 부족하다. 이 책은 이러한 문제에 직면한 실무진들을 위해 가장 추천할 만한 도서다. 기술에 대한 탐구에서 더 나아가, 이러한 기술이 어디에, 어떻게 쓰이는지에 대한 나무와 숲을 동시에 볼 수 있도록 해서, 앞으로 많은 AI 관련 실무진이 유용하게 읽을 수 있는 바이블이 되기를 기대한다.

김인준, 마이크로소프트 싱가포르 아시아 금융산업 리더, 애저 OpenAI Sr. Specialist

산업별로 특화된 AI/ML 커리큘럼을 디자인하고자 하는 교육 기관 담당자, 금융업 AI/ML 포지션으로 취업하고자 하는 대학생 또는 사회 초년생에게 이 책을 추천드린다. 생성형 AI의 거대한 파도 이후 기업의 AI 활용 방향이 급격히 바뀌고 있으며, AI/ML을 활용한 금융 투자, 신용 리스크,

사기 탐지 등은 금융 서비스를 제공하는 기업에는 경쟁력 확보를 위해 여전히 전략적으로 중요한 영역이다. 이에 복잡한 금융 환경에서 AI를 활용하는 방법을 체계적으로 제시하고, 실무는 물론 이론, 핸즈온 형식의 예제까지 아우르는 이 책은 금융 AI의 필독서다.

정승원, 한국투자증권 투자공학부

ChatGPT를 기점으로 대중의 관심을 받으며 AI가 폭발적 성장과 진화를 거듭하고 있어서, 국내 금융권도 앞다투어 AI의 활성화를 위해 적극적으로 논의 중이다. 금융업계의 실무자로서 일상 업무 속에 AI를 어떻게 접목시켜 업무 효율성을 제고할지 고민하는데, 이 책은 금융 AI의 기본 개념과 다양한 예시를 다뤄 AI 활용법에 대해 브레인스토밍하는 데 큰 도움을 주었다. 금융 AI를 집중적으로 다루는 책이 많지 않기 때문에 금융업에 종사하는 많은 이가 이 책을 통해 AI라는 분야를 새로운 관점으로 흥미롭게 접할 수 있기를 기대한다.

주정탁, 핀테크 데이터 과학자

AI가 금융 및 핀테크 산업을 빠르게 변화시키고 있어 기술을 어떻게 응용해야 할지 이해하는 것이 더욱 중요해지고 있다. 이 책은 해당 산업에서 AI의 전반적인 응용에 대해 명확하고 간결하게 소개하므로 해당 분야에 관심 있는 사람들에게 도움이 된다. GPT 기술의 진화로 프로토타입을 비교적 빠르게 만들 수 있는 현재, 기초적인 레이아웃을 배운다면 심화 작업에 좋은 발판이 될 것이다.

머리말 _____

금융은 인류 문명과 함께 발전해온 중요한 사회적 시스템이다. 금융의 본질은 자원을 효율적으로 배분하고, 위험을 관리하며, 경제적 가치를 창출하는 데 있다. 그러나 이러한 금융의 본질을 실현하기 위해서는 방대한 양의 정보와 정교한 분석이 필요하다. 이는 금융이 단순히 돈의 흐름을 관리하는 것이 아니라, 정보를 기반으로 한 복잡한 의사결정의 연속임을 의미한다.

그러하기에 여기서 데이터가 등장한다. 금융 시스템은 수많은 거래와 상호작용을 통해 엄청난 양의 데이터를 생성한다. 이 데이터는 금융 기관들이 시장의 움직임을 파악하고, 위험을 관리하며, 더 나은 투자 결정을 내리는 데 꼭 필요하다. 예를 들어 주식시장의 가격 변동, 고객의 신용 기록, 경제 지표 등의 데이터는 금융의 맥을 짚는 중요한 정보들이다.

그러나 단순히 데이터를 모으는 것만으로는 충분하지 않다. 이 방대한 데이터를 어떻게 분석하고 활용할 것인가가 금융의 성공을 좌우하는 중요한 요소다. 이 지점에서 AI가 중요한 역할을 한다. AI는 데이터 분석을 자동화하고, 복잡한 패턴을 식별하며, 미래의 금융 동향을 예측할 수 있는 모델을 제공한다. AI의 알고리즘은 인간이 처리하기 어려운 방대한 양의 데이터를 신속하고 정확하게 분석하여 금융 시장의 변동성을 예측하고, 최적의 투자 전략을 수립하는 데 도움을 준다.

이제 금융과 AI의 결합은 금융 산업에 혁신을 가져오고 있다. 데이터 분석과 AI 기술의 발전은 금융기관이 고객의 요구를 더 잘 이해하고, 맞춤형 금융 서비스를 제공하며, 더 나은 리스크 관리를 가능하게 한다. 이는 결국 금융의 본질인 자원의 효율적 배분과 위험 관리, 경제적 가치 창출을 더욱 효과적으로 실현하게 한다. 따라서 금융업에 종사하거나 금융에 관심이 있다면 이 주제에 주목해야 하며, 이 책이 좋은 나침반 역할을 할 것이라 기대한다.

이 책은 금융과 AI의 융합을 다루며, 실무적인 사례와 실습을 통해 독자들이 이를 직접 경험하고 이해할 수 있도록 돕는다. 사기 탐지 시스템, 신용 평가 모델, 퀀트 투자, 생성형 AI 등 다양한 주제를 포함해 실무에 바로 적용할 수 있는 지침을 제공한다. 앤드류 응Andrew Ng의 말처럼 "AI가 무엇을 할 수 있는지, 그것이 전략에 어떻게 부합하는지 이해하는 것은 해당 프로세스의 끝이 아니라 시작understanding what AI can do and how it fits into your strategy is the beginning, not the end, of that process"이다. 이 책이 새로운 시작점이 되기를 바란다.

다루는 주제가 많기 때문에 특정 주제에 깊이 있는 내용을 기대하는 독자에게는 다소 얕게 느껴질 수도 있겠으나, 각 주제에서 실무에 필요한 기본적인 고려 사항을 최대한 담으려 노력했다. 또한, 실무에 즉시 활용할 수 있는 실질적인 인사이트를 제공하기 위해 최신 사례와 연구 결과를 포함해 최신 금융 기술 트렌드를 이해할 수 있도록 구성했다. 워낙 변화가 빠른 분야인 만큼 부족한 부분이 있을 수도 있지만, 너른 마음으로 이해해주기를 바란다.

이 책이 여러분에게 도움이 되길 진심으로 바라며, 항상 행운이 가득하길 기원한다.

끝으로 감사의 인사를 전하고 싶다. 먼저 독자의 1분 1초를 아껴주기 위해 정성을 다해 책을 편집해준 김은미 편집자님께 감사의 인사를 전한다. 책이 나올 수 있도록 도와준 장성두 제이펍 출판사 대표님과 동명의 강의를 할 수 있는 기회를 준 한국방송통신대학교 유찬우 교수님께도 감사의 인사를 전하고 싶다. 새로운 환경에서 잘 적응해준 아들 라온이와 딸 라엘이, 그리고 늘 아낌없이 지원해주는 아내 유리나에게 사랑과 감사의 마음을 전한다.

김태헌

이 책에 대하여 _____

대학교 4학년을 대상으로 하는 '금융 AI의 이해' 강의를 준비하면서 느낀 점은 시중에 많은 AI 관련 교재가 있지만 금융 분야에 특화된 종합적인 내용을 담은 책은 상대적으로 부족하다는 것이다. 금융과 AI는 각각 방대한 지식을 요구하는 분야이지만, 이 두 분야를 연계하는 자료는 굉장히 적은 편이다.

필자는 전통 금융 AI 연구소부터 시작해서 이커머스 기업의 핀테크 부서에서 시니어 데이터 과학자까지 경험했다. 이 경험을 바탕으로 깨달은 바는 특히 금융 분야에서 도메인 전문성을 갖춘 데이터 과학자의 중요성이다. 금융은 복잡한 거래, 수많은 변수, 그리고 끊임없이 변하는 경제 환경이 얽혀 있는 분야다. 이러한 복잡성 속에서 AI 기술을 효과적으로 활용하려면 금융의 도메인 지식과 AI 기술에 모두 능해야 한다. 본격적인 내용을 다루기에 앞서 이 책이 금융 AI의 현실과 중요성을 어떻게 다루고 있는지, 그리고 이 책이 어떤 독자에게 유익할 것인지에 대해 살펴보도록 하겠다.

금융 AI 학습의 현실

금융 분야에서 AI의 활용은 점차 빈번해지고 있지만, 그 기반을 형성하는 학습 과정과 실무는 여전히 괴리감을 보이고 있다. 최근 몇 년 동안 AI 학과와 강의는 우후죽순처럼 생겨났다. 그러나 실무와 연결된 실용적인 내용을 전달하는 교육은 여전히 부족하다. 많은 교육 기관이나 강의는 AI의 기술적인 부분에만 집중하며, 실제 비즈니스 환경에서 AI를 어떻게 활용할 수 있는지에 대한 교육은 미흡하다. 이 책을 통해 소개하고자 하는 것은 바로 그 괴리를 해소하고, 금융 분야에 특화된 AI 학습의 현실을 깊게 파악하는 것이다.

AI 기술의 학문적 연구나 강의는 종종 기술적 이해에 중점을 둔다. 그러나 실제 금융 환경에서는 이러한 기술적 지식과 함께, 금융의 복잡한 문제를 해결하는 데 필요한 실질적인 접근법이 요구된다. 금융의 복잡한 도메인 지식과 현장에서의 데이터 활용 방법, 그리고 실제 금융 결정에 있어 AI가 어떻게 기여하는지에 대한 충분한 이해가 필요하다.

이 책은 금융 분야에서 AI를 어떻게 활용해야 하는지, 그리고 그 활용을 위한 실제 학습 방법과 전략을 제시한다. 금융 도메인 전문성을 갖춘 데이터 과학자가 되기 위한 핵심적인 내용들을 체계적으로 담아냈다. 특히, 실무에서의 AI 활용 사례와 학습 전략, 금융 AI의 미래 전망 등을 중심으로 구성되어 있다.

독자들이 이 책을 통해 금융 AI의 현실에 대한 깊은 이해를 얻을 수 있기를 바란다. 또한 학문과 실무 사이의 괴리를 줄이고, 금융 분야에서 AI의 효과적인 활용 방안을 찾아갈 수 있기를 기대한다.

금융 AI의 중요성

금융 분야는 수많은 데이터와 복잡한 거래 패턴으로 이루어져 있으며, AI는 이러한 복잡성을 풀어내는 데 큰 영향을 끼치고 있다. 금융 분야의 AI의 활용은 특히 최근 데이터 처리 기술의 진보와 함께 급속도로 발전하고 확장되었다. 이러한 변화는 대표적으로 AI 기술과 머신러닝 알고리즘의 발전, 특히 2010년대 중반 이후 빅데이터 처리 기술의 진보와 딥러닝의 등장이 큰 역할을 했다. AI 기술의 급속한 발전은 금융 서비스의 방식을 혁신하며, 고객 맞춤형 서비스 제공, 사기 탐지, 리스크 관리 등 금융 분야의 다양한 문제 해결에 결정적인 역할을 하고 있다. 이러한 배경 속에서 금융 분야에 종사하거나 그 분야로의 진입을 희망하는 이들에게 AI에 대한 깊은 이해와 적용 능력은 필수적인 역량으로 자리 잡았다.

이 책에서는 이러한 중요성을 체계적으로 탐구할 것이며, 금융 전문가들이 AI를 어떻게 활용하고 있는지, 그리고 AI 기술이 금융 분야에 어떤 혁신과 변화를 가져왔는지 상세히 다룰 것이다.

금융 분야의 AI 활용에 대한 깊은 이해는 단순히 기술적인 지식만으로는 충분하지 않다. 실제 금융 현장의 문제점과 필요성을 파악하고, 이를 AI 기술로 해결하는 능력이 요구된다. 이 책은 이러한 실무적인 내용과 함께, 금융 AI의 전략적 방향성과 미래 전망에 대해서도 체계적으로 다루며, 독자들이 금융 AI의 깊은 세계에 한 발짝 더 다가갈 수 있도록 안내할 것이다.

이 책의 구성

이 책의 구성은 크게 6장으로 나뉘어져 있다. 각 장은 금융 AI의 주요 분야와 그 분야에서의 핵심 이슈를 중심으로 설명한다.

1장 금융과 핀테크에서의 AI

1장에서는 금융 분야에서 AI의 중요성과 그 영향력을 조명하고, AI 기술이 금융 서비스와 거래 방식에 미치는 긍정적인 변화와 가능성을 살펴본다. 금융 서비스의 혁신과 발전에 AI가 어떻게 기여하고 있는지를 이해하는 것은 이 분야를 목표로 하는 이들에게 필수적인 지식이다. 이를 위해 글로벌 리서치 기업, 컨설팅 회사, 대학교의 AI 센터 등이 제공하는 신뢰할 수 있는 데이터와 연구 결과를 바탕으로, AI 기술의 현재 위치와 향후 금융 분야에서의 발전 가능성을 객관적이고 정량화된 정보로 분석한다. 이 장의 목적은 금융 분야에서 AI의 역할과 중요성을 명확하게 이해하는 데 도움을 주는 것이다.

- 금융과 AI의 관계: 금융과 AI의 결합은 혁신적인 변화를 가져왔다. 금융 서비스에서 AI가 어떻게 사용되고 있는지, 그로 인한 장점과 변화를 다룬다.
- 금융 AI 사례 연구: 실제 금융 분야에서 AI를 어떻게 활용하고 있는지 구체적인 사례를 통해 살펴본다.
- 금융 AI 전망: AI의 발전에 따라 금융 분야에서의 활용도와 그 전망에 대해 깊이 살펴본다.

2장 금융 투자 영역에서의 AI

투자는 금융의 꽃이라 할 수 있다. AI가 금융 투자 영역에서 어떻게 활용되고 있는지, 그 중요성과 효과에 대해 상세히 알아본다. 또한 현대의 다양한 투자 전략에서 AI가 어떻게 핵심 역할을 하는지에 대한 심층적인 내용을 다룬다.

- 금융 투자 데이터 분석을 위한 파이썬 라이브러리 활용법: 파이썬은 데이터 분석의 핵심 도구로 자리 잡았다. 여기서는 금융 투자 데이터를 분석하기 위한 주요 라이브러리와 그 활용법에 대해 소개한다.
- 머신러닝을 이용한 퀀트 투자 전략/딥러닝을 이용한 퀀트 투자 전략: 머신러닝과 딥러닝을 활용한 현대적인 퀀트 투자 전략의 원리와 구체적인 방법론을 탐구한다.

3장 AI 기반의 신용 리스크 모델링

신용 리스크는 현대 신용 사회에서 중요한 역할을 한다. 머신러닝 기반의 신용 평가는 비교적 성숙한 분야로, 이 장에서는 그 중요성과 함께 최신의 신용 평가 방법론에 대해 자세히 살펴본다.

- 신용 리스크에 대한 이해: 기본적인 신용 리스크의 개념과 그 중요성을 설명한다.
- 신용 평가 모델 기초/머신러닝 기반 신용 평가 개발 이론 및 실습: 신용 평가 모델의 기초부터 머신러닝을 활용한 모델 개발의 이론과 실제 실습까지 구체적으로 살펴본다.

4장 AI를 활용한 금융 사기 거래 탐지 및 예방

3장에서 본 것처럼 금융 분야에서의 리스크 관리는 매우 중요하며, 특히 AI를 활용한 사기 탐지와 방지는 그 중요성이 더욱 부각되고 있다. 이 장에서는 AI 기반의 사기 탐지 방법론과 그 효과에 대해 상세하게 설명한다.

- 금융 사기 탐지 및 방지 개요: 금융 사기 현황과 그로 인한 리스크성을 소개한다.
- 지도 학습법/비지도 학습법을 활용한 신용카드 사기 탐지 모델 개발: 각 학습법을 활용해 금융 사기를 어떻게 탐지하는지 구체적인 방법론과 사례를 제시한다.
- 그래프 데이터의 활용과 이해/NetworkX를 활용한 분석 실습: 그래프 데이터를 활용한 네트워크 분석의 중요성과 실제 분석 방법을 소개한다.

5장 금융 AI 프로덕트 관리

이 장에서는 AI 프로덕트의 전반적인 관리 방법에 대해 설명한다. 데이터/머신러닝 파이프라인의 구축부터 배포, 모니터링, 성과 측정 방법론까지, AI 프로덕트의 전 생명 주기를 관리하는 방법에 대해 상세하게 다룬다.

- AI 프로덕트의 중요성과 관리의 필요성: AI 프로덕트의 성공적인 관리가 가져오는 이점과 중요성을 알아본다.
- AI 프로덕트의 구축부터 성과 측정: 프로덕트의 전체 생명 주기 동안 필요한 관리 전략과 방법론을 제시한다.

6장 금융에서의 생성형 AI 활용

이 장에서는 생성형 인공지능의 핵심 원리와 금융 분야에서의 실질적 활용 방안을 탐구한다. 특히, LLM과 같은 최신 AI 기술을 금융 서비스에 통합하는 방법에 대해 자세히 살펴본다. 이 과정에서는 RAG와 같은 도구와 모델의 미세 조정 기법을 소개하여, 이들이 어떻게 금융 서비스를 개선하는 데 사용될 수 있는지 설명한다. 이 장은 비교적 간단하게 구성되어 있으며, 생성형 AI의 기술적 배경과 금융 분야에서의 구체적인 적용 사례를 제공한다.

대상 독자

주요 대상 독자는 금융/핀테크 업계에 들어온 주니어 데이터 과학자와 금융 AI에 관심을 가진 학생들이다. 기존 금융/핀테크 업계에서 일하던 사람들이나 AI 부서와 협업을 준비하는 리더급, 프로젝트 매니저들도 큰 도움을 받을 수 있을 것이다.

- 금융/핀테크 업계의 주니어 데이터 과학자: AI와 데이터 분석의 기술적인 부분에 대한 지식을 이미 보유하고 있지만, 그 지식을 금융 분야에 어떻게 적용해야 할지에 대한 방향성을 찾고 있는 사람들. 이에 해당하는 독자는 모든 실습 내용을 깊이 있게 학습하고 제공하는 참고 자료도 모두 일독하길 권한다. 물론 본인이 맡은 업무와 유관한 내용을 먼저 깊이 있게 학습하고, 다른 업무를 익히는 것도 좋은 방법일 것이다.
- 기존 금융/핀테크 업계 종사자: 금융의 전반적인 동향과 전략에는 익숙하지만, AI와 데이터 기반의 변화가 가져오는 혁신에 대한 지식을 탐구하고자 하는 사람들. 이에 해당하는 독자는 아마도 기존 금융 도메인에 대한 지식이 깊은 반면 AI 알고리즘이나 방법론에 대한 기초가 약할 것이다. 따라서 머신러닝/딥러닝 기초 서적을 함께 학습할 것을 추천한다.
- AI 부서와 협업을 하는 리더급 혹은 프로젝트 매니저: AI 팀과의 협업을 통해 프로젝트를 추진하고 있는데, AI가 금융 분야에서 어떤 변화를 가져올 수 있는지에 대한 깊은 이해가 필요한 사람들.
- 금융 AI에 관심 있는 학생들과 일반 독자들: 금융 산업과 AI 기술에 관심을 가진 대학생 혹은 대학원생들을 비롯한 독자들. 이들은 금융 분야의 전반적인 지식이나 AI의 기본적인 이해를 바탕으로 이 책을 통해 금융 AI의 실제 적용 사례와 기법들을 학습할 수 있을 것이다.

이 책을 통해 얻을 수 있는 지식

여러분은 '금융 AI의 이해'라는 여정의 출발점에 서 있다. 금융과 AI, 이 두 분야가 만나는 지점에서 우리는 혁신적인 가능성을 발견할 수 있다. 하지만 이 여정은 단순히 기술적인 지식을 넘어서는 통찰을 요구한다.

- 금융 분야에서의 AI의 위치와 그 중요성: 금융과 AI가 서로 어떻게 연결되는지, 그리고 이 연결이 왜 중요한지에 대한 깊은 이해를 얻을 수 있다. 금융 분야에서 AI의 활용 사례와 전망을 통해 미래의 금융 트렌드를 예측하는 능력을 키울 수 있다.

- 금융 투자와 AI의 교집합: 투자의 본질적인 질문들과 AI가 그 질문들에 어떻게 답을 제공하는지에 대한 지식을 얻을 수 있다. 파이썬 라이브러리와 머신러닝, 딥러닝 기술을 활용한 퀀트 투자 전략에 대한 실질적인 이해와 그 활용 능력을 키울 수 있다.

- 신용 리스크 모델링의 혁신: 신용 리스크의 기본적인 개념부터 시작해, AI가 어떻게 이를 모델링하는지, 그 모델링이 실제 업계에 어떤 영향을 주는지에 대해 심도 있게 살펴본다.

- 금융 사기 탐지와 AI: 금융 사기의 현황과 그 리스크성을 이해하고, AI가 어떻게 이를 탐지하고 방지하는지에 대한 실질적인 방법론을 학습한다.

- 금융 도메인에서의 생성형 AI 활용 방안: 생성형 AI의 기초적인 활용 방안과 그 가능성에 대해 학습한다.

이 책에서 사용하는 기술과 도구

프로그래밍 언어와 라이브러리

이 책은 파이썬과 관련 라이브러리의 기본적인 사용 방법을 다룰 줄 알고 있다고 가정하고 진행한다. 파이썬 프로그래밍 언어에 대한 기본적인 지식이 필요하다.

- 파이썬: 이 책의 예제와 실습은 파이썬 언어를 기반으로 한다. 파이썬은 데이터 과학과 머신러닝 분야에서 널리 사용되는 프로그래밍 언어로, 다양한 라이브러리와 프레임워크를 지원한다.

- 케라스Keras: 딥러닝 모델의 개발과 훈련에 사용되는 고수준 신경망 API다. 텐서플로 2.0 이상의 버전에서는 케라스가 텐서플로의 공식 API로 포함되어 있다.

- NetworkX: 네트워크 분석을 위한 파이썬 라이브러리다. 사기 탐지와 같은 복잡한 관계를 분석하는 데 유용하게 사용된다.

- OptBinning: 신용 평가 모델링에 사용되는 이산화 및 구간화 기법을 쉽게 구현할 수 있는 파이썬 라이브러리다.

개발 및 실행 환경

이 책의 모든 예제와 실습은 캐글 노트북 환경에서 진행된다. 캐글 노트북은 무료로 사용할 수 있는 클라우드 기반 주피터 노트북 서비스로, 대용량의 데이터 처리와 머신러닝 모델링에 적합하다.

데이터는 캐글에서 제공하는 공개 데이터셋을 활용한다. 특히 아메리칸 익스프레스의 파산 예측 경진대회 데이터와 홈 크레디트 경진 대회 데이터를 사용하여 실제 금융 데이터에 기반한 모델링 경험을 제공한다.

실습에 사용되는 데이터는 모두 익명화 처리되어 있으며, 실제 금융 거래 데이터를 기반으로 한다. 데이터 사용은 교육 목적에 한정된다.

예제 코드

이 책에서 다루는 모든 예제 코드는 저자가 직접 개발하고 테스트를 거친 후 깃허브에 공개하여 예제 코드를 쉽게 다운로드하고 직접 실행해볼 수 있다. 또한, 각 실습에서 제공되는 캐글 노트북을 통해 캐글 환경에서 데이터를 사용해 실습해볼 수 있으며, 필요한 GPU 자원도 제공되기 때문에 빠른 실습이 가능하다. 캐글을 활용하여 실습 환경을 최대한 활용해보자.

- https://github.com/datakim/AI_FOR_FINANCE

본격적인 내용을 다루기에 앞서, 이 책이 금융 AI의 현실을 어떻게 다루고 있는지, 그리고 이 책이 어떤 독자에게 유익할 것인지에 대해 간략히 살펴보았다. 이 책을 통해, 필자는 여러분이 금융과 AI를 결합하여 전문성을 발휘할 수 있도록 도울 것이다.

이제, 금융 AI의 복잡하고 끊임없이 변화하는 세계로 여러분을 안내할 준비가 되었다. 각 장을 따라가면서 금융 도메인의 깊은 이해와 AI 기술의 적용 방법을 배우게 될 것이다. 이 여정의 끝에서 여러분은 금융 AI 분야의 실무적 적용뿐만 아니라 이론적 깊이를 탐구하는 데 자신감을 갖게 될 것이다.

1

금융과
핀테크에서의
AI

2030년, 금융 세계는 혁명적인 변화의 중심에 있다. 현대 도시의 한 가운데에 위치한 '미래 은행'은 그 중심의 하나로, 다양한 최첨단 기술들을 통합하여 금융 서비스 전반에서 활용하는 모습을 보여주고 있다.

고객 서아의 일상

서아는 헬스장의 단골 고객이다. 아침 일찍 그녀는 헬스장에 가는 것으로 일상을 시작한다. 그녀의 운동 데이터는 그녀의 스마트 워치에 기록되며, 이 정보는 그녀의 건강 보험료에 직접적인 영향을 미친다. 운동을 마친 후, 서아는 스마트폰 애플리케이션을 통해 보험료 할인율을 확인한다.

서아는 점심시간에 친구들과 약속한 레스토랑으로 향한다. 주문을 마치고 결제를 할 때, 그녀는 휴대폰이나 카드를 꺼내지 않는다. 그녀의 얼굴을 인식하는 카메라가 서아의 결제 정보를 인식하고, 순식간에 결제가 완료된다. 이로 인해 카드 도용 사건도 크게 줄고, 소비자들의 편의와 안전이 모두 증가했다.

은행 직원 마크와 증권사 직원 찰스의 만남

마크는 '미래은행'에서 일하고 있다. 그는 오늘 중요한 약속이 있다. 그의 친구 찰스는 대형 증권사에서 일하고 있는데, LLM 기반의 AI 애널리스트의 등장 이후 그의 업무 환경이 크게 바뀌었다. 찰스는 이제 전통적인 애널리스트의 업무를 대체하는 AI와 협업하여, 고객들과의 미팅에서 필요한 데이터를 제공받고 조율하는 업무를 주로 하게 되었다.

두 사람은 오늘 점심을 함께하며 서로의 변화된 업무 환경에 대해 이야기한다. 마크는 은행에서 AI와의 협업을 통한 효율적인 업무 처리 방식에 대해 이야기하고, 찰스는 증권사에서의 AI 애널리스트의 활용과 그로 인한 업무 변화에 대해 이야기한다.

미래의 금융은 고객 중심의 서비스와 효율적인 금융 운영을 위한 AI 기술의 결합으로 큰 변화를 맞이하게 될 것이다. 몇 년 전만 해도 이러한 이야기는 허무맹랑한 먼 미래의 이야기라고 여겨졌다. 하지만 현재 금융권에서는 이러한 상상이 현실로 다가오는 것을 누구보다 바르게 느낄 수 있다. 변화는 항상 기회와 위기를 가져온다. 준비된 자에게는 기회를, 과거에 머물러 있는 자에게는 위기가 닥칠 것이다. 우리는 이번 장을 통해 금융과 AI의 관계를 깊이 있게 들여다보고, 현재 이들의 관계가 어느 수준까지 왔는지, 또 앞으로는 어떻게 될지에 대해 논의할 것이다.

1.1 금융이란 무엇인가?

금융finance이란 단어는 거대한 역사와 복잡한 체계를 내포하고 있는 현대사회의 핵심 키워드라고 할 수 있다. 이를 깊게 탐구하기 전에, 금융이란 정확히 무엇인지 이해하는 것이 중요하다. 금융의 어원, 그리고 그것이 어떻게 형성되었는지 등 역사적 배경을 통해 우리는 금융의 본질을 파악할 수 있다.

금융의 시작은 모두 돈의 '유동'과 관련된 의미로 탄생했다. 서양의 'finance'는 라틴어 'finis'에서 유래되었는데, 이는 '끝'이나 '종결'을 의미한다. 이는 부채나 의무를 종결시키는 행위, 즉 금융의 시작을 뜻한다. 동양에서는 '금융'이라는 단어가 금전의 융통, 즉 돈이 움직이는 행위와 깊게 연관되어 있다.

고대시대부터 사람들은 물물교환을 통해 필요한 물건이나 서비스를 교환했다. 그러나 이러한 방식은 물건의 가치를 정확히 측정하기 어려워 교환의 한계를 가지고 있었다. 이 한계를 극복하기 위해 돈이라는 매개체가 등장하게 되었고, 이로 인해 금융의 초석이 다져졌다.

돈이라는 개념의 등장은 금융 시장의 복잡성을 높였다. 사람들은 미래를 위해 자금을 투자하게 되었고, 다양한 금융 상품과 서비스가 탄생했다. 은행, 보험, 증권 등의 기관들이 이러한 금융 활동을 중개하면서, 이 과정에서 어마어마한 양의 데이터가 생성되었다.

현대 금융은 이러한 데이터 중심으로 발전해왔다. 일상에서의 금융 거래 대부분은 물리적 자산의 이동이 아닌, 데이터의 변화를 통해 이루어진다. 이 데이터는 그 자체로 가치를 지니므로, 현대 금융의 중요한 과제는 바로 이 데이터를 효과적으로 분석하고 활용하는 것이다.

1.2 금융을 다루는 기관들

금융이 현대사회의 중심축이라면, 그 축을 지탱하고 있는 것은 바로 다양한 금융기관들이다. 금융기관은 경제 활동을 촉진시키고, 안정적인 금융 환경을 구축하는 데 결정적인 역할을 한다. 또한 금융의 본질적 의미인 '유동'을 구현하며, 돈의 흐름을 원활하게 만드는 중개자로서의 기능을 수행한다.

현재 금융기관들은 중개자의 역할을 넘어, 신뢰와 안정을 바탕으로 고객의 자산을 보호하고, 다양한 금융 서비스와 상품을 제공하여 우리의 경제적 행복을 지원한다. 그렇다면, 이러한 중요한 역할을 수행하는 금융기관들은 구체적으로 어떤 특징과 기능을 가지고 있을까? 우리나라의 대표적인 금융기관들을 좀 더 깊게 살펴보자.

그림 1-1 금융을 다루는 기관들

1.2.1 은행(제1금융기관)

은행bank은 개인과 기업의 예금을 받아 대출 등의 금융 서비스를 제공하는 기관이다. 대표적으로 상업은행, 시중은행, 지방은행 등이 있다. 은행의 주요 역할은 금융 중개자로서 자금의 수급과 공급을 조절하는 것이며, 신용 창출을 통해 경제의 성장을 촉진하고, 통화정책의 수행에도 중요한 역할을 한다.

1.2.2 비은행예금취급기관(제2금융기관)

비은행예금취급기관은 은행이 아닌 금융기관으로, 예금을 받거나 다양한 금융 서비스를 제공한다.

여기에는 저축은행, 신용협동조합, 우체국 예금, 새마을금고 등이 포함된다. 이러한 기관들은 대체적으로 소규모 또는 특정 지역 사회, 특정 직군에 속한 고객을 대상으로 서비스를 제공한다는 특징을 가진다.

제2금융기관non-banking financial institution은 제1금융기관에 비해 상대적으로 높은 이자율로 예금을 유치하고, 소규모 사업자나 개인에게 대출과 같은 금융 서비스를 제공함으로써 지역 경제의 활성화에 기여한다. 또한 특정한 금융 니즈를 가진 고객군에 맞춤형 서비스를 제공함으로써, 금융 서비스의 다양성과 접근성을 높이는 역할을 한다.

1.2.3 보험회사

보험회사는 개인 또는 기업의 리스크를 분산시키는 대가로 보험료를 받는 기관이다. 보험 종류로는 생명보험, 손해보험, 자동차보험, 건강보험 등이 있다. 보험 계약자의 리스크를 관리하고, 보험금을 지급하는 역할을 한다.

1.2.4 금융투자업자

금융투자업자는 **자본시장**에서 다양한 금융 상품의 매매, 중개, 투자 관리, 투자 자문 등을 제공하는 기관이다. 이들은 개인과 기업에 투자 기회를 제공하여 자본의 효율적인 배분을 도모하고, 투자자의 자산 가치를 증대시키는 역할을 한다. 주식, 채권, 파생상품, 펀드 관리 및 운용 등 다양한 금융 상품을 다루며, 고객의 자산을 관리하는 자산 관리 회사asset management company, AMC 또한 이에 포함된다. 금융투자업자는 시장의 유동성을 증대시키고 투자자의 리스크 관리를 돕는 중요한 역할을 수행한다.

1.2.5 기타금융기관(카드사 포함)

기타금융기관은 전통적인 은행이나 보험회사와는 다르게 특정 금융 서비스나 상품을 제공하는 기관이다. 카드사, 신용정보회사 등이 포함된다. 카드사는 소비자와 가맹점 간의 거래를 중개하고, 신용카드와 체크카드 발급 및 관리를 한다.

1.2.6 공적금융기관

공적금융기관은 정부나 공공기관이 설립한 금융기관으로, 특정 목적을 위해 설립되었다. 한국수출입은행, 한국신용보험공사, 한국주택금융공사 등이 있다. 국가의 경제 정책을 지원하고, 특정 분야의 금융 서비스를 제공하는 역할을 한다.

1.2.7 핀테크

핀테크fintech는 '금융finance'과 '기술technology'의 합성어로, 기존 금융 서비스를 혁신하거나 새로운 금융 서비스를 제공하기 위해 최신 기술을 활용하는 기업을 지칭한다. 핀테크 기업들은 인터넷 기술, 빅데이터, AI, 블록체인 등의 첨단 기술을 활용하여 금융 서비스의 접근성을 향상시키고, 서비스의 효율성을 높이며, 전통적인 금융기관이 제공하지 못하는 새로운 서비스를 개발한다. 대표적인 핀테크 서비스로는 모바일 결제, P2P 대출, 자산 관리, 암호화폐 및 블록체인 기반의 금융 서비스, 보험 플랫폼 등이 있다.

전 세계적으로 핀테크는 급속도로 성장하고 있으며, 전통적인 금융 서비스의 틀을 깨는 혁신을 이끌고 있다. 이로 인해 전통적인 금융기관도 자신들의 서비스를 혁신하거나 핀테크 기업과 협업을 통해 새로운 서비스를 개발하려는 움직임이 활발해지고 있다.

특성상 다양한 금융 서비스 분야에서 활동하고 있기 때문에, '기타'라는 범주로도 분류될 수 있다. 그러나 핀테크 기업의 활동 범위와 서비스의 다양성을 고려할 때, 이를 단순히 '기타'로 분류하는 것은 한계가 있다. 따라서 핀테크 기업의 성격과 제공하는 서비스의 특성에 따라 적절한 분류를 하는 것이 필요하다.

한국의 금융기관 구조와 유사하게, 해외의 금융기관들도 은행, 보험회사, 투자은행, 카드사 등으로 구성되어 있다. 그러나 각 국가의 경제 환경, 규제, 문화에 따라 그 세부적인 역할과 구조는 다양하게 표현된다. 예를 들어 미국의 경우 연방준비제도Federal Reserve System라는 중앙은행 체계를 가지고 있으며, 유럽연합 내에서는 유로중앙은행이 중앙은행의 역할을 수행한다.

1.3 AI와 그 주변 용어들

금융 업계는 데이터 중심의 업계로서, AI와의 결합이 불가피하다. AI는 대량의 데이터를 분석하고 예측하는 데 있어 탁월한 능력을 지니며, 이를 통해 금융 서비스의 효율성과 정확성을 높일 수 있다. 앞서 언급한 핀테크 기업들도 AI 기술을 활용하여 서비스를 혁신하고 있으며, 전통적인 금융기관들 역시 AI와의 협력을 통해 서비스의 질을 향상시키려는 움직임을 보이고 있다. 이번 절에서는 이러한 금융과 AI의 관계에 대해 더욱 깊게 탐구해보겠다.

AI(인공지능)artificial intelligence라는 용어는 현대 기술의 세계에서 널리 사용되고 있지만, 그 정의와 응용에 대한 깊은 이해는 여전히 부족하다. 기본적으로 AI는 기계가 인간의 학습 및 추론 능력을 모방하게 하는 기술을 의미한다. 그렇지만 이 정의만으로는 AI의 광범위한 영역과 그 중요성을 충분히 설명하기 어렵다.

과거에는 AI라는 용어가 주로 과학자들이나 연구자들의 이론적인 연구에서만 사용되었다. 특히 초기에는 AI라는 용어와 개념이 마케팅 전략의 일부로 사용되었다. 즉 실제로 AI 기술이 아닌 제품이나 서비스에 'AI'라는 라벨을 붙여 소비자들의 관심을 끌었다.

그러나 시간이 지나면서 실제로 AI 기술이 다양한 분야에 접목되기 시작하면서 최근 들어 비즈니스와 산업 분야에서도 그 중요성이 부각되고 있다. 특히 빅데이터와 고도화된 컴퓨팅 능력 덕분에 AI는 많은 산업에서 혁신의 핵심 요소로 자리 잡았다. 제조부터 의료, 금융, 교육에 이르기까지 AI는 생산성을 향상시키고, 비용을 절감하며, 새로운 비즈니스 모델을 만들어내는 데 기여하고 있다.

또한 AI의 발전은 인간의 일상에도 큰 변화를 가져왔다. 스마트폰, 가전제품, 자동차 등에서 사용되는 AI 기술은 사용자 경험을 향상시키고, 생활의 편리성을 제공한다. 그러나 AI의 발전과 확산은 도덕적, 윤리적 문제도 함께 가져오면서 이에 대한 논의와 연구도 활발히 이루어지고 있다.

결국 AI는 단순한 기술이 아니라 사회와 경제 전반에 큰 변화를 가져오는 힘이다. AI에 대한 깊은 이해와 올바른 활용은 미래를 준비하는 데 필수다. AI는 현대의 다양한 산업과 기술에서 중추적인 역할을 하지만, 특히 금융 분야의 변화는 두드러진다. AI는 우리 사회에서 전기처럼 필수적인 요소가 되었다. 이 변화의 중심에는 금융이 있다. AI와의 결합은 금융 서비스의 효율성과 정확성을 높이며, 빠른 의사결정을 가능하게 한다. 본격적으로 금융과 AI에 대해 논의하기 전에, 혼동하기 쉬운 용어들을 정리하자.

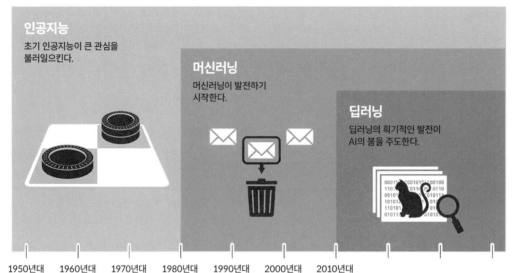

그림 1-2 AI, 머신러닝, 딥러닝의 관계(출처: 엔비디아)

- 데이터 과학data science: 큰 데이터 집합에서 유용한 정보를 추출하고, 그 정보를 활용하여 예측, 분류, 군집화 등의 작업을 수행하는 학문 분야다. 데이터 과학자들은 통계, 프로그래밍, 머신러닝 기술 등을 활용하여 데이터를 분석한다.

- 머신러닝machine learning, ML: AI의 하위 분야로, 기계가 데이터를 통해 학습하게 하는 알고리즘과 기술을 의미한다. 이는 데이터를 기반으로 예측, 분류 등의 작업을 수행하는 능력을 기계에 부여한다.

- 딥러닝deep learning, DL: 머신러닝의 한 분야로, **신경망**neural network을 기반으로 한다. 여러 층layer으로 구성된 복잡한 신경망을 통해 데이터의 복잡한 패턴을 학습하고 분석할 수 있다.

이러한 용어와 기술들은 금융 분야에서도 크게 주목받고 있으며, 특히 핀테크 기업들은 이러한 기술들을 활용하여 전통적인 금융 서비스의 한계를 넘어서는 혁신적인 서비스를 개발하고 있다. 이제 '금융과 AI'의 결합에 대해 깊게 탐구해보고자 한다.

1.4 금융과 AI

금융 분야에서 AI 적용은 더 이상 미래의 기술이 아닌 현실로 자리 잡고 있다. 디지털 변혁의 물결 속에서, 금융 서비스는 AI 기술을 통해 더욱 정교하고 효율적인 시스템으로 진화하고 있다. 이는 고객 맞춤형 서비스 제공에서부터 사기 탐지, 리스크 관리에 이르기까지 금융 산업 전반에 걸쳐 광범위한 영역에서 그 영향력을 발휘하고 있다. 이러한 배경을 기반으로 국내 금융 분야에서 AI 기술의 시장 규모와 영향력을 살펴보는 것은 금융 산업의 미래 방향성을 이해하는 데 있어 중요한 요소가 된다.

이 절에서는 국내 금융 분야의 AI 시장 규모와 금융 산업에 대한 AI의 영향력이 왜 큰지에 대해 자세히 탐구해볼 것이다.

1.4.1 국내 금융 분야 AI 시장 규모

금융 서비스는 금전의 이동과 관련된 무형의 서비스로, 다른 분야에 비해 디지털화가 더욱 쉽게 이루어질 수 있는 영역이다. 디지털화의 핵심 요소 중 하나인 AI 기술의 도입은 금융 서비스의 혁신을 주도하고 있다.

보스턴 컨설팅 그룹Boston Consulting Group, BCG의 자료[1]에 따르면, 금융 서비스는 **정보통신기술** information and communications technology, ICT 분야에 이어 디지털 성숙도가 두 번째로 높은 분야로 평가되었다. 이러한 평가는 금융과 기술이 상호작용하며 끊임없이 발전하고 있음을 나타낸다.

특히 금융 분야에서의 AI 활용도는 높게 평가받고 있다. 2020년 프라이스워터하우스쿠퍼스 PricewaterhouseCoopers, PwC의 조사에 따르면, 금융업은 헬스케어와 자동차에 이어 세 번째로 AI의 영향력이 클 것으로 전망되었다. 또한 2022년 5월에는 소프트웨어정책연구소Software Policy & Research Institute, SPRI에서 금융업이 정보통신업 다음으로 AI 융합 경쟁력이 높다고 발표했다.

표 1-1 **국내 AI 시장 규모**(단위: 조 원)(출처: 한국신용정보원)

구분	2019	2020	2021	2022	2023	2024	2025	2026	연평균 성장률(%) (2021~2026)
시장 규모	1.5	2.1	3.2	4.5	6.3	8.8	12.4	17.4	40.2
_금융	0.3	0.4	0.6	0.9	1.2	1.7	2.3	3.2	38.2
__신용 평가	0.10	0.14	0.22	0.30	0.42	0.58	0.81	1.11	38.1
__고객 경험 제고	0.09	0.12	0.19	0.25	0.35	0.47	0.65	0.89	36.6
__로봇자동화	0.06	0.08	0.14	0.20	0.28	0.40	0.56	0.79	41.4
__그 외	0.04	0.05	0.08	0.11	0.15	0.20	0.27	0.37	36.5
성장률(YoY)	-	32.2%	60.7%	37.5%	39.1%	38.5%	38.4%	37.5%	-

---

1   Michael Demyttenaere, et al., "Generative AI in the Finance Function of the Future, 2023", Boston Consulting Group, AUGUST 22, 2023, https://www.bcg.com/publications/2023/generative-ai-in-finance-and-accounting

성장성 지표 또한 금융 분야에서 AI 활용도가 높다는 것을 확인시켜준다. 국내 전체 AI 시장은 2026년까지 연평균 40.2%의 성장률을 기록할 것으로 보이며, 시장 규모는 약 17조 4천억 원에 이를 것으로 예측된다. 반면, 금융 분야만을 살펴보면 연평균 38.2%의 성장률을 보이며, 3조 2천억 원의 규모를 차지할 것으로 전망된다. 이는 전체 AI 시장의 약 20%에 해당하는 큰 비중을 차지한다. 이러한 데이터는 AI가 금융 분야에서 어떤 강력한 영향을 줄 수 있는 기술이라는 사실을 확실히 보여준다.

이러한 트렌드는 글로벌 시장 성장률과 비슷하다. 베리파이드 마켓 리서치Verified Market Research의 데이터에 따르면, 2021년 글로벌 은행 분야의 AI 시장은 약 6조 1800억 원으로 평가되며, 2030년에는 약 76조 8360억 원으로 크게 성장할 것으로 예상된다. 이는 연평균 성장률로 약 32.26%에 달한다. 이렇게 보면, 글로벌 시장에서 은행 분야의 AI 성장 트렌드와 국내 금융 AI 시장의 성장 트렌드가 비슷하게 움직이고 있음을 알 수 있다. 이는 금융 분야에서 AI의 중요성과 활용도가 전 세계적으로 높아지고 있음을 의미한다.

1.4.2 금융 산업에 대한 AI의 영향력이 큰 이유

금융 산업은 다양한 측면에서 AI의 강력한 영향력을 경험하고 있다. 그렇다면 왜 특히 금융 산업에서 AI의 영향력이 큰 것일까?

❶ 데이터 중심의 산업과 금융의 연결고리

금융 산업은 그 본질에서부터 데이터를 중심으로 회전한다. 거래의 기본 특성상, 실제 물리적인 자산의 이동보다는 정보나 데이터의 이동이 주를 이룬다. 예를 들어 온라인 송금 서비스를 이용할 때 우리는 물리적인 화폐를 전송하는 것이 아니라, 전자적으로 기록된 정보를 주고받는다. 이렇게 볼 때 금융 거래의 핵심은 데이터 자체라고 할 수 있다.

현대 은행들은 이러한 금융 산업의 특성을 깊이 인식하고 있으며, 그들은 자신을 '데이터 중심의 기업'이라고 정의한다. 이런 관점에서 '뱅킹'이라는 용어는 전통적인 은행 업무를 넘어서, 데이터 관리와 분석에 중점을 둔 서비스를 의미하게 된다.

금융과 IT의 경계는 점차 흐려지고 있다. 많은 IT 기업이 뱅킹 라이선스를 획득하면서 기존 금융기관과 경쟁하고 있다. 기술적인 장벽이 낮아짐에 따라, IT 기업들은 금융 서비스를 제공하는 데 큰 어려움을 겪지 않는다. 이러한 현상은 금융 산업이 얼마나 데이터 중심적인지를 잘 보여준다.

또한 금융에서 생성 및 관리되는 방대한 양의 데이터, 특히 정형 데이터는 AI 기술의 활용에 매우 적합하다. 머신러닝과 딥러닝 같은 AI 알고리즘은 대규모의 데이터를 필요로 하는데, 금융 산업은 이러한 기술에 필요한 '연료'를 제공할 수 있다. 금융 데이터의 복잡성과 다양성은 AI 모델의 학습과 정확도 향상에 크게 기여하며, 이로 인해 금융 서비스의 질과 효율성이 더욱 높아진다.

❷ 효율성과 경쟁의 중심, AI

금융 산업은 기본적으로 빠르게 변화하고 있다. 이러한 변화 속에서 생존하기 위해선 지속적인 경쟁이 필수다. 특히 디지털화 시대에 접어들면서, 기존의 방식으로는 고객의 니즈를 만족시키기 어려워졌다. 고객들은 더 빠르고, 더 효율적인 서비스를 요구한다. 이러한 요구에 부응하기 위해 기업들은 끊임없이 자신들의 서비스 방식을 혁신해야 한다.

이와 같은 상황에서 AI는 금융 산업의 중요한 해결사로 등장한다. 첫째로, AI는 금융 기업의 운영 효율성을 크게 향상시킨다. 전통적인 방식으로는 수많은 데이터를 분석하고, 그 결과로 전략을 수립하는 데 상당한 시간과 인력이 소요되었다. 그러나 AI는 빠른 시간 내에 대규모의 데이터를 분석하고, 그 결과를 기반으로 최적의 전략을 제시할 수 있다. 이로써 기업들은 더 빠르고 정확한 의사결정을 내릴 수 있게 되었다.

둘째로, 인건비 절감의 측면에서도 AI의 중요성은 두드러진다. 많은 루틴 업무나 반복적인 업무들은 AI에 의해 자동화될 수 있으며, 이로 인해 인력 자원을 더 효율적으로 배치할 수 있다. 특히 고객 서비스 분야에서는 AI 챗봇이나 음성 인식 시스템을 통해 고객의 문의를 신속하게 처리하므로써, 고객 만족도도 크게 향상시킬 수 있다.

마지막으로, 경쟁력 향상의 관점에서 보면 AI는 금융 기업에 차별화된 서비스를 제공하는 데 중요한 역할을 한다. 고객 개개인의 니즈를 파악하고, 그에 맞는 맞춤형 서비스를 제공할 수 있는 AI 기술은 고객의 충성도를 높이는 데 크게 기여한다. 따라서 금융 기업들은 시장에서의 경쟁력을 더욱 강화할 수 있다.

❸ 서비스의 차별화와 AI의 역할

금융 산업에서 서비스의 차별화는 더욱 중요한 요소로 부상하고 있다. 대부분의 금융기관이 비슷한 제품이나 서비스를 제공하기 때문에, 단순히 제품의 기능이나 비용만으로는 경쟁에서 우위를 점하기 어렵다. 이러한 환경에서 기관들이 차별화된 가치를 제공하기 위해 주목하고 있는 것이 바로 AI 기술의 활용이다.

첫째로, AI는 고객의 행태나 선호를 깊이 분석하여 개인화된 서비스를 제공하는 데 큰 장점을 가진다. 과거에는 일반적인 고객 세그먼트를 기반으로 서비스를 제공했다면, 현대의 AI 기술은 각 개인의 금융 행태, 소비 습관, 신용 히스토리 등 다양한 데이터를 기반으로 맞춤형 서비스를 제공할 수 있다. 예를 들어 한 고객이 주로 해외 여행을 즐긴다면 AI는 그에 맞춰 해외 사용 시 혜택이 큰 카드나 보험 상품을 추천할 수 있다.

둘째로, AI는 실시간으로 금융 시장의 변화나 고객의 요청에 빠르게 대응할 수 있다. 예를 들어 글로벌 경제의 불안정성이 증가할 때, AI는 이를 감지하고 고객에게 안전한 투자 상품을 추천하거나 리스크 관리 방안을 제시할 수 있다. 이러한 실시간 대응 능력은 고객의 신뢰를 얻는 데 큰 도움이 된다.

마지막으로, AI는 금융 서비스의 효율성과 편의성을 극대화한다. AI는 고객이 원하는 정보나 서비스를 빠르게 찾을 수 있도록 도움을 주며, AI의 설명을 통해 복잡한 금융 상품이나 서비스도 쉽게 이해할 수 있다. 또한 AI 챗봇이나 음성 인식 서비스로 24시간 언제든지 고객의 문의에 응답할 수 있어, 서비스의 접근성을 높인다.

❹ 새로운 가치를 창출하는 AI

AI의 금융 분야 적용은 단순한 기술 도입을 넘어서, 산업 전반의 혁신을 이끌고 있다. 금융 서비스의 효율성을 극대화하고, 고객에게 맞춤화된 경험을 제공하는 것에서부터 시작해, AI는 금융기관에 새로운 비즈니스 모델과 수익 창출의 기회를 열어주고 있다. 이러한 변화는 금융 산업의 본질적인 데이터 중심성과 결합되어 AI의 잠재력을 극대화하고, 금융 서비스의 차별화와 혁신을 가능하게 한다. AI 기술의 발전은 이제 금융 산업의 변화뿐만 아니라, 산업 내 경쟁 구도를 재편하는 주요 요소로 작용하고 있다. 정리하자면, '금융 산업에 대한 AI의 영향력이 큰 이유'는 다양한 요소들이 복합적으로 작용하기 때문이다.

첫째, 금융 산업 자체가 데이터 중심의 성격을 가지고 있어, AI의 핵심 연료인 데이터를 풍부하게 활용할 수 있는 환경이 조성되어 있다. 금융의 디지털화와 데이터화는 AI 기술의 발전과 더불어 서로 상호작용하며 성장하고 있다.

둘째, 금융 산업의 경쟁 환경과 효율성의 중요성은 AI를 필수적인 도구로 만들었다. 인건비 절감, 빠른 의사결정, 신속한 고객 응대 등 다양한 효율성 증대 방안을 통해 금융기관들은 AI를 활용하여 경쟁력을 강화하고 있다.

마지막으로, 서비스의 차별화는 금융기관에 핵심 경쟁 요소가 되었다. AI를 통해 제공되는 개인화된 서비스와 실시간 대응 능력은 고객들에게 새로운 가치를 제공하며, 이를 통해 금융기관은 자신들만의 독특한 서비스를 만들어낼 수 있다.

결국 AI는 금융 산업에서 그 중요성을 날로 더해가고 있다. 이는 금융의 본질과 AI 기술의 특성이 서로 깊게 얽혀 있기 때문이다. 이러한 상호작용은 앞으로도 계속될 것으로 예상되며, 더욱 발전된 금융 서비스의 제공을 기대할 수 있다.

1.4.3 금융 AI 트렌드

금융 서비스 분야는 지속적인 혁신을 추구하는 산업 중 하나다. 특히 최근 몇 년 동안 AI 기술의 발전과 그 가능성을 인지하며, 이 기술을 본격적으로 도입하고 활용하는 기업이 늘어나고 있다. 엔비디아NVIDIA의 <State of AI in Financial Services: 2023 Tends> 보고서[2]를 통해, 이런 트렌드가 얼마나 빠르게 진행되고 있는지 명확히 확인할 수 있다.

보고서에 따르면, 다양한 AI 활성화 응용 프로그램이 현재 금융 서비스 분야에서 활발히 사용되고 있다. 사기 탐지는 금융 거래에서 발생할 수 있는 다양한 유형의 사기를 실시간으로 탐지하고, 포트폴리오 최적화는 투자자의 리스크 선호도와 금융 시장의 상황을 고려하여 최적의 투자 포트폴리오를 제안하는 데 활용된다. 대화형 AI는 고객 서비스를 제공하거나 고객의 질문에 답하는 등의 업무에서 중요한 역할을 하며, 이를 통해 기업은 효율성을 높이고 고객 만족도를 향상시킬 수 있다.

또한 주목해야 할 부분은 메타버스나 **가상 세계**virtual world와 같은 신규 사용 사례가 금융 서비스에서도 주목받고 있다는 것이다. **메타버스**metaverse는 가상의 공간에서 이루어지는 다양한 활동과 거래를 포함하며, 이를 통해 새로운 비즈니스 모델이나 서비스를 제공하는 것이 가능하다. 금융 서비스 업체들은 메타버스 내에서의 금융 거래나 서비스 제공에 대한 가능성을 탐구하고 있다.

이러한 트렌드를 통해 알 수 있는 것은 금융 서비스 분야가 AI 도입의 초기 단계를 넘어, AI 기술을 활용하여 실질적인 비즈니스 현장에서 서비스를 제공하고, 이를 통해 경쟁력을 강화하려는 노력이 활발히 이루어지고 있다는 것이다. 엔비디아의 보고서는 이러한 금융 서비스 분야의 현재 상황을 잘 반영하여, 앞으로의 트렌드와 발전 방향에 대한 힌트를 제공한다. 표 1-2는 금융 서비스에

---

2 https://resources.nvidia.com/en-us-state-ai-report

서 AI 사용 사례use case에 대한 내용과 그 비율인데, 500명의 금융 전문가를 대상으로 인터뷰한 결과다.

표 1-2 2023년 금융 서비스에서의 주요 AI 활용 사례(출처: 엔비디아)

활용 사례	사용 비율
자연어 처리/LLM	26%
추천 시스템	23%
포트폴리오 최적화	23%
사기 탐지: 거래/결제	22%
사기 탐지: 자금 세탁 방지/고객 알기 제도	22%
알고리즘 트레이딩	21%
대화형 AI	20%
마케팅 최적화	20%
합성 데이터 모델 생성/최적화를 위한 데이터 생성	20%
합성 데이터 생성	18%
문서 관리	18%
준수 관리	17%
기본 예측	15%
환경, 사회, 지배 구조environmental, social, and governance, ESG	12%
메타버스/가상 세계	12%
클레임 처리	12%
지리적 AI	10%

다양한 AI 활용 사례들 중에서도 특히 자연어 처리natural language processing, NLP나 추천 시스템 recommender system, 포트폴리오 최적화와 같은 활용 사례는 금융 서비스 분야에서 높은 사용 비율을 보여준다. 이러한 데이터를 통해 AI의 중요성과 활용 범위의 깊이를 확인할 수 있다.

이에 대한 국내의 반영 사례를 살펴보면, 한국신용정보원(2022)의 보고서가 주목할 만하다. 한국 신용정보원(그림 1-3 참조)의 자료에 따르면, 금융 부분에서는 신용 평가, 대출 평가, 리스크 모니터 링, 챗봇(고객용/직원용), 로봇틱 처리 자동화robotic process automation, RPA, 자산 관리, 이상 거래 탐지, 로보어드바이저robo-advisor,[3] 콜센터 등에서 AI가 이미 활발하게 도입되었다고 보고하고 있다. 또한

---

3   AI와 알고리즘을 기반으로 한 온라인 금융 자문 서비스를 제공하는 플랫폼이다. 사용자의 재정 상황, 리스크 감수성, 투자 목표 등을 분석하여 개인화된 투자 포트폴리오를 제안하고, 이를 자동으로 관리 및 조정한다. 전통적인 금융 자문 서비스보다 저렴한 비용으로 접근성을 높이고, 24시간 서비스 제공으로 사용자가 언제든 편리하게 사용할 수 있게 한다. 로보어드바이저는 특히 투자 경험이 적은 개인이나 비용 효율적인 자산 관리를 원하는 사람들에게 인기가 있다.

향후 가상은행원, 신용 평가, 대출 심사, 금융자산 추천, 금융자산 관리, 디지털 마케팅 등의 분야에서도 AI 도입이나 고도화가 진행될 것으로 예상하고 있다.

그러나 동일한 분야에서도 AI의 도입 및 활용 수준은 레거시legacy 수준, 금융법의 유연성, 도입하는 기업의 성격(전통 금융 혹은 핀테크)에 따라 크게 달라질 수 있다. 신용 평가를 예로 들면 머신러닝 모델이 적극적으로 도입되고 있지만, 법적 제약과 강한 레거시(스코어카드 방법론) 때문에 AI의 성능에도 불구하고 여전히 기존의 방법을 사용하고 있는 상황이다.

그림 1-3 AI 도입 분야와 향후 도입 예상 및 고도화 분야(출처: 한국신용정보원)

1.4.4 금융 서비스에서 AI의 핵심 가치

금융 서비스 산업은 지속적으로 변화와 혁신의 중심에 있어 왔다. 이 산업은 복잡한 거래 구조, 끊임없는 규제 변화, 여러 가지 경제 환경 변화 등 다양한 도전에 직면해 있다. 이러한 도전들 속에서 기업들은 운영의 효율성을 높이고, 리스크를 최소화하며, 비용을 절감하는 방법을 지속적으로 모색하고 있다. AI는 이러한 요구에 딱 맞는 해결책을 제공하며, 그 결과로 금융 서비스 분야에서 AI 도입의 주요 동기가 되고 있다.

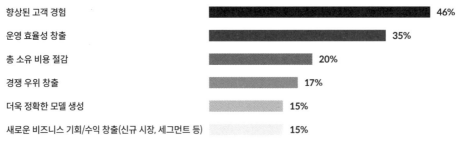

향상된 고객 경험	46%
운영 효율성 창출	35%
총 소유 비용 절감	20%
경쟁 우위 창출	17%
더욱 정확한 모델 생성	15%
새로운 비즈니스 기회/수익 창출(신규 시장, 세그먼트 등)	15%

그림 1-4 AI가 사업 운영에 어떻게 도움이 되었는가?

엔비디아의 <State of AI in Financial Services: 2023 Tends> 보고서를 통해, 금융 서비스 산업에서 AI의 가치와 그 도입 동기를 더욱 명확하게 볼 수 있다.

- 리스크 평가의 정확성: 금융 서비스는 본질적으로 리스크 관리에 크게 의존한다. 대출 승인, 투자 포트폴리오 구성, 보험료 책정 등의 결정은 모두 정확한 리스크 평가에 기반한다. AI는 대량의 데이터를 분석하여 더욱 정확한 리스크 평가 모델을 제공하고, 이로써 기업은 더 안정적인 결정을 내릴 수 있다.

- 운영 효율성의 향상: 기존의 수동 프로세스나 간단한 자동화 기술만을 사용하는 것보다 AI를 통해 최적화함으로써 기업이 더 빠르고 정확한 서비스를 제공할 수 있게 해준다. 특히 고객 서비스, 거래 처리, 내부 워크플로workflow 등에서 AI의 활용은 큰 효율성 향상을 가져온다.

- 비용 절감: 엔비디아의 보고서에 따르면, AI 응용 프로그램 도입으로 운영 효율성이 향상되었으며, 기업들은 이를 통해 전체 소유 비용을 절감했다. 특히 36%의 응답자가 연간 비용을 10% 이상 절감했다고 응답했다.

1.4.5 금융 서비스 분야에서 AI의 도입 장벽

금융 서비스 분야에서 AI 기술의 도입과 활용은 큰 기대와 함께 진행되고 있지만, 이 과정 역시 여러 도전 과제와 장벽이 존재한다. 이 또한 엔비디아의 <State of AI in Financial Services: 2023 Tends> 보고서를 바탕으로, 금융 서비스 분야에서 AI 도입 시 마주치는 주요 도전 과제를 살펴보면 다음과 같은 결론이 나온다.

- 데이터 과학자의 채용 및 유지: AI 기술의 본격적인 도입과 활용을 위해서는 전문적인 지식과 능력을 가진 데이터 과학자나 AI 전문가의 필요성이 증대되고 있다. 그러나 이러한 전문가들에 대한 수요가 공급을 초과하면서, 많은 금융 서비스 기업들이 적절한 인력을 채용하고 유지하는 데 어려움을 겪고 있다. 엔비디아의 보고서에 따르면, 응답자 중 36%가 AI 전문가나 데이터

과학자의 채용에 어려움을 겪고 있다고 답변했다.

- 기술적 한계: AI 기술의 발전과 활용은 빠른 속도로 진행되고 있지만, 아직도 금융 서비스 분야에서는 기술적 한계가 존재한다. 특히 실시간 거래 처리나 복잡한 금융 모델링과 같은 고도의 작업을 수행하는 데 필요한 기술적 지원이 부족한 경우도 있다. 이는 컴퓨팅 파워나 알고리즘 성능의 한계 때문이다.

- 데이터 크기의 제약: AI와 머신러닝 모델의 효과적인 학습과 활용을 위해서는 대량의 데이터가 필요하다. 그러나 금융 서비스 분야에서는 개인 정보 보호 및 규제, 데이터 보안 문제 등으로 인해 충분한 크기의 데이터를 확보하고 활용하는 데 제약이 따르기도 한다. 이로 인해 모델의 학습과 정확도에 한계가 발생할 수 있다.

- 기존 시스템과의 호환성: 많은 금융 서비스 기업들이 오랜 시간 동안 사용해온 전통적인 시스템과 AI 기술을 효과적으로 통합하려는 시도는 쉽지 않다. 기존 시스템과의 호환성 문제는 AI 도입의 주요 장벽 중 하나로 작용하고 있다.

이러한 도전 과제들에도 불구하고, 금융 서비스 분야에서의 AI 기술 도입과 활용은 지속적으로 증가하고 있으며, 기업들은 이러한 문제점을 극복하기 위한 다양한 방법을 모색하고 있다. 그 노력에는 다음과 같은 전략과 방법이 있다.

- 파트너십과 협업: 많은 금융 기업들이 AI와 데이터 과학 분야의 전문 지식을 가진 스타트업이나 기술 회사와의 파트너십을 모색하고 있다. 이러한 협업을 통해, 기업들은 전문적인 기술력과 인사이트를 활용하여 자신들의 AI 프로젝트를 가속화할 수 있다.

- 교육 및 훈련 프로그램: 데이터 과학자나 AI 전문가의 부족 문제에 대응하기 위해, 일부 금융 서비스 기업들은 내부 직원을 대상으로 한 교육 및 훈련 프로그램을 실시하고 있다. 이러한 프로그램을 통해 기존 직원들의 AI 관련 역량을 강화하고, 기업 내부에서 필요한 인재를 양성하려고 한다.

- 클라우드 기반 솔루션: 데이터 크기의 제약과 기술적 한계를 극복하기 위해, 클라우드 기반의 AI 솔루션을 도입하는 경우가 증가하고 있다. 클라우드 플랫폼은 대규모 데이터 저장과 처리 능력을 제공하며, 최신 AI 기술에 대한 접근성을 향상시킨다.

- 레그테크의 활용: 데이터 보안과 개인 정보 보호의 문제를 해결하기 위해, 금융 서비스 기업들은 레그테크(규제 기술) 솔루션을 적극적으로 활용하고 있다. 이러한 솔루션은 데이터를 안전하게 관리하고, 규제 준수를 보장하는 동시에 AI 모델의 학습과 활용을 가능하게 한다.

- 레거시 시스템의 현대화: 기존 시스템과의 호환성 문제를 해결하기 위해, 금융 서비스 기업들은 레거시 시스템의 현대화에 투자하고 있다. 이를 통해 AI 기술과의 통합을 용이하게 하며, 전반적인 운영 효율성을 향상시키려고 한다.

이러한 노력을 통해 금융 서비스 기업들은 AI 기술의 도입과 활용에 따른 잠재적인 문제점을 해결하고, AI의 장점을 최대한 활용하여 경쟁력을 강화하고 있다.

1.5 금융 AI의 주요 활용 분야

금융 서비스 분야에서의 AI 기술의 활용은 광범위하다. 이 책에서는 주요 활용 사례를 신용 리스크 관리와 신용 결정, 사기 방지 및 탐지, 고객 서비스, 투자와 트레이딩, 준법 감시와 규제, 프로세스 자동화라는 여섯 가지 핵심 영역으로 구분하여 소개하고자 한다.

이렇게 구분된 여섯 가지 영역은 업계 표준이나 공식적인 기준으로 정해진 것은 아니다. 이는 이 책의 내용을 설명하는 데 편의를 위해 선택한 방식이며, 실제로 이들 영역 사이에는 다양한 연계성과 상호작용이 존재한다. 각 영역을 독립적으로 이해하는 것보다는 서로 어떻게 연결되어 있는지, 어떻게 상호작용하는지를 이해하는 것이 중요하다. 이렇게 구분한 또 한 가지 이유는 책의 구성이 금융 영역에서 중요하다고 여겨지는 신용 결정, 사기 방지 및 탐지, 투자와 트레이딩, 고객 서비스에 대한 AI 모델과 그 실습으로 구성되었기 때문이기도 하다.

| 신용 결정 | 사기 탐지 및 방지 | 고객 서비스 |

| 투자와 트레이딩 | 준법 감시 및 규제 | 프로세스 자동화 |

그림 1-5 금융 AI의 주요 활용 분야 여섯 가지

2장부터는 영역별로 AI가 어떻게 활용되고 있으며, 어떤 변화와 혁신을 가져왔는지, 구체적인 사례와 함께 설명할 것이다. 이를 통해 AI가 금융 서비스 분야에서 어떤 가치를 창출하고 있는지, 그리고 앞으로 어떤 가능성을 가지고 있는지에 대한 깊은 이해를 얻을 수 있을 것이다.

1.5.1 신용 평가에서 AI와 대체 데이터의 활용

금융 서비스 분야에서 신용 리스크 관리와 신용 결정 과정은 개인과 기업의 재무 건전성을 평가하고, 잠재적인 신용 손실을 예측하는 데 중요한 역할을 한다. 전통적으로 이 과정은 재무제표, 신용 기록, 시장 위치 등의 정보에 의존해왔다. 하지만 전통적인 데이터 소스만으로는 개인과 기업의 신용 리스크를 전면적으로 평가하기에 한계가 있다는 점이 드러나고 있다. 이러한 상황에서 AI 기술과 대체 데이터의 결합은 신용 평가 방법론에 혁신을 가져오고 있다.

대체 데이터는 개인의 온라인 거래 기록, 소셜 미디어 활동, 온라인 고객 리뷰, 심지어 위성 이미지 분석까지 포함하여, 전통적인 재무 데이터에서 파악하기 어려운 다양한 측면의 정보를 제공한다. 이러한 데이터는 AI와 머신러닝 알고리즘으로 분석할 때, 개인과 기업의 신용 리스크를 더욱 다각도에서 평가할 수 있는 새로운 기회를 열어준다.

AI를 활용하여 이 대체 데이터를 분석함으로써, 신용 리스크 평가에 깊이와 정확성을 더하고 있다. 이는 신용 리스크 관리와 신용 결정 과정에서 더욱 정교한 접근 방식을 가능하게 하며, 결국 금융 기관이 더 효과적으로 리스크를 관리하고, 신용 손실 가능성을 줄일 수 있도록 돕는다. 이처럼 AI와 대체 데이터의 활용은 신용 평가의 전통적인 패러다임을 넘어서, 개인과 기업 모두에 대한 금융 서비스 분야의 혁신을 촉진하는 중요한 동력이 되고 있다.

금융 서비스 분야에서 신용 리스크 관리와 신용 결정은 핵심적인 부분 중 하나이며, AI와 대체 데이터의 활용은 이 분야에서의 혁신을 주도하고 있다.

❶ S&P 글로벌 마켓 인텔리전스의 AI 활용 사례

S&P 글로벌 마켓 인텔리전스S&P Global Market Intelligence는 최근 디지털 발자취digital footprint와 같은 대체 데이터를 활용하여 기업의 신용 리스크를 평가하는 데 AI를 활용하고 있다. 디지털 발자취에는 웹사이트 활동, 트래픽, 기업의 인터넷 사용 패턴 등이 포함된다. 이러한 정보는 전통적인 신용 평가 방법에 추가적인 통찰력을 제공하며, 신용 리스크의 더욱 정확한 예측을 가능하게 한다.

S&P에서는 AI를 다음과 같이 활용한다.

* 기본 신용 리스크 평가 수행: 회사의 기본 사항, 산업 및 국가 리스크 점수, 시장 지표(주식 가격,

변동성, 채권 스프레드 등)를 기반으로 한다.

- 자격, 지불 행동, 감정, 디지털 발자취, 사이버 리스크를 포함한 다양한 데이터 오버레이data overlay 적용: 이렇게 함으로써 회사의 신용도에 대한 가장 완전하고 자동화된 최신의 관점을 제공한다.
- 다양한 경제 시나리오를 통한 신용 리스크 프로파일을 예측한다.
- 조기 경고 신호 생성: 신용 리스크의 악화나 기본 사건에 대한 다양한 조기 경고 신호를 생성한다.
- 사용자에게 유망한 비즈니스 기회를 식별한다.

S&P의 AI는 대체 데이터셋을 원활하게 모니터링하는 데 중요한 역할을 하는 것뿐만 아니라, 회사의 신용 점수를 생성하고, 출력 점수와 기본 리스크 드라이버에 대한 자연어 기반 컨텍스트를 추출하고, 정제하는 데도 중요한 역할을 한다.

이러한 접근법은 AI가 반복적이고 양적인 작업을 자동화하여 사람들이 더 큰 그림, 창의적인 해결책과 전략적인 결정에 집중할 수 있게 해준다. AI의 활용은 더 효과적이고 정확한 신용 리스크 관리를 가능하게 한다. 따라서 향후에는 더 많은 기업과 금융기관이 이러한 기술을 도입할 것으로 예상된다.

❷ 전통적 신용 정보가 부족한 이머징 국가에서의 AI 활용 사례

대부분의 선진국에서는 **신용정보회사**credit bureau 같은 기관에서 제공하는 전통적인 신용 정보를 신용 평가의 주요 데이터로 활용한다. 이러한 전통적인 데이터는 개인의 금융 거래 내역, 소득 정보, 대출 이력 등을 포함한다. 그러나 많은 **이머징 국가**emerging country[4]에서는 이러한 전통적인 신용 정보의 부족이 큰 문제로 대두되어왔다.

그럼에도 불구하고, 이머징 국가들은 디지털화의 빠른 확산과 함께 대체 데이터의 활용 가능성을 발견했다. 특히 스마트폰의 보급과 디지털 결제 시스템의 확산, 사회간 네트워킹 서비스와 같은 다양한 디지털 활동은 고유한 디지털 발자취를 남기게 된다. 중국처럼 신용카드 사회를 건너뛰고 바로 모바일 결제가 보편화되면서 이러한 디지털 발자취는 신용 평가의 중요한 대체 데이터로 활용

---

4   경제적으로 빠른 성장을 경험하고 있거나 발전 가능성이 높은 국가를 의미한다. 이들 국가는 대체로 개발도상국에 속하지만 급속한 산업화, 도시화, 소득 수준의 향상 등으로 인해 신흥 시장으로 분류된다. 이머징 국가는 금융시장의 발달이 상대적으로 덜 이루어진 경우가 많아 전통적인 신용 정보 시스템의 구축과 활용에 한계를 가지고 있다. 따라서 신용 정보가 부족한데, 이는 금융 포용성의 확대와 신용 접근성 향상에 제약을 주는 요소로 작용할 수 있다.

되기 시작했다.

인도네시아의 경우, AI와 대체 데이터를 활용하여 이러한 비전통적인 데이터를 기반으로 한 혁신적인 신용 평가 시스템을 구축하고 있다. 웹사이트 활동, 이커머스e-commerce 거래 내역, 디지털 플랫폼의 사용자 행동 데이터 등 다양한 디지털 발자취를 분석하여 잠재적 대출자의 신용도를 추정한다(그림 1-6 참고).

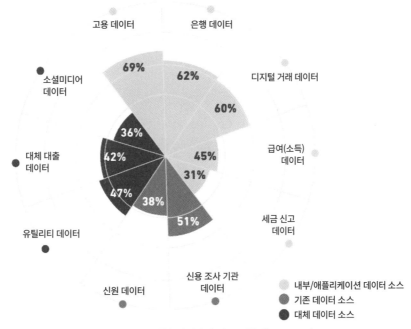

그림 1-6 신용 평가를 위한 데이터 출처 분포(출처: Sutrisno)

이러한 접근 방식은 전통적인 신용 평가 방식에서 벗어나 이머징 국가의 특성과 디지털 환경에 적합한 새로운 신용 평가 모델을 제시한다. 이에 따라 이머징 국가들은 금융 포용성을 증대시키고, 금융 시스템에 접근하기 어려웠던 사람들에게도 대출 기회를 제공할 수 있다.

결론적으로, AI와 대체 데이터의 활용은 이머징 국가에서 전통적인 신용 정보의 부족을 극복하고, 디지털 발자취를 활용한 혁신적인 신용 평가 시스템을 구축하는 데 중요한 역할을 하고 있다.

1.5.2 사기 탐지 및 방지: 디지털 시대의 필수 요소

글로벌 리서치 회사 마켓앤마켓MarketsandMarkets의 발표에 따르면 **사기 탐지 및 방지**fraud detection and prevention, FDP 시장은 260억 달러(한화로 약 33조 8천억 원)의 규모를 자랑하며, 2026년까지는 이보다 3배 더 성장할 것으로 예상된다.[5] 투자의 관점에서 보면, 사기 탐지 및 방지는 금융 기술 분야에서 가장 큰 기회를 제공하는 분야 중 하나다.

사기 탐지 및 방지 시장의 빠른 성장 원인은 분명하다.

- 정부 규제 강화: 정부의 규제가 강화되면서 사기와 범죄를 예방하는 데 있어 통합적인 데이터 접근 방식의 중요성이 부각되었다. 많은 국가에서는 개인 정보 보호 및 데이터 관리에 대한 규제를 강화하고 있으며, 기업들에게 투명하고 효과적인 데이터 관리 전략을 강조하고 있다. 이러한 규제 환경에서 사기 탐지 및 방지 설루션은 기업들이 규제 준수를 유지하면서도 효과적으로 사기를 예방하는 데 필수다.

- 디지털화의 중요성: 코로나19 팬데믹은 국내외에서 온라인 뱅킹, 온라인 쇼핑, 다양한 디지털 서비스의 수요를 폭발적으로 증가시켰다. 이러한 디지털 환경에서는 대규모의 데이터가 생성되므로, 이를 효과적으로 분석하고 관리하는 것이 중요하다. 더욱이, 저비용 설루션의 수요 증가와 함께 사기 탐지 및 방지 기술은 디지털 거래의 안전성을 높이는 핵심 도구로 자리 잡았다.

- 코로나19 이후의 신원 사기 증가: 팬데믹 이후 전 세계적으로 신원 사기가 크게 급증했다. 더 많은 사람이 온라인 환경에서 거래를 하면서, 사기꾼들은 이를 악용하는 다양한 방법을 찾아냈다. 사기 탐지 및 방지 설루션은 이러한 새로운 사기 유형을 탐지하고 예방하는 데 중요한 역할을 한다.

- 소매 및 전자 상거래 분야의 기회: 사기 탐지 및 방지 시장에서 소매 및 전자 상거래 분야는 특히 더 큰 기회를 제공한다. 전자 상거래 플랫폼들은 사용자들의 구매 패턴, 검색 기록, 클릭률 등 다양한 데이터를 보유하고 있다. 이러한 정보는 효과적인 사기 탐지 및 방지 설루션 구축의 기반이 된다. 또한 다양한 이커머스 플랫폼들이 자체적인 신용 평가 시스템을 구축하면서, 사기 탐지 및 방지 기술의 활용 범위가 확대되고 있다.

이러한 위험에 대응하기 위해 머신러닝과 AI를 활용한 사기 거래 탐지 및 방지 시스템의 중요성이 부각되고 있다. 사기 거래의 패턴은 지속적으로 변화하기 때문에, 기존의 정적인 규칙 기반 시스템만으로는 더 이상 효과적인 탐지가 어렵다. 따라서 네트워크 그래프 분석, 비지도 학습, 딥러닝 등의 최신 기술들을 활용하여 새로운 사기 패턴을 조기에 탐지하고 대응하는 연구가 활발히 진행되고 있다.

---

5 https://www.marketsandmarkets.com/Market-Reports/fraud-detection-prevention-market-1312.html

이에 맞서 사기꾼들 또한 AI와 최신 기술을 활용하여 더욱 정교한 사기 방법을 개발하고 있다. 이는 사기 탐지 및 방지 시장의 성장을 더욱 가속화시키는 요인 중 하나다. 사기 리스크 관리에 있어 이러한 새로운 도전과 기회는 이 기술과 관련한 더 깊은 탐구로 나아가게 한다. 따라서 최신 기술들을 어떻게 활용하여 사기를 더 효과적으로 탐지하고 방지할 수 있는지에 대한 연구와 교육이 필요하다.

1 알파리스크: 알리페이의 최첨단 사기 탐지 및 방지 엔진

사기 탐지 및 방지 분야에서는 상세한 기술이나 방법론이 공개되지 않는 경우가 많다. 그 이유는 이러한 정보가 공개될 경우 사기를 방지하는 역할에 큰 리스크를 초래하기 때문이다. 중국의 핀테크 거인인, 앤트그룹Ant Group이 개발한 사기 리스크 관리 엔진 **알파리스크**Alpharisk도 예외는 아니다. 상세한 알고리즘은 공개되지 않았지만, 비밀스러운 내부 작동 방식에 대한 일부 정보는 알려져 있다.

2017년에는 이미 딥러닝과 강화학습 모델이 알파리스크에 적용되었고, 이 기술은 세계적인 핀테크 기업인 **페이팔**PayPal의 사기 탐지 기술을 능가한다고 평가받았다. 2023년에는 **LLM**(대형 언어 모델) large language model을 도입하여 사람의 개입을 크게 줄이면서도 사기 케이스를 정확하게 탐지하고, 관련된 네트워크 정보와 원인을 LLM을 통해 사용자에게 알려준다.

사기 탐지 기술은 사기 케이스가 빈번한 환경에서 더욱 발전한다. 한국은 사기 케이스가 상대적으로 적은 국가이므로, 사기 탐지 및 방지 시스템을 발전시키기에 이상적인 환경은 아니다. 그러나 디지털 거래의 국경이 사라지는 현대에는 이러한 시스템의 발전이 필수다.

2020년 'Alipay Risk & Security Tech Launch 2020'에서 공개된 알파리스크의 소개 자료를 통해 알 수 있는 알리페이의 사기 손실률은 2020년에 1천만 건 중 0.64건으로, 이는 매우 낮은 수준이다. 이러한 기술의 발전과 성과는 알리페이가 글로벌 핀테크 시장에서 리더로서의 위치를 더욱 공고히 하고 있다는 증거다.

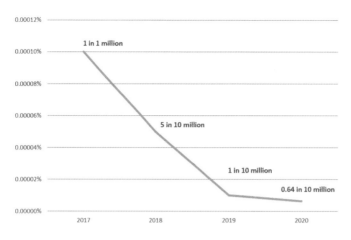

그림 1-7 알파리스크 사기 손실률(출처: Alipay Risk & Security Tech Launch 2020)

❷ 글로벌 결제 시장 강자 페이팔과 비자: AI 기반의 사기 탐지의 진화

페이팔은 고객의 신뢰를 유지하기 위해 지속적으로 사기 탐지 기술을 개선하고 있다. 2018년, 페이팔은 **Simility**라는 사기 탐지 전문 기업을 인수하여 그들의 사기 탐지 능력을 강화했다. Simility는 다양한 데이터 소스에서 데이터를 수집하고 분석하여 사기를 탐지하는 데 사용되는 동적인 솔루션을 제공한다. 그들의 플랫폼은 다음과 같은 특징을 갖추고 있다.

- 적응형 데이터 모델링: Simility는 머신러닝을 활용하여 지속적으로 변화하는 사기 행태를 감지하고 적응한다.
- 화이트리스트와 블랙리스트: **화이트리스트**whitelist는 안전한 거래자나 IP 주소 등을 포함하며, **블랙리스트**blacklist는 사기로 알려진 거래자나 IP 주소 등을 포함한다. 이 두 목록을 통해 페이팔은 악의적인 활동을 신속하게 필터링하고 안전한 거래를 보장할 수 있다.
- 실시간 분석: Simility의 플랫폼은 거래가 일어나는 즉시 데이터를 분석하여 사기 거래를 실시간으로 탐지한다.
- 시각화 도구: 사용자는 시각화 도구를 통해 데이터의 패턴과 트렌드를 쉽게 파악할 수 있다. 이를 통해 사기 탐지 전문가는 의심스러운 활동을 신속하게 식별하고 대응할 수 있다.
- 자동화된 대응: 시스템은 사기로 의심되는 거래를 자동으로 탐지하고, 필요한 경우 해당 거래를 차단하거나 검토하기 위해 알림을 보낸다.

그림 1-8 사기 거래 데이터 종류(출처: Simility)

비자VISA는 자체 거래망과 인공지능 기술을 통해 모든 거래를 강화하고 있다. 이러한 노력의 결과로, 비자는 **VAA**Visa Advanced Authorization를 통해 전 세계 발급기관에 실시간 리스크 점수를 제공하고 있다. 이 점수는 더욱 목표 지향적이고 정보 기반의 인증 결정을 촉진한다.

VAA의 주요 특징은 다음과 같다.

- 간단한 사용 리스크 점수: VisaNet를 통해 실시간으로 좋은 거래와 나쁜 거래를 식별하는 리스크 점수 제공한다.
- VisaNet의 글로벌 인사이트: 비자의 광범위한 데이터와 사기 관련 통찰력 활용한다.
- 전체 고객 뷰: 고객의 계좌 기록 중 최근 2년간의 데이터 프로필을 활용한다.
- 비자 AI 플랫폼: 최첨단 머신러닝 기술을 사용하여 클라우드 기반의 사기 리스크 모델을 구현한다.

비자가 정확히 어떤 머신러닝 모델을 사용하는지에 대한 상세 정보는 공개되지 않았지만, 홍보 자료와 연구를 통해 이들이 사용하는 기술을 어느 정도 추측할 수 있다. 특히 비자는 유사한 거래를 그룹화하여 사기 여부를 판별하는 클러스터링 알고리즘에 중점을 둔 것으로 보인다. 자세한 내용은 사내 비밀로 간주되어 공개되지 않기 때문에, 우리는 이를 기반으로 다양한 가정을 할 수밖에 없다. 그러나 이 책에서는 사기 탐지 및 방지의 광범위한 주제에 대해 깊게 다룰 예정이므로, 이 주제에 관심이 있는 독자들은 지속적인 관심을 가져주길 바란다.

1.5.3 고객 서비스

최근 금융 서비스 분야에서 AI의 활용은 더욱 세밀하고 개인화된 서비스 제공의 핵심 역할을 하고 있다.

챗봇 및 AI 비서

추천 시스템

고객 여정

AI 기반 금융 상품 마케팅

그림 1-9 금융 고객 서비스에서의 AI 활용

- 챗봇과 AI 비서: **웰스파고**Wells Fargo를 보자. 웰스파고는 구글 클라우드의 AI 기술을 기반으로 한 가상 비서 **Fargo**를 도입했다. 이 Fargo는 고객들의 반복적인 은행 업무를 자동화하며 24시간 연중무휴 서비스를 제공한다. 이로 인해 고객은 더욱 편리하게 서비스를 이용할 수 있게 되었고, 웰스파고는 인력 비용을 절감하며 효율적인 서비스 제공이 가능해졌다.

- 추천 시스템: **JP모건 체이스**JPMorgan Chase의 사례가 주목받고 있다. 이 회사는 AI를 활용하여 고객의 투자 패턴, 선호도, 리스크 허용 수준 등을 분석하고, 이를 바탕으로 고객에게 최적화된 투자 상품을 추천한다. 이와 같은 개인화된 추천은 고객에게 더 나은 투자 기회를 제공하며, JP모건 체이스에게는 상품 판매량 증가의 기회를 가져다준다.

- 고객 여정 관리: 이 분야의 AI 활용도 눈부시다. **뱅크 오브 아메리카**Bank of America의 AI 비서 모바일(애플리케이션) **에리카**Erica는 고객의 지출 패턴, 저축 습관, 재무 목표를 분석하여, 고객에게 맞춤형 재무 관리 방안을 제안한다. 이렇게 되면 고객은 자신의 재무 상황을 더욱 체계적으로 관리하게 되고, 미래 재무 목표 달성에 한 걸음 더 가까워진다.

- AI 기반 금융 상품 마케팅: **아메리칸 익스프레스**American Express가 두각을 나타낸다. 이 회사는 고객의 구체적인 소비 패턴을 깊이 있게 분석하여, 특정 브랜드나 상점에서의 할인 혜택뿐만 아니라, 고객의 생활 스타일과도 잘 어울리는 카드 상품을 추천한다.

눈에 띄는 금융 기술의 발전과 함께, 고객들의 은행과의 상호작용에 대한 기대치도 변화하고 있다. 보스턴 컨설팅 그룹의 리테일 뱅킹 조사에 따르면, 고객들은 은행의 서비스가 다양한 산업 분야의 선두 기업들처럼 편리하고 맞춤화된 서비스를 제공하기를 원한다는 사실이 밝혀졌다.

'은행이 어떤 모습으로 나를 대하길 원하나요How customers want to interact with their bank?'라는 질문에 대한 답으로, 37%의 응답자는 '아마존Amazon같이'라고 답했다. 이는 고객들이 자신이 필요한 서비스나 정보를 정확히 알고 있으며, 이와 관련한 자동화된 피드백에 대한 개방성을 가지고 있다는 것을 의미한다. 이어서, 29%는 '개인 비서'를 원한다고 답했는데, 시작점을 모르지만 필요한 것을 알고 싶어하는 고객들의 의견을 반영한 것이다. 16%는 슈퍼마켓을 선택하여, 자신이 필요한 서비스나 상품이 확실히 제공될 것을 알고 싶어 한다는 의견을 나타냈다. 11%는 주기적인 방문이 중요하다는 관점에서 의사나 치과 의사를, 6%는 피트니스 클럽처럼 일상적인 루틴의 중요한 부분에 은행이 포함되길 원한다는 의미에서 피트니스 클럽을 선택한 것으로 볼 수 있다.

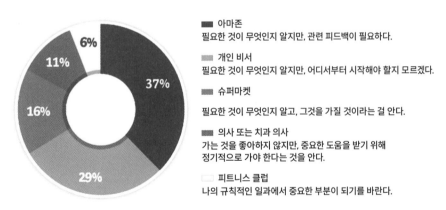

그림 1-10 고객이 원하는 은행의 모습은?(출처: 보스턴 컨설팅 그룹 리테일 뱅킹 설문)

이러한 결과는 금융 분야의 전통적인 경계가 점차 허물어지고 있음을 나타낸다. 고객들은 더이상 은행을 단순한 금융 거래의 장소로만 보지 않는다. 오히려 그들은 은행이 자신의 일상 생활의 중심이 되길 원하며, 이커머스와 같은 다른 분야에서 경험한 편리하고 개인화된 서비스를 기대한다.

현대의 데이터 환경에서는 풍부한 데이터와 이종 데이터가 폭발적으로 증가하고 있어, 이를 통합적이고 입체적으로 분석하는 것이 중요해졌다. 그 결과, 고객들에게 맞춤화된 서비스와 피드백을 실시간으로 제공할 수 있게 되었다. 24시간 연중무휴로 움직이는 디지털 시대에, 은행들은 단순한 금융기관에서 데이터 중심의 서비스 기관으로의 전환을 추진해야 한다. 이를 통해 은행은 고객의 실생활에 더욱 밀접하게 접근하여 고객의 금융적 결정을 지원하고 개선할 수 있게 될 것이다.

1.5.4 투자와 트레이딩

투자와 거래에서 AI의 역할은 더욱 중요해지고 있다. 글로벌 경제의 복잡성과 변동성이 높아짐에 따라, 투자 결정을 내리는 데 정확성과 효율성은 절대적이다. AI는 이러한 분야에서 그 힘을 발휘하며, 투자자들에게 더 나은 결정을 내릴 수 있는 도움을 주고 있다.

로보어드바이저의 성장과 그 성과는 AI의 능력을 명확하게 입증한다. 로보어드바이저는 자동화된 포트폴리오 관리를 제공하며, 투자자의 목표와 리스크 선호도를 기반으로 최적의 투자 전략을 제시한다. 이와 같은 자동화된 시스템은 특히 젊은 세대 사이에서 큰 인기를 얻고 있으며, 그 결과로 투자의 수익률이 꾸준히 증가하고 있다.

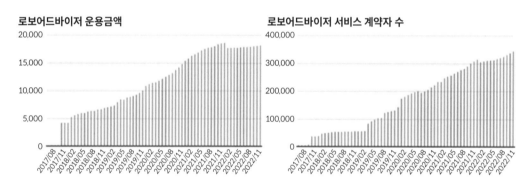

그림 1-11 로보어드바이저 시장 규모 추이(출처: 코스콤 로보어드바이저 테스트베드)

또한 AI 기술을 활용한 예측 모델링은 투자자들이 미래의 시장 동향을 예측하는 데 큰 도움을 준다. 머신러닝과 딥러닝 같은 AI 기술은 대규모의 시장 데이터를 분석하여 인간 트레이더의 눈에는 띄지 않을 수 있는 패턴이나 추세를 파악한다. 이러한 알고리즘은 과거의 데이터와 실시간 데이터를 모두 처리하여 시장의 움직임에 대해 예측하고, 트레이더가 더욱 정보에 기반한 결정을 내릴 수 있도록 돕는다.

거래 실행에서도 AI의 역할은 중요하다. 실시간 거래 시스템은 시장의 빠른 변동에 즉시 대응할 수 있게 함으로써, 투자자에게 큰 이익을 가져다준다. AI 기술을 활용한 초 단위의 고빈도 거래 전략은 이미 정상급 헤지펀드hedge fund에서 많이 활용되는 전략이다.

투자와 관련된 데이터 분석 역시 AI의 강점 중 하나다. AI는 금융 시장의 방대한 데이터를 빠르고 정확하게 분석하여, 투자자에게 깊은 통찰력을 제공한다. 이를 통해 투자자는 시장의 미래 동향에 대한 더욱 정확한 예측을 내릴 수 있다. 예를 들어 딥러닝 알고리즘은 뉴스 기사, 소셜 미디어 피드, 기타 정보 소스를 분석하여 시장의 흐름을 파악한다. 특정 주식이나 시장에 대한 대중의 의견과 감정을 이해함으로써 트레이더는 더욱 정보에 기반한 결정을 내릴 수 있다. 특히 LLM의 등장으로 기존 금융권 애널리스트의 존재 자체를 위협할 만큼 빠르게 시장에 도입되고 있다.

AI 알고리즘은 시장 조작, 내부 거래 또는 비정상 거래 패턴과 같은 거래에서의 사기 활동을 탐지하고 예방하는 데도 사용된다. 대량의 데이터를 분석하고 의심스러운 활동을 식별함으로써 AI는 시장의 무결성을 유지하는 데 도움을 준다.

마지막으로, 투자의 리스크 관리에서도 AI의 중요성은 강조된다. AI는 다양한 리스크 모델링 기법을 활용하여 투자의 리스크를 최소화하고, 최적의 수익을 추구하는 전략을 세울 수 있게 돕는다.

금융 시장의 경계는 AI의 발전에 따라 점점 모호해지고 있다. 데이터의 양과 그 복잡성이 증가함에 따라 AI는 이를 처리하고, 더 정확하고 효율적인 투자 결정을 내리는 데 필수적인 도구로 자리 잡고 있다. AI의 지속적인 발전은 투자자와 금융기관 모두에게 더 나은 투자 환경을 제공하며, 금융 시장의 안정성과 효율성을 높이는 데 크게 기여하고 있다.

1.5.5 준법 감시와 규제

금융 서비스 분야에서 **준법 감시**와 **규제**는 기관의 안전성과 무결성을 보장하기 위한 핵심 요소로 작용한다. 금융기관은 국제적으로 연결되어 있기 때문에, 하나의 기관에서 발생하는 리스크나 오류가 전체 금융 시스템에 대한 신뢰도를 약화시킬 수 있으며, 이는 경제적 위기로 이어질 수 있다. 따라서 규제 준수는 금융 시스템의 안정성을 유지하고, 고객의 자산과 정보를 보호하는 데 있어 중요한 역할을 한다.

AI는 이러한 준법 감시와 규제 환경에서 중요한 역할을 할 수 있다. 금융 거래는 매일 수백만 건에 이르며, 이들 중 일부는 복잡하고 다양한 형태를 가지고 있다. AI는 이런 방대한 데이터를 신속하게 분석하여 특이 사항이나 리스크 요소를 탐지할 수 있다. 또한 AI는 과거의 데이터와 현재의 거래 패턴을 비교하여 이상 거래나 리스크 요소를 신속하게 감지하는 데 탁월한 능력을 가지고 있다. 따라서 AI는 금융기관이 규제 준수를 더욱 효과적으로 수행하고, 잠재적인 리스크 요소를 빠르게 감지해 대응할 수 있도록 도와준다.

이를 구체적으로 살펴보면, 다음과 같은 분야에서 AI의 활용이 강조된다.

- 레그테크: **레그테크**regulatory technology, RegTech는 규제 기술을 의미하며, AI를 통해 금융기관은 규제 준수를 더욱 효과적으로 수행할 수 있다. AI는 자동화된 규제 보고, 실시간 규제 알림, 규제 변경에 대한 빠른 대응을 가능하게 한다. 이를 통해 금융기관은 규제 위반에 따른 벌금이나 제재를 피할 수 있다.
- 자금 세탁 방지: AI는 **자금 세탁 방지**anti-money laundering, AML 프로세스를 강화하는 데 큰 도움을 준다. 복잡한 거래 패턴을 실시간으로 분석하고, 의심스러운 거래를 자동으로 식별함으로써 금융 범죄를 예방하는 데 큰 역할을 한다.
- 고객 알기 제도: AI는 고객의 신원 확인 및 배경 조사를 자동화하여 **고객 알기 제도**know your customer, KYC 프로세스를 더욱 효율적으로 만든다. 특히 고객 문서의 이미지 인식, 텍스트 분석 등을 통해 자동으로 고객 정보를 검증하며, 이상 거래나 의심스러운 활동에 대한 알림을 제공한다.
- 거래 감시: AI 기반의 **거래 감시**trade surveillance 시스템은 금융 시장에서의 부정 거래나 시장 조작과 같은 불법 행위를 실시간으로 탐지한다. 이는 금융기관이 신속하게 대응하고 해당 이슈를 규제기관에 보고하는 데 도움을 준다.
- 규제 보고 자동화: AI는 금융 보고뿐만 아니라 **규제 보고 자동화**regulatory reporting automation를 지원한다. 금융기관은 규제기관에 정확하고 일관된 데이터를 제공할 수 있다. 이는 금융기관의 운영 비용을 절감하고, 규제 준수 프로세스를 간소화하는 데 도움을 준다.
- 규제 변화에 대한 예측 분석: AI는 예측 분석을 통해 미래의 **규제 변경을 예측하고**predictive analysis for regulatory change, 금융기관이 이러한 변경에 미리 대응할 수 있게 돕는다. 이는 금융기관이 규제 환경의 변화에 빠르게 적응하고, 비즈니스 전략을 조정하는 데 큰 도움을 준다.

금융 분야에서의 준법 감시와 규제는 지속적으로 변화하는 복잡한 영역이다. AI의 도입은 이러한 복잡성을 줄이고, 금융기관이 규제 준수를 더욱 효과적으로 수행할 수 있게 만들어준다.

특히 다음과 같은 방면에서 금융 규제 환경에 큰 변화를 가져올 것으로 예상된다.

- 줄어드는 오류: AI와 머신러닝은 수천 개의 데이터 요소를 획득, 분석, 필터링하여 매일 발생하는 'False Positive', 즉 잘못된 양성 반응의 문제를 해결할 수 있다. 이러한 기술은 준법 감독관의 데이터에서 학습하기 때문에, 규제 경고 시스템을 거의 완벽하게 효율화할 수 있다. 데이터 기반의 규제 환경에서 AI 기술은 규제 운영의 효율성을 향상시키는 동시에 비용을 절감하는 데 큰 도움을 준다.
- 비용 절감: 인공지능, 특히 머신러닝을 통해 규제 운영을 지원하는 데 필요한 시간과 인적 자원을 줄일 수 있다. 이로 인해 규제 운영에 대한 지원이 필요한 시간과 인적 자원이 줄어들게 된다.
- 인간의 실수 최소화: 방대한 양의 데이터는 해석의 가능성을 만들어낸다. 이는 쉽게 인간의 오류로 이어질 수 있다. 규제 준수가 기술 중심으로 발전함에 따라, AI와 머신러닝 솔루션은 인간의 오류를 최소화하는 데 도움을 줄 수 있다.

이러한 관점을 포함하여 AI는 금융 분야의 규제 환경에서 빠른 변화와 진화를 가져올 것으로 예상된다. AI의 도입과 활용은 금융기관이 규제 환경에 더욱 민첩하게 대응하고, 더욱 안정적이며 투명한 서비스를 제공하는 데 결정적인 역할을 할 것이다.

1.5.6 프로세스 자동화

AI와 프로세스 자동화의 결합은 로보틱 처리 자동화의 기존 접근법을 넘어서는 새로운 전략을 제시한다. 이는 기존 RPA의 기능에 AI의 지능적인 기술이 결합되어 노동 집약적인 업무의 효율을 크게 향상시킨다. 대표적으로, 고객 응대 업무에서 은행과 다른 금융 기업들은 챗봇 개발에 큰 투자를 하고 있다. ChatGPT와 같은 선진적인 AI 모델의 등장은 이러한 투자의 가치를 크게 높였다. 이러한 최신 AI 챗봇은 고객의 질문에 대해 빠르고 자연스럽게 응답하며, 기존의 챗봇과는 비교할 수 없는 수준의 서비스를 제공한다.

AI를 중심으로 한 프로세스 자동화는 **인텔리전트 오토메이션**intelligent automation 또는 **하이퍼오토메이션**(초자동화)hyperautomation이라는 용어로도 불린다. 특히 자연어 처리나 비전 전공자들에게 이 분야에서의 활약 기회가 많을 것이다.

금융 분야에서 AI를 활용한 프로세스 자동화의 주요 사례는 다음과 같다.

- 로보어드바이저: 투자자에게 자신의 투자 목표와 리스크 선호도를 기반으로 자동 포트폴리오 구성을 제안하는 AI 기반 자산 관리 서비스다.

- 클레임 처리: 대부분의 보험회사는 보험 청구 처리 과정에서 AI를 사용해 자동화된 결정을 내리며, 사기나 다른 리스크 요소를 신속하게 감지한다.

- 대출 심사: AI는 대출 신청자의 전체 프로필을 고려하여 기존의 신용 평가 모델보다 더 나은 대출 한도와 금리를 결정한다.

- 자금 세탁 방지 및 고객 알기 제도: 금융기관은 AI를 사용해 자금 세탁 방지 및 고객 알기 제도 과정에서 고객의 프로필과 거래를 분석하고, 불법 거래나 돈세탁 활동을 신속하게 감지한다.

- 자산 관리: AI는 자산 관리에서 자산 분류, 예측 분석, 포트폴리오 최적화 등의 작업을 자동화해 자산 관리의 효율성을 크게 향상시킨다.

이렇게 AI는 프로세스 자동화를 통해 금융 서비스의 효율성을 크게 향상시키며, 다양한 분야에서 혁신을 주도하고 있다. 다음은 프로세스 자동화 중 보험 클레임 처리 부분에서 구체적으로 어떻게 AI가 활용되고 도움이 되는지 살펴본다.

AI의 발전은 보험 업계에서 클레임 처리를 개선하는 데 중요한 역할을 하고 있다. 특히 보험 클레임 처리는 고객의 만족도와 보험사의 경제적 효율성에 큰 영향을 미치는 부분으로, AI의 활용은 이러한 프로세스를 더욱 빠르고 정확하게 만드는 데 기여하고 있다.

- 보험 클레임의 빠른 해결: AI를 활용하면 보험 클레임을 더 빠르게 처리할 수 있다. 클레임이 오래될수록 처리 비용이 증가하므로, AI의 지능적인 데이터 수집 기능을 활용하여 클레임을 신속하게 처리하면 비용을 절감할 수 있다. 또한 클레임 처리 시간의 단축은 소송 리스크도 감소시킨다.

- 수동 작업의 감소: 최근에는 보험회사들이 클레임 처리 과정에서 수동 작업을 줄이는 데 중점을 둔다. 과거에는 품질 보증을 위해 해외의 많은 직원들이 콜센터 전화 내용을 손으로 적는 것이 일반적이었으나, 현재는 AI가 더 높은 품질로 같은 작업을 수행한다.

- 더 완전한 클레임 제출: AI 기반의 지능적인 입력 설루션을 사용하면 보험사는 클레임 문서에서 원하는 만큼의 데이터를 수집할 수 있다. 더 많은 데이터를 수집하면 클레임 판단을 더 정확하게 할 수 있으며, 이는 보험사의 손실과 결합 비율에 영향을 미친다.

- 보험 사기 탐지: AI는 보험 사기를 탐지하는 데 큰 도움을 준다. 지능적인 입력을 통해 데이터를 수집, 처리, 이해한 후 다른 데이터셋과 비교하여 사기를 식별한다. AI는 사람이 찾아내기 어려운 보험 사기의 가능성을 감지할 수 있다.

- 고객 경험 개선: AI 기술의 올바른 활용은 클레임 처리를 더 빠르게 만들어 고객의 만족도를 높이고, 보험사의 **순추천고객지수**net promoter score, NPS를 향상시킨다. AI 기술은 프로세스를 간소화하고, 고객에게 동일한 문서를 여러 번 제출하라는 요청을 줄이며, 회사의 평판을 향상시킬 수 있다.

1.6 금융 AI 핵심 문제 정의

금융 분야에서 AI를 활용한 다양한 사례를 살펴보았다. 이를 통해 AI의 놀라운 가능성과 그 영향력을 확인할 수 있었다. 여기서 주목해야 할 것은 AI가 단순한 기술적 도구가 아니라, 금융 서비스의 질을 향상시키고, 비용을 절감하며, 고객 경험을 개선하는 중요한 파트너로 자리 잡고 있다는 점이다.

금융 AI 전망으로 넘어가기 전에, AI라는 도구를 사용해 금융 문제를 해결할 여러분을 위해 **문제 정의**problem statement를 도와줄 수 있는 몇 가지 질문을 모아봤다. 함께 살펴보자.

금융 분야에서 AI의 잠재력은 무궁무진하다. 이를 증명하듯, 2023년 11월 올리버와이만OliverWyman에서 주최한 '글로벌 핀테크 해커톤Global FinTech Hackcelerator'에서는 'AI in Finance Global Challenge'[6]를 주제로 큰 관심을 모았다. 2023년에는 전 세계 금융기관 및 기업들로부터 제출받은 문제 정의가 총 16개였다. 이는 다음과 같은 네 가지 주요 주제로 구분할 수 있다.

- 고객 경험 향상elevating customer experience
- 운영 효율성 향상enhancing operational efficiency
- 리스크, 규정 준수 및 사기 모니터링 강화strengthening risk, compliance and fraud monitoring
- 환경, 사회 및 거버넌스 솔루션 활성화enabling environmental, social and governance solution

이러한 주제들을 중심으로 각 문제 정의를 자세히 살펴보려 한다. 이 문제 정의들은 AI를 활용하여 금융 분야에서 어떠한 도전과 기회가 존재하는지에 대한 깊은 통찰력을 제공한다. 이를 통해 우리는 AI의 미래 전망에 대한 더욱 구체적인 이해를 얻을 수 있을 것이다.

- 고객 경험 향상

- AI를 활용해 내외부의 다양한 데이터를 분석하고, 고객의 깊은 요구와 기대치를 파악하면서 어떻게 개인화된 경험을 제공할 수 있을까? (예: 맞춤 금융 상담, 제품 추천, 맞춤 커뮤니케이션 등)
- AI 기술을 통해 조직 및 규제 기준을 준수하면서 고객의 질문에 안전하게 직접 응답하는 인터페이스는 어떻게 구현할 수 있을까?
- 어떻게 AI를 활용하여 고객 서비스의 콜센터나 운영 팀이 각각의 상황을 고려하여 고객의 질문이나 요구에 신속하게 반응할 수 있도록 지원할 수 있을까?
- 고객과의 상호작용을 분석하여 서비스 품질을 AI로 어떻게 일관되게 유지하고 향상시킬 수 있을까?

• 운영 효율성 향상
- 실시간 시장 데이터와 고객의 선호도를 기반으로, AI를 활용하여 트레이딩 기관이나 자산 관리사가 포트폴리오를 관리하고 최적의 투자 전략을 추천받는 방법은 무엇일까?
- 보험 청약, 대출 발행, 결제 등의 과정에서 AI를 활용하여 정보 수집, 정리, 분석 작업을 어떻게 효율적으로 최적화할 수 있을까?
- 어떻게 하면 AI로 고객이나 내부 팀의 특별한 요청에 대한 비표준 보고서나 응답을 생성할 수 있을까?
- AI를 활용하여 청구서의 다양한 형식을 효과적으로 분류하고 처리하면, 청구 팀은 어떻게 더 복잡한 사례에 집중할 수 있을까?

• 리스크, 규정 준수 및 사기 모니터링 강화
- AI를 활용하여 인간의 개입 없이 고객의 개인 정보 보호 수준을 유지하면서 잠재적 리스크와 사기 활동을 어떻게 자동으로 감지할 수 있을까?
- 내외부 데이터를 분석하여 포트폴리오나 고객의 리스크 수준을 AI로 어떻게 평가하고 매핑할 수 있을까?
- AI를 사용하여 사기 법인의 가치 평가에 대한 투자자의 신뢰도를 어떻게 향상시킬 수 있을까?
- 기업 및 소셜 미디어 플랫폼에서의 활동을 AI로 모니터링하여, 의심스러운 활동을 어떻게 감지할 수 있을까?

- 환경과 사회 및 거버넌스 설루션 활성화
    - 기관 간에 제한되고 파편화된 데이터를 고려하여, AI는 어떻게 기후 리스크, 배출, ESG 데이터를 효과적이고 신뢰할 수 있게 표준화하여 측정, 추적, 검증할 수 있을까?
    - 어떻게 AI를 활용하면, 예상되는 기후 리스크, 산업 표준, 규제 요구 사항 또는 비즈니스 목표와 같은 요인들을 고려하여, 사업의 특성과 지속 가능한 경로를 기반으로 넷제로(탄소 중립)net zero 계획을 지원할 수 있을까? 넷제로 계획의 예로는 탄소 저감 경로, 지속 가능성 성과 목표, 지속 가능성과 연결된 대출 등이 있다.

이러한 질문들은 단순한 궁금증에서 출발한 것이 아니다. 이는 알리안츠Allianz SE 싱가포르 지점, ANZ 싱가포르, 뱅크 오브 싱가포르Bank of Singapore, BNP 파리바BNP Paribas, 씨티은행Citibank, DBS은행, 익스페리안 카드 서비스Experian Credit Services, FWD 그룹FWD Group, 그레이트 이스턴 라이프Great Eastern Life, 일루미네이트 파이낸셜 매니지먼트Iluminate Financial Management, Jan Cap Pte. Ltd, 런던증권거래소그룹London Stock Exchange Group plc. LSEG, 메이뱅크 싱가포르Maybank Singapore, 뮤닉 재보험회사Munich Reinsurance Company, 뉴 실크로드 투자New Silk Road Investment, OCBC은행, 패션 벤처 캐피털Passion Venture Capital Pte Ltd, S&P 글로벌 마켓 인텔리전스 등 세계적인 금융 및 보험회사들이 함께 모여서 도출해낸 문제 정의다.

이 회사들은 각자의 업계에서 수년간의 경험과 전문성을 바탕으로 이러한 문제 상황을 식별했다. 이는 AI를 통한 해결책을 찾아가는 과정에서 중요한 척도가 될 것이다. 이 문제들은 당면한 현실적인 문제들을 반영하고 있다. 이에 대한 답은 아직 명확하게 제시되지 않았을지라도, 이를 참고하면 AI와 금융 분야의 통합에 대한 깊은 이해를 얻을 수 있을 것이다.

이러한 문제 상황들은 단순히 문제를 제시하는 것을 넘어, AI의 미래적인 활용 가능성과 그 방향성을 제시한다. 따라서 이를 통해 우리는 AI가 금융 분야에서 어떠한 역할을 수행할 수 있을지, 그 가능성이 어떻게 현실화될 수 있을지에 대한 힌트를 얻을 수 있다.

1.7 금융 AI 전망과 도전적 과제들

우리는 AI를 전기나 물처럼 사용하는 사회로 빠르게 진입하고 있다. 인터넷과 모바일이 미래의 기술이 될 거라는 의견에 거부감을 느꼈던 회사 중 많은 회사가 지금은 시장에서 사라졌다. AI는 현재 금융 산업에서 그러한 역할을 하고 있으며, 이 기술을 접목하지 못한 기업은 살아남기 어려울 것이다. 특히 데이터 중심의 산업인 금융에서는 AI의 중요성이 더욱 두드러진다.

- 대량의 데이터로부터의 깊은 인사이트 도출: 금융 기업들은 거래 내역, 고객의 행동 패턴, 시장 동향 등 방대한 양의 데이터를 보유하고 있다. AI는 이런 데이터의 깊은 층을 탐색하여 숨겨진 패턴이나 경향을 발견하고, 그로부터 중요한 비즈니스 인사이트를 도출해낼 수 있다.
- 생산성 향상과 프로세스 자동화: AI는 반복적이고 기계적인 작업에서부터 복잡한 결정 과정에 이르기까지 다양한 업무를 자동화하며, 이를 통해 기업의 생산성을 크게 향상시킬 수 있다.
- 고객 경험의 혁신: AI는 고객의 선호나 행동을 실시간으로 분석하여 맞춤형 서비스나 제안을 할 수 있다. 이에 따라 고객은 더욱 개인화된 경험을 누릴 수 있게 된다.
- 더 안전한 금융 서비스 제공: AI는 금융 거래에서의 이상 징후나 보안 위협을 실시간으로 탐지하며, 이를 통해 사기나 해킹 시도를 즉시 차단할 수 있다.
- 리스크 관리의 정밀화: 머신러닝은 고객의 신용 동향, 시장의 변화 등 다양한 요인을 고려하여 리스크를 예측하고 관리할 수 있다. 이를 통해 금융 기업은 더욱 안정적인 서비스를 제공하며, 동시에 잠재적인 리스크로부터 자신을 보호할 수 있다.

이러한 방법을 통해 AI는 금융 산업의 미래를 형성하며 그 중심에 서게 될 것이다. 금융 기업들은 이러한 기술적 변화에 민첩하게 대응하여 시장의 선두주자로 남아 있어야 한다. 물론 장밋빛 전망만 가득한 것은 아니다. 금융에서 AI의 역할은 중요하겠지만 금융권에 존재하는 다음 몇 가지 도전 과제들이 있다.

1.7.1 양질의 데이터 확보

금융 분야에서는 데이터의 품질과 양이 결정적인 역할을 한다. 특히 AI를 활용한 모델링과 예측에서 양질의 데이터 확보는 매우 중요하다. 국내 금융권에서는 여러 도전 과제가 존재한다.

국내에서는 '마이데이터MyData'[7]와 같은 정부 주도 사업을 통해 금융 데이터와 이종 데이터의 결합을 시도하고 있지만, 이러한 노력에도 불구하고 금융 데이터와 이종 데이터의 결합, 특히 동종 업계 간의 협업은 쉽지 않다. 금융권 특성상 고객 데이터는 중요한 자산으로 간주되기 때문에, 다른 기관과의 데이터 공유는 경쟁력 상실의 리스크성으로 인식된다. 또한 개인 정보 보호와 관련된 규제

---

7 개인 데이터의 주체인 개인이 자신의 데이터를 통제하고 관리할 수 있는 서비스나 시스템을 의미한다. 이는 개인이 자신의 금융, 건강, 구매 등 다양한 분야의 데이터를 한데 모아 관리하고, 이를 기반으로 맞춤형 서비스를 받을 수 있게 하는 개념이다. 마이데이터는 정보 주체의 동의하에 데이터를 수집하고, 개인에게 유용한 형태로 정보를 제공하여 데이터의 가치를 극대화한다.

와 법률 문제도 데이터 공유의 장애물로 작용한다.

이러한 문제점을 극복하기 위해 제안되는 방안 중 하나는 정부 주도의 마이데이터 사업과 같은 프로젝트를 활용하여 금융 데이터와 다른 영역의 데이터를 통합하고 공유하는 것이다. 이를 통해 기존의 제한된 데이터 풀을 확장하고, 다양한 분석과 서비스 제공이 가능해질 것으로 기대된다. 또한 제3자 데이터 전문 기관의 설립을 통해 중립적인 입장에서 데이터를 관리하고 제공하는 것도 한 가지 해결 방안으로 제시하고 있다.

결과적으로, 금융권에서의 데이터 확보와 공유는 AI 기술의 효과적인 활용을 위한 핵심 요소로, 이에 대한 지속적인 연구와 노력이 필요하다.

1.7.2 규제 및 보안 이슈

금융 분야는 그 특성상 매우 민감한 정보를 다룬다. 따라서 데이터 보안에 대한 기준과 규제가 다른 산업보다 훨씬 엄격하게 적용되고 있다. 특히 금융 기업이나 핀테크 업체는 데이터를 분리된 망에서 다루게 되는데, 이는 외부의 침입이나 유출 리스크를 최소화하기 위한 조치다.

이러한 엄격한 보안 조치와 규제로 인해 금융권에서의 데이터 협업은 상당한 도전 과제로 다가온다. 동종 업계 또는 이종 업계와의 데이터 공유나 협업을 추진할 때, 먼저 규제 요건을 만족시켜야 한다. 이에 따라 협업의 속도가 느려질 수 있으며, 때로는 협업이 불가능한 경우도 발생한다.

또한 데이터 보안 문제는 단순히 규제를 넘어서 고객의 신뢰 문제로 이어질 수 있다. 금융 기업이 보유한 데이터에는 고객의 개인 정보, 거래 내역, 투자 정보 등 매우 민감한 정보가 포함되어 있기 때문에, 이러한 정보가 유출될 경우 기업의 이미지 손상은 물론, 고객의 신뢰도 크게 떨어질 수 있다.

따라서 금융 분야에서 AI를 효과적으로 활용하기 위해서는 이러한 규제 및 보안 이슈를 극복하는 방안을 모색해야 한다. 규제와 보안을 준수하면서도 효율적인 데이터 협업과 공유를 추진하는 것은 금융 분야에 AI를 도입할 때 해결해야 할 큰 과제 중 하나로 간주된다.

1.7.3 기존 레거시 시스템의 한계

전통적인 금융기관은 수십 년 동안 그들의 업무 방식과 시스템을 구축하고 운영해왔다. 이러한 시스템은 안정적이고 검증된 업무 프로세스에 근거하며, 금융기관이 안정성과 신뢰성을 유지하는 데 중요한 역할을 해왔다. 그러나 디지털화와 기술의 급속한 발전 앞에서 이러한 **레거시 시스템** legacy system[8]은 유연성과 확장성이 부족하다는 단점이 뚜렷하게 드러나게 된다.

레거시 시스템은 금융기관이 새로운 기술과 혁신에 빠르게 대응하기 어렵게 만든다. 특히 AI와 같은 첨단 기술의 도입과 통합에 있어서는 큰 장벽으로 작용한다. 따라서 전통적인 금융기관은 변화의 속도를 가속화하기 위한 **파괴적 혁신**disruptive transformation의 필요성을 느끼게 된다.

가장 혁신적인 은행으로 꼽히는 **DBS 은행**DBS Bank은 전략적인 디지털 변환 과정을 통해 금융 업계에서의 선도적인 위치를 확립했다. 이들은 고객 중심의 접근 방식을 채택하여, 모바일 및 온라인 플랫폼의 사용자 경험을 최적화함으로써, 고객에게 더 직관적이고 편리한 서비스를 제공할 수 있도록 기존 시스템을 재구축했다. 이러한 노력에는 데이터 분석과 고객 행동 연구가 포함되었으며, 이를 통해 개인화된 금융 설루션을 제공하고 있다. 또한 DBS 은행은 클라우드 컴퓨팅, 인공지능, 빅데이터와 같은 최신 기술을 적극적으로 도입하여 운영 효율성을 향상시키고, 새로운 혁신적인 상품과 서비스를 개발했다. 이러한 디지털 전환은 고객 만족도를 높이고, 비용을 절감하며, 시장에서의 경쟁력을 강화하는 결과를 가져왔다. 반면, 이러한 변화를 느리게 받아들이는 전통적인 금융기관은 새로운 인터넷 은행이 제공하는 우수한 고객 경험 앞에서 경쟁력을 잃게 될 것이다.

1.7.4 윤리적 고려의 중요성

금융산업은 그 자체로 고객의 신뢰와 긴밀하게 연결되어 있다. 고객들은 자신의 재산과 미래를 금융기관에 맡기고 있으므로, 이러한 기관이 제공하는 서비스와 상품에 대한 신뢰는 필수다. 따라서 금융 회사는 윤리적 가치를 중심으로 한 경영을 통해 고객의 신뢰를 얻고 유지해야 한다.

AI의 도입은 이러한 윤리적 고려를 더욱 복잡하게 만든다. AI가 금융 서비스의 여러 영역에서 활용되면서, 그 결정 과정이 어떠한 기준과 원칙에 따라 이루어지는지에 대한 관심이 커지고 있다. 특히 AI가 편향된 데이터를 기반으로 학습할 경우, 그 결과로 나오는 결정이나 추천이 편향될 수 있기 때문에 이를 방지하는 것이 중요하다.

또한 AI 기술을 활용한 금융 상품의 마케팅과 판매에서도 윤리적인 고려가 필요하다. AI 알고리즘

---

8 기존의 오래된 컴퓨터 시스템이나 소프트웨어 애플리케이션을 말한다. 이 시스템들은 종종 기업이나 기관에서 오랜 시간 동안 사용해온 기술로, 현대의 기술 표준이나 요구 사항에 미치지 못할 수 있다. 레거시 시스템은 과거의 데이터와 호환성을 유지하고, 안정성과 신뢰성이 검증되었기 때문에 계속해서 사용하고 있지만, 새로운 기술로의 전환을 어렵게 만들어 기업의 혁신과 성장에 장애가 될 수 있다.

은 대규모의 데이터를 분석하여 고객별로 최적화된 금융 상품을 추천할 수 있다. 그러나 이러한 추천이 고객의 실제 필요와 일치하지 않거나 과장된 수익률을 기반으로 한다면, 이는 고객의 재산을 리스크에 빠뜨릴 수 있다. AI가 제공하는 데이터 분석 결과는 객관적이고 정확할 수 있지만, 그로 인한 마케팅 전략이나 상품 추천에 있어서도 윤리적인 판단은 필요하다. 특히 도박과 유사한 상품 추천이나 과도한 리스크를 포함한 금융 상품의 마케팅은 고객이 부적절한 결정을 내릴 가능성을 동반하는데, 이는 금융 회사의 윤리적 책임과도 직결된다. 따라서 AI 기술의 활용 범위와 한계를 정확히 인지하고, 이를 기반으로 한 마케팅 전략은 항상 윤리적인 가치와 함께 고려되어야 한다.

이처럼 AI와 금융의 결합은 많은 윤리적 고려 사항을 필요로 한다. 금융 회사는 이러한 윤리적 가치를 지키기 위해 지속적인 노력과 투자에 힘써야 하며, 이를 통해 고객의 신뢰를 얻고 지속적인 성장을 이룰 수 있다.

1.8 마무리

금융이란 단순한 자금의 흐름만을 의미하는 것이 아니라, 인간의 삶과 밀접한 관련을 가진 중추적인 산업이다. 금융기관들은 그 중심에서 다양한 서비스와 제품으로 사회와 경제의 발전을 주도하며, 그 핵심 역할을 지속적으로 수행하고 있다. 최근에는 이러한 금융 산업 내에서 AI의 역할이 점점 더 중요해지고 있다.

금융 AI 시장의 규모는 빠르게 성장하고 있으며, 이 성장세는 더욱 확장될 전망이다. 이러한 변화 속에서 금융 산업 전반에서 AI의 영향력은 명확해지고 있으며, 그 효과와 중요성은 다양한 도입 사례와 주요 동기를 통해 확인할 수 있다.

하지만 AI를 금융에 통합하고 활용하는 것이 순탄하기만 한 것은 아니다. 특히 데이터의 품질, 보안 문제, 윤리적 고려 등 다양한 도전 과제에 직면하게 된다. 이러한 도전 과제들은 결코 간과할 수 없는 부분이며, AI의 진정한 효과를 발휘하기 위해서는 이를 극복하는 것이 필수다.

다음 장에서는 금융 AI의 구체적인 영역과 실무 지식에 대해 깊게 탐구할 것이다. AI와 금융의 조화는 미래의 금융산업을 주도할 핵심 요소로 자리 잡을 것이며, 이를 이해하고 활용하는 것이 우리에게 주어진 중요한 과제다.

2

금융
투자 영역에서의
AI

애널리스트 최상구 대리의 AI 공부

서울의 금융 중심지에 위치한 국내 굴지의 자산운용사에서 애널리스트로 재직 중인 최상구 대리는 큰 고민에 빠졌다. 그의 회사가 개발한 자체 LLM을 활용하여 발표한 기업 분석 보고서가 시장에서 호평을 받았기 때문이다. 최상구 대리 역시 이러한 트렌드를 수동적으로만 바라보지 않았다. 그는 꾸준히 파이썬과 머신러닝 이론을 공부하며 AI를 접목한 투자 상품 개발에 필요한 지식을 쌓고 있었다. 고민 끝에 그는 회사 내에 새로 생긴 AI 기반의 투자 운용 전략을 개발하는 퀀트투자 팀에 지원하기로 결심했다.

사회 초년생 민지 씨의 투자

한편, 대기업에 갓 취업한 민지 씨는 사내에서 선배들의 투자 이야기를 들으며 부쩍 투자에 관심을 가지기 시작했다. 그녀는 성격상 번거로운 일을 꺼리고 투자 지식이 많지 않아 쉽게 투자에 나서지 못했다. 그러나 AI 기반의 투자 성향 분석과 목표에 따른 자산 배분을 해주는 플랫폼에 가입한 후, 매달 일정 금액을 투자에 활용하고 있었다. 투자한 회사의 정보를 매일 요약해주고 주요 내용을 알림 메시지로 받으면서 투자가 한결 간편해졌다.

금융 투자는 그 자체로 굉장히 광범위하므로 우리가 말하고자 하는, 즉 AI와 연관된 금융 투자에 중점을 두고 살펴볼 필요가 있다. 모든 투자 방법론에 AI 기술을 적용할 수 있지만, 여기서는 특히 퀀트 투자와 알고리즘 트레이딩에 초점을 맞추어 살펴보고자 한다. 앞으로 살펴볼 내용처럼 재량적 투자에서도 AI라는 도구를 적극적으로 활용하는 시대에 진입했으므로 이러한 구분이 무의미할 수도 있지만, 우리가 실습을 진행할 부분은 전반적으로 체계적인 투자 방법에 가까우니 이에 대해 조금 더 자세히 설명을 하고 넘어가고자 한다.

2.1 대표적인 금융 투자 방식

금융 투자란 개인이나 기업이 돈을 유동화하여 다른 사업이나 자산에 투자하는 것을 말한다. 이렇게 투자함으로써, 투자자는 더 큰 이익을 추구할 수 있다. 게다가 이런 활동은 단순히 투자자의 이익만을 추구하는 것이 아니다. 기업이 사업을 확장하거나, 전체 경제가 성장하는 데도 크게 기여한다.

- 주식 투자: 회사의 주식을 사는 것. 주식 가격이 오르면 그 차액만큼 이익을 얻는다. 반면, 가격이 떨어지면 손실을 입을 수도 있다.
- 채권 투자: 정부나 기업이 발행하는 채권을 구매하는 것이다. 이자를 정기적으로 받게 되며, 채권 만기 시 원금을 돌려받는다.
- 부동산 투자: 주택이나 땅, 상업용 건물 등을 구매하는 것이다. 임대나 판매를 통해 수익을 얻을 수 있다.
- 원자재 투자: 금이나 은, 기름 같은 원자재를 구매하는 것이다. 가격이 상승하면 그 차액만큼 이익을 얻는다.
- 상호금융 투자: P2P 대출이나 크라우드 펀딩 같은 플랫폼을 통해 소액을 투자하는 것이다. 여러 사람들과 함께 투자하여 수익을 나눠 갖는다.

퀀트 투자quant investment란 무엇일까? 퀀트 투자는 체계적systematic 투자 방법론으로, 전통적으로는 뚜렷한 가정에 기반한 통계 모델을 사용하여 투자 결정을 내렸다. 반면, 이와 반대되는 개념인 재량적discretionary 투자는 기계가 아닌 인간 투자자의 경험과 직관에 따라 투자 결정을 내리는 방식이다. 그러나 최근에는 머신러닝과 딥러닝의 기술이 소위 퀀트 투자에 접목되면서, 이전의 가정 기반 투자 방식에서 벗어나 복잡한 패턴이나 비선형 관계를 탐색하는 새로운 투자 방식으로 발전했다. 따라서 머신러닝과 딥러닝은 투자자들에게 금융 데이터에서 숨겨진 패턴을 발견하거나 예측 모델을 구축하는 데 큰 도움을 주었다.

퀀트 투자를 이야기할 때 많이 언급되는 **알고리즘 트레이딩**algorithmic trading은 컴퓨터 기반의 자동화된 트레이딩 시스템을 사용하여 금융 시장에서 자산을 거래하는 방식이다. 흔히 시스템 트레이딩이라고도 불린다. 이 방식은 사전에 정의된 규칙과 알고리즘에 따라 거래 결정을 자동으로 수행한다. 이러한 시스템의 주요 장점은 속도와 정확성이며, 인간의 감정적 판단을 배제하고 일관된 전략에 따라 투자할 수 있다는 점이다. 알고리즘 트레이딩은 주식, 채권, 외환, 선물 등 다양한 금융 시장에서 적용되며, 그 목적은 수익을 극대화하고 리스크를 최소화하는 것이다. 퀀트 투자 전략은 알고리즘 트레이딩의 기반이 될 수 있다. 즉 퀀트 투자로 얻은 투자 아이디어나 전략을 알고리즘으로 구현하여 실제 투자 활동에 적용하는 것이 알고리즘 트레이딩이라고 할 수 있다.

결론적으로 논의하고자 하는 금융 투자 방법론은 체계적인 투자 방식에 속한다. 이는 알고리즘 트레이딩과 퀀트 투자는 물론이고 AI 기술을 활용한 투자 방식도 이에 포함된다.

2.1.1 퀀트의 기원과 AI 시대

듀크 대학교의 캠벨 하비Campbell Harvey 교수의 연구를 통해 정량 투자의 역사를 살펴보면, 이와 관련한 용어와 방법론 간의 관계를 더욱 명확하게 이해할 수 있을 것이다.

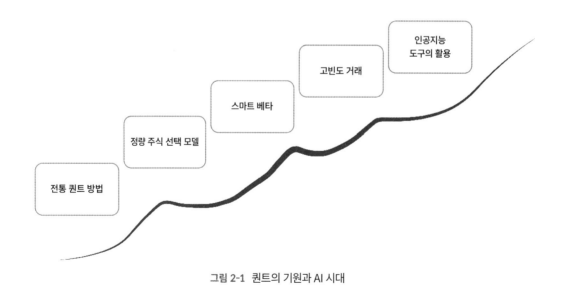

그림 2-1 퀀트의 기원과 AI 시대

체계적인 투자 전략은 과거부터 지금까지 다양한 변화와 발전을 겪었다. 초기에는 주로 **추세 추종**

시스템trend-following system에 기반하여 투자 방식을 운영했다. 이 방식은 100년 이상의 오랜 역사를 지닌 기술 분석을 알고리즘화한 것이다. 기술 분석에는 여러 방법이 있지만, 주로 추세의 확인과 추정에 중점을 둔다. 이 방식의 단점이자 한계는 트렌드의 반전 지점을 정확히 예측하기 힘들다는 것이었다. 시간이 흘러 알고리즘은 발전하게 되었고, 길고 강한 추세의 신호가 나타나면 리스크를 줄이는 방향으로 전략이 진화했다.

다음 발전 단계는 **정량 주식 선택 모델**quantitative stock-selection model로, 이 모델은 알고리즘을 활용하여 어떤 주식을 매수하거나 매도할지를 판단했다. 이 모델들은 단순히 가격 데이터를 넘어 기본적인 정보, 예컨대 가치평가, 성장, 수익성, 품질과 같은 지표를 포함한다.

이후 주목할 만한 혁신은 **스마트 베타**smart beta 전략의 등장으로, 이 저비용 전략은 특정 요인이나 전략, 예를 들면 가치를 중심으로 설계되었다. 스마트 베타 전략은 알고리즘을 활용해 인덱스를 생성하고, 투자자들은 **상장지수 펀드**exchange-traded fund, ETF나 상호 펀드와 같은 다양한 방식으로 전략에 접근할 수 있다.

더욱이, 자본의 유입이 늘어남에 따라 많은 투자자들은 비용을 줄이는 것이 알파를 증대시키는 가장 효과적인 방법이라는 것을 인식하게 되었다. 그 결과, **고빈도 거래**high-frequency trading가 새로운 투자 전략으로 등장했다. 예를 들면 르네상스 테크놀로지와 같은 세계적인 펀드가 이 방법으로 큰 이익을 거두었다.

현재, 우리는 체계적이든 재량적이든 전략에서 AI 도구를 활용하기 시작하는 시대에 위치해 있다. 즉 체계적인 투자 전략을 논의하는 것 외에도 재량적 투자 또한 AI를 활용하고 있다는 의미다. 이 점은 캠벨 하비 교수와 맨그룹MAN Group의 연구자들의 공동 논문인 <Man vs. Machine>[1]에서도 확인할 수 있다. 이 논문에서는 "우리는 이제 모두 퀀트다"라고 강조하며, 계량적 분석이 재량적 펀드와 체계적 펀드를 구분하지 않고 모든 펀드에서 중요하다고 주장한다. LLM이 재량적 투자자들에게 금융 정보 분석과 리스크 요인 탐색에 큰 도움을 주는 것도 그 예시 중 하나다.

결국, 캠벨 하비 교수의 통찰을 통해서도 볼 수 있듯이 현 시대는 체계적 투자 전략과 재량적 투자 전략 모두가 AI라는 강력한 도구를 활용하고 있음을 알 수 있다.

---

[1] https://papers.ssrn.com/sol3/papers.cfm?abstract_id=2880641

알고리즘 트레이딩 시장은 꾸준히 성장하고 있는 분야로, 글로벌 알고리즘 트레이딩 시장 규모는 2020년에 이미 121억 4300만 달러에 달했다. 2021년부터 2028년까지 연평균 성장률(CAGR)은 12.7%에 이를 것으로 예측되며, 이에 따라 2028년 시장 규모는 314억 9400만 달러에 이를 것으로 보인다. 미국 시장만을 별도로 보더라도, 2021년 기준 35억 달러 규모에 이르며, 이 또한 매년 11.3%의 성장률을 기록할 것이라 예측한다.

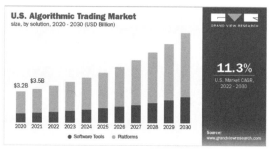

그림 2-2 성장하는 알고리즘 트레이딩 시장(출처: Acuman Research and Consulting)

특히 변동성이 크고 24시간 쉬지 않고 운영되는 암호화폐 거래 덕분이 이러한 추세는 계속될 것으로 보인다.

2.2 금융 투자 영역에서 AI가 각광받는 이유

금융 투자 영역에서 AI와 머신러닝이 주목받는 이유는 여러 가지가 있다. 캠벨 하비 교수는 이를 컴퓨팅 속도, 데이터 및 오픈소스 소프트웨어의 발전에 근거하여 설명한다.

데이터는 투자 결정에 있어서 핵심적인 역할을 한다. 투자 영역에서 사용되는 데이터의 양과 종류는 과거에 비해 지금은 훨씬 다양하다. 이러한 대규모의 데이터를 처리하려면 강력한 컴퓨팅 능력이 필요하다. 최근 몇 년 동안 컴퓨터의 처리 능력은 기하급수적으로 증가했다. 예를 들면 현대의 슈퍼컴퓨터는 과거의 메인 프레임보다 수천 배 더 빠른 속도로 데이터를 처리할 수 있다.

또한 오픈소스 소프트웨어의 발전은 투자 분석에 있어서 또 다른 혁신을 가져왔다. 백테스팅을 위한 라이브러리나 주식 데이터를 가져오는 라이브러리 같은 도구들이 무료로 제공되고 있으며, 이는 개발자와 데이터 과학자들의 집단 지성을 반영하여 지속적으로 개선되고 있다.

마르코스 로페즈Marcos Lopez 교수는 저서 《자산운용사를 위한 금융 머신러닝》(에이콘출판사, 2021) 에서 머신러닝의 투자에 대한 강점을 명확하게 제시한다. 머신러닝은 기존의 통계학과 계량 경제학 방법론에 비해 샘플 외 데이터에 대한 예측력에 더욱 초점을 맞춘다. 또한 컴퓨터의 계산 능력을 최대한 활용하여 복잡한 가정을 피할 수 있게 해주며 비선형, 계층적, 고차원에서의 연속되지 않는 상호작용 효과와 같은 복잡한 문제를 효과적으로 학습할 수 있다. 특히 **다중공선성** multicollinearity[2]과 같은 문제에 견고한 방법으로 접근하며, 변수 탐색과 상황 탐색을 분명하게 구분할 수 있다.

전통적인 투자 금융 영역에서는 **선형회귀**linear regression 모델 같은 방법론이 주로 사용되었으나, 현실 세계의 복잡한 문제를 모델링하기 위해서는 머신러닝의 비선형 관계를 찾는 능력이 필요하다. 머신러닝은 독립 변수 간의 상관관계가 강한 다중공선성 문제를 선형회귀보다 더 유연하게 처리할 수 있다.

더욱이, 데이터의 증가와 다양성은 AI의 중요성을 더욱 부각시키고 있다. 정형 데이터뿐만 아니라 텍스트, 이미지, 음성과 같은 비정형 데이터도 투자 의사결정에 큰 영향을 미치게 되었다. 이런 다양한 형태의 데이터를 효율적으로 분석하고 활용하기 위해서는 데이터 전처리와 특성 공학에 대한 머신러닝 및 딥러닝의 기술이 필수적으로 요구된다.

이러한 흐름 속에서 데이터 과학자들의 역할은 점점 더 중요해지고 있으며, 그들의 입지도 확고해지고 있다. 특히 최근 LLM의 성능 향상으로 인해 다수의 기업들이 이를 통합하기 위한 움직임을 보이고 있다. 정보와 효율성을 중시하는 투자 업계에서도 블룸버그 L.P.Bloomberg L.P 같은 기업은 500억 개의 파라미터를 보유한 LLM인 **블룸버그GPT**BloombergGPT를 발표함으로써 이러한 트렌드를 선도하고 있다.

2.3 AI를 접목한 투자의 장점과 단점

AI을 활용한 계량적 투자 연구는 현재 급속도로 발전하고 있다. 2023년에 발표된 <Stock market prediction using deep learning algorithms>[3]이라는 제목의 서베이 논문은 최정상 학회에서 발

---

2 두 개 이상의 독립 변수들이 서로 높은 상관관계를 가지며, 이로 인해 회귀 모델에서 변수들의 효과를 정확히 추정하기 어려워지는 현상을 말한다. 이는 모델의 예측력을 저하시키고 변수의 중요도를 왜곡할 수 있다.
3 https://doi.org/10.1049/cit2.12059

표된 딥러닝 기반의 투자 연구를 체계적으로 정리했다. 다음 그림에서 볼 수 있듯이 다양한 AI 기술, 특히 딥러닝이 주식 시장 예측에 활용되고 있다.

그림 2-3 딥러닝 기술을 활용한 주식 시장 예측

물론 이러한 연구가 단순히 이론적 성과에만 국한되어 있다는 비판도 존재한다. 그러나 과거 이론적인 연구들이 수십 년이 지난 후 실행 가능해지는 모습을 여러 차례 목격했다. 따라서 현대 금융 분야에서 AI는 그 중요성을 계속해서 확대하고 있다. 그렇다면 AI를 접목한 투자 전략의 주요 장점은 무엇일까?

감정적 편향을 배제한 체계적인 투자 전략이 주요 장점 중 하나다. 캠벨 하비 교수의 말에 따르면, "최적의 알고리즘 전략은 다른 사람들의 감정적 선택을 관찰하고, 그로부터 학습하며 이익을 얻는 것the best algorithmic strategies will observe, learn from, and profit from others' emotional choices"이다. 이는 AI 기반의 체계적 전략을 통해 가능하다. 또 다른 큰 장점은 다양한 형태의 정보를 빠르게 처리하는 능력이다. 이는 단순한 정보의 양뿐만 아니라 처리 속도에서도 드러나면서 시간이 중요한 금융 투자 분야에서 큰 이점을 제공한다.

AI 기반의 투자 시스템이 아무리 뛰어나도 인간 투자자를 완전히 대체할 수 없다고 말하는 사람들은 AI의 부족한 유연성을 지적한다. 사실 알고리즘이란 현실 세계를 단순화한 모델이며, 대개 복잡한 파라미터들을 많이 포함하고 있다. 이러한 파라미터들은 과거 데이터에 기반하여 최적화되지만, 주식 시장은 끊임없이 변화하고 있다. 사실 이는 끊임없이 제기된 주식 시장 예측의 과적합 경향 문제이기도 하다. 금융 자산에는 신호 대비 잡음 비율이 높아, 과거 데이터를 통해 학습하는 AI 알고리즘에겐 풀기 어려운 문제라는 지적도 많다.

일단 이러한 견해에 대해서는 필자도 예전엔 크게 공감하고 동의했지만, 사실 최근의 AI 발전 속도를 보면 이러한 문제도 해결할 수 있는 알고리즘이 나오는 것이 비현실적이라고 말하진 못할 것 같다. 새로운 데이터 분포에서 몇 개의 훈련 샘플만 사용해 모델을 빠르게 미세 조정하는 방법도 연구가 되고 있고, 학습할 수 있는 데이터가 매우 제한적인 경우에도 높은 성능을 낼 수 있도록 고안된 **퓨숏 러닝**few-shot learning 같은 기술이 빠르게 발전하고 있기 때문이다. 캠벨 하비 교수 같은 경우에는 **블랙 박스의 함정**trap of the black box이라는 용어를 쓰며, 설명 가능성 역시 AI 기반의 투자 전략이 극복해야 할 과제라고 언급하고 있다. 물론 해석 가능한 AI 모델은 계속해서 개발되고 있지만, 모든 알고리즘이 역설계될 수 있는 것은 아니다.

마지막으로, AI의 단점을 설명할 때 흔히 언급되는 편향과 윤리적 문제는 주요 단점이자 리스크 요소다. 시장의 급변하는 동향을 AI가 적시에 파악하지 못하면 과거의 경향에 기반한 결정이 현재 시장에 적합하지 않을 수 있다. 이는 투자 손실로 이어질 수 있으며 AI 모델의 지속적인 업데이트와 감시가 필요함을 시사한다. 윤리적 문제는 주로 데이터의 수집 및 사용 방식과 관련되어 있다. 금융 데이터 중에는 개인의 신용 정보, 투자 성향 등 민감한 정보가 포함될 수 있으며, 이러한 정보의 부적절한 처리는 개인의 프라이버시 침해로 이어질 수 있다. 예를 들어 개인의 동의 없이 이러한 정보를 수집하거나 데이터 보호 조치 없이 처리하는 경우 윤리적으로 큰 문제가 된다.

2.4 금융 투자 데이터 유형

투자 데이터를 분류하는 방법은 다양하지만, 일반적으로 투자 분석 및 의사결정에 널리 사용되는 주요 데이터 유형을 마켓 데이터, 펀더멘털 데이터, 대체 데이터로 분류하는 것이 합리적이다. 자세한 설명은 다음과 같다.

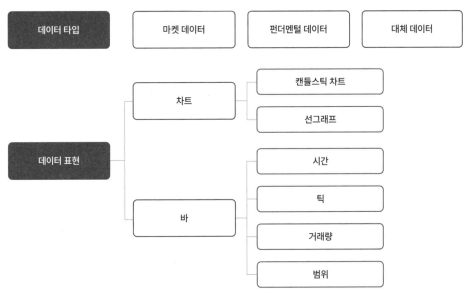

그림 2-4 데이터 타입과 데이터 표현

- 마켓 데이터: **마켓 데이터**market data는 금융 시장에서 거래되는 자산의 가격과 관련된 데이터를 말한다. 이는 주식, 채권, 파생상품 등의 현재 및 과거 가격, 거래량, 매매-호가 스프레드bid-ask spread, 거래 시간 등의 정보를 포함한다. 이 데이터는 시장의 가격 움직임과 유동성을 이해하는 데 중요하다.

- 펀더멘털 데이터: **펀더멘털 데이터**fundamental data는 기업의 재무적 건전성과 가치를 평가하는 데 사용되는 데이터다. 손익 계산서, 재무 상태표, 현금 흐름표 등의 재무 보고서뿐만 아니라 기업의 수익성, 성장성, 재무 안정성과 같은 재무 비율도 여기에 포함된다. 펀더멘털 분석은 투자자들이 기업의 내재 가치를 평가하는 데 도움을 준다.

- 대체 데이터: **대체 데이터**alternative data는 전통적인 금융 데이터 소스 이외의 정보를 말하며, 투자 결정에 추가적인 통찰력을 제공할 수 있다. 위성 이미지로부터 얻은 주차장의 차량 수, 소셜 미디어에서의 감정 분석, 인터넷 검색 트렌드, 신용카드 거래 데이터 등이 이에 해당한다. 대체 데이터는 종종 빅데이터 기술과 머신러닝 모델을 사용하여 처리되며, 투자자들에게 전통적인 데이터 소스에서 얻을 수 없는 고유한 통찰력을 제공할 수 있다.

- 데이터 표현: **데이터 표현**data representation은 데이터를 시각적으로 표현하는 방법을 말하며, 이는 데이터 분석과 해석에서 중요한 역할을 한다. 막대그래프bar graph, 선그래프line graph, 캔들스틱 차트candlestick chart, 히트 맵heat map 등 다양한 형태의 데이터 표현 방법이 있으며, 이를 통해 복잡한 데이터셋을 직관적으로 이해하고 해석할 수 있다. 최근에는 이러한 시각적 데이터 표현을 머신러닝 모델의 입력으로 사용하여 금융 시장의 움직임을 예측하는 연구도 진행되고 있다.

이렇게 투자 데이터를 분류하는 것은 투자 분석 및 의사결정에 중요한 데이터 소스를 명확하게 구분하고 이해하는 데 도움이 된다. 그렇다면 투자 데이터의 유용성을 검증하기 위해서는 어떤 기준을 세울 수 있을까? 《퀀트 전략을 위한 인공지능 트레이딩》(한빛미디어, 2020)에서는 다음과 같은 여섯 가지 기준을 제시한다.

- 신뢰성: 데이터가 정확하고 믿을 수 있는지, 일관성이 있는지 평가한다. 이는 데이터의 품질이 곧 분석 결과의 품질을 결정하기 때문이다. 데이터가 정확하지 않다면, 이를 기반으로 한 의사결정도 잘못될 수 있다.

- 세분화: 데이터가 특정 부분을 세부적으로 나타내는지 평가한다. 예를 들어 고객 세그먼트에 따른 데이터가 있는지, 특정 지역이나 연령대에 대한 데이터가 있는지를 확인한다. 이를 통해 특정 타깃에 대한 더 깊은 이해를 얻을 수 있다.

- 효용성: 데이터가 실제 문제를 해결하거나 의사결정에 도움이 되는지 평가한다. 예를 들어 시

장 트렌드 예측, 고객 행동 예측, 재고 관리 등의 실제 문제를 해결하는 데 필요한 데이터인지를 확인한다.

- 사용 범위: 데이터가 다양한 문제를 해결하는 데 활용될 수 있는지 평가한다. 일부 데이터는 특정 문제를 해결하는 데만 유용하다면, 다른 데이터는 여러 문제에 대해 인사이트를 제공할 수 있다.

- 행동 가능성: 데이터가 행동 지침을 제공하는지 평가한다. 즉 데이터를 통해 어떤 조치를 취해야 하는지에 대한 명확한 가이드라인이 있는지를 확인한다.

- 희소성: 데이터가 고유한지, 접근이 어렵거나 독특한 정보를 제공하는지 평가한다. 이는 경쟁 우위를 확보하고, 독특한 투자 전략을 개발하는 데 도움이 될 수 있다. 다른 사람들이 쉽게 얻을 수 없는 데이터라면 그 가치는 더욱 증가한다.

2.5 데이터 소스 선택

데이터 소스 선택은 금융 분야에서 종사하는 전문가나 투자자에게 중요한 결정 중 하나다. 예를 들어 금융 관련 기업에 소속되어 있거나 전문적으로 투자 활동을 하는 퀀트 투자자들은 종종 블룸버그나 로이터 같은 고급 유료 데이터 벤더의 서비스를 이용한다. 이런 서비스들은 상대적으로 높은 비용을 요구하지만 뛰어난 데이터 퀄리티와 다양한 분석 도구를 제공해 그 가치를 입증한다. 특히 시장 동향 분석, 리스크 관리, 거래 전략 수립 등에서 심도 깊은 정보가 필수적인 경우, 이들 서비스의 데이터는 높은 신뢰성을 바탕으로 의사결정 과정에 큰 도움을 준다.

반면 연구 목적이나 초기 테스트 단계에서는 고가의 유료 데이터 서비스를 바로 이용하기보다는 다양한 오픈소스 데이터를 활용하는 것이 현명한 접근 방식일 수 있다. 오픈소스 데이터는 비용 부담 없이 접근할 수 있으며, 다양한 형태의 시장 데이터를 제공해 초기 아이디어 검증이나 연구 개발 단계에 매우 유용하다.

표 2-1은 주요 오픈소스 데이터 소스들과 그들이 제공하는 데이터의 특성을 요약한 것으로, 이를 참고해 자신의 목적에 맞는 데이터 소스를 선택할 수 있다.

표 2-1 오픈소스 데이터 요약

출처	시장 데이터 속성	기본 데이터 속성	빈도
investing	시가, 고가, 저가, 종가, 거래량	매출, 주당 이익, 시가총액, 배당금, 평균 거래량, 비율, 베타, 주식 수, 다음 이익 발표일	일간, 주간, 월간
y-finance	시가, 고가, 저가, 종가, 거래량	주요 보유자, 기관 보유자, 상호 기금 보유자, 배당금, 분할, 행동, 달력, 이익, 분기별 이익, 재무제표, 분기별 재무제표, 대차대조표, 분기별 대차대조표, 현금 흐름, 분기별 현금 흐름, 지속 가능성, 발행 주식 수	1분, 2분, 5분, 15분, 30분, 60분, 90분, 1시간, 1일, 5일, 1주, 1개월, 3개월
taifex	시가 입찰, 고가 입찰, 저가 입찰, 최종 입찰, 거래량, 최상 입찰, 최상 요청, 역사적 최고가, 역사적 최저가	해당 없음	일간
kaggle	시가, 고가, 저가, 종가, 거래량	해당 없음	일간
tushare	시가, 고가, 저가, 종가, 거래량	매출채권 회전일, 매출채권 회전율, 영업 수익, 유동 자산 일수, 유동 자산 회전율, 주당 이익, 주당 이익(전년 대비), 고정 자산, 매출 총이익률, 재고 일수, 재고 회전율, 유동 자산, 순이익률, 순이익, 발행 주식 수, 이익(전년 대비), 보고일, 예비, 주당 예비, 자본수익률, 상장일, 총자산	일간
etsin	시가, 고가, 저가, 종가, 거래량	해당 없음	일간

2.6 전통적인 퀀트 투자 vs. AI 기반의 계량 투자

금융 데이터의 깊이와 범위를 탐색한 후, 이제 우리는 더 혁신적인 영역으로 나아가려고 한다. 이번 절에서는 AI 기반 투자 전략에 대해 집중적으로 다룬다. 하지만 그에 앞서 투자의 세계를 근본적으로 변화시킨 전통적인 퀀트 투자 방법론에 대한 이해를 새롭게 하고자 한다. 퀀트 투자의 역사와 그 기반을 이루는 전략들을 이해함으로써, AI가 투자 분야에서 기존의 패러다임을 어떻게 변혁하고 있는지 명확히 인식할 수 있을 것이다. 이러한 배경 지식은 AI 기반 투자 전략을 학습하고 적용하는 데 있어 튼튼한 기반을 마련해줄 것이다.

전통적인 퀀트 투자와 머신러닝/딥러닝을 활용한 계량 투자는 몇 가지 중요한 차이점을 가진다. 접근 방식, 사용하는 데이터, 모델 구축, 예측 방법, 해석 가능성, 복잡한 패턴 인식, 데이터 처리, 시장 변동에 대한 대응 등의 관점에서 차이를 살펴보자.

- 접근 방식
  - 전통적인 퀀트 투자는 주로 통계적 방법과 규칙 기반 접근을 사용한다. 이는 역사적 데이터

를 기반으로 특정 규칙이나 패턴을 찾아내고, 이를 이용해 투자 전략을 수립한다.

- 머신러닝/딥러닝은 데이터에서 자동으로 복잡한 패턴을 학습하고, 이를 통해 예측 모델을 구축한다. 이 방법은 데이터 기반의 접근 방식으로, 투자자의 개입 없이 모델이 스스로 학습한다.

- 사용하는 데이터
  - 전통적인 퀀트 투자는 마켓 데이터, 펀더멘털 데이터와 같은 구조화된 데이터에 크게 의존한다.
  - 머신러닝/딥러닝은 구조화된 데이터뿐만 아니라 대체 데이터, 비정형 데이터(텍스트, 이미지 등)를 포함한 다양한 데이터 소스를 활용한다.

- 모델 구축
  - 전통적인 퀀트 투자에서 모델은 사전에 정의된 규칙이나 가정에 기반한다.
  - 머신러닝/딥러닝 모델은 데이터로부터 직접 학습하며, 이 과정에서 복잡한 비선형 관계를 발견하고 모델화할 수 있다.

- 예측 방법
  - 전통적 퀀트 투자의 예측은 종종 선형 모델과 시계열 분석에 의존한다.
  - 머신러닝/딥러닝은 다양한 알고리즘을 사용하여 비선형 패턴과 상호작용을 모델링하고, 더욱 정교한 예측을 수행한다.

- 해석 가능성
  - 전통적인 퀀트 모델은 상대적으로 간단하고 해석하기 쉽다.
  - 머신러닝/딥러닝 모델은 종종 '블랙박스'로 여겨진다. 이들은 복잡하고, 때로는 해석하기 어려운 결정을 내린다.

- 복잡한 패턴 인식
  - 전통적인 퀀트 투자 방법은 복잡한 패턴과 상호작용을 모델링하는 데 한계가 있다.
  - 머신러닝/딥러닝은 복잡한 패턴과 비선형 관계를 인식하고 학습하는 능력이 뛰어나다.

- 데이터 처리
  - 전통적인 퀀트 투자 방법은 제한된 양의 구조화된 데이터를 처리하는 데 적합하다.
  - 머신러닝/딥러닝은 대규모의 다양한 데이터를 효율적으로 처리하고, 이를 학습에 활용할 수 있다.

- 시장 변동 대응
  - 전통적인 퀀트 투자 전략은 시장 변동에 빠르게 적응하는 데 제한적일 수 있다.
  - 머신러닝/딥러닝은 지속적인 학습을 통해 시장 변화에 더 빠르고 유연하게 적응할 수 있다.

2.6.1 전통적인 퀀트 투자 전략

전통적인 퀀트 투자 전략은 그 범위가 매우 다양하며, 각기 다른 시장 조건과 투자자의 성향에 따라 선택 가능하다. 여기서 소개할 전략들은 수많은 가능성 중 일부에 불과하지만, 퀀트 투자의 핵심적인 개념과 접근 방식을 이해하는 데 큰 도움이 될 것이다. 이 전략들은 시간이 지남에 따라 그 효과성이 입증되었으며, 여러 유명 투자자들에 의해 성공적으로 실행되어 왔다. 다음은 몇 가지 주요 퀀트 투자 전략과 그 특징, 유명 투자자의 예시, 전략의 실제 적용 예다.

- 평균 회귀 전략mean reversion strategy
  - 특징: 가격이 평균으로 돌아가려는 경향을 이용하는 전략이다. 과대평가된 자산은 팔고, 과소평가된 자산은 산다.
  - 유명 투자자와 예시: 래리 코너스Larry Connors는 평균 회귀 전략을 통해 장기적인 이익을 창출한 퀀트 트레이더다.
  - 유명 전략 예시: 볼린저 밴드 전략은 주가의 상대적 위치를 파악하여 과매수 및 과매도 상태를 식별하는 데 사용된다.
- 추세 추종 전략trend following strategy
  - 특징: 기존의 추세를 따라가는 전략으로, 가격이 상승 추세에 있을 때 매수하고 하락 추세에 있을 때 매도한다.
  - 유명 투자자와 예시: 데이비드 하딩David Harding은 추세 추종 전략을 사용하여 성공적인 헤지 펀드 윈튼 캐피털 매니지먼트Winton Capital Management를 설립한 투자자다.
  - 유명 전략 예시: 듀얼 모멘텀 전략은 상대적 모멘텀과 절대적 모멘텀을 모두 사용하여 추세의 힘을 이용한다.
- 페어 트레이딩pairs trading
  - 특징: 상관관계가 높은 두 자산의 가격 차이가 일시적으로 벌어졌을 때, 과소평가된 자산을 매수하고 과대평가된 자산을 매도하는 전략이다.
  - 유명 투자자와 예시: 데이비드 쇼David Shaw는 D.E. Shaw & Co.를 창립하고 페어 트레이딩

전략을 활용한 것으로 알려져 있다.

- 유명 전략 예시: ETF~exchange-traded fund~ 페어 트레이딩 전략은 유사한 시장 섹터의 두 ETF 간의 가격 차이를 활용한다.

- 요인 모델~factor model~
  - 특징: 여러 가지 시장 요인들(예: 가치, 크기, 모멘텀)이 자산 가격에 미치는 영향을 분석하는 모델이다.
  - 유명 투자자와 예시: 클리프 애즈니스~Cliff Asness~는 요인 모델을 기반으로 한 포트폴리오 관리로 알려진 AQR 캐피털 매니지먼트~AQR Capital Management~의 공동 창업자다.
  - 유명 전략 예시: Fama-French 3 factors 모델은 시장, 회사 규모, 가치 요인을 사용하여 자산 수익률을 설명한다.

- 이벤트 기반 전략~event-driven strategy~
  - 특징: 기업의 중대한 사건(예: 인수합병, 주주 활동)을 기반으로 자산을 거래하는 전략이다.
  - 유명 투자자와 예시: 대니얼 러브~Daniel Loeb~는 자사 서드포인트~Third Point LLC~에서 이벤트 드리븐 전략을 통해 큰 성공을 거두었다.
  - 유명 전략 예시: 인수합병 아비트라지~M&A arvirtage~는 인수 대상 기업의 주가와 인수 제안 가격 간의 차이를 활용한다.

퀀트 투자의 세계는 다양한 전략으로 가득 차 있으며, 위에서 소개한 전략들은 이 광대한 영역의 단지 일부에 불과하다. 이들 전략은 각기 다른 시장 상황과 개인의 투자 목표에 맞게 조정되어 왔으며, 시간이 지남에 따라 그 효과와 신뢰성이 입증되어 왔다. 하지만 퀀트 투자 혹은 체계적인 투자의 진정한 혁신은 기존의 경계를 넘어서는 데서 비롯된다. 특히 최근에는 AI와 머신러닝의 발전이 이 분야에 새로운 지평을 열고 있다. 이제 우리는 이러한 첨단 기술이 퀀트 투자에 어떻게 통합되고 있으며, 그것이 투자 전략과 의사결정 과정에 어떤 혁신적인 변화를 가져오고 있는지에 대해 더 깊이 탐구해볼 것이다.

2.6.2 AI 기반 투자 전략

AI 기반 투자 전략은 금융 시장의 복잡한 패턴을 해석하고, 더 효율적인 의사결정을 내리는 데 도움을 준다. 이를 위해 다음과 같은 주요 영역에 집중할 수 있다.

- 포트폴리오 최적화~portfolio management~: 자산의 선택과 관리를 포함하여 장기적인 이익을 추구한

다. AI는 다양한 시장 조건에서 최적의 수익률과 리스크의 균형을 찾는 데 도움을 줄 수 있다. 또한 **스톡 셀렉션 전략**stock selection strategy[4]을 포함하여, 미래의 수익률을 예측하고 이를 바탕으로 포트폴리오를 구성한다.

- 시장 동향 예측price prediction: 특정 주식이나 금융 자산의 미래 가치를 예측한다. AI는 대규모 데이터 분석을 통해 미래의 가격 변동을 예측하고, 이 정보를 바탕으로 구매 또는 판매 결정을 내릴 수 있다.

- 신호 기반 트레이딩signal-based trading strategy: 알고리즘적으로 생성된 방법이나 절차를 사용하여 주식 시장에서 구매 및 판매 결정을 내린다. AI는 시장 데이터를 분석하여 거래 신호를 생성하고, 이를 기반으로 트레이딩 전략을 수행한다.

- 텍스트 마이닝text mining: 텍스트 데이터, 즉 예를 들어 뉴스 기사나 소셜 미디어 게시물에서 정보를 추출하여 시장 동향을 분석하거나, 특정 이벤트가 주가에 미치는 영향을 예측한다.

- 거래 전략 학습market simulation: 다양한 시뮬레이션과 가상 시나리오를 통해 시장 데이터를 생성하고, 이를 바탕으로 거래 전략을 학습하거나 개선한다.

- 리스크 관리risk management: 트레이딩에 관련된 리스크를 평가하고, 수익률을 극대화하기 위한 전략을 수립한다. 이는 **헤징 전략**hedging strategy을 포함하여, 다른 자산에 대한 반대 투자 위치를 취함으로써 한 자산에 투자하는 리스크를 완화한다.

AI 기반 투자 전략은 이러한 여러 영역에서 동시에 활용될 수 있으며, 각 전략은 서로 상호 보완적일 수 있다. AI와 머신러닝의 발전은 이러한 전략들을 더욱 정교하고 효율적으로 만들어주며, 투자자들에게 더 나은 의사결정 도구를 제공한다. 구체적인 알고리즘에 관해서는 머신러닝, 딥러닝, 강화학습 등 영역으로 나눠 설명해야 하기 때문에 뒤에서 다루도록 하겠다.

2.7 AI를 금융 투자에 활용할 때 주의해야 할 점

AI가 금융 투자에 활용될 때는 다양한 주의 사항을 염두에 두어야 한다. 먼저, **데이터 편향**data bias은 AI의 예측력을 크게 왜곡할 수 있는 요소다. **생존 편향**survivorship bias은 시장에서 살아남은 기업들의 데이터만 분석하는 것을 의미하며, 실패한 기업들의 중요한 데이터가 누락되어 시장 전체의 이해를 왜곡할 리스크가 있다. 또한 **미래 참조 편향**forward looking bias은 과거 데이터에 미래의 정보를

---

4 주식 종목 선택 전략을 의미한다.

잘못 적용하는 것으로, 이는 AI의 예측 능력을 과대평가하게 만들 수 있다.

시계열 데이터의 특성도 중요한 고려 사항이다. **기하 브라운 모션 모델**geometric brownian motion model, GBM 같은 복잡한 모형은 기본적으로 **AR(1) 모형**autoregressive(1) model[5]과 유사하다. 하지만 시계열 데이터가 지연되거나 노이즈가 많아 예측력이 떨어질 수 있다는 점을 인식해야 한다. 특히 짧은 시계열 길이는 통계적 유의성을 확보하는 데 어려움을 준다. 예컨대, 40년의 데이터라도 일일 기준으로는 480개의 시퀀스 길이에 불과하며, 이는 분석의 신뢰성을 저하시킬 수 있다.

과적합 문제는 AI 모델이 훈련 데이터에 지나치게 최적화되어 새로운 데이터에 대한 예측 성능이 떨어지는 현상이다. 금융 시장의 변덕스러운 조건, 데이터의 제한적인 양, 노이즈와 신호를 구분하기 어려운 복잡성 때문에 과적합이 발생하기 쉽다. 이는 모델이 특정 패턴에만 반응하여 새로운 패턴에 적응하지 못하게 만들고, 실제로 중요한 패턴을 놓치게 할 수 있다.

마지막으로, 해석 가능성의 중요성을 강조해야 한다. 모델이 복잡할수록 결과를 해석하고 이해하는 것이 어려워진다. 투자 결정을 내릴 때 모델이 어떤 근거로 그 결정을 내렸는지 이해할 수 있어야 하며, 해석 가능성이 낮은 모델은 실제 투자 환경에서의 신뢰성 확보에 어려움을 겪는다.

결론적으로, AI를 금융 투자에 통합할 때는 데이터 편향, 시계열 데이터의 특성, 과적합 문제, 해석 가능성 등 다양한 요소를 신중하게 고려해야 한다. 이러한 주의 사항을 면밀히 검토하고 적절한 조치를 취함으로써, AI는 금융 투자 분야에서 더욱 효과적이고 신뢰할 수 있는 도구로 자리매김할 수 있다.

2.8 실제 투자 영역에서의 AI 응용 사례

위성 이미지 데이터를 활용한 트레이딩 전략 개발은 혁신적인 금융 AI 응용 사례 중 하나다. 이러한 접근법에서는 지리 공간 탐지 기능을 사용해 구체적인 경제 활동을 감지하고 이를 투자 결정에 반영한다. 예를 들어 차량 집단의 수를 세거나, 공급망 성능과 화물 적재 상태를 분석하고, 기상 및 기후 영향을 평가하며, 시간에 따른 활동 변화를 감지하고, 피해 평가를 수행한다. 다양한 지리 공간 탐지 기능은 위성 이미지 데이터를 통해 얻을 수 있으며, 금융 투자 전략을 더욱 정교하게 만

---

5   AR(1) 모형, 즉 자기회귀 모형의 첫 번째 차수(Autoregressive Model of order 1)는 시계열 데이터 분석에서 사용되는 모형으로, 현재 관측치가 바로 이전 관측치와 확률적인 오류 항의 선형 조합으로 표현된다. 이 모형은 시계열 데이터의 패턴을 분석하고 미래 값을 예측하는 데 유용하며, 현잿값이 이전의 한 시점값에 의존한다고 가정한다.

드는 데 도움을 준다.

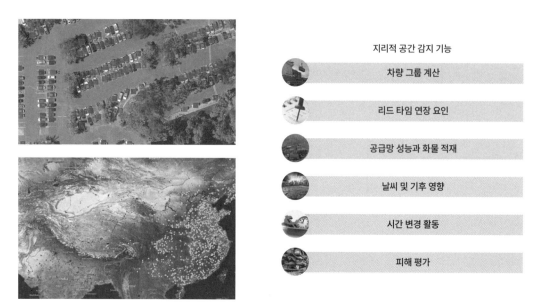

그림 2-5 대체 데이터를 활용한 투자 전략 예시(출처: https://medium.com)

특히 <Pairs Trading Strategy with Geolocation Data—The Battle between Under Armour and Nike>[6]라는 논문은 이 분야에서 흥미로운 연구 사례를 제시한다. 이 연구에서는 지리적 위치 데이터를 활용하여 두 경쟁 회사의 투자 기회를 식별하고, 시장에서의 위치 변화를 감지하여 트레이딩 전략에 반영한다. 예를 들어 특정 지역에서의 매장 개수 변화나 소비자 트래픽 패턴 등을 분석하여 두 브랜드 간의 경쟁 상황을 더욱 명확하게 파악할 수 있다.

위성 이미지 데이터와 같은 혁신적인 데이터 소스를 활용하는 AI 기반 트레이딩 전략은 투자자들에게 경쟁 우위를 제공하며, 미래의 금융 투자 분야에서 중요한 역할을 할 것으로 예상된다. 이러한 전략은 전통적인 금융 데이터 분석 방법을 뛰어넘어 더욱 심층적인 시장 이해와 예측을 가능하게 함으로써 금융 투자의 새로운 지평을 열고 있다.

LLM 활용도 배놓을 수 없다. 2023년 발표한 블룸버그GPT는 금융 데이터에 특화된 AI 언어 모델로, 방대한 데이터셋을 학습하여 금융 전문가들에게 깊이 있는 분석과 인사이트를 제공한다. 이 모델은 금융 데이터 3630억 개와 비금융 데이터 3450억 개를 포함한 방대한 데이터셋을 기반으

---

6 https://www.pm-research.com/content/iijjfds/2/1/126

로 한다. 금융 데이터는 웹사이트, 뉴스 기사, 서류, 보도자료, 블룸버그 자체 데이터에서 추출하고 있으며, 비금융 데이터는 C4 파일, 깃허브, 도서, 논문, 위키피디아 등 다양한 소스에서 수집된다.

이 언어 모델은 GPT-3.5의 1750억 개 파라미터보다 적은 500억 개의 파라미터만 가지고 있으나, 금융 분야에 특화되어 있어 금융 시장의 복잡한 데이터를 처리하고 분석하는 데 매우 유용하다. 블룸버그GPT는 시장 동향을 예측하고, 투자 기회를 식별하는 데 도움을 주며, 금융 전문가들이 더 빠르고 정확한 의사결정을 내릴 수 있도록 지원한다.

FinGPT라는 오픈소스 라이브러리도 무료 사용자들을 위해 동일한 기능을 제공한다. 사실 금융에 특화된 LLM을 직접적으로 사용하는 것 외에, 성능이 좋은 최신 LLM을 자체적으로 미세 조정하거나 RAG를 사용해 LLM LLM의 **환각**hallucination 현상을 줄여 더 정확하고 맥락에 맞는 응답을 생산하도록 만들 수도 있다.

다음 사례들은 AI와 머신러닝이 금융 트레이딩 및 자산 관리 분야에 어떻게 혁신적으로 적용되고 있는지 보여준다. 각 회사는 독특한 방식으로 AI를 활용하여 금융 시장에서의 성과를 극대화하고 있다.

- Castle Ridge Asset Management: W.A.L.L.A.C.E라는 자체 개발 알고리즘을 사용한다. 유전 알고리즘과 머신러닝을 결합하여 시장의 하강 국면을 정확히 포착한다. 데이터 구성은 주가 데이터 45%, 재무 데이터 35%, 텍스트 데이터 15%로 이루어져 있다.
- 스테이트 스트리트 코퍼레이션State Street Corporation: 트레이딩 볼륨 예측에 딥러닝 알고리즘을 사용한다. 다양한 금융 시장 데이터를 활용하여 시퀀스-투-시퀀스sequence-to-sequence, seq2seq 모델로 예측을 수행한다. 합성곱 신경망convolutional neural network, CNN과 파이토치PyTorch 딥러닝 프레임워크를 사용한다.
- MAN AHL: 2009년부터 머신러닝을 투자에 적용해왔다. 베이지안 머신러닝Bayesian machine learning, 딥러닝, 자연어 처리 기술을 활용하여 전략을 개발한다. 호가창 데이터limit order book data와 파이썬을 사용한 머신러닝 기법으로 시장 미시 구조에 대한 연구를 진행한다.

이러한 사례들은 AI 기술이 금융 시장에서 얼마나 중요한 역할을 하고 있는지를 강조한다. 이들은 다양한 데이터 소스와 고급 알고리즘을 활용하여 시장의 복잡성을 이해하고, 투자 기회를 식별하며, 리스크를 관리한다. AI 기반 트레이딩 전략은 투자자들에게 더 나은 결정을 내릴 수 있는 통찰력을 제공하며, 미래 금융 시장의 발전 방향을 제시한다.

2.9 마무리

지금까지 금융 투자의 본질과 퀀트 투자의 발전사를 살펴보았다. 우리는 퀀트 투자가 시간을 거치며 어떻게 진화했는지, 알고리즘 트레이딩과 체계적인 투자 방법론이 현재의 금융 투자 분야에서 어떤 역할을 수행하는지에 대해 깊이 있게 탐구했다. 또한 이러한 방법론이 AI 기반의 투자 방식으로 전환되는 이유와 그 필요성에 대해 분석했다. AI가 금융 투자에 가져오는 장단점을 함께 살펴보며, 금융 투자에서 AI의 활용 방법, 필요한 데이터의 종류, AI가 집중해야 할 영역과 해결해야할 문제들을 논의했다. 전통적인 퀀트 방법론과 AI 기반 방법론의 차이점을 비교 분석하고, 이러한 차이가 실제 금융 투자에 어떠한 영향을 미치는지에 대한 실질적인 예시들을 검토했다.

이번 장을 통해 얻은 통찰력과 지식은 앞으로 살펴볼 내용에 대비하는 데 귀중한 밑거름이 될 것이다. 실습에서 '시계열 데이터 다루기'와 '전통 퀀트 전략을 파이썬으로 구현하기'를 시작으로, '머신러닝을 이용한 투자 전략', '딥러닝을 이용한 투자 전략'에 이르기까지, 금융 투자에 AI를 적용하는 구체적이고 실용적인 방법론들을 심도 있게 다룬다. 이는 여러분이 금융 투자의 미래를 내다보고, 혁신적인 AI 기반 투자 전략을 설계하고 실행할 수 있도록 지식과 기술을 갖추는 데 도움이 될 것이다.

실습 1 금융 시계열 및 파이썬을 활용한 전통 퀀트 방법 구현

이번 실습에서는 금융 투자 데이터의 심도 있는 분석과 활용에 초점을 맞추려 한다. 앞서 다양한 금융 투자 데이터의 종류와 기본적인 이해를 쌓았다면, 이제는 이 데이터를 실제로 활용하는 방법을 살펴볼 차례. 첫 단계로, 오픈소스 라이브러리를 활용해 실제 투자 데이터를 수집하는 과정을 탐색할 것이다. 이는 비용면에서 효율적이면서도 신뢰할 수 있는 데이터 소스를 확보하는 데 중요한 기술이다.

이어서, **금융 시계열**financial time series 데이터를 분석할 때 필수적인 도구인 **판다스**Pandas 라이브러리에 대해 깊이 들여다볼 것이다. 이미 판다스에 익숙한 독자라면 이 부분을 빠르게 훑어볼 수 있겠지만, 판다스의 고급 기능에 대해서도 새로운 인사이트를 얻을 수 있을 것이다.

또 금융 투자 분석에서 빠질 수 없는 기술적 지표들을 탐구한다. 이 지표들은 시장의 흐름을 읽고, 투자 결정을 내리는 데 있어 중요한 역할을 한다. 각 지표가 어떤 의미를 갖고, 어떻게 활용될 수 있는지에 대해 자세히 알아볼 것이다.

마지막으로, 퀀트 투자 전략의 성과를 평가하고 검증하는 방법에 대해 살펴볼 것이다. 성과 지표들과 백테스팅 방법론을 통해 우리는 이론적으로는 전략을 이해하는 것은 물론이고, 실제 시장에서도 어떻게 작동하는지 이해할 수 있다.

이번 장을 통해 독자들은 금융 투자 데이터를 심도 있게 분석하고, 전통적인 퀀트 방법론을 파이썬을 활용해 구현하는 방법을 종합적으로 이해하게 될 것이다. 이 모든 과정은 효과적인 투자 전략을 설계하는 데 있어 결정적인 기반이 될 것이다.

❶ 금융 투자 데이터 준비하기

금융 데이터 수집에는 여러 가지 방법이 있다. 이러한 방법들은 각각의 장단점을 가지고 있으므로, 투자자나 데이터 과학자의 목적과 예산에 따라 적합한 방법을 선택할 수 있다.

표 2-2 다양한 금융 투자 데이터 소스

방법	내용	장점	단점	예시
데이터 구매	특정 기업에서 제공하는 고품질의 금융 데이터를 구매하는 방법	• 데이터 품질이 높다. • 데이터 정합성이 확보돼 있다. • 다양한 종류의 금융 데이터를 얻을 수 있다.	비용이 많이 든다.	블룸버그, Refinitiv(로이터), FnGuide
증권사 API 이용	증권사에서 제공하는 API를 통해 데이터를 얻는 방법	• 실시간 데이터를 얻을 수 있다. • 비교적 정확한 데이터를 얻을 수 있다.	• 제공하는 데이터 종류나 범위가 증권사에 따라 다르다. • 일부 데이터를 유로로 제공한다.	삼성증권 OpenAPI, 키움증권 API, Alpaca, Upstox
금융 웹페이지 크롤링	웹 크롤링 도구를 이용해 금융 정보를 제공하는 웹페이지로부터 데이터를 추출하는 방법	• 자유롭게 데이터를 수집할 수 있다. • 비용이 적게 든다.	• 웹사이트 구조 변경 등으로 데이터 수집이 불안정해질 수 있다. • 법적 문제가 발생할 수 있다.	네이버 금융, 야후 파이낸스, 구글 파이낸스
금융 데이터 제공 오픈 API 활용	공개적으로 제공되는 API를 통해 데이터를 얻는 방법	• 프로그래밍을 통해 자동화된 데이터 수집이 가능하다. • 비용이 적게 든다.	제공되는 데이터 종류와 품질, 업데이트 빈도 등이 제한적일 수 있다.	Alpha Vantage, 퀀들, 야후 파이낸스

첫째, 데이터 구매는 고품질의 금융 데이터에 접근하는 가장 직접적인 방법이다. 블룸버그, Refinitiv(로이터), FnGuide 같은 기업들은 다양한 금융 정보를 제공한다. 이 방법의 장점은 데이터의 품질과 정합성이 보장된다는 것이며, 다양한 종류의 금융 데이터를 한 곳에서 얻을 수 있다는

점이다. 하지만 이러한 고품질의 데이터는 높은 비용을 요구하는 경우가 많아, 모든 투자자나 연구자에게 적합한 방법은 아니다.

둘째, 증권사 API를 이용하는 방법이 있다. 삼성증권 OpenAPI, 키움증권 API, Alpaca, Upstox 등 많은 증권사들이 자체적으로 API를 제공하고 있다. 이 API를 통해 실시간 주식 가격, 거래량, 재무제표 등 다양한 데이터를 얻을 수 있다. 이 방법의 장점은 상대적으로 저렴한 비용으로 실시간 데이터에 접근할 수 있다는 것이다. 하지만 제공되는 데이터의 종류나 양에 제한이 있을 수 있으며, API 사용에 대한 기술적 지식이 요구된다.

셋째, 금융 웹페이지 크롤링이 있다. 네이버 금융, 야후 파이낸스Yahoo! Finance, 구글 파이낸스Google Finance 등의 웹사이트는 다양한 금융 정보를 무료로 제공하는데, 크롤링을 통해 이러한 데이터를 수집하는 것이다. 이 방법의 장점은 무료로 방대한 양의 데이터에 접근할 수 있다는 것이다. 하지만 웹사이트의 구조 변경이나 접근 제한으로 인해 데이터 수집에 어려움이 발생할 수 있으며, 수집한 데이터의 정합성을 보장하기 어렵다는 단점이 있다.

넷째, 오픈 API를 활용하는 방법이 있다. Alpha Vantage, 퀀들Quandl, 야후 파이낸스 등은 투자 데이터를 제공하는 오픈 API를 운영하고 있다. 이러한 서비스들은 무료이거나 상대적으로 저렴한 비용으로 다양한 데이터에 접근할 수 있는 기회를 제공한다. 하지만 무료 버전의 경우 데이터의 양이나 품질에 제한이 있을 수 있으며, 때로는 실시간 데이터가 아닌 지연된 데이터를 제공하기도 한다.

이렇게 다양한 방법을 통해 금융 데이터를 수집할 수 있으므로, 각자의 상황에 맞는 방법을 선택하는 것이 중요하다.

이와 같이 데이터를 수집하는 방법은 다양하지만, 여기서는 특히 접근성이 좋고 사용하기 쉬운 두 가지 방법을 살펴보고자 한다. 현대의 금융 투자 데이터 수집을 위한 라이브러리는 지속적으로 발전하고 있으며, 해당 라이브러리의 기본 안내 문서를 참고한다면 누구나 쉽게 데이터를 수집할 수 있다.

첫째, 야후 파이낸스에서 수기로 데이터를 다운로드하는 방법이 있다. 이 방법은 웹 브라우저를 통해 직접 수행할 수 있다. 사용자는 야후 파이낸스 웹사이트(https://finance.yahoo.com/)에 접속하여 원하는 기업, 예를 들어 'Apple Inc'를 검색한다. 그런 다음 기업의 주식 정보 페이지에서 [Historical Data] 탭을 선택하고, 원하는 기간과 빈도를 설정한 후 [Download] 버튼을 클릭하면,

주식 가격 데이터를 CSV 파일 형식으로 다운로드할 수 있다. 이 방법은 사용자 친화적이며 직관적이지만, 대량의 데이터를 수집하기 위해서는 상당한 시간과 노력이 필요하다.

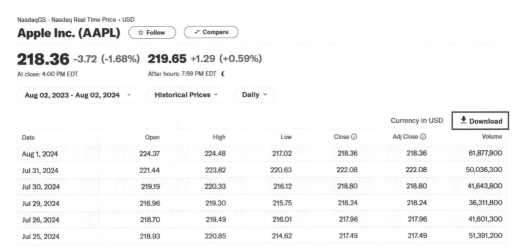

그림 2-6 야후 파이낸스에서 수기로 데이터를 다운로드하는 방법

두 번째 방법은 `FinanceDataReader` 라이브러리를 사용하는 것이다(https://financedata.github.io/posts/finance-data-reader-users-guide.html). 이 라이브러리는 두 가지 주요 함수를 제공한다.

거래소별 전체 종목 코드 수집

`StockListing()` 함수를 사용하여 한국거래소_{Korea Exchange, KRX}에 상장된 모든 종목의 리스트를 `fdr.StockListing('KRX')`로, 미국 S&P500에 상장된 종목들을 `fdr.StockListing('S&P500')`로 간단히 얻을 수 있다.

```
Pip install -U finance-datareader
import FinanceDataReader as fdr
# 한국거래소 상장 종목 전체 가져오기
df_krx = fdr.StockListing('KRX')
df_krx.head()
```

	Symbol	Name	Sector	Industry
0	155660	DSR	1차 비철금속 제조업	합성섬유로프
1	001250	GS글로벌	상품 종합 도매업	수출입업(시멘트,철강금속,전기전자,섬유, 기계화학),상품중개,광업,채석업/ 하수처리...

2	082740	HDS엔진	일반 목적용 기계 제조업	대형선박용엔진,내연발전엔진
3	011070	LG이노텍	전자부품 제조업	기타 전자부품 제조업
4	010060	OCI	기초 화학물질 제조업	타르품,카본블랙,무수프탈산,농약원제, 석탄화학제품,정밀화학제품, 플라스틱창호재 제조,판매제

```
# S&P 500 종목 전체 가져오기
df_spx = fdr.StockListing('S&P500')
print(len(df_spx))
df_spx.head()
```

	Symbol	Name	Sector	Industry
0	MMM	3M Company	Indusrials	Industrial Conglomerates
1	001250	AbbottLaboratories	Health Care	Health Care Equipment
2	082740	AbbVie Inc.	Health Care	Pharmaceuticals
3	011070	ABIOMED Inc	Health Care	Health Care Equipment
4	010060	Accenture plc	Information Technology	IT Consulting & Other Services

가격 데이터 수집

DataReader() 함수는 특정 기업의 주식 가격, 거래량 등의 시계열 데이터를 수집한다. 예를 들어 애플의 2020년 1월 1일부터 2020년 12월 31일까지의 주식 가격 데이터를 fdr.DataReader('AAPL', '2020-01-01', '2020-12-31') 코드로 수집할 수 있다.

```
# GS글로벌, 2018년
df = fdr.DataReader('001250', '2018')
df.head(10)
df['Close'].plot()
```

Date	Open	High	Low	Close	Volume	Change
2018-01-02	2795	2860	2795	2850	118224	0.019678
2018-01-03	2850	2860	2820	2845	152892	-0.001754
2018-01-04	2845	2860	2815	2820	195786	-0.008787
...	...	...	...	...	...	...
2018-01-11	2975	2975	2930	2940	200819	-0.005076
2018-01-12	2930	2955	2890	2910	156725	-0.010204
2018-01-15	2910	2915	2870	2895	245777	-0.005155

이 두 함수는 금융 데이터 수집에서 각각 중요한 역할을 담당하며, 간단한 코드 입력을 통해 대량의 데이터를 효율적으로 수집하고 관리할 수 있는 강력한 도구다.

금융 시계열 분석에 유용한 판다스 함수

판다스는 웨스 매키니Wes McKinney가 2008년에 창안했다. 매키니는 퀀트 금융 분야에서 근무하며 실제 금융 데이터 분석 작업을 더욱 쉽고 효율적으로 만들 필요성을 느꼈다. 그 결과로 탄생한 판다스는 파이썬에서 데이터 분석을 위한 빠르고, 유연하며, 표현력이 뛰어난 데이터 구조를 제공한다. 특히 금융 시계열 데이터와 같은 복잡한 데이터셋을 처리하는 데 있어 매우 강력하다. 이제, 금융 시계열 데이터 분석과 관련하여 판다스의 몇 가지 핵심적인 기능들을 살펴보자.

shift() 메서드

주어진 데이터프레임DataFrame이나 시리즈Series의 데이터를 위아래로 이동시키는 데 사용된다. 이동 방향과 거리는 함수의 인수로 지정할 수 있다. 예를 들어 `shift(1)`은 데이터를 한 행 아래로 이동시키고, `shift(-1)`은 한 행 위로 이동시킨다. 이를 통해 주식 시장에서 전날 주가와 현재 주가를 비교하여 가격 변동을 분석하는 등 시간적 지연 효과를 분석할 수 있다.

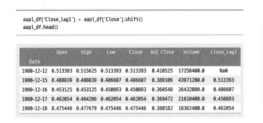
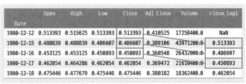

그림 2-7 shift() 메서드 예시

pct_change() 메서드

시리즈 또는 데이터프레임의 요소 간의 백분율 변화를 계산한다. 기본적으로, 이 함수는 현재 요소와 바로 이전 요소 간의 백분율 변화를 계산한다. 이는 특히 금융 시장에서 자산의 일일 수익률을 계산할 때 유용하게 사용된다. 예를 들어 `pct_change()` 메서드를 사용하여 주가의 일일 변화율을 계산할 수 있다.

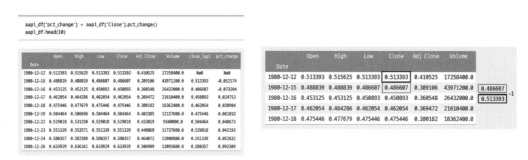

```
aapl_df['pct_change'] = aapl_df['Close'].pct_change()
aapl_df.head(10)
```

그림 2-8 pct_chage() 메서드 예시

rolling() 메서드

이동평균이나 이동 표준편차 같은 이동 통계를 계산하는 데 사용된다. 주요 인수로는 윈도우 크기가 있는데, 이는 계산에 사용할 연속적인 관측치의 수를 지정한다. 예를 들어 7일 이동평균을 계산하려면 rolling(window=7)과 같이 설정할 수 있다. 이 함수는 금융 데이터 분석에서 주가의 단기적인 트렌드를 파악하거나 변동성을 분석하는 데 자주 사용된다.

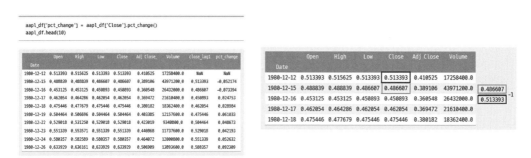

```
aapl_df['pct_change'] = aapl_df['Close'].pct_change()
aapl_df.head(10)
```

그림 2-9 rolling() 메서드 예시

그 외 유용한 메서드

cumsum() 메서드는 주가의 누적 합을 계산한다. 시계열 데이터의 각 요소를 누적하여 합을 계산할 수 있다. 누적 수익률을 구하는 데 유용하다.

resample() 메서드는 시계열 데이터의 리샘플링을 수행한다. 시계열 데이터를 다른 주기로 재구성하거나 집계할 수 있다. 예를 들어 원본 데이터가 일별 주가인 경우 이를 주간, 월간, 분기별 주가로 변환할 수 있다.

ewm() 메서드는 지수 가중 이동평균을 계산한다. 주가 데이터에 지수적으로 감쇠하는 가중치를 적용하여 평균을 계산한다. 이를 통해 최근 데이터에 더 큰 가중치를 부여할 수 있다.

rescale() 메서드는 주가 데이터를 정규화한다. 정규화는 주가 데이터의 범위를 일정한 범위로 조정하여 다른 기간 및 다른 주식과의 비교를 용이하게 한다.

pct_rank() 메서드는 주가 데이터의 백분위 순위를 계산한다. 해당 기간 내에서 주가가 어느 위치에 있는지를 파악할 수 있다. 이를 통해 상대적으로 높거나 낮은 주가를 식별할 수 있다.

❷ 전통 퀀트 투자 전략과 기술적 지표

퀀트 투자 전략은 금융 시장에서 거래되는 자산의 가치를 수치적으로 분석해 투자 결정을 내리는 접근법이다. 이 방식은 대량의 데이터를 기반으로 알고리즘과 통계적 모델을 사용해 시장의 비효율성을 찾아내고, 이를 이용해 수익을 창출하려는 목적을 가진다. 퀀트 투자 전략은 기본적으로 두 가지 주요 범주로 나뉜다. 기본적 분석과 기술적 분석이다.

기본적 분석

기본적 분석fundamental analysis은 장기적인 투자 결정에 필수적인 도구다. 이는 시장의 단기적인 변동성을 넘어서 회사의 본질적인 가치와 잠재력을 평가하며, 투자자들이 과소평가 되었거나 고평가된 자산을 식별할 수 있게 도와준다. 회사의 재무제표, 산업 조건, 경제 지표와 같은 기본적인 경제적 요인을 분석하고, 목표는 자산의 '진정한 가치'를 결정하고 현재 시장 가격과 비교하는 것이다.

기술적 분석

기술적 분석technical analysis은 주식이나 다른 금융 상품의 미래 가격 움직임을 예측하기 위해 과거의 가격 데이터와 거래량을 분석한다. 이는 '역사는 반복된다'는 가정에 기초해, 과거의 가격 패턴과 트렌드가 미래에도 유사하게 나타날 것이라고 보는 것이다. 기술적 분석의 중요성은 시장의 심리와 행동 패턴을 파악해 이를 이용하려는 데 있다. 카테고리별로 나열한 지표들은 시장의 다양한 측면을 분석하고, 이를 바탕으로 거래 신호를 도출하는 데 사용된다.

기술적 분석은 다음과 같은 이유로 중요하다.

- 트렌드 식별: 기술적 분석은 시장의 트렌드를 식별하는 데 매우 유용하다. 이동평균선이나 볼린저 밴드와 같은 지표들은 트렌드의 방향과 강도를 파악하는 데 도움을 준다.
- 거래 심리 이해: 거래 심리를 반영하는 지표들은 매수와 매도 압력의 균형을 파악하고, 시장 참여자들의 감정적 반응을 이해하는 데 도움을 준다.
- 진입 및 청산 시점 결정: 기술적 분석 지표는 거래의 진입 및 청산 시점을 결정하는 데 중요한 역할을 한다. 예를 들어 상대강도지수나 스토캐스틱 오실레이터와 같은 지표들은 과매수나 과

매도 상황을 감지해 거래 타이밍을 결정하는 데 사용된다.

이러한 중요성에도 불구하고, 기술적 분석의 한계도 존재한다. 다음은 기술적 분석의 단점이다.

- 자기충족적 예언: 많은 투자자들이 동일한 기술적 지표를 사용하면, 그 결과가 자기충족적 예언이 될 수 있다. 즉 특정 지표에 따라 행동하는 많은 투자자들 때문에 해당 지표가 예측한 시나리오가 실제로 발생할 가능성이 높아진다.
- 시장의 변화: 기술적 분석은 과거의 데이터에 기반하기 때문에, 시장 조건이 급변할 경우 예측의 정확성이 떨어질 수 있다.

퀀트 투자를 위한 기술적 분석 지표: 상세 지표

퀀트 투자 전략에서 기술적 분석은 시장의 행동 패턴과 트렌드를 이해하고, 이를 바탕으로 전략적인 거래 결정을 내리는 데 중요한 도구다. 다음 표 2-3은 기술적 분석에 사용되는 주요 지표들이다.

표 2-3 기술적 지표 분류 및 예시

기술적 지표 분류	내용	지표 예시
Overlap Studies	가격 데이터와 함께 표시되어 트렌드나 변동을 도출하는 지표	이동평균선(MA), 볼린저 밴드, 파라볼릭 SAR(Parabolic SAR)
Momentum Indicator	가격의 속도나 강도를 측정하여 상승장이나 하락장에서의 변화를 감지하는 지표	상대강도지수, 스토캐스틱 오실레이터, MACD
Volume Indicator	거래량의 변화를 측정하여 가격 움직임의 강도를 파악하는 지표	거래량(Volume), 축적/분산(A/D Line), OBV(On-Balance Volume)
Volatility Indicator	시장의 변동성을 측정하는 지표	Average True Range(ATR), Normalized Average True Range
Price Transform	가격 데이터를 변환하여 트렌드를 더 잘 파악하게 하는 지표	Weighted Close Price, Median Price, Average Price
Cycle Indicator	주기적인 패턴을 감지하는 데 사용되는 지표	힐버트 변환(Hilbert Transform)
Pattern Recognition	기술적 분석의 차트 패턴을 자동으로 인식하는 지표	캔들스틱 패턴(Hanging Man, Hammer, Shooting star etc.)

- 이동평균선moving average line, MAL: 일정 기간 동안의 가격을 평균화하여 추세를 파악하는 기법이다. 과거 n일 동안의 종가를 n으로 나누어 계산한다. 이동평균선은 가격 데이터의 잡음을 줄이고 주가의 중요한 추세를 파악하는 데 도움을 준다.
- 볼린저 밴드Bollinger Band: 1980년대 존 볼린저John Bollinger에 의해 개발되었다. 이 지표는 중간 밴드(이동평균선), 상단 밴드(중간 밴드 + (2 × 표준편차)), 하단 밴드(중간 밴드 - (2 × 표준편차))의

세 가지 선으로 구성된다. 가격이 밴드의 위쪽이나 아래쪽 경계를 넘어설 때 과매수나 과매도 상황을 나타낸다.

- 상대강도지수relative strength index, RSI: 1978년 웰스 와일더John Welles Wilder Jr.가 개발한 지표로, 가격 변동의 속도와 변동 크기를 통해 과매수나 과매도 상태를 나타낸다. RSI는 다음과 같은 공식으로 계산된다. RSI = 100 - (100 / (1 + RS)), 여기서 RS는 평균 상승폭을 평균 하락폭으로 나눈 값이다.

- MACD(이동평균 수렴확산 지수)moving average convergence divergence: 제럴드 아펠Gerald Appel이 1970년대 후반에 개발한 지표로, 장단기 이동평균선의 차이를 통해 추세의 강도와 방향을 판단한다. MACD line = 12일 이동평균선 - 26일 이동평균선, Signal line = MACD line의 9일 지수이동평균(EMA)이다.

- 스토캐스틱 오실레이터stochastic oscillator: 조지 레인George Lane이 1950년대에 개발한 지표로, 주가가 최근 가격 범위 내에서 어디에 위치해 있는지를 나타낸다. %K = (현재 종가 - n일 동안의 최저가) / (n일 동안의 최고가 - n일 동안의 최저가) * 100, %D = %K의 3일 단순이동평균(SMA)이다.

- 거래량 가중 평균 가격volume-weighted average price, VWAP: 거래량을 고려하여 평균 가격을 계산하는 지표로, 주로 대규모 주식 거래에서 벤치마크로 사용된다. VWAP = (총 거래 금액 / 총 거래량)이다.

- 평균진폭지수average true range, ATR: 웰스 와일더가 개발한 지표로, 가격 변동성을 측정한다. ATR = n일 동안의 진폭(당일 최고가와 최저가, 전일 종가와 비교)의 평균이다.

- 현금흐름지수money flow index, MFI: 가격과 거래량을 기반으로 자산의 과매수나 과매도 상태를 측정한다. 현금흐름지수는 상대강도지수와 비슷한 방식으로 계산되지만, 거래량을 추가로 고려한다.

- 거래량지표on balance volume, OBV: 가격 변동과 거래량의 관계를 분석하는 데 사용되는 지표다. 거래량이 증가하면 대차 이익률은 증가하고, 거래량이 감소하면 대차 이익률은 감소한다.

- 대형주 지수large cap index: 시가총액이 큰 기업들의 주식 가격 추세를 반영한 지표다. 이 지표는 투자자들이 대형주에 대한 시장 트렌드를 이해하는 데 도움이 된다. 이는 특정 시장 지수(예를 들어 S&P 500)에 속하는 주식의 가격과 거래량을 기반으로 계산된다.

기술적 지표 생성을 위한 도구: TA-Lib

앞서 소개한 기술적 지표를 쉽게 생성할 수 있도록 도와주는 파이썬 라이브러리가 다수 존재한다. TA-Lib, pandas-ta, zipline, pyalgotrade 등이 있는데, 그중에서도 TA-Lib을 추천한다.

TA-Lib_{Technical Analysis Library}은 금융 시장 데이터의 기술적 분석을 위해 개발된 강력한 라이브러리다. 이 라이브러리는 트레이더와 시장 분석가들이 주식, 외환, 선물 시장 등에서 가격 변동을 분석하고 예측하는 데 사용할 수 있는 150개 이상의 기술적 지표와 함수를 포함하고 있다. 예를 들어 평균 방향성 지수(ADX), 이동평균 수렴/발산(MACD), 상대강도지수(RSI), 스토캐스틱 오실레이터, 볼린저 밴드 등이 포함되어 있다. 이러한 지표들은 시장의 트렌드, 모멘텀, 변동성, 볼륨 등 다양한 측면을 분석하는 데 활용된다.

또한, TA-Lib은 캔들스틱 패턴을 인식하는 기능을 제공하는데, 이는 시장 참여자들의 심리와 시장의 가능한 전환점을 파악하는 데 유용하다. 캔들스틱 패턴_{candlestick pattern}은 가격 차트에서 특정 형태를 형성하는 일련의 캔들(또는 바)을 의미하며, 이는 잠재적인 구매 또는 판매 신호를 제공할 수 있다.

TA-Lib은 C++로 작성되었으나 다양한 프로그래밍 언어를 지원하는 오픈소스 API를 제공한다. 이는 파이썬, 자바_{Java}, 닷넷_{NET} 등 다양한 언어에서 TA-Lib의 기능을 활용할 수 있음을 의미한다. 특히 파이썬 사용자들에게는 사이썬_{Cython}과 넘파이_{NumPy}를 사용한 효율적인 바인딩을 통해, SWIG 인터페이스를 사용하는 것보다 2~4배 빠른 성능을 제공한다.

마지막으로, TA-Lib은 폴라스_{Polars}와 판다스 같은 인기 있는 데이터 분석 라이브러리와 호환되어, 데이터 핸들링과 분석 작업을 용이하게 한다. 이러한 특성은 트레이더와 개발자들이 복잡한 트레이딩 전략을 개발하고, 금융 데이터를 효과적으로 분석하는 데 필수적인 도구로 TA-Lib을 만든다.

TA-Lib을 사용하여 애플(AAPL)의 주식 데이터를 불러오고, 단순이동평균(SMA)과 상대강도지수(RSI)를 계산하는 방법은 다음과 같다.

먼저, 야후 파이낸스에서 데이터를 가져오기 위해 pandas_datareader 라이브러리의 get_data_yahoo 함수를 사용한다. 그 후 TA-Lib을 사용하여 SMA와 RSI를 계산한다.

```
# 필요한 라이브러리를 불러온다.
import pandas as pd
from pandas_datareader import data as pdr
import talib

# 야후 파이낸스에서 애플의 주식 데이터를 불러온다.
aapl_data = pdr.get_data_yahoo('AAPL')

# 단순이동평균(SMA)을 계산한다. 여기서는 20일 SMA를 계산한다.
```

```
aapl_data['SMA_20'] = talib.SMA(aapl_data['Close'], timeperiod=20)

# 상대강도지수(RSI)를 계산한다. 여기서는 14일 RSI를 계산한다.
aapl_data['RSI_14'] = talib.RSI(aapl_data['Close'], timeperiod=14)
# 결과를 출력한다.
print(aapl_data.tail())
```

위의 코드는 Apple Inc.의 최신 주식 데이터를 가져와서 20일 SMA와 14일 RSI를 계산하고, 이를 데이터 프레임에 추가한 후 마지막 5개의 데이터 포인트를 출력한 것이다.

퀀트 투자 성과 평가를 위한 백테스팅 및 주요 지표

백테스팅backtesting은 과거 데이터를 활용하여 특정 투자 전략이 과거에 어떤 성과를 거두었는지 검증하는 과정이다. 예를 들어 어떤 투자자가 특정 주식이 5일 연속 하락할 때 매수하고, 이후 5일간 상승하면 매도하는 전략을 고안했다고 하자. 백테스팅은 이러한 전략을 과거의 주식 가격 데이터에 적용하여, 실제로 이 전략을 과거에 사용했다면 얼마나 성공적이었을지를 평가하는 것이다.

실제 자본을 투입하지 않고 트레이딩 전략을 테스트하는 방식으로, 데모 트레이딩과 유사한 점이 있다. 하지만 백테스팅은 실제 과거 데이터를 기반으로 하기 때문에, 더 신뢰할 수 있는 결과를 제공한다는 장점이 있다. 트레이더들은 이 과정을 통해 자신의 전략이 과거 시장 조건에서 어떻게 작동했는지 이해할 수 있으며, 이를 바탕으로 미래의 성과를 예측한다. 백테스팅은 전략의 유효성을 확인하고 위험 요소를 사전에 파악하는 데에 중요한 도구로 활용된다.

그러나 백테스팅에 대한 비판도 존재한다. 가장 흔한 비판 중 하나는 **과적합**overfitting이다. 과적합은 특정 과거 데이터에 대해 너무 잘 맞는 전략을 개발함으로써, 실제 시장 조건에서는 그 효과가 크게 떨어질 수 있다는 것이다. 또한 과거의 시장 조건이 미래에도 동일하게 발생한다는 보장이 없기 때문에, 백테스팅 결과가 항상 미래의 성과를 정확히 예측하지는 못한다는 점도 지적된다. 따라서 투자자들은 백테스팅 결과를 무조건적으로 신뢰하기보다는 하나의 참고 자료로 활용하고, 실제 시장 환경과 변화를 면밀히 관찰하면서 전략을 조정해야 한다.

백테스팅은 투자 전략을 명확히 정의한 후, 과거의 데이터를 활용하여 해당 전략을 시뮬레이션하는 과정이다. 예를 들어 주식의 이동평균을 기반으로 매수와 매도 시점을 결정하는 전략을 가정해보자. 백테스팅에서는 이러한 전략을 과거의 주식 가격 데이터에 적용하여, 가상의 매수와 매도 거래를 실행하고 그 결과를 기록한다. 이후 투자 결과를 분석하여 수익률, 변동성, 최대 손실 등의 리스크 요인을 면밀히 평가함으로써 전략의 효과를 종합적으로 이해할 수 있다.

백테스팅에서 중요한 요소는 전략의 진입과 청산 규칙을 명확히 설정하는 것이다. 또한 포지션 크기를 조정하는 방법과 리스크 관리 전략도 정확하게 반영해야 한다. 예를 들어 투자 자금의 일정 비율만을 각 거래에 할당하거나, 손절매를 설정하는 등의 규칙이다. 고품질의 데이터 확보도 중요하다. 잘못된 데이터는 전략의 성능을 잘못 평가하게 만들 수 있기 때문이다. 또한 생존 편향, 미래 정보 누설 편향look-a-head bias과 같은 다양한 편향에 주의를 기울여야 한다. 거래 수수료, **슬리피지** slippage(실제 거래 가격과 예상 가격 사이의 차이), 시장 변동성 등 시장의 실제 조건도 고려해야 백테스팅의 정확성을 높일 수 있다.

많은 유료 플랫폼이 훌륭한 백테스팅 서비스를 제공하지만, 트레이더나 투자자가 직접 간단한 백테스팅 시스템을 구축하고자 할 때는 파이썬과 같은 프로그래밍 언어가 필수 도구가 된다. 파이썬의 다양한 백테스팅 라이브러리들(예를 들어 bt, backtrader, zipline 등)은 투자 전략의 코딩, 실행, 결과 분석을 자동화하여 트레이더가 전략을 더욱 쉽게 평가하고 개선할 수 있도록 지원한다. 이러한 도구들을 활용함으로써 투자자와 트레이더는 더 효율적이고 체계적인 백테스팅을 수행할 수 있으며, 이는 신뢰할 수 있는 투자 결정을 내리는 데 큰 도움이 된다. 주요 라이브러리와 각각의 장단점은 다음 표를 확인하기 바란다.

표 2-4 다양한 백테스팅 라이브러리와 장단점

라이브러리	설명	장점	단점
Backtrader	• 파이썬으로 작성된 유연하고 강력한 백테스팅 라이브러리 • 다양한 시장 데이터 및 트레이딩 전략에 대한 지원이 우수 • 실시간 트레이딩을 위한 기능 제공	• 사용자 친화적인 API • 다양한 시장과 전략 지원 • 실시간 트레이딩 기능	처음 시작하는 사용자에게는 복잡하게 느껴질 수 있다.
Zipline	• Quantopian이 개발한 백테스팅 라이브러리 • 주식, 선물 등 다양한 자산 클래스에 대한 백테스팅 지원 • 파이프라인 API를 통해 대량의 데이터 처리 가능	• 대량의 데이터 처리 가능 • 강력한 API • 다양한 자산 클래스 지원	• 설치가 복잡하다. • 자체 데이터 피드 구성이 필요하다.
PyAlgoTrade	• 이벤트 드리븐 방식의 백테스팅을 지원하는 파이썬 라이브러리 • 여러 종류의 알고리즘 트레이딩 전략에 적용 가능	• 이벤트 드리븐 방식 지원 • 기술적 지표 계산 기능 내장	• 적은 수의 증권 종류만 지원한다. • 개발 활동이 느려진다.

표 2-4 다양한 백테스팅 라이브러리와 장단점(계속)

라이브러리	설명	장점	단점
bt	• 빠르고 간편하게 포트폴리오 백테스팅을 할 수 있는 파이썬 라이브러리 • 벡터 연산을 기반으로 함	• 사용이 간편하고 빠름 • 다양한 포트폴리오 전략 지원	다른 라이브러리에 비해 기능이 제한적이다.
Catalyst	• Zipline의 확장 버전	• 암호화폐에 특화 • 실시간 트레이딩 지원	주식 및 기타 전통적인 자산에 대한 지원이 부족하다.

백테스팅은 결과를 과장하거나 잘못 해석함으로써 투자 의사결정에 심각한 오류를 일으킬 수 있다. 이에 따라 주의 깊은 접근이 요구된다. 앞서 간략히 언급했지만, 백테스팅을 수행할 때 유념해야 할 몇 가지 주요 사항을 다시 한번 정리하면 다음과 같다.

- 경제적 시나리오 포함: 백테스팅 기간을 설정할 때는 다양한 경제적 시나리오를 포함하는 것이 중요하다. 이는 과거의 다양한 시장 상황에서 전략의 성능을 평가하는 데 도움이 된다.
- 수수료와 슬리피지 고려: 실제 거래에서 발생할 수 있는 수수료와 슬리피지를 고려해야 한다. 주문량이나 체결 강도에 의해 발생하는 슬리피지를 예측하고, 이를 백테스팅에 포함시켜야 한다.
- 편향 고려: 생존 편향, 사전 관찰 편향 등 데이터 퀄리티 문제로 인한 편향이 발생할 수 있다. 이러한 편향을 인식하고 가능한 한 제거하는 것이 중요하다.
- 종목보다 자산 부류에 집중: 특정 주가를 예측하기보다는 전체 자산 종류나 투자 영역에 대한 모델을 개발하는 것이 좋다. 이는 과적합을 줄이고 모델의 범용성을 높일 수 있다.
- 다양한 지표 활용: 수익률분만 아니라 변동성, 샤프 비율, 최대 낙폭, 소르티노 비율, 젠센의 알파 등 다양한 위험 및 성과 지표를 사용하여 전략을 평가해야 한다.
- 시계열 분석에 적합한 교차 검증: 머신러닝을 활용하는 경우, 시계열 데이터의 특성에 맞는 **교차 검증**cross-validation 방법을 사용해야 한다.

퀀트 투자 성과 측정을 위한 주요 지표

투자 전략의 성공을 판단할 때 높은 수익률만을 기준으로 삼는 것은 충분하지 않다. 수익률은 투자에서 발생하는 위험, 시장 변동성, 자금 유동성 등 다른 중요한 요소들을 고려하지 않기 때문이다. 따라서 투자 전략의 진정한 성공을 평가하기 위해서는, 수익률 이외에도 위험 관리, 장기적 안정성, 시장 조건 변화에 대한 적응력 등 다양한 각도에서 그 효과성을 검토해야 한다.

예를 들어 위험 조정 수익률 지표들은 투자자가 수익을 얻기 위해 얼마나 많은 위험을 감수했는지를 보여준다. 이는 단순한 수익률만으로는 투자 전략의 효과를 정확히 평가할 수 없기 때문이다. 높은 수익률을 달성했더라도 그 과정에서 많은 위험을 감수했다면, 그 전략은 결코 최선의 선택이 아닐 수 있다. 또한 투자의 변동성은 투자자의 리스크 허용 범위와 직결된다. 낮은 변동성은 안정적인 수익률을 의미할 수 있지만, 때로는 높은 변동성이 높은 수익률로 이어질 수도 있다. 그러나 높은 변동성은 큰 손실로도 이어질 수 있으므로, 투자자는 자신의 위험 감수 능력에 맞는 전략을 선택해야 한다. 다음은 자주 사용하는 퀀트 투자 성과 측정을 위한 핵심 지표들이다.

- 연평균 복리 수익률compound annual growth rate, CAGR: 투자의 초기 가치와 최종 가치 사이의 성장률을 연평균으로 환산한 것이다. 이 지표는 복리 효과를 고려하며, 간단하면서도 시간의 흐름에 따른 투자 성과를 이해하기 쉬운 방법으로 제공한다. 특히 다양한 투자 기간과 금액에 대한 성과를 비교할 때 유용하다.

  연평균 복리 수익률 = ((최종 자산 가치 / 초기 자산 가치) ^ (1 / 투자 기간) - 1) * 100

- MDD(최대 낙폭)maximum drawdown: 투자자가 경험할 수 있는 최대 손실을 나타내며, 이는 심리적인 지표로도 작용한다. 투자자는 일정 수준 이상의 손실을 경험할 때 투자에 대한 믿음을 잃고, 잠재적인 회복 기회를 포기할 수 있다. 따라서 낮은 MDD는 투자자의 심리적 안정성을 유지하고 장기적인 투자 전략을 유지하는 데 도움이 된다.

  MDD = (최저점 - 피크점) / 피크점 * 100

- 변동성volatility: 자산 가격의 불확실성과 리스크 수준을 나타내는 지표로, 가격이 크게 변할수록 변동성이 높다고 볼 수 있다. 높은 변동성은 예측하기 어려운 시장을 의미하며, 이는 투자자가 예상치 못한 손실을 경험할 위험을 증가시킨다. 따라서 변동성은 투자의 불확실성을 측정하는 중요한 척도로 사용된다.

  변동성 = 표준편차(일간 수익률) * √(연간 거래일 수)

- 샤프 비율Sharpe ratio: 투자의 초과 수익률(리스크 프리미엄)과 투자의 변동성(리스크) 사이의 관계를 측정한다. 이 지표는 투자가 가져다주는 추가적인 수익이 그에 따른 추가적인 리스크에 비해 얼마나 가치 있는지를 판단하는 데 도움이 된다. 높은 샤프 비율은 같은 수준의 리스크에 대해 더 높은 수익을 제공하는 투자를 의미하며, 이는 효율적인 투자 선택을 위한 중요한 기준이 된다.

  샤프 비율 = (포트폴리오의 수익률 - 무위험 이자율) / 포트폴리오의 변동성

- 베타beta: 주식이 시장 지수에 비해 얼마나 민감하게 움직이는지를 나타내는 지표다. 베타값이 1이면 주식이 시장과 동일한 변동성을 가지는 것을 의미하고, 1보다 큰 경우 시장보다 더 큰 변동성을 가진다. 1보다 작은 경우에는 시장보다 변동성이 낮은 것을 의미한다. 투자자들은 이 지표를 사용하여 포트폴리오의 시장 리스크를 평가할 수 있다. 베타는 포트폴리오의 시장 위험에 대한 상대적 민감도를 나타내며, 시장 수익률은 대체로 주요 주식 지수의 수익률을 사용한다.

  베타 = Cov(수익률(자산), 수익률(시장)) / Var(수익률(시장))

- 알파alpha: 투자의 성과가 벤치마크나 시장 지수를 얼마나 초과하는지를 측정하는 지표다. 알파가 양수라면 투자가 벤치마크의 예상 수익률을 초과하는 것을 의미하며, 이는 투자자가 시장 평균을 뛰어넘는 성과를 달성했다는 것을 나타낸다. 반대로 알파가 음수라면 투자 성과가 벤치마크에 미치지 못하는 것을 의미한다. 여기서 알파는 포트폴리오 매니저의 성과를 측정하는 지표로서, 시장의 기대 수익률을 초과하는 부분을 의미한다. **자본자산가격결정모델**Capital Asset Pricing Model, CAPM을 기반으로 계산하며 무위험 이자율은 일반적으로 국채 수익률을 사용한다.

  알파 = 실제 포트폴리오 수익률 - [무위험 이자율 + 베타 * (시장 수익률 - 무위험 이자율)]

- 소르티노 비율Sortino ratio: 투자의 수익률을 하락 리스크로 나눈 값으로, 투자 성과를 평가하는 데 사용된다. 이 지표는 샤프 비율과 유사하지만, 전체 변동성 대신 손실에 대한 변동성(다운사이드 리스크)만을 고려한다. 소르티노 비율이 높을수록 투자자는 동일한 수준의 하락 리스크에 대해 더 높은 수익률을 얻고 있다는 것을 의미하며, 이는 특히 손실 위험을 중요하게 생각하는 투자자에게 유용한 지표다.

  소르티노 비율 = (포트폴리오 수익률 - 목표 수익률) / 다운사이드 리스크

실습 2 머신러닝을 이용한 투자 전략

이번 실습에서는 머신러닝을 구현할 때 알아야 하는 기본적인 내용을 소개한다. 먼저, 전통적인 머신러닝 알고리즘에 대해 설명하며, 이는 근래에 등장한 딥러닝과 구분하기 위해 사용하는 용어다. 역사적으로 머신러닝은 통계학을 기반으로, 딥러닝은 첨단 기술을 기반으로 발달했다는 인식이 있지만, 여기서는 그 차이점은 논외로 한다.

이 절에서는 금융 전문가들이 머신러닝을 배워야 하는 이유, 머신러닝을 금융 투자에 적용하는 최신 연구 동향, 금융 데이터에 머신러닝을 적용할 때 주의해야 할 점과 그 해결 방법을 살펴본다. 또

한 실습을 통해 ETFs를 활용한 주가 방향성 예측 모델과 클러스터링 방법을 활용한 주식 종목 분류 모델 개발에 대해 배울 것이다.

❶ 왜 금융 전문가들은 머신러닝을 배워야 하는가?

금융 분야에서 일하면, 분석 도구나 프로그래밍 언어, 예를 들어 파이썬을 배울 기회가 있을 것이다. 데이터 과학자나 분석가에 대한 수요는 높지만 공급에는 한계가 있어, 많은 기업들이 내부적으로 이러한 전문가를 양성하는 경향이 있다. 이 추세는 앞으로도 계속될 것이어서, 프로그래밍과 데이터 과학 능력은 미래의 투자 업계 종사자들에게 중요한 자산이 될 것이다.

그리니치 어소시에이츠Greenwich Associates에서 발표한 <Seismic Shifts: The Future of Investment Research>[7]에 따르면, 현업 투자업계 종사자들은 향후 금융 분야에서 수요가 가장 크게 증가할 것으로 예측되는 기술군으로 '데이터 과학'을 꼽았다. 이는 전통적으로 오랫동안 인정받아온 국제 재무분석사Chartered Financial Analyst, CFA 자격증을 제치고, 심지어 금융 공학 박사학위보다도 더 높은 순위를 차지했다. 또한 <The Future of Trading: Technology in 2024>[8]에서는 인공지능이 금융 도메인에 파괴적disruptive인 영향을 줄 것이라는 응답 비율이 92%를 넘어서기도 했다.

따라서 직접 머신러닝 투자 알고리즘을 개발하지 않더라도, 이에 대한 이해도는 매우 중요하다. 특히 이 책에 나와 있는 기본적인 내용을 숙지한다면 큰 도움이 될 것이다. 이 절의 내용은 머신러닝을 이용한 투자 전략을 만드는 데 필요한 지도를 제공하는 데 초점을 둔다. 실제로 높은 수익률을 내는 전략을 소개하거나, 화려한 알고리즘을 구현하는 것은 이 절의 핵심이 아니다.

❷ 다양한 머신러닝 알고리즘의 연구

2000년부터 2019년까지 발표된 138편의 논문을 분석한 결과, 연도별로 연구된 알고리즘의 분포는 다음과 같다. 첫 연구는 2000년에 수행된 인공 신경망artificial neural network, ANN을 사용한 것이었으며, 2001년에는 서포트 벡터 머신support vector machine, SVM을 이용한 연구가 등장했다. 특히 이 두 기법은 주식 시장 예측에서 지속적으로 인기 있는 방법으로 확인되었다. 최근에는 딥러닝 관련 연구가 증가하는 추세를 보이고 있다.

---

7 https://www.greenwich.com/equities/seismic-shifts-future-investment-research

8 https://www.greenwich.com/market-structure-technology/future-trading-technology-2024

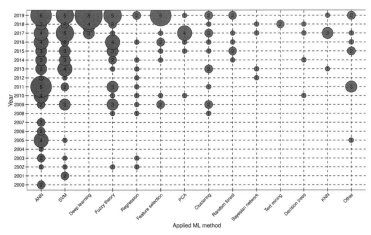

그림 2-10 머신러닝 기술을 활용한 주식 시장 예측 연구 동향

(출처: <Machine learning techniques and data for stock market forecasting: A literature review>)

다양한 알고리즘과 혼합 방법들이 여러 가지 문제 해결을 위해 시도되고 있다. 예를 들어 주가의 상승 또는 하락을 예측하는 경우에는 분류 문제로 접근하고, 정확한 주가값을 예측하기 위해서는 회귀 문제로 접근한다. 또한 어떤 변수들을 사용하여 주가를 예측할지 결정하는 경우에는 변수 선택 문제로 접근하며, 특정 주식 종목을 선택하기 위해서는 클러스터링과 같은 비지도 학습 방법을 활용하기도 한다.

이제 본격적인 모델 개발에 앞서, 머신러닝 방법론을 활용하는 데 주요 포인트들을 살펴보고 넘어가도록 하겠다.

금융에서 부스팅과 배깅의 사용

금융 분야에서 **부스팅**boosting과 **배깅**bagging은 서로 다른 특성을 가진 머신러닝 기법으로 활용된다. 부스팅은 잘못 분류된 데이터에 더 많은 가중치를 부여하며 모델의 편향을 줄이고 과소적합 문제를 해결하는 데 효과적이다. 그러나 프라도Marcos López de Prado 교수는 "금융 데이터의 불규칙성과 예측의 어려움을 고려했을 때, 부스팅 기법이 과적합으로 이어질 위험이 크다"라고 지적한다. 이는 금융 데이터에서 과적합이 심각한 문제로 작용할 수 있음을 의미한다.

반면, 배깅은 다수의 분류기를 병렬로 학습시키고 그 결과를 종합해 최종 예측을 도출한다. 프라도 교수에 따르면, "배깅은 모델의 분산을 감소시켜 과적합 문제를 완화하며, 금융 데이터의 낮은 신호 대 잡음 비율에 효과적"이다. 배깅은 이상치에 강하고 계산 속도도 빠르다는 장점이 있다.

금융 시계열 데이터에 대한 교차 검증 방법

금융 시계열 데이터는 시간에 따라 연속적인 특성을 가지고 있기 때문에, 전통적인 k-fold 교차 검증 방법은 적합하지 않다. **k-fold 교차 검증**은 데이터의 순서를 무시하고 무작위로 분할하는데, 이는 시계열 데이터의 시간적 순서를 무시하는 것으로, 미래 데이터가 모델 학습에 포함될 위험이 있다. 금융 시장에서는 미래 데이터를 알 수 없기 때문에, 이러한 방식은 비현실적이다.

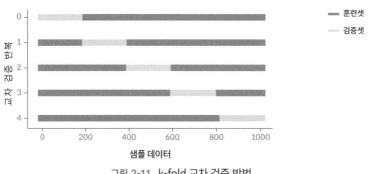

그림 2-11 k-fold 교차 검증 방법

금융 시계열 데이터에는 **walk-forward 교차 검증과 blocking walk-forward 교차 검증** 방법이 적합하다. 이 방법들은 데이터를 시간 순서대로 분할하고, 각 단계에서 모델을 학습시킨 후 바로 다음 시점의 데이터를 사용해 모델을 검증한다. 이는 시간의 순서를 유지하면서 모델이 미래 데이터를 예측하는 능력을 평가할 수 있다. 또한 `TimeSeriesSplit` 라이브러리를 사용하면 시계열 데이터에 대한 교차 검증을 수행할 수 있다. 이 라이브러리는 `sklearn`의 일부로, 학습 데이터를 점진적으로 확장하면서 검증 데이터셋을 생성해 모델의 성능을 평가한다. 이 방식은 금융 시계열 데이터의 시간적 연속성을 존중하며, 모델이 시간에 따라 변화하는 패턴을 얼마나 잘 포착하는지를 평가하는 데 유용하다.

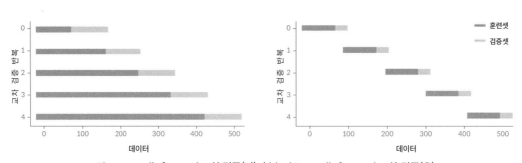

그림 2-12 walk-forward 교차 검증(좌)과 blocking walk-forward 교차 검증(우)

엠바고와 퍼징

엠바고embargo와 **퍼징**fuzzing은 금융 시계열 데이터를 다룰 때 데이터 누설을 방지하는 필수 기법이다. 특히 정보가 빠르게 확산되는 고빈도 거래 시장에서 이 기법들의 중요성은 더욱 강조된다.

엠바고 방법은 퍼징 방법의 확장판으로 볼 수 있다. 이 방법에서는 테스트 세트 뒤에 더욱 넓은 마진을 추가한다. 이 '엠바고 기간' 동안의 데이터는 훈련이나 테스트에 전혀 사용되지 않는다. 특히 정보가 빠르게 퍼지는 시장에서, 이 기간 동안 발생할 수 있는 모든 정보 누설을 방지함으로써, 훈련 세트가 테스트 세트에 영향을 미치는 것을 막는다.

퍼징 방법은 테스트 세트와 훈련 세트 사이에 일정한 마진(간격)을 설정해 서로 간의 정보 누설을 방지한다. 예를 들어 어느 특정 기간의 데이터를 훈련 세트로 사용할 때, 바로 그 이후 기간의 데이터는 테스트 세트로 사용하지 않고 그다음 기간의 데이터를 사용함으로써, 훈련 데이터가 테스트 데이터에 영향을 주는 것을 차단한다.

`mlfinlab` 라이브러리는 퍼징과 엠바고 기법을 쉽게 구현할 수 있도록 돕는 파이썬 라이브러리다. 이 라이브러리는 금융 머신러닝을 위한 다양한 도구와 알고리즘을 제공하며, 고빈도 거래 데이터를 안전하게 다루기 위한 기능을 포함하고 있다. `mlfinlab`을 활용하면 훈련 세트와 테스트 세트를 안전하게 분리할 수 있고, 데이터 누설을 방지하여 모델이 실제 시장 상황에서 더욱 정확한 예측을 하도록 돕는다.

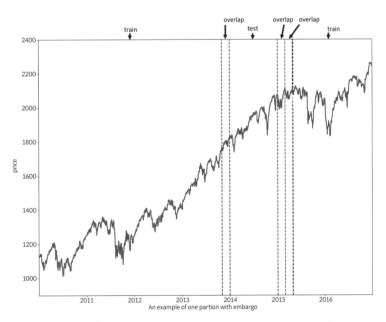

그림 2-13 퍼징 방법과 엠바고 방법 예시(출처: https://www.quantresearch.org/Innovations.htm)

잡음을 줄이는 데이터 처리 방법

금융 데이터에서 잡음noise을 줄이는 것은 중요하며, 이를 위해 다양한 기법이 사용된다. 각 기법은 데이터의 특성과 사용자의 목적에 따라 다르게 적용될 수 있다.

- 이동평균moving average, MA: 주가의 단기적인 변동을 완화시키기 위해 널리 사용된다. 일정 기간 동안의 평균을 계산하고, 이를 일정한 간격으로 그래프에 표시함으로써 노이즈와 격차를 최소화하고, 주가의 전반적인 트렌드를 더 명확히 파악할 수 있다. 이는 **단순이동평균**simple moving average, SMA과 **지수이동평균**exponential moving average, EMA으로 나뉘는데, 지수이동평균은 최근 데이터에 더 많은 가중치를 부여하여 변화에 민감하게 반응한다.

- 웨이블릿 변환wavelet transform: 시간-주파수 도메인에서 노이즈를 제거하는 복잡한 방법이다. 이는 주가 데이터의 고주파 노이즈를 제거하고, 기본적인 추세와 패턴을 더 명확하게 드러낼 수 있게 도와준다. 웨이블릿 변환은 로컬라이즈된 데이터 특성을 보존하는 능력을 가지고 있으므로, 잡음이 많은 금융 데이터에 특히 유용하다.

- 주성분 분석principal component analysis, PCA: 데이터의 차원을 축소하고 주요 패턴을 추출하는 데 사용된다. 이 기법은 노이즈를 제거하고 데이터의 주요 특성을 보존하는 데 효과적이다. 주성분 분석은 데이터셋 내 변수들 간의 상관관계를 분석하여, 가장 중요한 정보를 나타내는 새로운 변수들을 생성한다.

- 오토인코더autoencoder: 딥러닝 기법 중 하나다. 데이터의 중요한 특징을 학습하고 노이즈를 제거하는 데 사용된다. 이는 원본 데이터를 압축한 후 다시 복원하는 과정을 통해, 데이터에서 중요한 정보만을 추출하고 불필요한 부분을 제거한다.

- 로패스 필터low-pass filter, LPF: 이 필터는 주식 가격 데이터에서 단기적인 변동성을 나타내는 고주파 노이즈를 제거하는 데 효과적이다. 특히 낮은 주파수의 신호만 통과시키고, 높은 주파수의 신호는 차단하여 데이터의 전반적인 부드러운 트렌드를 파악하는 데 도움을 준다. 시장의 소음이나 일시적인 가격 변동으로부터 주식의 장기적인 추세를 분리하고 싶을 때 로우패스 필터가 유용하다는 주장이 있다.

- 데이터 스무딩data smoothing: 여러 형태로 존재한다. 대표적인 예로 **가우시안 스무딩**Gaussian smoothing은 데이터 포인트에 가우시안 분포를 적용하여 부드럽게 만든다. 이는 데이터 포인트들의 급격한 변화를 완화시키고, 주요 트렌드를 더 명확히 보여준다.

각각의 방법은 그 자체로 유용하지만, 때로는 여러 기법을 조합하여 사용함으로써 더욱 효과적인 결과를 얻을 수 있다. 데이터의 특성과 분석의 목적에 따라 적절한 방법을 선택하는 것이 중요하다.

ETFs를 활용한 주가 방향 예측 모델 개발

이번에는 상장지수펀드Exchange Traded Fund, ETFs 데이터와 거시경제 지표 데이터를 활용하여 트리 기반 머신러닝 알고리즘을 이용한 투자 전략 구현에 대해 살펴볼 것이다. 머신러닝이 마법의 지팡이는 아니므로, 단순히 알고리즘을 적용한다고 해서 항상 우수한 결과를 얻을 수 있는 것은 아니다.

- https://www.kaggle.com/code/linakeepgoing/2-etfs

이번 예제에 적용할 아이디어를 설명하기 위해 먼저 다음과 같은 가정을 하겠다. A, B, C라는 세명의 트레이더가 있다고 하자.

- A 트레이더: 주가의 움직임을 중시하며, 이동평균, RSI와 같은 기술 지표를 활용하여 트레이딩을 수행한다.
- B 트레이더: 소비자 물가, 금리 등 거시경제 지표를 기반으로 투자 의사결정을 내린다.
- C 트레이더: 금, 달러 등 다양한 자산 간의 상관관계에 초점을 맞추어 트레이딩한다.

이들 각자가 자신의 데이터를 학습하고, 자신의 투자 철학에 근거한 의견을 조합하여 매매 시그널을 도출한다면 어떨까? 이것이 바로 머신러닝을 통해 실현 가능한 시나리오다.

하지만 실제 퀀트 트레이더들의 투자 의사결정 과정은 이보다 훨씬 복잡하다. 투자 의사결정이 데이터, 즉 숫자에 기반한다면 이를 퀀트 투자라 할 수 있다. 머신러닝 역시 데이터에 기반하지만, 인간의 직관으로는 발견하기 어려운 패턴을 찾아내어 이를 시그널로 활용한다. 예컨대, '금 가격이 오르면 주가가 떨어진다'는 개념을 기준으로 금 가격이 일정 수준 상승하면 매수하고, 일정 수준 하락하면 매도하는 규칙 기반의 전략이 아닌, 금 가격과 시장 지수 혹은 주가의 관계를 머신러닝을 통해 학습하여 모델이 제공하는 시그널을 활용하는 것이다. 여기서 중요한 차이는 데이터를 통해 금 가격과 주가 사이의 관계를 정량적으로 찾아내고 검증하는 것이다.

이번 예제에서 사용할 머신러닝 알고리즘은 직관적이고 해석이 용이한 트리 기반의 모델이다. 이를 통해 기술 지표와 거시경제 지표 같은 데이터를 활용할 것이다. 각 변수는 트레이더 한 사람의 의견으로 간주할 수 있다. 예를 들어 금 가격을 변수로 설정하고, 예측하고자 하는 종목의 트렌드(상승/하락)를 레이블 변수로 설정한다면, 금 가격에 기반한 투자 의사결정을 할 수 있는 모델을 만드는 셈이다. 다양한 변수를 사용해 고차원 공간에서 변수 간의 관계를 찾는다면, 이는 여러 트레이더의 의견을 종합해 트렌드를 예측하는 것이 된다. 이것이 바로 머신러닝의 역할이다.

또한 이번 예제에서는 ETFs 데이터를 머신러닝 모델의 설명 변수로 사용하는 이유에 대해 명확히 해야 한다. 첫째, ETF는 다양한 자산을 포함하는 펀드로서, 단일 주식이나 자산에 비해 시장의 광범위한 동향을 더 잘 포착한다. 이는 개별 주식의 특정 리스크를 줄이고, 전체 시장 또는 특정 섹터의 평균적인 성과를 추적하는 데 유용하다. 둘째, 거시경제 지표 대신 ETF 데이터를 선택하는 주된 이유는 실시간성과 접근성에 있다. 거시경제 지표는 발표가 지연되거나 때때로 수정될 수 있는 반면, ETF는 거래소에서 실시간으로 거래되어 시장의 현재 상태를 더 정확히 반영한다. 예를 들어 다양한 자산 관계에 기반한 투자 전략을 세우고자 할 때, 금 ETF와 달러 ETF 등의 가격 데이터를 머신러닝 모델의 설명 변수로 활용할 수 있다.

만약 단일 의사결정 트리 모델을 사용한다면, (이동평균 지수를 중점으로 보는 트레이더의 경우) 이동평균 지수가 특정값을 넘으면 다음 날 주식이 오를 가능성이 높다고 생각하고, 다른 변수인 금 가격, 장단기 금리 차이 등을 살펴보며 다음 날 주식의 등락을 판단할 것이다(그림 2-14). 그러나 이렇게 만들어진 하나의 트리는 과적합 위험이 너무 크다.

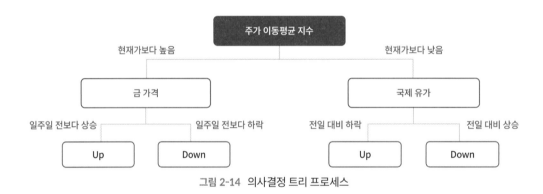

그림 2-14 의사결정 트리 프로세스

반면 **랜덤 포레스트**random forest는 여러 개의 트리를 만든다. 즉 금 가격, 60일 이동평균 지수, 달러 가격, 변동성 등을 고려하는 트레이더와 은 가격, 국채 가격, 석유 가격 등을 보는 트레이더 등 여러 트레이더를 만들고 이들의 의견을 조합한다. 그리고 이렇게 만들어진 트리가 숲forest이 되는 것이다. 의견을 통합하는 방법에는 여러 가지가 있는데, 가장 많이 사용하는 방법은 투표다. 투표를 어떻게 할 것인지도 알고리즘 모델링에서 결정해야 하는 요소이며, 그중 의견을 종합하거나 결과를 합치는 방식을 **앙상블 메서드**ensemble method라고 부른다.

랜덤 포레스트에서 '랜덤'이란 의사결정 트리를 만드는 데 쓰이는 요소를 랜덤으로 선택하는 것을 의미한다. 이렇게 랜덤으로 선택하는 이유는 최대한 많은 의견을 고려하기 위해서다. 예를 들어 한국 주가가 전날 미국 주가의 영향을 많이 받는다는 가정하에 전일 미국 주가를 하나의 변수로 삼아 모델을 만든다면, 영향력이 큰 미국 주가를 계속 포함하는 트리를 만들게 될 것이다. 물론 한국 증시가 전날 미국 증시의 영향을 많이 받는다는 가정 아래 만들어진 것이기 때문에 이것이 정답이 될 수 있으나, 갑자기 국면regime이 바뀌어 더이상 미국 증시의 영향을 받지 않거나 조금만 받게 된다면 기존 모델의 효율이 떨어지게 된다. 이것이 바로 기존 모델에 '과적합'되어 약간의 변화에도 모델 성능이 많이 흔들리는 현상이라 할 수 있다. 따라서 최대한 '여러 가지 의견'을 듣기 위해 무작위 방법을 사용한다고 이해하면 쉬울 것이다.

랜덤 포레스트와 달리 부스팅은 이전 트리의 오차를 보완하는 방식으로 순차적으로 트리를 만든다. 따라서 각 트리가 랜덤 포레스트에서 만들어지는 트리에 비해 덜 독립적이다(랜덤 포레스트도 완벽하게 독립된 트리는 아니다). 예를 들어 금 가격, 국채 가격, 변동성 지수를 사용해 만든 트리 모델을 먼저 훈련하고, 해당 모델에 기반해 다른 트리를 만드는 것이다. 이러한 과정을 순차적으로 계속하게 되면 편향이 적은 모델이 만들어진다.

만약 투자에 영향을 가장 많이 미치는 것이 신문이나 방송 등 뉴스 정보라고 생각한다면 NLP 기술을 활용해 데이터를 정제할 수도 있다. 핵심은 예측하고자 하는 시장의 움직임에 영향을 주거나 관련이 있다고 생각되는 자료를 수집, 가공하고 '이해를 바탕으로 한' 머신러닝 알고리즘을 적용해야 한다는 것이다(물론 해당 지식 없이도 모든 가용한 데이터를 넣고 모델을 만들 수도 있지만, 도메인 지식 없이 변수 선택을 진행하는 것은 쉬운 일이 아니다). 이번 예제에서는 비교적 구하거나 가공하기 쉬운 거시경제 지표, 주가 데이터, 기술 지표 등을 활용해 트레이딩하는 기본적인 퀀트 투자 방법을 바탕으로, 앞에서 설명한 트리 기반의 머신러닝 알고리즘을 적용한 투자 전략을 만들어보자.

데이터

예제에서 사용한 변수는 편의상 필자가 자주 사용하는 기술 지표와 거시경제 지표 일부를 선정한 것이다. 절대적 기준이 아니므로 디테일한 부분에 에너지를 낭비하지 않길 바란다.

먼저 사용할 모듈을 모두 불러온다. 사용하기 전에 하나씩 불러와도 상관없지만, 평소 자주 사용하게 되는 모듈은 미리 한 번에 불러오는 것이 편하다.

```
import numpy as np # linear algebra
import pandas as pd # data processing, CSV file I/O (e.g. pd.read_csv)

import os
```

```
for dirname, _, filenames in os.walk('/kaggle/input'):
    for filename in filenames:
        print(os.path.join(dirname, filename))
```
```
/kaggle/input/etfs-main/ETFs_main.csv
```

만약 패키지가 설치되지 않았다면 오류가 발생할 것이다. 특히 `XGBoost` 패키지는 별도의 방법으로 설치해야 한다.

```
import warnings
warnings.filterwarnings('ignore')
import glob
import os
import datetime
import matplotlib.pyplot as plt
import pandas as pd
import numpy as np
from sklearn import preprocessing
from sklearn.preprocessing import StandardScaler
from sklearn.model_selection import train_test_split
from sklearn.model_selection import cross_validate
from sklearn.model_selection import TimeSeriesSplit
from sklearn.model_selection import GridSearchCV
from sklearn.linear_model import LinearRegression
from sklearn.ensemble import RandomForestClassifier
from xgboost import XGBClassifier
from xgboost import plot_importance
from sklearn.metrics import f1_score
from sklearn.metrics import mean_squared_error, r2_score
from sklearn.metrics import accuracy_score
from sklearn import svm
import seaborn as sns; sns.set()
```

이번에 사용할 예제 파일은 편의상 미리 csv 파일로 저장해두었다. 깃허브에서 ETFs_main.csv 파일을 내려받아 사용하도록 한다. 각자의 로컬 컴퓨터에 저장되었다면, 위와는 다른 경로에 저장되었을 것이다. 현재 작업 중인 디렉터리를 파악하기 위해서는 `print(os.getcwd())`를 사용하면 된다.

```
df = pd.read_csv('/kaggle/input/etfs-main/ETFs_main.csv')
```

다음에는 기술 지표를 만들기 위한 함수를 작성한다. 만약 사용할 함수가 많다면 별도의 모듈로 저장해둘 수도 있다. 자주 사용하는 기술 지표를 만드는 함수는 이 책의 깃허브를 참고한다. 주의해야 할 점은 사용할 변수명을 통일해야 한다는 것이다. 예를 들어 함수에서 `df['VOLUME']`이라고 작성하고 실제 데이터에서는 `'volume'`처럼 소문자로 쓴다면 오류가 발생한다. 우리는 이동평균, 거래량 이동평균, 시장 강도 지수라는 세 가지 지표를 사용할 것이므로 세 개의 함수를 만든다.

```python
# 기술적 지표 만들기
def moving_average(df, n):
    MA = pd.Series(df['CLOSE_SPY'].rolling(n, min_periods=n).mean(), name='MA_' + str(n))
    df = df.join(MA)
    return df


def volume_moving_average(df, n):
    VMA = pd.Series(df['VOLUME'].rolling(n, min_periods=n).mean(), name='VMA_' + str(n))
    df = df.join(VMA)
    return df


def relative_strength_index(df, n):
    """Calculate Relative Strength Index(RSI) for given data.

    :param df: pandas.DataFrame
    :param n:
    :return: pandas.DataFrame
    """
    i = 0
    UpI = [0]
    DoI = [0]
    while i + 1 <= df.index[-1]:
        UpMove = df.loc[i + 1, 'HIGH'] - df.loc[i, 'HIGH']
        DoMove = df.loc[i, 'LOW'] - df.loc[i + 1, 'LOW']
        if UpMove > DoMove and UpMove > 0:
            UpD = UpMove
        else:
            UpD = 0
        UpI.append(UpD)
        if DoMove > UpMove and DoMove > 0:
            DoD = DoMove
        else:
            DoD = 0
        DoI.append(DoD)
        i = i + 1
    UpI = pd.Series(UpI)
    DoI = pd.Series(DoI)
    PosDI = pd.Series(UpI.ewm(span=n, min_periods=n).mean())
    NegDI = pd.Series(DoI.ewm(span=n, min_periods=n).mean())
    RSI = pd.Series(PosDI / (PosDI + NegDI), name='RSI_' + str(n))
    df = df.join(RSI)
    return df
```

작성한 함수를 데이터프레임에 적용한다. 실제 경과 일수는 60일이지만, 영업일 기준인 45일로 작성한다. 시장 강도 지수로는 보통 14일이나 21일을 많이 사용한다. 여기서 14를 입력하면 정확히 14일을 계산할 수는 없지만 편의상 14를 사용했다.

```
# 기술 지표 적용
df = moving_average(df, 45)
df = volume_moving_average(df, 45)
df = relative_strength_index(df, 14)
```

다음에는 날짜를 의미하는 'Dates' 열을 인덱스로 설정한다. 그리고 이동평균 지수를 만들면 보통 사용한 일수만큼 NA가 생긴다. 오늘 날짜의 10일 이동평균을 계산하려면 오늘 일자를 기준으로 10일 전부터 저장된 데이터를 사용해야 하기 때문이다. 따라서 기술 지표를 만든 후에는 반드시 결측치 처리를 해야 한다.

```
# Dates 열을 인덱스로 설정
df = df.set_index('Dates')
df = df.dropna()
len(df)
```
```
2727
```

결측치는 흔히 발생하는 현상으로, 실제 훈련에 사용될 데이터의 손실을 방지하기 위해 **쿠션 데이터**cushion data를 추가할 수 있다. 예를 들어 2017년 1월부터 2018년 1월까지의 데이터를 훈련에 사용하려고 할 때, 변수에 30일 이동평균 지표가 포함된다면 2016년 12월 데이터까지 확보해두는 것이 좋다. 30일 이동평균 지수를 계산하고 나면 이동평균 지수의 2016년 12월 데이터가 결측치가 되므로 2016년 12월의 다른 데이터(예를 들면 거시경제 지표, 가격 정보 등)도 사용할 수 없기 때문이다.

다음에는 pct_change() 함수를 사용해 일별 수익률을 계산한다. 주가의 상승과 하락을 판단하기 위해 수익률이 0보다 크면 1, 0보다 작으면 -1로 만들어준다. 계산 방법으로 람다를 사용해도 되고 np.where() 함수를 사용해도 된다.

```
# 타깃 변수 생성
df['pct_change'] = df['CLOSE_SPY'].pct_change()

# 모델링을 위한 이진 분룻값 생성
```

```
df['target'] = np.where(df['pct_change'] > 0, 1, 0)
df = df.dropna(subset=['target'])  # 결측치 제거
1    1471
0    1256
Name: count, dtype: int64
```

그리고 value_counts() 함수를 사용해 우리가 훈련하고 예측하려는 기간의 전반적인 트렌드를 살펴보면, 일별 기준으로 오른 날이 1471일, 내린 날이 1256일이다.

일반적인 분석에서 이는 불균형 데이터라고 말하기 힘들다. 예를 들어 신용카드 연체율을 예측할 때 연체한 사람을 1, 연체하지 않은 사람을 -1로 레이블링한다면, 이 비율은 많아봤자 9:1 정도가 될 것이다. 불균형 데이터라 하더라도 다양한 처리 방법이 있으며, 대개 데이터만 충분하다면 정확도가 70%를 넘는다.

하지만 주가 트렌드 예측은 다르다. 주변의 많은 사람들이 '머신러닝 기반의 주가 트렌드 분류 모델은 어느 정도의 예측력을 가져야 쓸 수 있는가?'라고 묻곤 한다. 정답은 없겠지만, 주위에서 오랫동안 해당 분야를 연구하고 시도한 관계자들에 따르면, 54~56% 정도의 정확도를 가진다면 매우 훌륭한 모델이다. 물론 정확도만이 아니라 AUC-ROC 등 종합적인 지표를 봐야 하고 MDD, 변동성 등 다양한 투자 성과 관련 지표와 지속 가능 여부도 함께 살펴봐야 한다.

다시 본론으로 돌아가자. 보통의 주가 트렌드 예측 모델은 54~56% 정도의 정확도를 달성하기도 힘들 수 있기 때문에 트렌드가 불균형하면 잘못된 모델이 나올 수 있다. 위의 경우에는 기간 내 데이터에 54% 정도가 상승하는 트렌드였다. 만약 모델이 훈련 중 특별한 패턴을 포착하지 못할 경우에 정확도를 지표로 훈련하게 되면, 테스트셋을 통해 모델 테스트를 할 때 그냥 오른다고만 찍어도 54% 정확도를 달성하게 될 것이다. 따라서 최대한 균일한 트렌드를 갖도록 만들거나, 정확도가 아닌 학습 평가 지표를 사용해야 한다. 이 부분은 많은 사람이 처음 머신러닝 기반의 주가 트렌드 예측 모델을 만들 때 고려하지 못하기 때문에 각별히 주의해야 한다. 일단은 이 부분을 머릿속에 잘 새겨두고 계속 진행해보자.

당일까지의 데이터를 사용해 다음 날을 예측하는 것이기 때문에 shift() 함수로 다음 날 트렌드 (1 또는 -1)를 한 행 앞으로 당겨준다. shift(-1)하면 결측치가 하나 생기기 때문에 다시 dropna() 함수로 제거한다.

```
# 다음 날 예측을 위해 타깃 변수를 shift
df['target'] = df['target'].shift(-1)
df = df.dropna()
print(len(df))
```
```
2725
```

'target' 변수에 소수점이 나타나 astype(np.int64)로 정수 처리한다. 그리고 레이블 변수를 y_var라는 이름으로 지정하고, 설명 변수인 x_var에서 예측에 사용하지 않을 변수들을 제외했다. 데이터프레임의 drop() 함수 사용해 삭제할 컬럼명을 리스트로 지정하고, axis=1을 추가한다.

```
df['target'] = df['target'].astype(np.int64)
# 설명 변수와 타깃 변수 분리
y_var = df['target']
x_var = df.drop(['target', 'OPEN', 'HIGH', 'LOW', 'VOLUME', 'CLOSE_SPY'], axis=1)
x_var.head( )
```

Dates	CLOSE_GLD	CLOSE_FXY	...	CLOSE_VIX	CLOSE_VWO	MA_45	...
2007-04-27	67.56	83.7300	...	12.45	41.750	143.551556	...
2007-04-30	67.09	83.7166	...	14.22	40.935	143.601556	...
2007-05-02	66.66	83.3800	...	13.08	42.020	143.680667	...
2007-05-03	67.49	83.1100	...	13.09	42.435	143.780222	...
2007-05-04	68.19	83.2300	...	12.91	42.595	143.905111	...

준비된 설명 변수(x_var) 데이터프레임은 다음과 같다.

```
up = df[df['target'] == 1].target.count()
total = df.target.count()
print('up/down ratio: {0:.2f}'.format(up / total))
```
```
up/down ratio: 0.54
```

모델 학습

이제 훈련셋과 테스트셋을 나눈다. 이 공정은 거의 모든 데이터 분석 작업에 반드시 필요한 작업이다. 훈련셋과 테스트셋으로 분할할 때 주의해야 할 점은 기간이 섞이면 안 되기 때문에 shuffle 파라미터를 False로 지정해줘야 한다는 점이다. 기간을 정확히 설정하려면 4장에서 사용한 방법과 동일하게 기간별로 데이터 슬라이스 기법을 사용해 분할하도록 한다.

```
# 훈련셋과 테스트셋 분할
X_train, X_test, y_train, y_test = train_test_split(x_var, y_var, test_size=0.3,
shuffle=False, random_state=3)
```

```
# 훈련셋과 테스트셋의 양성 샘플 비율 확인
train_count = y_train.count()
test_count = y_test.count()

print('train set label ratio')
print(y_train.value_counts() / train_count)
print('test set label ratio')
print(y_test.value_counts() / test_count)
```
```
train set label ratio
target
1.0    0.543786
0.0    0.456214
Name: count, dtype: float64
test set label ratio
target
1.0    0.530562
0.0    0.469438
Name: count, dtype: float64
```

훈련셋과 테스트셋의 주가 트렌드가 다를 수도 있으니, 코드처럼 count()나 혹은 value_counts() 함수를 사용해 확인한다. 기간이 충분히 길다면 비율에 큰 차이가 나지는 않지만, 종목에 따라 다르니 주의해야 한다. 이번 예제에서는 훈련셋과 테스트셋의 양성/음성 비율이 비슷하다는 것을 확인할 수 있다.

```
x_var.head( )
```

Dates	CLOSE_GLD	CLOSE_FXY	CLOSE_T10Y2Y	...	MA_45	VMA_45	RSI_14
2007-04-30	67.09	83.7166	2.4361	...	143.601556	1.116466e+08	70.956720
2007-05-02	66.66	83.3800	2.4366	...	143.680667	1.121613e+08	79.237288
2007-05-03	67.49	83.1100	2.4346	...	143.780222	1.123421e+08	79.604579
2007-05-04	68.19	83.2300	2.4006	...	143.905111	1.128853e+08	79.411765
2007-05-08	67.88	83.3700	2.3913	...	144.029111	1.131357e+08	74.368231

다음에는 정확도, ROC AUC 점수 등 혼동 행렬을 계산하는 함수를 만든다.

```
# 혼동 행렬 및 성능 평가 함수
def get_confusion_matrix(y_test, pred):
    confusion = confusion_matrix(y_test, pred)
    accuracy = accuracy_score(y_test, pred)
    precision = precision_score(y_test, pred)
```

```
    recall = recall_score(y_test, pred)
    f1 = f1_score(y_test, pred)
    roc_score = roc_auc_score(y_test, pred)
    print('confusion matrix')
    print(confusion)
    print('accuracy: {0:.4f}, precision: {1:.4f}, recall: {2:.4f}, F1: {3:.4f}, ROC AUC
    score: {4:.4f}'.format(
        accuracy, precision, recall, f1, roc_score))
```

테스트를 위해 XGBoost 분류기를 뜻하는 `XGBClassifier()`를 사용해 모델을 만들어보았다(파라미터로는 임의로 자주 사용하는 값을 넣어주었다).

```
# 모델 학습 및 평가
# XGBoost 모델 학습 및 예측
xgb_dis = XGBClassifier(n_estimators=400, learning_rate=0.1, max_depth=3)
xgb_dis.fit(X_train, y_train)
xgb_pred = xgb_dis.predict(X_test)

# 훈련 정확도 확인
print(xgb_dis.score(X_train, y_train))

# 성능 평가
get_confusion_matrix(y_test, xgb_pred)
```

모델을 정의하고 `fit()` 함수에 훈련 데이터(`X_train`)와 훈련 레이블(`y_train`)을 넣어준다. 훈련 데이터는 문제집이고 훈련 레이블은 답안지인 셈이다. 먼저 문제를 풀고 답을 보면서, 계속해서 문제를 잘 풀도록 모델이 진화해가는 것이다. 즉, 설명 변수에 어떤 패턴이 보일 때 모델은 정답이 1인지에 대해 학습한다. 예를 들어 전날 금값이 높으면 다음 날 주가가 떨어진다는 패턴이 뚜렷하게 나타난다면, 모델은 이런 패턴을 잡아낼 수 있을 것이다. 하지만 이런 패턴이 앞으로도 지속해서 일어날지에 대해서는 알 수 없기 때문에 테스트셋을 활용해 테스트해봐야 한다.

머신러닝 모델을 활용한 결과 예측

훈련된 모델이 새로운 데이터(새로운 문제집)를 얼마나 잘 예측하는지 알아보자. `Predict()` 함수를 사용해 `X_test`에 테스트 데이터를 넣어주고, `xgb_pred`에 예상값을 저장한다. 만약 예측 확률값을 확인하고 싶다면 `predict_proba()` 함수를 사용하면 된다. 앞선 코드의 결과는 다음과 같다.

```
0.8479286837965391
confusion matrix
```

```
[[333  51]
 [358  76]]
accuracy: 0.5000, precision: 0.5984, recall: 0.1751, F1: 0.2709, ROC AUC score: 0.5212
```

훈련 데이터에서 84.7%의 정확도를 보여주었다. 이 모델은 훈련 데이터로 내일 주식의 등락을 84.7% 확률로 맞힌다는 것이다. 하지만 훈련 데이터의 정확도가 높다고 해서 항상 좋은 모델은 아니다. 우리는 실제로 내일 주가의 등락을 예측하는 것이 목표이기 때문에, 모델이 과적합되었을 가능성이 있다. 과적합은 모델이 훈련 데이터의 패턴을 과도하게 학습하여 테스트 데이터나 새로운 데이터에서 성능이 저하되는 문제를 말한다.

get_confusion_matrix() 함수를 사용해 테스트셋에서의 성능 지표도 계산해보았는데, 결과는 실망스럽게도 정확도가 50%로 떨어졌다. 매일 오른다고만 예측했어도 정확도가 54%였을 텐데, 매우 안타까운 결과다.

이것이 바로 머신러닝 기반의 투자 전략을 만들 때 우리가 가장 신경 써야 할 과적합 문제다. 만약 max_depth 파라미터를 더 크게 만들면 과적합이 더 심해져 훈련 정확도를 100%로 달성할 수도 있다. 하지만 그렇게 된다 해도, 테스트 정확도는 여전히 낮게 머물 것이다. 과적합 문제를 해결하기 위해서는 더 많은 데이터를 수집하거나, 모델의 복잡도를 줄이는 방법을 고려해야 한다. 다양한 실험을 통해 최적의 모델을 찾아야 할 필요가 있다.

이번에는 랜덤 포레스트 알고리즘을 사용하는데, 임의의 파라미터를 지정하는 것이 아니라 GridSearchCV() 함수를 사용한다. 이 함수는 여러 가지 값을 돌아가면서 테스트하게끔 해준다.

먼저 파라미터와 estimators를 설정한다.

```python
# 랜덤 포레스트 파라미터 설정
n_estimators = range(10, 200, 10)
params = {
    'bootstrap': [True],
    'n_estimators': n_estimators,
    'max_depthㅍ': [4, 6, 8, 10, 12],
    'min_samples_leaf': [2, 3, 4, 5],
    'min_samples_split': [2, 4, 6, 8, 10],
    'max_features': [4]
}
```

교차 검증 방법으로는 `TimeSeriesSplit()`을 사용한다.

```
# 교차 검증 설정
my_cv = TimeSeriesSplit(n_splits=5).split(X_train)
```

앞서 `xgboost`를 훈련한 방법과 동일하다. `RandomForestClassifier()`에 설정한 파라미터와 교차 검증 방법을 넣어준다. 그리고 `fit()`으로 훈련시킨다.

```
# GridSearchCV를 사용한 모델 학습
clf = GridSearchCV(RandomForestClassifier(), params, cv=my_cv, n_jobs=-1)
clf.fit(X_train, y_train)
```

```
# 최적의 파라미터와 정확도 출력
print('best parameter:\n', clf.best_params_)
print('best prediction: {0:.4f}'.format(clf.best_score_))
best parameter:
 {'bootstrap': True, 'max_depth': 4, 'max_features': 4, 'min_samples_leaf': 4, 'min_samples_
 split': 2, 'n_estimators': 50}
best prediction: 0.5590
```

훈련 데이터에서의 최적의 성능은 55.90%의 정확도를 보여주었다. 이는 모델이 훈련 데이터로 내일 주식의 등락을 55.90% 확률로 맞힌다는 것이다. 훈련 정확도가 55.90%로 나타났다면, 이는 과적합된 모델이 아닐 가능성이 있다. 하지만 과소적합의 가능성도 있다. 과소적합은 훈련이 충분히 진행되지 않았거나 변수에 예측력이 부족한 변수를 사용했기 때문에 모델 전체의 예측력이 낮아졌다는 뜻이다. 과적합과 과소적합은 모두 피해야 하지만, 과소적합은 비교적 쉽게 해결할 수 있는 문제가 많기 때문에 크게 신경 쓰지 않아도 된다.

테스트셋에서의 결과를 살펴보자. 마찬가지로 `predict()` 함수를 사용해 `X_test`상에서의 정확도를 측정한다. 마지막으로 `get_confusion_matrix()` 함수를 사용해 성과 지표를 출력한다.

```
# 테스트셋에서의 성능 확인
pred_con = clf.predict(X_test)
accuracy_con = accuracy_score(y_test, pred_con)
print('accuracy: {0:.4f}'.format(accuracy_con))
get_confusion_matrix(y_test, pred_con)
accuracy: 0.5122
```

```
confusion matrix
[[310  73]
 [326 109]]
accuracy: 0.5122, precision: 0.5989, recall: 0.2506, F1: 0.3533, ROC AUC score: 0.5300
```

테스트 데이터에서의 정확도는 51.22%로 나타났다. 이는 모델이 테스트 데이터에서 주가의 등락을 거의 무작위로 예측하고 있음을 나타낸다. 혼동 행렬을 보면, 모델이 상승일을 310번 맞추고 73번 틀렸으며, 하락일을 326번 맞추고 109번 틀렸다는 것을 알 수 있다. 이 결과는 모델이 상승일보다 하락일을 예측하는 데 더 어려움을 겪고 있음을 시사한다. 이런 경우 사용한 변수에 설명력이 없거나 데이터 자체에 노이즈가 너무 많은 탓일 수 있다. 하지만 일단 다른 문제를 생각해보자.

등락을 판단하기가 모호하다면 어떨까? 예를 들어 0.01% 상승과 10% 상승이 같은 것을 의미하는지 생각해야 한다. 차라리 0.001%처럼 미세한 움직임은 버리고 큰 폭으로 오르는 트렌드만 잡도록 훈련하는 것은 어떨까?

```
# 타깃 변수 통계 확인
df['pct_change'].describe()

count    2725.000000
mean        0.000271
std         0.013029
min        -0.098448
25%        -0.004321
50%         0.000545
75%         0.005791
max         0.128249
Name: pct_change, dtype: float64
```

통계를 보면 평균적으로 0.02% 올랐고, 표준편차는 1.3%다. S&P 500 지수는 매우 안정적이고 종합적인 지수다. 따라서 머신러닝 알고리즘으로 패턴을 잡아내기가 매우 힘들 수도 있다. 하지만 한번 target 변수의 정의를 바꾸고 새롭게 시작해보자(데이터를 다시 불러오는 과정은 생략한다).

```
# target 변수를 수정해 진행
# 타깃 변수 정의 변경(0.0005% 이상의 수익률)
df['target'] = np.where(df['pct_change'] > 0.0005, 1, -1)
df['target'].value_counts()

target
 1    1375
-1    1350
Name: count, dtype: int64
```

처음부터 같은 코드를 실행하고, 레이블 변수를 생성하는 시점부터 다시 시작해보자. 0.05% 이상의 수익률을 얻었을 때만 상승 트렌드(1로 표기)라고 정의한다. 이렇게 하니 기간 내 등락하는 비율이 거의 동일해졌다.

```
# 타깃 변수를 한 행 앞으로 이동
df['target'] = df['target'].shift(-1)
df = df.dropna()

# 타깃 변수를 1과 0으로 변환
df['target'] = df['target'].replace(-1, 0)
df['target'].value_counts()  # 변환된 결과 확인

# 설명 변수와 타깃 변수 분리
y_var = df['target']
x_var = df.drop(['target', 'OPEN', 'HIGH', 'LOW', 'VOLUME', 'CLOSE_SPY', 'pct_change'],
axis=1)

# 훈련셋과 테스트셋 분할
X_train, X_test, y_train, y_test = train_test_split(x_var, y_var, test_size=0.3,
shuffle=False, random_state=3)

# 랜덤 포레스트 파라미터 설정
n_estimators = range(10, 200, 10)
params = {
    'bootstrap': [True],
    'n_estimators': n_estimators,
    'max_depth': [4, 6, 8, 10, 12],
    'min_samples_leaf': [2, 3, 4, 5],
    'min_samples_split': [2, 4, 6, 8, 10],
    'max_features': [4]
}

# 교차 검증 설정
my_cv = TimeSeriesSplit(n_splits=5).split(X_train)

# GridSearchCV를 사용한 모델 학습
clf = GridSearchCV(RandomForestClassifier(), params, cv=my_cv, n_jobs=-1)
clf.fit(X_train, y_train)
```

동일한 코드로 모델 훈련까지 진행한다. 바로 **그리드 서치**grid search를 활용한 랜덤 포레스트 분류기를 사용해보자.

```
# 최적의 파라미터와 정확도 출력
```

```
print('best parameter:\n', clf.best_params_)
print('best prediction: {0:.4f}'.format(clf.best_score_))
```
```
best parameter:
 {'bootstrap': True, 'max_depth': 4, 'max_features': 4, 'min_samples_leaf': 3,
 'min_samples_split': 8, 'n_estimators': 40}
best prediction: 0.5338
```

그리드 서치를 통해 최적의 하이퍼파라미터를 찾았다. 최상의 교차 검증 정확도는 53.38%다. 그렇다면 테스트셋에서 모델의 일반화 능력을 테스트해보자.

```
# 테스트셋에서의 성능 확인
pred_con = clf.predict(X_test)
accuracy_con = accuracy_score(y_test, pred_con)
print('accuracy: {0:.4f}'.format(accuracy_con))
get_confusion_matrix(y_test, pred_con)
```
```
accuracy: 0.5355
confusion matrix
[[326  89]
 [304  99]]
accuracy: 0.5355, precision: 0.5404, recall: 0.3657, F1: 0.4362, ROC AUC score: 0.5326
```

테스트 정확도는 53.55%이고, ROC AUC 점수는 53.26%다. 훈련셋과 테스트셋에서 주가 트렌드가 균일하기 때문에 마냥 오른다고 찍는다고 해서 높은 정확도를 얻는 것도 아닌 상황임을 고려하면, 정확도가 매우 높지는 않지만 이전 모델과 비교했을 때 더 안정적이며 과적합 문제도 보이지 않는다.

물론 이 모델을 실무에 사용하려면 여러 번의 검증을 거쳐야 한다. 예측값을 바탕으로 백테스트 수익률을 계산해보고, 해당 수익률을 기반으로 MDD나 수익률의 변동성도 살펴봐야 한다. 무엇보다 더 오랜 기간 테스트해보며 안정적인 정확도를 유지하거나 수익률을 가져올 수 있는지도 검토해야 한다. 보수적이라면 56% 이상의 정확도나 AUC-ROC 점수를 확보하는 것이 좋다(경험상 이는 쉽지 않은 일이다. 만약 56% 이상의 정확도를 보인다면 과적합을 의심해봐야 한다).

머신러닝 영역에서 가장 많이 회자되는 말은 "쓰레기가 들어가면 쓰레기가 나온다garbage in garbage out"일 것이다. 예제에 사용된 변수는 간략화되었기 때문에 성능을 많이 끌어올리진 못했다. 우수한 성능을 내기 위해서는 더 많은 인사이트가 반영되어야 하고, 더 많은 실험이 뒷받침되어야 한다. 사실 많은 작업이 데이터 전처리 부분에서 이루어진다. 흩어져 있는 데이터를 수집하고, 기술 지표를 만들거나 노이즈를 제거해 모델링하고, 그 결과에 따라 다시 데이터를 바꿔보거나 전처리 방법을 달리하는 프로세스가 순환되어야 한다. 이와 관련해서는 지면의 제약으로 이번 예제에서 다루지 못했다.

- 학습률: 0에서 1 사이의 값을 지정해 부스팅 스텝을 반복적으로 수행할 때 업데이트되는 학습 률값을 뜻한다. 이전 트리의 오차를 얼마나 강하게 보정할 것인지를 제어한다. 일반적인 경우에 0.01~0.2의 값을 사용한다.

  `learning_rate(LightGBM)` / `eta(Xgboost)`

- 트리 수: 반복 수행하려는 트리의 개수를 지정한다. 트리를 많이 만들수록 성능이 좋아질 수는 있지만 과적합의 위험도 커진다. LightGBM에서 디폴트로 설정된 값이 100이므로 큰 값으로 재설정하는 것이 좋다.

  `num_iterations`(파이썬 래퍼 LightGBM) / `n_estimators(Xgboost, Random Forest)`

- 트리 깊이: 트리의 최대 깊이를 설정한다. 디폴트는 Xgboost에서 6이고, LightGBM에서는 -1로 깊이에 제한이 없다. 이 값이 너무 크면 과적합될 확률이 매우 크므로, 보통 3~10의 값을 사용한다. 변수가 많은 경우, 높게 설정하도록 한다.

  `max_depth(LightGBM, Xgboost, Random Frest)`

- 조기 종료: 검증 정확도_validation accuracy_가 더이상 올라가지 않을 때 지정된 학습 횟수 이전에 종료하는 방법이다. 검증셋이 없다면 지정하지 않아도 된다.

  `early_stopping_rounds`(파이썬 래퍼 LgithGBM에서는 `early_stopping_round`)

- 서브 샘플링: 일부 데이터만을 사용하는 배깅의 비율을 뜻하며, 과적합을 제어하기 위한 수단이다. 0.5로 지정하면 전체 데이터의 절반을 트리를 생성하는 데 사용한다. 일반적으로 0.5~1의 값을 사용한다.

  `bagging_fraction`(파이썬 래퍼 LightGBM) / `subsample(Xgboost)`

- 변수 샘플링: 트리 생성에 필요한 변수(컬럼)를 샘플링하는 데 사용된다. 변수가 너무 많을 경우 과적합을 줄이는 방법으로 사용된다. 디폴트값인 1로 설정하면 변수 샘플링은 하지 않게 되며, 설정한다면 보통 0.7~0.9의 값을 많이 사용한다.

  `feature_fraction`(파이썬 래퍼 LightGBM) / `colsample_bytree(Xgboost)`

- 가중치 조절: 과적합을 조절하는 데 사용된다. 높은 값은 특정 샘플에 높은 의존도를 가지는 모델이 되는 것을 방지한다. 높은 값을 설정할수록 모델이 보수적이 된다. 그러나 너무 높은 값

을 설정하면 과소적합될 수 있으므로 교차 검증을 통해 최적의 값을 찾아야 한다.

min_sum_hessian_in_leaf(파이썬 래퍼 LightGBM) / min_child_weight

- 최대 리프 수: 개별 트리가 가질 수 있는 최대 리프 수를 뜻한다. LightGBM 모델의 복잡도를 제어하는 주요 파라미터다. 트리가 매우 깊을 경우 num_leaves를 조정하면 효과를 볼 수 있다.

num_leaves(LightGBM)

- 감마: 분할을 수행하는 데 필요한 최소 손실 감소를 지정한다. 값이 클수록 과적합 감소 효과가 있다.

gamma(Xgboost)

확장 가능한 방법

이 절에서 구현한 머신러닝 투자 전략에서는 ETFs 데이터, 거시경제 지표 데이터, 트리 기반 알고리즘을 적용했지만 간단하기 때문에 실무에서 사용하기엔 무리가 있다. 하지만 이 외에 다른 요소나 방법을 추가하고 변경해 발전시킬 수 있다.

- 다중 분류 문제로 바꿔본다. 상승과 하락뿐만 아니라 보합, 3% 이상 상승, 3% 이상 하락 등 다양한 시나리오를 레이블 데이터에 녹여낸다.
- 사용하는 머신러닝 알고리즘을 바꿔본다. 예제에서는 트리 기반의 모델만 사용했지만 SVM, 로지스틱 등 여러 알고리즘을 시도해보길 바란다. 트리 모델에서는 데이터 정규화 과정이 필요하지 않기 때문에 진행하지 않았는데, 스케일에 민감한 알고리즘을 사용한다면 스케일 조정이 반드시 필요하다.
- 변수를 바꿔본다. 이는 가장 중요한 것으로, 사용하는 변수에 따라 성공적인 모델 개발의 승패가 판가름날 것이다.
- 예측하려는 종목/자산을 바꿔본다. 같은 모델, 같은 파라미터로 실험하더라도, 다른 데이터를 사용하면 다른 결과가 나오는 것이 당연하다. 새로 만든 모델이 상승 구간이 많은 S&P 같은 지수에는 맞지 않지만 변동성이 심한 USO 지수에 대한 예측력은 좋을 수도 있다. 모든 종목/자산에 공통으로 적용할 수 있는 예측 모델을 만들기란 매우 힘들다는 것을 명심해야 한다.
- 노이즈 제거 방법을 적용해본다.

실습 3 **딥러닝을 이용한 투자 전략**

이번 실습에서는 딥러닝이라는 첨단 기술이 금융 투자 영역에서 어떻게 적용되고 있는지를 심도 있게 탐구한다. 주요 학습 목표는 딥러닝의 금융 투자 분야에서의 활용 사례를 면밀히 이해하고, 이 기술이 가지는 장점과 한계점을 명확히 파악하는 것이다. 더 나아가 딥러닝을 활용하여 어떻게 효과적인 투자 전략을 구축할 수 있는지에 대한 구체적인 방법론을 학습할 예정이다. 이 한 장만으로 모든 것을 배울 수는 없겠지만, 학습자가 논문이나 기존에 배운 딥러닝 도구들을 활용하여 실제 성과를 낼 수 있는 기본적인 틀을 잡을 수 있기를 바란다.

먼저 딥러닝과 머신러닝의 차이점을 알아보고, 금융 분야에서의 최신 연구 동향을 파악한다. 이후에는 현재 급속도로 발전하고 있는 생성 AI와 그 미래에 대해 살펴보며, 오토인코더를 이용한 주가 생성부터 RNN 계열의 LSTM 모델을 활용한 주가 방향성 예측에 이르기까지 다양한 모델 개발 실습을 진행해볼 것이다.

❶ 딥러닝과 머신러닝의 차이점

금융 데이터 예측의 세계에서 머신러닝과 딥러닝 간의 가장 현저한 차이는 표현 학습의 수준에서 발견된다. 머신러닝은 주로 명시적인 특성 엔지니어링에 의존하며, 이는 분석가들이 데이터의 중요한 특성을 직접 선택하고 조작하는 과정을 의미한다. 반면, 딥러닝은 여러 레이어를 통해 데이터의 복잡한 패턴을 자동으로 학습한다. 이러한 방식은 금융 데이터 속에 내재된 복잡한 패턴 및 비선형 관계를 파악하는 데 특히 유용하다.

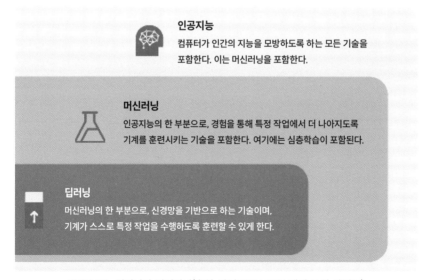

그림 2-15 딥러닝과 머신러닝(출처: 마이크로소프트 애저 공식 사이트)

딥러닝의 자동화된 특성 학습 능력은 데이터의 복잡한 패턴을 자동으로 학습하는 능력에서 드러난다. 예를 들어 사진 속의 개와 고양이를 구별하는 과제에서, 딥러닝은 사진 자체의 원시 데이터를 학습하는 반면, 전통적인 머신러닝은 개와 고양이를 구별하는 명확한 특성들을 학습한다.

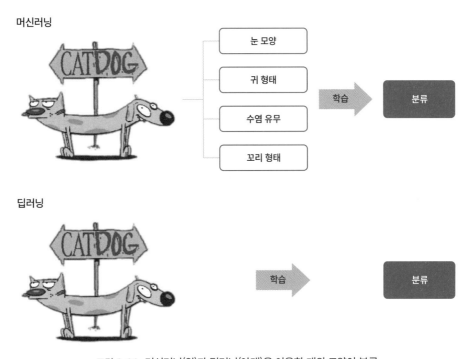

그림 2-16 머신러닝(위)과 딥러닝(아래)을 이용한 개와 고양이 분류

더불어 딥러닝은 엔드-투-엔드 학습을 통해 복잡한 다단계 작업 과정을 단순화한다. 사물 인식 작업을 예로 들면 머신러닝은 '사물 탐지'와 '사물 인지' 두 단계로 나누어 처리하는 반면, 딥러닝(예: YOLO 알고리즘)은 이미지를 한 번에 처리하여 사물의 이름과 위치를 동시에 제공한다.

딥러닝 모델은 다용도성과 재사용성이 뛰어나다. 추가 데이터로 계속 훈련이 가능하며, 사전 학습된 모델의 가중치를 다른 모델에 적용하는 전이 학습을 통해 다양한 문제에 활용할 수 있다.

하지만 딥러닝에는 단점도 존재한다. 첫째, 딥러닝은 대용량의 계산 능력을 필요로 하며, 이는 고성능의 하드웨어 의존도를 높인다. 둘째, 충분한 양의 훈련 데이터가 필요하며, 이는 데이터 수집과 정제의 부담을 증가시킨다. 셋째, 대규모 네트워크의 훈련은 실행 시간이 길다. 마지막으로, 딥러닝 모델의 예측을 이해하거나 설명하는 것이 어렵다는 점에서 해석력이 약하다.

❷ 금융 데이터 분석에 딥러닝을 활용하는 이유

금융 데이터 분석에서 딥러닝을 활용하는 이유는 여러 가지가 있다. 첫째, 딥러닝은 정제되지 않거나 불완전한 데이터에서도 자동으로 특성을 학습하고 추출할 수 있는 능력을 가지고 있다. 이는 데이터 전처리 과정에서 대규모 특성 공학 작업이나 데이터 스케일링, 데이터의 정상성을 확보하는 작업을 최소화할 수 있게 한다. 또한 복잡한 관계나 패턴을 찾아내는 데 유용하다.

둘째, 딥러닝은 다양한 입력과 출력을 처리할 수 있는 다중 입력과 출력을 지원한다. 이는 특히 시계열 데이터 분석에서 유용한데, 다양한 형식의 입력과 출력을 쉽게 처리할 수 있게 해준다.

마지막으로, 딥러닝 네트워크, 특히 RNN 및 그 변형들(LSTM, GRU 등)은 긴 시퀀스에 걸친 패턴을 효과적으로 추출하는 능력을 가지고 있다. 이러한 모델들은 시계열 데이터의 연속성과 시간적 종속성을 고려하여 학습하며, 이를 통해 복잡한 시계열 패턴을 잘 포착할 수 있다. 이러한 이유로 딥러닝은 금융 데이터 분석에 있어 매우 유력한 도구로 자리매김하고 있다.

금융 투자에서의 딥러닝 연구 동향

2021년에 발표된 <A Survey of Forex and Stock Price Prediction Using Deep Learning> 논문은 딥러닝과 주식/외환 시장 예측에 관한 연구들을 광범위하게 검토하고 있다. 이 논문은 Digital Bibliography & Library Project(DBLP) 및 Microsoft Academic 데이터베이스에서 추출된 논문들을 기반으로 하여, 질적으로 떨어지는 연구들을 제외한 후의 통계를 제시한다. 결과적으로, **LSTM**long short-term memory을 포함한 **RNN**(순환 신경망)recurrent neural network 계열의 알고리즘이 다양한 데이터를 바탕으로 가장 활발히 연구되고 있음을 보여준다. 이는 RNN 계열 알고리즘, 특히 LSTM이 시계열 데이터의 특성을 이해하고 장기적인 의존성을 모델링하는 데 탁월하기 때문이다. 이러한 특성은 변동성이 큰 주식 시장 데이터의 패턴을 학습하는 데 매우 유용하다.

CNN(합성곱 신경망)convolutional neural network은 원래 이미지 처리에 강력한 성능을 보이지만, 캔들스틱 차트와 같은 차트 형태의 주가 데이터를 분석하는 데도 활용되고 있다. 이는 CNN이 이미지 내의 로컬 패턴을 인식하는 능력을 주가 차트의 패턴 인식에 활용하기 때문이다.

강화학습 또한 주가 예측과 투자 전략 수립에 있어 중요한 연구 분야로 자리 잡고 있다. 이 방법론은 모델이 환경과 상호작용하며 보상을 최대화하는 방향으로 학습하는 프로세스를 통해, 실제 시장 환경에서 발생할 수 있는 다양한 시나리오에 대응하는 전략을 개발할 수 있다는 장점이 있다. 연간 연구 분포는 막대그래프로, 전체 연구 분포는 파이그래프로 시각화되어 있어, 이러한 연구 경향을 한눈에 파악할 수 있다.

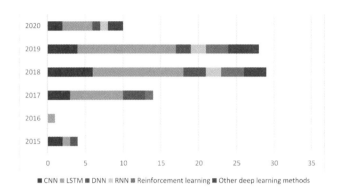

그림 2-17 환율 및 주식 시장 예측에 연구된 딥러닝 알고리즘
(출처: <A survey of forex and stock price prediction using deep learning>)

다른 리뷰 논문인 <Machine learning techniques and data for stock market forecasting: A literature review>[9]는 딥러닝 분야 내에서 연구된 다양한 접근법과 동향을 탐구한다. 이 논문은 시장 예측을 위한 다양한 알고리즘과 데이터 사용을 중점적으로 다룬다. 이해를 돕기 위해 딥러닝 부분에 관한 간단한 트리 그래프를 살펴보자.

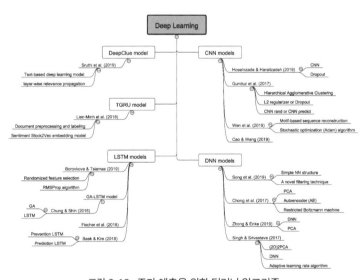

그림 2-18 주가 예측을 위한 딥러닝 알고리즘
(출처: <Machine learning techniques and data for stock market forecasting: A literature review>)

---

9 https://www.sciencedirect.com/science/article/pii/S0957417422001452

이러한 논문들을 통해 우리는 주식 시장을 예측하기 위한 다채로운 시도들을 목격할 수 있다. 하지만 연구 동향을 파악하는 데는 학술적 출판물 외에도 다른 중요한 출처들이 있다. 예를 들어 퀀트와 인공지능 관련 콘퍼런스에서 논의되는 아젠다들을 통해 자산 관리자나 퀀트 투자자들이 어떤 이슈와 방법론에 주목하고 있는지 파악할 수 있다.

그 예로 Quant Strats라는 글로벌 퀀트 콘퍼런스[10]에서는 주요 아젠다들이 소개되었다. 이 콘퍼런스에서는 특정 알고리즘보다는 비즈니스 영역에 초점을 맞추고 있으며, 인프라와 MLOps와 같은 실무적으로 필수적인 요소들에 대한 중요성을 강조한다. 금융 투자 업계의 특성상, 특정 알고리즘이 아무리 성과가 뛰어나더라도 그것이 시장에 널리 알려지는 순간 그 가치를 잃게 되므로, 연구 동향을 파악하는 것은 바로 적용할 수 있는 '정답'을 찾기 위함이 아니라, 트렌드를 이해하고 자신이 개발하려는 전략에 참고로 활용하는 것이 더 바람직하다.

이렇게 금융 투자에서의 딥러닝 연구 동향을 파악하는 것은 투자자들에게 중요한 인사이트를 제공한다. 그것은 기존의 방법론을 넘어서 더욱 정교하고, 다변화된 접근법을 모색하게 만든다. 최신 연구 동향을 추적하면서 투자자들은 시장의 변화에 민첩하게 대응하고, 더욱 정교한 예측 모델을 개발할 수 있는 기회를 얻게 된다.

❸ 생성 AI와 딥러닝을 이용한 투자의 미래

생성 AI와 딥러닝을 활용한 투자의 미래는 매우 구체적이고 실용적인 변화를 예고한다. 예를 들어 LLM인 FinGPT와 같은 오픈소스 프로젝트는 투자자의 위험 회피 수준, 투자 습관과 같은 개인적 선호를 학습하여 맞춤형 투자 조언을 제공할 수 있다. 이러한 기술은 개인별 맞춤형 포트폴리오 관리를 가능하게 하여 투자자들에게 더욱 정교하고 개인화된 서비스를 제공할 수 있도록 도와준다. 또한 리스크 관리 영역에서처럼 거대한 지식 그래프를 활용하여 연관된 기업들의 경제 활동이나 실적 등을 입체적으로 분석하고, 이를 통해 유망한 투자처를 신속하게 발굴할 수도 있다.

---

10 https://quantstartcon.oopy.io/

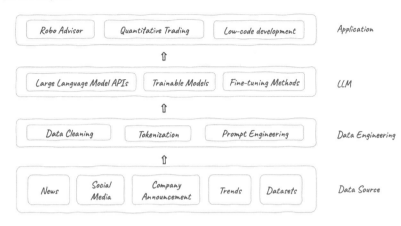

그림 2-19 FinGPT 아키텍처(출처: AI4finance 깃허브)

FinGPT와 같은 오픈소스 프로젝트는 최전선에서 혁신을 주도하고 있다. 이 LLM 프레임워크는 로보어드바이저, 퀀트 트레이딩, 저수준의 코드 개발 등 금융투자 분야에 폭넓게 적용할 수 있는 가능성을 보여준다. 무엇보다 FinGPT는 기존의 LLM들과 달리 눈에 띄는 장점들을 지니고 있다. 예를 들어 블룸버그GPT와 같은 모델이 3백만 달러의 비용과 53일의 시간을 들여 훈련되는 것에 비해, FinGPT는 300달러 미만의 비용으로 신속하게 새로운 데이터에 적응할 수 있다. 이러한 비용 효율성은 FinGPT를 매우 유연하고 접근하기 쉬운 모델로 만들어준다.

더 나아가, FinGPT는 **인간 피드백 기반 강화학습**reinforcement learning from human feedback, RLHF 기술을 통해 개인의 선호를 학습하는 능력을 갖추고 있어, 사용자의 위험 회피 수준이나 투자 습관을 반영한 맞춤형 로보어드바이저 서비스를 제공할 수 있다. 이는 인터넷 규모의 금융 데이터를 민주화하고, 최신의 오픈소스 LLM을 활용하는 FinGPT의 접근 방식이 얼마나 혁신적인지를 보여준다.

이러한 변화가 먼 미래의 일이라고 생각하지 않는 것이 중요하다. 이 책이 출간된 후 몇 년 이내에 이러한 논의 자체가 매우 구시대적인 주제로 여겨질 것이다. 앞에서 보았던 보스턴 컨설팅 그룹이 발간한 <Generative AI in the Finance Function of the Future> 보고서[11]에 따르면, 금융 분야에서 생성 AI의 도입은 단계적으로 이루어질 것이다. 초기 단계에서는 기존 프로세스를 보완하는 데 초점을 맞추며, 중기적으로는 생성 AI가 핵심 프로세스를 혁신하고, 비즈니스 파트너십을 재정립하며, 위험 관리에 기여할 것이다. 장기적으로는 AI 예측 도구와의 협력을 통해 보고서 작성, 분

---

11 https://www.bcg.com/publications/2023/generative-ai-in-finance-and-accounting

석, 권장 사항 제공 등을 수행하여 금융 부문의 전망적 통찰력을 강화할 것이다.

생성 AI의 도입은 정확성, 데이터 보안, 개인 정보 보호와 같은 분야에서 새로운 도전 과제를 제시하고 있다. 이러한 도전 과제를 극복하고 지속 가능한 혁신을 이루기 위해서는 금융 부문에 종사하는 모든 직군이 생성 AI의 응용 가능성을 이해하고 그 잠재력을 활용할 준비를 서둘러야 한다. 또한 영업, 마케팅, 개발 등 다양한 분야에서 생성 AI에 대한 깊은 이해와 협업할 수 있는 지식 및 유연성을 갖추는 것이 중요하다. 이것은 우리가 'AI 소사이어티'로의 진입을 앞두고 있음을 의미한다.

빠르게 변화하는 현재, 이러한 신기술을 이해하고 활용하는 능력은 금융 부문의 미래를 결정짓는 중요한 요소가 될 것이다.[12]

❹ 트랜스포머를 이용한 주가 방향성 예측

앞선 실습에서는 머신러닝을 이용한 주가 방향성 예측 실습을 진행했다. 이번에는 딥러닝, 특히 트랜스포머 모델을 활용한 주가 방향성 예측 실습을 진행한다. 트랜스포머 모델은 자연어 처리에서 큰 성과를 거두었으며, 시계열 데이터에서도 효과적으로 사용할 수 있다.

- https://www.kaggle.com/code/linakeepgoing/notebookb7c09bd3b0

먼저 필요한 라이브러리를 불러오고 데이터를 준비한다.

```
import pandas as pd
import numpy as np
import tensorflow as tf
from sklearn.model_selection import train_test_split
from sklearn.preprocessing import StandardScaler
from sklearn.metrics import accuracy_score, confusion_matrix, classification_report
import matplotlib.pyplot as plt
import seaborn as sns
import yfinance as yf # 없다면 !pip install yfinance 명령어로 설치
import ta  # 없다면 !pip install ta 명령어로 설치
```

훈련 데이터 기간에 정해진 답은 없지만, 경험적으로 상승장, 하락장, 대폭락 등 여러 케이스의 정보가 담겨 있을 정도로 긴 시계열이 좋다. 따라서 애플(AAPL) 주식 데이터를 2013년부터 2023년까

---

[12] 딥러닝 방법에 대해 더 자세히 알고 싶다면 https://github.com/quant4junior/algoTrade/tree/master/ch08이나 필자의 《퀀트 전략을 위한 인공지능 트레이딩》을 참고하자.

지 수집하여 훈련 데이터로 사용하고, 2024년 1월부터 4월까지의 데이터를 테스트 데이터로 사용할 것이다. 이를 위해 야후! 파이낸스(yfinance) 라이브러리를 사용한다. 불러온 데이터에 이동평균과 RSI 지표를 추가하여 피처를 생성하고, 결측치을 제거한다.

다음으로는 피처와 타깃 변수를 설정한다. 주식 데이터에서 Open, High, Low, Close, Volume, SMA_10, RSI 피처를 사용하고, 타깃 변수는 다음 날의 주가가 상승하는지 여부로 설정한다. 그리고 피처 데이터를 표준화하여 모델의 학습 효율을 높인다. 머신러닝 실습에서 이미 진행한 부분이기 때문에 자세한 설명은 생략한다.

```python
# 데이터 불러오기(2013년부터 2023년까지 훈련 데이터, 2024년 1월부터 4월까지 테스트 데이터)
train_data = yf.download('AAPL', start='2013-01-01', end='2024-01-01')
test_data = yf.download('AAPL', start='2024-01-01', end='2024-05-01')

# 데이터 전처리 및 피처 엔지니어링
for data in [train_data, test_data]:
    data['SMA_10'] = data['Close'].rolling(window=10).mean()
    data['RSI'] = ta.momentum.RSIIndicator(data['Close']).rsi()
    data.dropna(inplace=True)

# 피처와 타깃 변수 설정
features = ['Open', 'High', 'Low', 'Close', 'Volume', 'SMA_10', 'RSI']

X_train = train_data[features].values
y_train = (train_data['Close'].shift(-1) > train_data['Close']).astype(int).values[:-1]
X_train = X_train[:-1]

X_test = test_data[features].values
y_test = (test_data['Close'].shift(-1) > test_data['Close']).astype(int).values[:-1]
X_test = X_test[:-1]

# 데이터 정규화
scaler = StandardScaler()
X_train = scaler.fit_transform(X_train)
X_test = scaler.transform(X_test)
```

트랜스포머 모델 정의

트랜스포머 모델transformer model은 자연어 처리 분야에서 처음 도입되었으나, 시계열 데이터 분석에도 매우 효과적이다. 트랜스포머 모델의 핵심 구성 요소는 멀티헤드 어텐션이다.

어텐션 메커니즘

먼저 **어텐션 메커니즘**attention mechanism에 대해 이해하는 것이 중요하다. 어텐션 메커니즘은 입력 데이터의 중요한 부분에 가중치를 부여하여 모델이 학습할 때 더 중요한 정보에 집중할 수 있도록 돕는다. 어텐션 메커니즘은 주로 다음과 같은 단계로 이루어진다.

1. 쿼리(query), 키(key), 값(value): 입력 데이터는 쿼리, 키, 값 세 가지로 변환된다.
2. 어텐션 스코어(attention score): 쿼리와 키의 내적을 계산하여 어텐션 스코어를 구한다.
3. 어텐션 가중치(attention weight): 어텐션 스코어를 소프트맥스 함수에 입력하여 가중치를 구한다.
4. 어텐션 출력(attention output): 어텐션 가중치와 값의 가중 합을 구하여 최종 출력을 계산한다.

어텐션 메커니즘의 주요 아이디어는 중요한 부분에 더 집중하고, 덜 중요한 부분은 덜 집중하는 것이다.

멀티헤드 어텐션

멀티헤드 어텐션multi-head attention은 여러 개의 어텐션 메커니즘을 병렬로 사용하여 다양한 표현을 학습할 수 있도록 한다. 각 어텐션 헤드는 서로 다른 부분에 주의를 기울이며, 이를 통해 모델이 더 풍부한 표현을 학습할 수 있다. 멀티헤드 어텐션의 주요 구성 요소는 다음과 같다.

- 헤드head: 각 헤드는 독립적인 어텐션 메커니즘을 가지고 있다.
- 병렬 계산parallel computation: 여러 헤드를 병렬로 계산하여 다양한 패턴을 동시에 학습한다.
- 결합concatenation: 각 헤드의 출력을 결합하여 최종 출력을 만든다. 멀티헤드 어텐션은 다양한 패턴을 동시에 학습할 수 있게 하여, 모델의 성능을 크게 향상시킨다.

예제 코드에서 멀티헤드 어텐션은 `tf.keras.layers.MultiHeadAttention` 레이어를 통해 구현된다. 이 레이어는 입력 데이터의 여러 부분에 주의를 기울여 다양한 패턴을 학습할 수 있도록 한다.

트랜스포머 인코더 정의

트랜스포머 인코더transformer encoder는 멀티헤드 어텐션과 **피드포워드 네트워크**feedforward network로 구성된다. 인코더는 입력 데이터를 여러 번 처리하여 최종 출력을 생성한다. 각 레이어는 다음과 같이 구성된다.

- 멀티헤드 어텐션: 입력 데이터의 여러 부분에 동시에 주의를 기울여 중요한 패턴을 학습한다.

- `LayerNormalization`: 각 레이어의 출력을 정규화하여 학습을 안정화하고 속도를 높인다.
- 피드포워드 네트워크: 각 타임 스텝time step의 출력을 더 복잡한 특징으로 변환한다.

```python
# 트랜스포머 모델 정의
def transformer_encoder(inputs, head_size, num_heads, ff_dim, dropout=0):
    # 멀티헤드 어텐션
    x = tf.keras.layers.MultiHeadAttention(key_dim=head_size, num_heads=num_heads,
    dropout=dropout)(inputs, inputs)
    x = tf.keras.layers.LayerNormalization(epsilon=1e-6)(x)
    res = x + inputs

    # 피드포워드 네트워크
    x = tf.keras.layers.Dense(ff_dim, activation="relu")(res)
    x = tf.keras.layers.Dense(inputs.shape[-1])(x)
    x = tf.keras.layers.LayerNormalization(epsilon=1e-6)(x)
    return x + res
```

모델 빌드 함수 정의

이제 트랜스포머 인코더를 여러 층 쌓아 트랜스포머 모델을 구성한다. 또한, `Flatten` 레이어와 `mlp`multi-layer perceptron 레이어를 추가하여 최종 출력을 생성한다. `mlp` 레이어에 드롭아웃drop out을 적용하여 과적합을 방지한다.

```python
def build_model(input_shape, head_size, num_heads, ff_dim, num_transformer_blocks,
mlp_units, dropout=0, mlp_dropout=0):
    inputs = tf.keras.layers.Input(shape=input_shape)
    x = inputs
    for _ in range(num_transformer_blocks):
        x = transformer_encoder(x, head_size, num_heads, ff_dim, dropout)

    x = tf.keras.layers.Flatten()(x)
    for dim in mlp_units:
        x = tf.keras.layers.Dense(dim, activation="relu")(x)
        x = tf.keras.layers.Dropout(mlp_dropout)(x)
    outputs = tf.keras.layers.Dense(1, activation="sigmoid")(x)
    return tf.keras.Model(inputs, outputs)
```

트랜스포머 모델을 사용하여 시계열 데이터를 분석할 때 다음과 같은 방법으로 모델의 성능을 최적화하고 분석 결과를 향상시킬 수 있다.

첫째, 다양한 하이퍼파라미터를 조정하는 것이 중요하다. 예를 들어 멀티헤드 어텐션의 헤드 수를 조정함으로써 모델이 데이터를 바라보는 관점을 다양화할 수 있다. 헤드 수를 늘리면 모델이 더 다양한 패턴을 학습할 수 있지만, 계산 비용이 증가한다는 점을 염두에 두어야 한다. 또한 피드포워드 네트워크의 차원을 조정하여 모델의 복잡성을 조절할 수 있다. 피드포워드 네트워크의 차원을 늘리면 모델이 더 복잡한 패턴을 학습할 수 있지만, 과적합의 위험도 증가한다. 마지막으로, 드롭아웃 비율을 조정하여 모델의 일반화 능력을 향상시킬 수 있다. 드롭아웃 비율을 적절히 조정하면 과적합을 방지하고 모델의 성능을 안정화할 수 있다.

둘째, 데이터 전처리를 통해 모델의 성능을 향상시킬 수 있다. 입력 데이터를 정규화하여 데이터의 스케일을 맞추면 모델이 더 빠르고 안정적으로 학습할 수 있다. 또한 결측치를 처리하여 데이터의 완전성을 확보하는 것도 중요하다. 결측치이 있는 데이터를 그대로 사용할 경우, 모델의 성능이 저하될 수 있다. 이를 방지하기 위해 결측치을 적절히 처리하는 방법을 고려해야 한다.

셋째, 모델 튜닝을 통해 최적의 하이퍼파라미터를 찾는 과정이 필요하다. 교차 검증을 사용하면 데이터의 특정 부분에만 의존하지 않고 모델의 성능을 평가할 수 있다. 이를 통해 모델이 일반화된 성능을 가지도록 도울 수 있다. 또한 그리드 서치를 통해 다양한 하이퍼파라미터 조합을 테스트하여 최적의 조합을 찾을 수 있다. 이 과정을 통해 모델의 성능을 최대화할 수 있다.

트랜스포머 모델은 복잡한 시계열 패턴을 효과적으로 학습할 수 있어, 다양한 금융 데이터 분석에 유용하게 사용될 수 있다. 이러한 응용 방법을 통해 트랜스포머 모델을 최적화하고, 이를 바탕으로 다양한 투자 전략을 개발할 수 있다.

```python
# 모델 생성
input_shape = (X_train.shape[1], 1)
X_train = X_train.reshape((X_train.shape[0], X_train.shape[1], 1))
X_test = X_test.reshape((X_test.shape[0], X_test.shape[1], 1))

model = build_model(
    input_shape,
    head_size=256,
    num_heads=4,
    ff_dim=4,
    num_transformer_blocks=4,
    mlp_units=[128],
    mlp_dropout=0.4,
    dropout=0.25
)
```

```
model.compile(loss="binary_crossentropy", optimizer=tf.keras.optimizers.Adam(learning_
rate=1e-4), metrics=["accuracy"])
model.summary()
```

모델 컴파일 및 학습

트랜스포머 모델을 구축하고, 컴파일한다. 손실 함수로는 `binary_crossentropy`를 사용하고, 최적화 도구로 Adam 옵티마이저를 사용한다. 200 에포크_epoch 동안 모델을 학습시키고, 학습 곡선을 그려서 모델의 학습 상태를 모니터링한다.

```
# 모델 학습(에포크 수 증가)
history = model.fit(X_train, y_train, validation_split=0.2, epochs=200, batch_size=32)

# 학습 곡선 시각화
plt.figure(figsize=(12, 4))
plt.subplot(1, 2, 1)
plt.plot(history.history['loss'], label='Train Loss')
plt.plot(history.history['val_loss'], label='Validation Loss')
plt.title('Loss Over Epochs')
plt.xlabel('Epochs')
plt.ylabel('Loss')
plt.legend()

plt.subplot(1, 2, 2)
plt.plot(history.history['accuracy'], label='Train Accuracy')
plt.plot(history.history['val_accuracy'], label='Validation Accuracy')
plt.title('Accuracy Over Epochs')
plt.xlabel('Epochs')
plt.ylabel('Accuracy')
plt.legend()

plt.show()
```

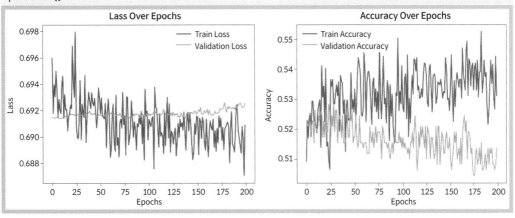

학습 곡선 시각화

학습 곡선을 통해 과적합 여부를 확인할 수 있다. 예제에서는 검증 손실이 거의 일정하므로 과적합이 의심된다. 정규화 기법을 추가하거나 모델의 복잡도를 조정하여 이를 개선할 수 있다.

훈련 데이터 성능을 평가한 결과, 정확도는 53% 정도다.

```
# 훈련 데이터 결과
y_train_pred = model.predict(X_train)
threshold = y_train.mean()  # 훈련 데이터 비율로 스레시홀드(threshold) 설정
y_train_pred_threshold = (y_train_pred > threshold).astype(int)
accuracy_train = accuracy_score(y_train, y_train_pred_threshold)
conf_matrix_train = confusion_matrix(y_train, y_train_pred_threshold)
print(f"훈련 데이터 정확도: {accuracy_train:.2f}")
print("훈련 데이터 혼동 행렬:")
print(conf_matrix_train)
print("\n훈련 데이터 분류 리포트:")
print(classification_report(y_train, y_train_pred_threshold))
```

```
87/87 ━━━━━━━━━━━━━━━━ 0s 2ms/step
훈련 데이터 정확도: 0.53
훈련 데이터 혼동 행렬:
[[707 599]
 [698 750]]

훈련 데이터 분류 리포트:
              precision    recall  f1-score   support

           0       0.50      0.54      0.52      1306
           1       0.56      0.52      0.54      1448

    accuracy                           0.53      2754
   macro avg       0.53      0.53      0.53      2754
weighted avg       0.53      0.53      0.53      2754
```

테스트 데이터에서의 성능을 평가한 결과, 정확도는 68% 정도다.

```
# 테스트 데이터 결과
y_pred = model.predict(X_test)
y_pred_threshold = (y_pred > threshold).astype(int)
accuracy_test = accuracy_score(y_test, y_pred_threshold)
conf_matrix_test = confusion_matrix(y_test, y_pred_threshold)
print(f"테스트 데이터 정확: {accuracy_test:.2f}")
print("테스트 데이터 혼동 행렬:")
print(conf_matrix_test)
```

```
print("\n테스트 데이터 분류 리포트:")
print(classification_report(y_test, y_pred_threshold))
```

```
3/3 ──────────── 1s 436ms/step
테스트 데이터 정확도: 0.68
테스트 데이터 혼동 행렬:
[[32  9]
 [13 15]]

테스트 데이터 분류 리포트:
              precision    recall  f1-score   support

           0       0.71      0.78      0.74        41
           1       0.62      0.54      0.58        28

    accuracy                           0.68        69
   macro avg       0.67      0.66      0.66        69
weighted avg       0.68      0.68      0.68        69
```

훈련 데이터와 테스트 데이터의 분포를 보면 두 데이터의 성능 결과는 테스트 데이터가 상승장에 편향되어 있기 때문일 수 있다. 따라서 정확도가 아닌 수익률을 봐야 하며, 벤치마크 지표가 필요하다. 예를 들어 buy and hold(매수 후 보유) 전략이 벤치마크가 될 수 있고, S&P 500 지수 추종이 벤치마크가 될 수 있다.

```
# 훈련 데이터와 테스트 데이터의 클래스 분포 확인
print("훈련 데이터 클래스 분포:")
print(pd.Series(y_train).value_counts())
print("\n테스트 데이터 클래스 분포:")
print(pd.Series(y_test).value_counts())
```

```
훈련 데이터 클래스 분포:
1    1448
0    1306
Name: count, dtype: int64

테스트 데이터 클래스 분포:
0    41
1    28
Name: count, dtype: int64
```

트랜스포머 모델을 사용한 주가 방향성 예측 실습을 통해, 시계열 데이터에서의 패턴 인식과 예측의 가능성을 확인할 수 있었다. 그러나 실전에서는 다양한 정규화 기법과 모델 튜닝이 필요하며, 최종적인 목표는 정확도가 아닌 투자 수익률임을 항상 염두에 두어야 한다.

3

AI 기반의
신용 리스크
모델링

수지 씨는 최근 인기 있는 이커머스 웹사이트를 둘러보다 '후불 결제' 옵션을 처음 발견했다. 이 옵션은 소비자가 상품을 구매하고 한 달 후에 비용을 지불할 수 있게 해주는, 신용카드와 유사한 시스템이었다. 가정주부인 수지 씨는 전통적인 금융기관에서 신용을 증명하려면 복잡한 절차를 거쳐야 했지만, 이 사이트에서는 단골 고객으로서 그녀의 방대한 구매 이력과 상호작용 데이터가 이미 기록되어 있었다. 이 데이터는 수지 씨에게 큰 장점이 되었다. 제품을 꾸준히 구매하고 시기에 맞춰 지불함으로써, 그녀는 점점 더 신뢰를 쌓아가고 신용 한도를 늘려갈 수 있었다. 그녀는 유사한 후불 결제 서비스를 유명 IT 회사가 제공하는 핀테크 서비스에서도 쉽게 찾을 수 있었다.

수지 씨의 경험은 현대 금융 서비스에서 AI가 어떻게 중요한 역할을 하고 있는지 보여주는 사례 중 하나다. 후불 결제 서비스를 통해, 전통적인 신용 평가 방법을 넘어서는 새로운 기회가 생겼다. 이러한 서비스는 AI와 머신러닝을 활용하여 고객의 신용 리스크를 평가하고 관리한다. 신용 리스크 관리는 금융기관에게 매우 중요한 과제이며, AI 기술의 발전은 이 분야에서 혁신을 가능하게 했다.

신용 리스크 관리는 금융기관이 대출을 실행하기 전에 고객의 신용 위험을 평가하고, 이를 기반으로 대출 여부와 조건을 결정하는 과정이다. 이 과정에서 AI는 다양한 데이터를 분석하여 고객의 신용 상태를 보다 정확하게 예측하고, 금융 사기를 방지하며, 기관이 신용 위험을 더 효과적으로 관리할 수 있도록 돕는다.

이 장에서는 신용 리스크 관리의 개요부터 시작하여, 신용 리스크 관리 시스템의 구성, 로지스틱 회귀를 사용한 스코어 카드 개발 방법, 신용 평가 모델 개발에 필요한 사전 지식, 머신러닝 기반 신용 평가 모델 개발의 전 과정을 다룬다. 특히 `Optbinning` 라이브러리를 활용한 신용 평가 모델 개발 방법에 대해서도 자세히 살펴볼 예정이다.

AI 기술을 활용한 신용 리스크 관리는 금융기관이 고객의 신용 위험을 더 정밀하게 평가하고, 개인화된 금융 상품을 제공하며, 신용 사기를 예방하는 데 중요한 역할을 한다. 이러한 기술적 접근 방식은 전통적인 신용 평가 방식을 획기적으로 개선하고, 금융 서비스의 효율성과 안전성을 높이는 데 기여한다. 이 장을 통해, AI가 신용 리스크 관리를 어떻게 변화시키고 있는지, 이 변화가 금융기관과 고객 모두에게 어떤 의미를 가지는지에 대한 통찰을 얻게 될 것이다.

3.1 신용 리스크 관리 개요

신용 리스크 관리는 금융 산업의 핵심적인 부분으로, 금융 기업의 지속 가능한 성장과 전체 경제 시스템의 안정성에 중대한 영향을 미친다. 대출과 투자 과정에서 발생하는 상대방의 미상환 가능성, 즉 신용 위험을 식별, 평가, 모니터링하고 이를 적절히 관리하는 것이 매우 중요하다. 이러한 관리는 금융 기업이 예기치 못한 손실을 방지하고, 금융 시스템의 전반적인 건전성을 유지하는 데 필수적인 역할을 한다. 이번 절에서는 신용 리스크 관리의 중요성과 필수성, 그리고 이를 효과적으로 수행하기 위한 다양한 실천 방안에 대해 자세히 살펴보고자 한다.

3.1.1 신용 리스크 관리의 중요성

신용 리스크 관리의 중요성은 금융 섹터를 넘어 경제 전반에 걸쳐 근본적인 역할을 한다. 신용 리스크, 즉 대출이나 금융 거래 시 상대방이 상환을 하지 못할 가능성이 있는 위험은 금융 기업이 직면하는 큰 도전 중 하나다. 이 위험을 효과적으로 관리하는 것은 금융 기업분만 아니라 경제의 안정성을 위해 필수다.

3.1.2 신용 리스크 관리의 필수성

신용 리스크 관리는 금융 기업에서 중요한 전략적 요소다. 이는 기업이 재정적 위험을 효과적으로 관리하고 대응할 수 있는 능력을 의미하며, 전반적인 기업 운영의 안정성과 지속 가능성을 결정짓는 핵심 요소다. 다음은 신용 리스크 관리의 필수성에 대한 세 가지 주요 이점을 설명한다.

- 금융 기업의 안정적 운영 보장: 신용 리스크 관리는 금융 기업이 잠재적 손실을 최소화하고, 자산의 가치를 보호함으로써 장기적으로 안정적으로 운영될 수 있도록 한다. 적절한 신용 리스크 관리가 없다면 기업은 예상치 못한 손실에 직면하여 운영의 지속성을 위협받을 수 있다.
- 금융 기업의 책임과 의무 준수 보장: 금융 기업은 주주, 고객, 규제 기관 등 다양한 이해관계자의 요구를 충족시켜야 한다는 책임이 있다. 신용 리스크 관리는 이러한 기업의 책임과 의무를 준수하고, 투명하고 책임감 있는 방식으로 운영할 수 있도록 보장한다.
- 금융 시장 안정성 유지: 신용 리스크 관리는 단일 금융 기업의 안정성분만 아니라, 금융 시장 전체의 안정성 유지에도 중요한 역할을 한다. 개별 기업에서 발생한 신용 위험 이슈가 시장 전체로 확산되는 것을 방지함으로써, 금융 위기의 가능성을 줄이고 경제의 안정성을 유지하는 데 기여한다.

3.1.3 신용 리스크 관리의 실천 방안

신용 리스크 관리는 금융 기업이 효율적으로 위험을 관리하고 장기적인 안정성을 확보하기 위한 필수 절차다. 이를 통해 기업은 변동하는 시장 조건 속에서도 재정적으로 건전하게 유지될 수 있으며, 위험을 미리 인식하고 대처할 수 있는 전략적 기반을 마련한다. 다음은 금융 기업이 신용 리스크를 관리하기 위해 구체적으로 실행할 수 있는 세 가지 주요 실천 방안이다.

- 신용 평가 시스템의 개발과 적용: 금융 기업은 고객의 신용 위험을 평가하기 위해 신용 평가 시스템을 개발하고 적용한다. 이 시스템은 고객의 과거 신용 기록, 소득 수준, 채무 이행 능력 등 다양한 정보를 분석하여, 각 고객의 신용 위험을 평가한다.

- 위험 기반 가격 책정: 신용 리스크 관리는 위험 기반 가격 책정을 통해 실현된다. 즉 고객의 신용 위험 평가 결과에 따라 대출 금리나 신용카드의 이자율을 조정함으로써, 금융 기업은 위험에 상응하는 수익을 확보할 수 있다.
- 지속적인 모니터링과 리스크 재평가: 신용 리스크 관리는 한 번의 평가로 끝나지 않는 지속적인 과정이다. 금융 기업은 정기적으로 고객의 신용 상태를 모니터링하고, 경제적 환경 변화나 고객의 금융 상황 변동에 따라 신용 리스크를 재평가한다.

3.2 신용 평가 모델의 활용

신용 리스크 관리의 중요성을 깊이 이해하고 나면, 금융기관이 이 위험을 어떻게 실질적으로 관리하고 실행에 옮기는지 궁금해질 수 있다. 이에 대한 해답은 신용 평가 모델의 효과적인 활용에 있다. **신용 평가 시스템**credit score system, CSS은 신용을 수치화하여 리스크를 관리하는 필수 도구로 자리 잡고 있으며, 대출 심사부터 신용카드 발급, 대출 금리 산출, 채권투자 결정, 보험료 책정에 이르기까지 금융 분야 전반에 걸쳐 광범위하게 활용된다.

3.2.1 신용 평가 모델의 다양한 활용 사례

신용 평가 모델은 금융기관이 신용 리스크를 관리하고, 다양한 금융 서비스를 제공하는 과정에서 중추적인 역할을 한다. 객관적이고 정밀한 신용 평가를 통해 금융기관은 잠재적인 손실을 줄이고, 금융 시장의 안정성을 유지하며, 고객에게 맞춤형 금융 설루션을 제공할 수 있다.

- 대출 심사: 금융기관은 신용 평가 모델을 활용해 대출 신청자의 신용도를 평가한다. 이 과정에서 신청자의 과거 신용 이력, 소득 수준, 채무 이행 능력과 같은 다양한 요소를 분석하여, 대출의 승인 여부와 조건을 결정한다. 이는 대출 신청자에게 공정하고 객관적인 평가를 제공함으로써 금융기관의 리스크를 최소화하고, 고객에게 적합한 금융 상품을 제안하는 데 도움을 준다.
- 신용카드 발급: 신용 평가 모델은 신용카드 신청 과정에서도 중요한 역할을 한다. 신청자의 신용도 평가를 통해 카드 발급의 가능성과 한도를 결정하는데, 이는 금융기관이 신용 위험을 적절히 관리하면서도 고객에게 필요한 서비스를 제공할 수 있도록 한다.
- 투자 리스크 산정: 채권 발행자의 신용 등급 평가는 투자자들이 채권의 위험도를 파악하고, 투자 결정을 내리는 데 필수적인 정보를 제공한다. 신용 평가 모델의 결과는 투자의 안정성과 수익성을 평가하는 데 중요한 기준이 된다.

- 보험료 책정: 보험 가입자의 신용도는 보험료 책정에도 영향을 미친다. 신용 평가 모델을 통한 신용도 평가는 보험 가입자의 잠재적 위험을 평가하고, 적절한 보험료를 산출하는 데 기여한다. 이는 보험 회사가 위험을 효과적으로 관리하면서도 고객에게 합리적인 보험 상품을 제공할 수 있도록 한다.

3.2.2 여러 나라의 신용 평가 시스템

국가별로 신용 평가 시스템은 크게 다르며, 이러한 차이를 이해하는 것은 금융의 글로벌한 맥락에서 중요하다. 어떤 나라들은 신용 평가 시스템이 매우 발달해 있는데, 그중에서도 '신용 사회'라고 불리는 미국은 특히 주목할 만하다. 미국의 신용 시스템은 개인의 금융 활동과 신용도를 평가하는 다양한 방법론을 사용하는데, 이를 통해 금융기관과 소비자 간의 신뢰를 구축하고 있다. 먼저 신용 사회의 신용 평가 시스템이 어떻게 운영되는지 살펴보자.

- FCRA: 미국의 신용 보고 체계의 기반은 FCRA\ :sub:Fair Credit Reporting Act에 있다. 이 법률은 신용 정보의 공정성과 정확성을 보장하며, 개인의 사생활을 보호한다. FCRA는 개인이 자신의 신용 보고서에 대한 접근 권한을 가지고, 오류가 발견될 경우 이를 정정할 수 있는 권리를 제공한다.
- 신용 평가 기관: 미국 내에는 Equifax, Experian, TransUnion과 같은 세 개의 주요 신용 평가 기관이 있다. 이 기관들은 개인의 대출 이력, 신용카드 사용, 지불 습관 등을 포함한 신용 정보를 수집하고, 이를 바탕으로 신용 보고서를 작성한다. 신용 보고서는 개인의 금융 거래 내역과 신용 상태에 대한 포괄적인 개요를 제공한다.
- 신용 점수 모델: 신용 점수는 개인의 신용도를 수치화한 것으로, 피코FICO와 VantageScore가 가장 널리 사용되는 모델이다. 그러나 비자나 마스터카드MasterCard와 같은 결제 네트워크 회사들은 자체적인 신용 평가 모델을 사용하기도 하며, 웰스 파고Wells Fargo, 체이스 은행과 같은 대형 은행들 역시 자체 모델을 개발하여 사용한다. 이러한 다양한 모델의 존재는 금융기관이 개인의 신용 위험을 평가하는 데 있어 맞춤화된 접근을 가능하게 한다.
- 세계 각국의 신용 평가 시스템은 그 나라의 경제 구조, 문화, 기술 발전 수준에 따라 다양한 형태로 발전해왔다. 다른 국가들의 신용 평가 방법을 탐구해보면 다음과 같이 정리할 수 있다.
  - 캐나다: 캐나다의 신용 평가 시스템은 미국과 매우 유사하다. Equifax와 TransUnion과 같은 주요 신용 평가 기관이 있으며, 이들은 개인의 신용 이력, 대출, 신용카드 사용 정보를 수집하여 신용 점수를 산출한다. 캐나다 역시 Fair Credit Reporting Act와 유사한 법률로 소비자의 신용 정보 보호를 규제한다.

- 스페인: 스페인의 신용 평가는 소비자의 신용 이력에 중점을 두며, 특히 부정적인 항목(연체, 미납 등)의 추적에 초점을 맞춘다. 스페인의 금융기관들은 신용 위험을 평가할 때 이러한 부정적인 정보를 중요한 지표로 활용하여, 잠재적인 리스크가 높은 고객을 식별한다.
- 독일: 독일에서는 SCHUFA와 같은 개인신용평가기관이 신용 평가의 대부분을 담당한다. SCHUFA는 개인의 신용 거래 및 은행 거래 이력을 포함한 다양한 금융 정보를 수집하고 분석하여 신용 점수를 제공한다. 이 점수는 금융 상품의 신청, 대출 승인, 신용카드 발급 등에 광범위하게 사용된다.
- 일본: 일본에서는 대형 은행들이 자체적으로 신용 평가 시스템을 관리하고 있다. 일본의 은행들은 고객의 예금 이력, 대출 상환 이력 등을 포함한 자체 데이터를 활용하여 신용도를 평가한다. 이러한 자체적인 신용 평가 시스템은 은행과 고객 간의 신뢰 관계를 바탕으로 운영된다.
- 호주: 호주 역시 Equifax, Experian, illion과 같은 몇 개의 대형 개인신용평가기관에서 개인의 신용 정보를 수집하고 관리한다. 호주의 개인신용평가기관들은 금융 거래 이력, 대출 상환 이력, 신용카드 사용 정보 등을 기반으로 신용 점수를 산출한다.
- 중국: 중국은 신용카드 사회를 넘어서 모바일 결제가 일상화된 특이한 케이스다. 위챗페이와 알리페이 같은 모바일 결제 플랫폼은 소셜 크레딧 시스템을 도입하여, 사용자의 대화 내역, 친구 목록, 쇼핑 이력 등 다양한 데이터를 활용해 신용 점수를 산출한다. 이러한 신용 평가 방법은 선진국과 비교해 더 상세하고 포괄적인 정보를 기반으로 하며, 개발 도상국에서도 비슷한 발전 패턴을 따를 가능성이 있음을 시사한다.

3.2.3 핀테크에서의 신용 평가 모델 활용

신용 평가 모델이 전통적인 금융 기업의 도메인에만 머물지 않는 듯 보이는데, 이런 현상은 금융 산업 전반에 걸쳐 혁신적인 변화를 예고한다. 기술의 발전과 함께, 기술 대기업들이 금융 서비스 분야로 진출하면서 이 경계는 점점 더 모호해지고 있다. 예를 들어 애플 같은 기업이 애플페이Apple Pay와 애플 카드Apple Card를 통해 금융 서비스 시장에 진출하면서 일각에서는 이제 애플을 기술 회사가 아닌 금융 회사로 봐야 한다는 주장까지 나오고 있다. 이러한 현상은 기술과 금융의 융합이 얼마나 진전되고 있는지를 잘 보여준다.

핀테크의 발전은 금융 서비스를 전통적인 모델에서 벗어나 새로운 차원으로 이끌고 있으며, 이 과정에서 **BNPL**buy now pay later(후불결제 혹은 나중결제) 같은 상품이 주목받고 있다. 이러한 상품은 신용 평가 모델을 활용하는 혁신적인 방식 중 하나로, 핀테크 분야의 성장과 함께 소비자에게 새로운 금융 솔루션을 제공하며 금융 접근성을 넓히고 있다.

애플 같은 기업이 금융 서비스를 제공하면서, 기술과 금융이 어떻게 융합되고 있는지를 보여주는 사례로 자리 잡고 있다. 이러한 융합은 전통적인 신용 평가와 금융 서비스 제공 방식에 새로운 변화를 가져오고, 소비자에게 더 다양한 맞춤형의 금융 옵션을 제공하는 기회를 열어주고 있다. 이것이 바로 핀테크 분야에서 신용 평가 모델이 어떻게 혁신적으로 활용되고 있는지를 보여주는 하나의 예라고 할 수 있다.

❶ BNPL 서비스의 부상

최근 몇 년 간 Klarna, Afterpay, Affirm과 같은 글로벌 핀테크 기업은 물론이고 페이팔, 애플과 같은 주요 금융 및 IT 기업까지도 BNPL 상품을 운영하며 시장에 새로운 금융 솔루션을 제공하고 있다. BNPL 서비스는 소비자가 상품이나 서비스를 즉시 구매하고, 나중에 결제할 수 있는 유연성을 제공함으로써, 전통적인 신용카드 결제 방식에 대한 대안으로 빠르게 자리 잡았다.

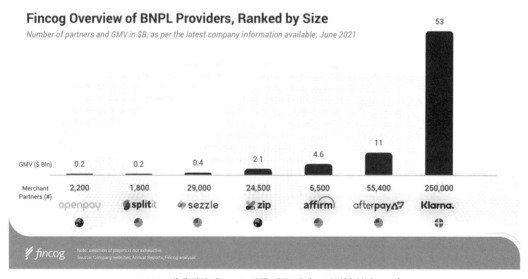

그림 3-1 세계 각국의 BNPL 상품 제공 핀테크 기업(출처: fincog)

이러한 BNPL 상품은 네이버파이낸셜, 카카오페이, 토스(비바 리퍼블리카), 쿠팡Coupang과 같은 국내외 다양한 핀테크 및 전자상거래 기업에서도 선보이고 있다. 이 서비스들은 소비자에게 쇼핑의 편의성을 높여주는 동시에, 기업에게는 신용 평가 모델을 통한 리스크 관리와 맞춤형 금융 설루션 제공의 기회를 열어준다.

❷ 신용 평가 모델의 역할

BNPL 서비스에서 신용 평가 모델의 활용은 중요한 역할을 한다. 이 모델을 통해 핀테크 기업은 고객의 신용도를 신속하게 평가하고, 각 고객의 구매 가능성과 상환 능력을 예측할 수 있다. 이는 고객에게는 더 나은 구매 경험을, 기업에게는 리스크를 최소화하는 동시에 건전한 신용 거래를 유도하는 효과를 가져온다.

표 3-1 소액 후불결제 서비스를 제도화하기 위한 규제 개선(출처: 금융위원회 보도자료(2022))

구분	네이버파이낸셜㈜	카카오페이㈜	비바 리퍼블리카㈜
서비스 내용	물품 구매 시 선불 전자지급수단 충전 잔액과 대금결제액 간 차익 (대금부족분을 월 30만 원 한도 내에서 추후 지불할 수 있도록 한다.)	후불형 교통카드로, 선불 충전금이 부족한 경우 최대 월 15만 원 한도 내에서 후불 결제할 수 있다.	선불전자지급수단으로 재화/용역을 구매하려는 소비자가 포인트 잔액 부족 시 월 30만 원 한도 내에서 후불 결제할 수 있다.
혁신 금융 서비스 지정 기간	2021년 2월 18일~2024년 2월 17일	2021년 5월 26일~2024년 5월 25일	2021년 11월 12일~2022년 11월 11일

이러한 서비스들의 성공은 신용 평가 모델이 단순히 전통적인 금융 정보에만 의존하지 않고, 고객의 온라인 거래 이력, 소셜 미디어 활동 등 다양한 비정형 데이터를 분석하여 더 정교한 신용 평가를 가능하게 한다는 사실을 반영한다. 이는 핀테크 기업들이 전통적인 금융기관이 간과할 수 있는 신용 거래의 잠재력을 가진 고객층을 발굴하고, 이들에게 금융 서비스를 제공할 수 있는 기반을 마련해준다.

❸ 대안 신용 평가 모델

핀테크의 혁신과 함께 신용 평가 모델의 활용이 다양화되고 있다. 이러한 변화는 특히 대인 신용 평가 시스템에서 두드러진다. 핀테크 서비스의 발전은 신용 평가에 있어 전통적인 방식을 넘어서 다양한 데이터 소스를 통합하거나 새로운 데이터를 단독으로 사용하는 신용 평가 모델의 개발로 이어지고 있다. 이는 국내 금융사의 신용 평가 모델 개발 현황에서도 명확히 나타난다.

국내에서는 카카오뱅크가 교보문고, 예스24, 롯데멤버스, 카카오모빌리티 등 11개 기관에서 가명 결합 처리된 데이터를 받아 변수로 만들어 신용 평가 모델을 만들었다고 한다.

표 3-2 각 사의 신용 평가 모델 개발 현황

금융사	신용 평가 모델 개발 현황
카카오뱅크	교보문고 및 예스24 도서 구매 이력, 카드 멤버스, 모빌리티 데이터 등 대안 정보를 활용한 모델 개발
KB국민은행	핀테크 스타트업과 대안신용 평가 API 개발 진행
신한은행	자체 배달 애플리케이션 '땡겨요'를 통한 소상공인 매출 데이터 활용 모델 개발
우리은행	BC카드 가맹점 정보를 반영한 개인사업자 특화 모델 운영 중
하나은행	입출금 통장 거래 내역 활용 모델 운영 중
핀크/SK텔레콤	통신 이력 기반 모델 'T스코어' 운영 중
네이버파이낸셜	스마트 스토어 소상공인 매출, 반품률, 리뷰 데이터 기반 모델 운영 중

이렇게 전통적인 신용 평가 기관에서 수집한 데이터가 아닌 통신 데이터, 부동산 중개 플랫폼, 이커머스 플랫폼 등 다양한 소스에서 수집된 데이터를 결합하거나 단독으로 사용하는 신용 평가 시스템의 등장은 신용 평가의 패러다임을 변화시키고 있다. 이러한 변화는 금융 서비스의 접근성을 향상시키고, 더 많은 사람들에게 맞춤형 금융 서비스를 제공할 수 있는 가능성을 열어주고 있다. 이는 금융 산업에 새로운 기회를 제공하는 동시에, 소비자에게는 더 공정하고 포괄적인 신용 평가의 이점을 가져다준다.

현대 금융 산업에서는 핀테크의 발전과 함께 신용 리스크 관리 방식에 혁신적인 변화가 일어나고 있다. 전통적인 데이터 소스뿐만 아니라 소셜 미디어 활동, 온라인 거래 이력과 같은 비정형 데이터의 활용이 증가하면서, 신용 평가 모델은 더욱 정교하고 포괄적인 신용 위험 평가를 가능하게 하고 있다. 이러한 진전은 금융기관이 더 정밀한 리스크 관리 전략을 수립하고, 다양한 고객에게 맞춤형 금융 서비스를 제공할 수 있는 기반을 마련해준다. BNPL과 같은 혁신적인 금융 상품의 등장은 소비자에게 더 많은 유연성을 제공하는 동시에, 금융기관에게는 신용 평가 모델을 통한 리스크 관리의 중요성을 재확인시킨다. 이러한 상품은 신용 리스크 관리의 새로운 적용 사례를 제시하며, 금융 산업의 발전 방향을 가리키는 지표 역할을 한다.

이처럼 신용 리스크 관리는 금융기관의 리스크를 효과적으로 관리하고, 금융 시장의 안정성을 유지하는 필수 과정이다. 비정형 데이터의 활용 증가와 혁신적 금융 상품의 등장은 금융기관에 새로운 도전과 기회를 제공하며, 신용 리스크 관리 체계의 지속적인 발전을 촉진한다.

3.3 신용 리스크 관리 체계

신용 리스크 관리 체계에 모범 답안이란 없다. 일반적으로 금융기관과 핀테크 기업은 신용 리스크 관리를 위해 체계적인 접근 방식을 취하는데, 이들의 리스크 관리 체계는 여러 핵심 요소들을 기반으로 구축되며 다음과 같이 요약할 수 있다.

- 신용 평가 및 분석: 대출 신청자의 신용 능력을 평가하고 신용 위험 수준을 분석한다. 이를 위해 신용 등급, 신용 조회 기록, 연체 정보, 부채 정보 등의 다양한 데이터를 활용한다. 여기에는 내부 모델 및 외부 평가 기관의 평가 결과를 종합적으로 고려하는 작업이 포함된다.

- 대출 기준 및 정책 설정: 신용 위험 수준에 따라 대출 가능 여부, 대출 금액, 금리 등을 결정하는 기준을 설정한다. 산업별, 고객별 위험 특성을 반영하여 정책을 차별화하고, 경제 상황과 시장 변화를 고려하여 정책을 지속적으로 검토하고 업데이트한다.

- 대출 후 관리: 대출 실행 후에 고객의 신용 상황을 지속적으로 모니터링한다. 연체, 부채 증가 등의 위험 상황이 발생할 경우 신속하게 조치를 취한다. 이 과정에서는 추가적인 신용 평가, 상담, 재구조 조정 등 다양한 관리 방법을 활용한다.

- 데이터 분석 및 모델 활용: 신용 리스크와 관련된 데이터를 분석하여 신용 위험 요인을 파악하고 예측한다. 머신러닝, 인공지능 등의 첨단 기술을 활용하여 신용 평가 모델, 사기 감지 모델 등을 개발하고, 모델의 효과성을 지속적으로 평가하고 개선한다.

- 리스크 관리 시스템 구축: 신용 리스크 관리와 관련된 정책, 절차, 시스템을 구축한다. 리스크 관리 위원회를 통한 감독과 내부 통제 시스템의 강화를 통해 리스크 관리 프로세스의 효과성을 확보한다.

- 규제 준수: 관련 법규 및 규제를 준수하며, 금융감독원의 검사 및 평가에 대비한다.

금융기관과 핀테크 기업은 이러한 핵심 요소를 중심으로 각자의 체계를 구성하고 각 고객의 리스크 프로필을 동적으로 갱신하며 조정된 대출 조건을 제공하고 있다. 하지만 인공지능 중심으로 접근하는 현대화된 신용 리스크 관리 체계는 모든 의사결정의 핵심인 데이터를 더욱 체계적으로 관리하고 있으며, 전략 체계는 다양한 시나리오와 실시간 시장 변화에 대응할 수 있는 유연성을 갖추고 있다. 또한 의사결정 과정은 AI 모델 기반으로 진행될 가능성이 높아지며, 이는 머신러닝 알고리즘의 예측력과 자동화된 의사결정 능력을 활용한 것이다.

이 체계에서 데이터 관리는 통합된 **데이터 웨어하우스**data warehouse, DW와 **데이터 레이크**data lake를 통해 신용 정보, 거래 데이터, 고객 행동 데이터 등 다양한 데이터 소스를 통합하여 관리한다. 이는 데이터의 품질과 일관성을 보장하고, AI 모델의 효율적인 학습과 분석을 가능하게 한다. 전략 체계는 더 이상 고정된 규칙에 의존하지 않는다. 대신, AI를 통해 지속적으로 학습하고 최적화되는 동적인 규칙 시스템을 구축한다. 이는 비즈니스 목표와 위험 관리 필요성에 맞춰 신속하게 조정할 수 있으며, 시장의 변동성에 대응하는 전략을 수립한다.

의사결정은 AI 모델이 주도한다. AI 모델은 대출 전, 중, 후 단계에서 신용 사기 탐지부터 행동 평가, 추심 활동에 이르기까지 다양한 목적으로 활용된다. 이러한 모델은 실시간 데이터를 기반으로 위험을 예측하고, 개인 맞춤형 금융 상품을 설계하며, 고객 경험을 향상시키는 데 중요한 역할을 한다. 이 모든 과정은 규제 준수를 기반으로 하며, 리스크 관리 시스템 구축과 규제 준수 활동은 내부 통제 시스템과 긴밀히 연결된다. 이는 금융기관이 변화하는 법규와 규제 환경 내에서 안전하게 운영될 수 있도록 보장한다.

그림 3-2는 이 개념을 이해하는 데 도움이 되도록 관련 내용을 도식화한 것이다. 지금부터 각 부분에 대해 좀 더 자세히 살펴보도록 하겠다.

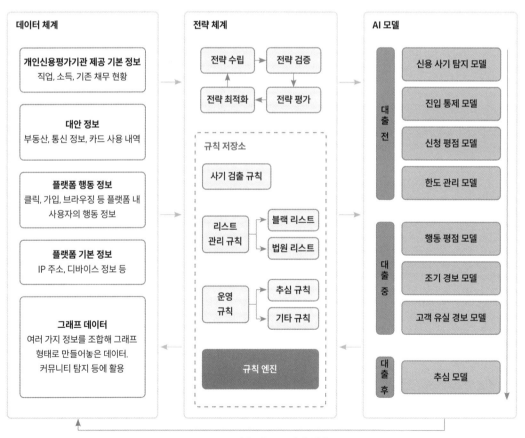

그림 3-2 신용 리스크 관리 체계

3.3.1 데이터 체계

데이터 체계는 현대 신용 리스크 관리 시스템의 기반이며, 효과적인 의사결정을 위해 필수적인 데이터를 수집, 저장, 처리, 분석하는 과정을 포함한다. 이 체계는 다음과 같은 다양한 정보원으로부터 획득한 데이터를 통합 관리한다.

- 개인신용평가기관 데이터credit bureau data: 개인신용평가기관 데이터는 고객의 신용 점수, 과거 대출 이력, 지불 패턴 등 전통적인 신용 정보를 포함하며, 신용도를 평가하는 데 기본 참조 지표가 된다. 국내 신용 정보 기관들은 이러한 정보를 금융기관에 제공하여 신용 평가의 기본 데이터로 활용한다.

- 대안 정보alternative data: 대안 정보는 전통적인 신용 평가 시스템이 다루지 않는 데이터로, 공과금 지불 내역, 임대료 지불 내역, 교육 수준, 직업 및 고용 상태 등이 여기에 해당한다. 이 정보는 신용 기록이 부족한 고객의 리스크 평가에 특히 중요하다.

- 플랫폼 행동 정보platform behavioral data: 플랫폼 행동 정보는 애플리케이션 사용 패턴, 웹사이트 방문 기록 등 디지털 행동 데이터로 금융기관과 핀테크 기업에 중요한 영향을 미친다. 이 데이터는 고객의 생활 방식과 소비 습관에 대한 깊은 통찰을 제공한다.

- 그래프 데이터graph data: 그래프 데이터는 소셜 네트워크 연결, 금융 거래 네트워크, 통신 데이터 연결 등을 분석한 데이터로, 개인의 사회적 상호작용과 금융 거래의 맥락을 이해하는 데 도움이 된다.

데이터 체계의 구축은 현대 금융의 신경계와 같으며, 그 복잡성과 중요성은 점점 더 증가하고 있다. 이 체계는 단순히 데이터를 수집하고 저장하는 것을 넘어서, 데이터를 효율적으로 처리, 분석, 활용하기 위한 전략적 접근이 필요하다. 다음은 데이터 체계를 구축하는 과정에서 고려해야 할 주요 요소와 구체적 예시다.

- 적합한 데이터 저장 및 처리 도구의 선택: 신용 리스크 관리에서 중요한 것은 다양한 데이터 유형(실시간 거래 데이터, 고객 신용 이력, 대출 상환 내역 등)을 효율적으로 처리하고 저장할 수 있는 도구를 선택하는 것이다. 예를 들어 실시간 거래 데이터 처리를 위해 아파치 카프카Apache Kafka와 같은 메시지 브로커 시스템을 활용하면, 데이터 스트림을 신속하게 캡처하고 처리할 수 있다. 반면, 고객의 신용 이력이나 대출 상환 내역과 같은 구조화된 데이터는 아마존 레드시프트Amazon Redshift나 구글 빅쿼리Google BigQuery와 같은 관계형 데이터베이스 또는 데이터 웨어하우스에 저장하여 효과적으로 관리하고 쿼리할 수 있다.

- 데이터 파이프라인의 효율적인 설계 및 구현: 데이터의 수집, 처리, 분석, 저장 과정을 자동화하고 최적화하는 것은 신용 리스크 관리의 핵심이다. 아파치 에어플로Apache Airflow 또는 Prefect와 같은 워크플로 관리 도구를 사용하여 데이터 파이프라인을 설계하고 구현함으로써, 신용 리스크 모델을 지속적으로 업데이트하고 최적화할 수 있다. 이러한 도구는 데이터 처리 작업의 스케줄링, 실행, 모니터링을 자동화하여, 데이터 관리 프로세스의 신뢰성과 효율성을 보장한다.

- 데이터 보안 및 규제 준수의 강화: 데이터의 안전한 처리와 저장은 신용 리스크 관리 시스템의 신뢰성을 유지하는 데 있어 매우 중요하다. 데이터 암호화, 접근 제어, 감사 로그 관리를 포함한 다양한 보안 조치를 적용하여 데이터 보호를 강화해야 한다. 또한 데이터 보호 및 프라이버시 관련 법규를 준수하는 것은 필수이며, 이를 위해 지속적인 모니터링 및 감사 절차를 구축해야 한다.

이와 같은 접근 방식은 신용 리스크 관리를 위한 데이터 체계의 효과적인 구축을 보장한다. 금융기관이 신용 리스크를 정밀하게 관리하고, 고객에게 최적화된 서비스를 제공하는 데 꼭 필요한 요소다.

3.3.2 전략 체계

전략 체계는 신용 리스크 관리의 핵심이며, 금융기관이 리스크를 효과적으로 관리하고 비즈니스 목표를 달성하기 위해 마련한 일련의 계획과 규칙으로 구성된다. 이 체계의 주요 목적은 조직의 위험 감수 기준에 부합하는 동시에 수익성을 극대화하는 것이다. 다음은 전략 체계의 주요 구성 요소다.

- 전략 수립strategy formulation: 비즈니스의 목표와 위험 관리 정책을 기반으로, 금융 상품의 가격 책정, 대출 한도, 이자율, 대출 승인 조건과 같은 전략을 수립한다. 이 단계에서는 시장 조건, 경쟁 상황, 법적 규제, 고객 세그먼트의 특성을 고려한다.

- 전략 검증strategy validation: 수립된 전략이 기대하는 성과를 낼 수 있는지 시뮬레이션을 통해 검증한다. 이는 역사적 데이터, 시나리오 분석, 스트레스 테스트를 포함하여 이루어진다. 검증 과정은 전략이 실제 시장 환경에서의 리스크와 수익성 기준을 만족하는지 확인한다.

- 전략 평가strategy evaluation: 전략을 실제로 실행한 후, 그 결과를 분석하여 평가한다. 이는 **핵심 성과 지표**key performance indicator, KPI나 다른 성과 지표를 통해 측정되며, 전략이 기대했던 결과를 달성했는지, 고객 행동에 어떠한 영향을 미쳤는지를 이해하는 데 도움을 준다.

- 전략 최적화strategy optimization: 평가 과정을 통해 얻은 피드백을 바탕으로 전략을 조정하고 최

적화한다. 이는 리스크 관리, 수익성, 고객 만족도를 균형 있게 유지하며 시장 변화에 능동적으로 대응하기 위해 필요하다.

전략 체계의 구현을 위해 **규칙 저장소**rule repository가 중요한 역할을 한다. 규칙 저장소는 금융기관이 설정한 다양한 운영 규칙, 사기 탐지 규칙, 리스트 관리 규칙 등을 저장하고 관리하는 시스템이다. 이러한 규칙은 전략 수립과 평가 과정에서 중요한 기준으로 사용되며, 조직 전반에 걸쳐 일관성 있는 의사결정을 가능하게 한다.

규칙 저장소는 **규칙 엔진**rule engine과 연동되어, 특정 조건이 만족될 때 자동으로 적절한 규칙이 적용되도록 한다. 이는 실시간으로 대규모의 결정을 내리고, 복잡한 조건을 신속하게 처리할 수 있는 능력을 금융기관에 제공한다. 예를 들어 대출 신청자가 특정 위험 요인을 충족할 경우, 자동으로 추가적인 심사를 요구하거나 다른 조치를 취하는 규칙을 실행할 수 있다.

규칙 엔진은 신속한 의사결정뿐만 아니라, 감사 추적과 규정 준수를 위한 기록을 유지하는 기능도 수행한다. 이는 금융기관이 법적 규제를 준수하고, 내부 정책에 따라 투명한 결정을 내렸음을 증명하는 데 필요하다. 또한 규칙 엔진은 기관이 신속하게 변화하는 시장 환경에 적응하고, 새로운 규제나 정책 변경에 신속히 대응할 수 있게 해준다.

규칙 저장소와 규칙 엔진의 조합은 전략 체계의 핵심이며, 이를 통해 금융기관은 리스크 관리 전략을 더 효과적으로 실행하고, 지속적으로 개선할 수 있다. 전략의 지속적인 검증과 평가를 통해 금융기관은 리스크를 줄이고, 수익을 증대하며, 고객 경험을 개선하는 최적화된 의사결정을 내릴 수 있다.

전략 체계는 금융기관이 비즈니스 목표를 달성하고, 시장 리더십을 유지하며, 금융 서비스 산업에서 경쟁력을 갖추는 데 중추적인 역할을 한다. AI와 머신러닝의 적용은 이 전략 체계를 더욱 발전시키고, 복잡한 데이터를 기반으로 한 더 정교한 의사결정을 가능하게 만든다. AI 기술은 전략적 의사결정을 위한 데이터 분석을 강화하고, 예측 모델링을 통해 미래의 시나리오를 예측하며, 전략의 성과를 실시간으로 모니터링하는 데 기여한다. 이러한 기술적 진보는 전략 체계가 직면한 도전 과제를 극복하고, 금융기관이 변화하는 금융 환경에 적응하는 데 필수적인 요소가 되었다.

3.3.3 모델 체계

모델 체계modeling framework는 금융기관이 신용 리스크를 관리하고 예측하는 데 사용하는 다양한 알고리즘과 모델의 체계적인 집합을 의미한다. 이러한 모델들은 대출의 전 과정을 통해 리스크를 모니터링하고 관리하기 위해 설계되며, 대출 전, 대출 중, 대출 후 단계별로 다양한 목적에 맞추어져 있다.

- 대출 전 모델링pre-loan modeling: 대출 승인 전에 신청자의 신용도와 상환 능력을 평가하기 위한 모델링
  - 신용 사기 탐지 모델credit fraud detection model: 신청서의 불일치, 비정상적인 신청 패턴 등을 식별하여 사기를 방지한다.
  - 진입 통제 모델entry control model: 신용 점수가 기준 미달인 신청자를 식별하여 위험 대출의 진입을 통제한다.
  - 신청 평점 모델application scoring model: 신청자의 데이터를 기반으로 신용도를 평가한다.
  - 한도 관리 모델limit management model: 고객에게 부여할 신용 한도를 결정한다.
- 대출 중 모델링during-loan modeling: 대출 기간 동안 대출자의 상환 상태와 위험을 모니터링하기 위한 모델링
  - 행동 평점 모델behavioral scoring model: 대출자의 현재 행동 데이터를 분석하여 미래의 신용 위험을 예측한다.
  - 조기 경보 모델early warning model: 잠재적인 위험 신호를 감지하여 조치를 취하기 전에 위험을 알린다.
  - 고객 유실 경보 모델customer attrition warning model: 고객 유실 가능성을 예측하여 이를 방지하기 위한 조치를 취한다.
- 대출 후 모델링post-loan modeling: 대출 상환 완료 후 대출자의 신용도와 향후 대출 가능성을 평가하기 위한 모델링
  - 추심 모델collection model: 채무 불이행 고객에 대한 회수 활동의 우선순위를 결정하고 최적의 추심 전략을 수립한다.

이 모델 체계는 데이터 기반 의사결정을 지원하고, 신용 리스크를 정밀하게 관리하는 데 필수다. 금융기관은 이러한 모델들을 통해 각 고객의 리스크 프로파일을 동적으로 갱신하고, 조정된 대출 조건을 제공할 수 있다. 모델 체계라는 용어는 이러한 모델들이 상호 연관되어 전체적인 의사결정 프로세스를 지원한다는 점을 반영한다.

3.4 AI 적용 관점에서의 신용 리스크 관리 영역 특징

AI를 적용하는 관점에서 신용 리스크 관리 영역은 몇 가지 중요한 특징을 가진다. 이러한 특징들은 신용 평가 모델을 개발하고 적용하는 과정에 있어 필수적으로 고려되어야 한다.

- 불균형 학습: AI를 적용하는 관점에서 신용 리스크 관리의 불균형 학습 문제는 매우 중요하다. 한국의 경우, 신용 불량자나 신용이 낮게 평가되는 개인의 비율은 전체 인구 대비 적은 편이다. 이는 대부분의 사람들이 신용 조건을 잘 충족시키고 있음을 의미한다. 하지만 이런 불균형은 데이터셋에서 신용 불량자의 사례가 상대적으로 적게 나타나게 하며, 이는 모델이 신용이 좋은 사람들에게 편향되게 학습할 위험을 초래한다. 따라서 불균형 데이터를 처리하는 전략, 예를 들어 오버 샘플링이나 언더 샘플링 기법을 적용하는 것이 필요하다.

- 해석력에 대한 요구가 높다: 해석력에 대한 요구는 금융 분야에서 특히 중요하다. 모델이 내린 결정의 배경을 이해하고 설명할 수 있어야 하기 때문이다. 이는 고객의 문의나 컴플레인에 대응하고, 규제 기관의 요구 사항을 충족시키기 위해 필수다. 예를 들어 모델이 특정 고객에게 대출을 거부한 경우, 금융기관은 그 결정의 이유를 명확히 설명할 수 있어야 한다.

- 업무에 따라 다양한 모델이 필요하다: 신용 리스크 관리는 대출 승인, 신용 한도 설정, 이자율 산정 등 다양한 업무를 포함한다. 각각의 업무는 고유한 특성을 가지고 있으며, 이에 따라 서로 다른 접근 방식이나 모델이 요구된다. 또한 신용 평가에서 다양한 모델의 필요성은 대출 과정의 각 단계(대출 전, 중, 후)에 따라 달라지는 요구 사항을 반영한다. 예를 들어 대출 전에는 고객의 신용 위험을 예측하는 모델이 필요하고, 대출 중에는 고객의 행동 변화를 모니터링하는 모델이 필요하며, 대출 후에는 연체 발생 가능성을 예측하는 모델이 필요하다. 따라서 업무의 성격을 정확히 이해하고 최적의 모델을 선택하는 것이 중요하다.

- 결합 가능한 데이터가 풍부하다: 결합 가능한 데이터의 풍부함은 신용 리스크 관리 모델의 정확성을 높일 수 있는 잠재력을 제공한다. 전통적인 신용 정보 외에도 소셜 미디어 활동, 온라인 거래 이력, 모바일 사용 데이터 등 다양한 소스에서 수집된 데이터를 활용할 수 있다. 이러한 대안 데이터는 특히 신용 기록이 부족한 사람들의 신용 평가에 유용하게 사용될 수 있다. 하지만 이 데이터를 사용할 때는 개인 정보 보호 및 데이터의 품질과 관련된 문제를 신중하게 고려해야 한다.

이러한 특징들을 고려하는 것은 신용 리스크 관리 모델을 개발하고 적용하는 과정에서 매우 중요하다. AI 기술의 적용은 신용 평가 모델의 성능을 향상시킬 수 있는 잠재력을 가지고 있지만, 위에서 언급된 특징들을 정교하게 다루는 것이 성공적인 모델링을 위한 핵심이다.

3.5 신용 평가 모델 평가 지표

신용 평가 모델을 개발하고 최적화하는 과정에서 모델의 성능을 정확하게 평가하는 것은 매우 중요하다. 이를 위해 다양한 평가 지표들이 사용되며, 각 지표는 모델의 다른 측면을 측정하여 모델이 신용 리스크를 얼마나 잘 예측하는지에 대한 통찰을 제공한다. 이번 절에서는 신용 평가 모델 평가에 주로 사용되는 세 가지 중요한 지표, 즉 K-S 통계량, PSI 정밀도와 재현율, AUC-ROC에 대해 살펴볼 것이다. 이러한 지표들은 모델의 변별력, 안정성, 예측 정확성을 평가하는 데 있어 핵심적인 역할을 한다.

3.5.1 K-S 통계량

신용 평가 모델의 평가 지표 중에서 **K-S 통계량**Kolmogorov-Smirnov statistic은 모델이 신용 리스크를 얼마나 잘 구별하는지를 측정하는 데 중요한 도구다. 이 지표는 특히 모델이 우량 고객과 불량 고객을 얼마나 명확하게 구분하는지를 나타내며, 신용 평가 모델의 변별력을 평가하는 데 주로 사용된다.

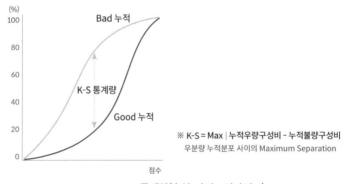

그림 3-3 K-S 통계량(출처: 나이스평가정보)

K-S 통계량은 우량집단과 불량집단 사이의 누적 분포 차이를 최대화하는 값으로 정의된다. 즉 신용 평가 모델이 생성한 점수에 따라 고객을 우량과 불량으로 분류했을 때, 이 두 집단의 누적 분포 곡선 사이의 최대 거리를 K-S 통계량으로 측정한다. K-S 통계량을 계산하는 방법은 우량 고객 집단과 불량 고객 집단의 누적 분포 차이를 최대로 하는 값을 찾는 과정이다. 이를 구체적으로 설명하자면, 다음과 같은 단계를 따른다.

❶ 신용 평가 모델을 통해 모든 고객에게 신용 점수를 할당한다. 이 점수는 고객의 신용 위험

을 나타내며, 점수가 높을수록 신용 위험이 낮다고 평가된다.

❷ 할당된 신용 점수를 기준으로 고객을 우량집단과 불량집단으로 분류한다. 우량집단은 상대적으로 신용 점수가 높은 고객으로 구성되고, 불량집단은 신용 점수가 낮은 고객으로 구성된다.

❸ 각 집단에 대한 누적 분포 곡선을 그린다. 이는 모든 가능한 신용 점수 임곗값에 대해, 그 임곗값 이상의 고객 비율을 우량집단과 불량집단 각각에 대해 계산하여 그래프로 나타낸 것이다.

❹ 누적 분포 곡선 사이의 거리를 모든 임곗값에 대해 계산한다. 이 거리는 우량집단의 누적 비율과 불량집단의 누적 비율 차이로, 각 점수 임곗값에서 계산된다.

❺ 계산된 거리 중 최댓값이 K-S 통계량이 된다. 이 최댓값은 우량집단과 불량집단을 가장 잘 구분하는 신용 점수 임곗값에서 발생하며, 이 값이 모델의 변별력을 나타낸다.

예를 들어 신용 평가 모델의 K-S 통계량이 30이라면, 이는 모델이 우량 고객과 불량 고객을 매우 잘 구분하고 있음을 의미한다. K-S 통계량이 20 이상일 때, 모델의 변별력이 충분하다고 간주되며, 이는 신용 평가 모델이 신뢰할 수 있는 수준의 성능을 가지고 있음을 나타낸다. 이처럼 K-S 통계량은 신용 평가 모델의 성능을 평가하는 데 있어 간단하면서도 강력한 도구로 활용된다. 모델이 고객의 신용 리스크를 정확하게 판단하고 있음을 확인하는 데 도움을 줌으로써, 금융기관이 신뢰할 수 있는 대출 결정을 내릴 수 있도록 한다.

3.5.2 PSI

PSIpopulation stability index는 모델의 안정성을 평가하는 데 사용되는 지표다. 이 지표는 시간이 지나면서 모델 입력 변수의 분포가 얼마나 변화하는지를 측정한다. PSI는 특히 금융 분야에서 모델을 지속적으로 모니터링하고, 시간에 따른 모델 성능의 변화를 감지하는 데 중요한 도구로 활용된다.

PSI 계산 방법은 다음과 같다.

$$\text{PSI} = (\%O - \%E) \times \text{In} \frac{\%O}{\%E} \text{ (\%E: 기준 시점 구성비, \%O: 현재 구성비)}$$

기준 시점과 비교 시점을 정한다. 기준 시점은 모델이 개발되거나 마지막으로 검증된 시점일 수 있으며, 비교 시점은 현재 또는 특정 시점이 될 수 있다. 기준 시점과 비교 시점에 대한 모델 입력 변수의 분포를 구한다. 이때 변수의 전체 범위를 몇 개의 구간으로 나누고, 각 구간에 속하는 관측치의 비율을 계산한다. 각 구간에 대해 기준 시점과 비교 시점의 분포 비율 차이를 계산한다.

모든 구간에 대해 계산한 값들을 합산하여 PSI값을 얻는다. 아래 표를 확인하면 더 쉽게 이해할 수 있을 것이다.

표 3-3 PSI 계산 예시(출처: 나이스평가정보)

신용 등급	기준 시점 고객 수	현재 고객 수	기준 시점 구성비 (%E)	현재 구성비 (%O)	%O-%E	ln (%O/%E)	PSI
1	600	700	20.0	21.9	1.9	0.0896	0.0017
2	1000	900	33.3	28.1	-5.2	-0.1699	0.0088
3	1000	1100	33.3	34.4	1.0	0.0308	0.0003
4	400	500	13.3	15.6	2.3	0.1586	0.0036
합계	3000	3200	100%	100%	-	-	0.0144

PSI 값이 0.1 이하인 경우, 모델의 분포가 안정적이라고 판단하며, 0.1에서 0.25 사이이면 경미한 변화가 있음을, 0.25 이상이면 모델의 분포가 크게 변화했음을 의미한다. PSI 값이 크다는 것은 모델 입력 변수의 분포가 시간에 따라 크게 변화했으며, 이는 모델의 예측 성능에 영향을 줄 수 있음을 나타낸다.

PSI를 통해 모델이 시간에 따라 얼마나 안정적인지를 평가함으로써, 금융기관은 모델을 지속적으로 모니터링하고 필요한 경우 모델을 조정하거나 재개발할 수 있다. 이러한 접근 방식은 모델이 시간에 따른 시장 변화나 고객 행동의 변화를 반영하도록 하여, 모델의 지속적인 성능 유지에 기여한다.

3.5.3 정밀도와 재현율

재현율recall factor은 모델이 실제 불량 고객(즉 대출을 상환하지 못할 가능성이 있는 고객)을 얼마나 잘 감지하는지를 나타낸다. 금융기관 입장에서는 대출을 상환하지 못하는 고객을 미리 식별하여 리스크를 관리하는 것이 중요하다. 따라서 높은 재현율을 갖는 모델은 실제로 위험한 고객을 놓치지 않고 잘 식별할 수 있기 때문에, 금융기관이 손실을 최소화하는 데 도움을 준다. 예를 들어 금융기관이 가능한 한 모든 불량 고객을 식별하여 대출을 거절하려고 한다면, 재현율을 최대화하는 것이 중요하다.

정밀도precision는 모델이 불량으로 예측한 고객 중 실제로 불량인 고객의 비율을 나타낸다. 높은 정밀도를 갖는 모델은 오진단(즉 실제로는 문제가 없지만 불량으로 예측된 경우)의 비율이 낮다는 것을 의미한다. 금융기관이 신용이 좋은 고객을 불필요하게 대출에서 배제하지 않도록 하려면, 정밀도가 중요하다. 즉 금융기관이 자신들의 상품과 서비스를 가능한 한 많은 고객에게 제공하고자 할 때, 실제로 문제가 될 고객만을 정확히 식별하는 능력이 필요하다. 이 경우, 오류로 인해 좋은 고객이 대출을 받지 못하는 상황을 방지하기 위해 높은 정밀도를 선호한다.

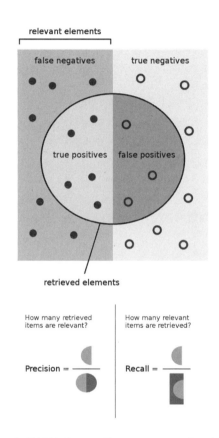

그림 3-4 정밀도와 재현율(출처: https://ko.wikipedia.org/wiki/정밀도와_재현율)

실제 금융 환경에서는 재현율과 정밀도 사이의 균형을 맞추는 것이 중요하다. 높은 재현율을 추구하면서도, 신용이 좋은 고객을 불필요하게 거절하지 않도록 정밀도 또한 충분히 유지해야 한다. 따라서 금융기관의 리스크 관리 정책과 비즈니스 목표에 따라, 두 지표 사이의 적절한 균형을 찾는 것이 중요하다. 예를 들어 리스크를 최소화하려는 전략을 가진 기관은 재현율을 중시할 수 있고, 시장 점유율 확대와 고객 기반 확장을 목표로 하는 기관은 정밀도를 중시할 수 있다.

3.5.4 AUC-ROC

AUC-ROCarea under the curve-receiver operating characteristic curve는 모델이 어떤 클래스를 다른 클래스와 얼마나 잘 구분하는지를 나타내는 지표다. 이 지표는 신용 평가 모델과 같이 긍정적인 예시(우량 고객)와 부정적인 예시(불량 고객)의 비율이 불균형한 데이터셋에서 모델의 성능을 평가하는 데 특히 유용하다.

AUC-ROC는 모델이 다양한 임곗값에서 어떻게 성능을 나타내는지를 종합적으로 보여준다. ROC 곡선은 실제로 긍정인 경우를 얼마나 잘 긍정으로 예측하는지(TPR)와 실제로 부정인 경우를 얼마나 잘 부정으로 예측하는지(FPR)를 다양한 임곗값에서 보여준다. 이러한 방식으로 AUC-ROC는 모델이 클래스 간 구분을 얼마나 잘 하는지에 대한 전체적인 그림을 제공한다.

불균형 데이터셋에서는 한 클래스의 예시가 다른 클래스보다 훨씬 많다. 신용 평가 모델에서는 우량 고객(부정적 사례)이 불량 고객(긍정적 사례)보다 많은 경우가 일반적이다. 이런 상황에서는 단순히 모델이 대부분의 예시를 우량 고객으로 예측해도 높은 정확도를 얻을 수 있지만, 이는 실제로 모델의 성능이 좋다는 것을 의미하지 않는다. AUC-ROC는 모델이 양 클래스를 얼마나 잘 구분하는지를 보여주기 때문에, 불균형 데이터에서도 모델의 실제 성능을 공정하게 평가할 수 있다. 모델이 단순히 다수 클래스를 예측하는 데 치우쳐 있지 않고, 소수 클래스의 예측에도 뛰어난 능력을 보인다면, AUC-ROC값이 높게 나타날 것이다.

AUC-ROC값은 모델의 성능을 나타내는 중요한 지표로, 0.5에서 1 사이의 값을 가진다. 이 값이 0.5에 가까우면 모델의 성능이 무작위 추측과 동일하다는 것을 의미하며, 값이 1에 가까울수록 모델의 성능이 우수하다는 것을 나타낸다. 일반적으로 AUC-ROC값에 따른 모델 성능의 평가 기준은 다음과 같다.

- 0.5 ~ 0.6: 낮은 성능
- 0.6 ~ 0.7: 보통 성능
- 0.7 ~ 0.8: 양호한 성능
- 0.8 ~ 0.9: 좋은 성능
- 0.9 ~ 1.0: 매우 좋은 성능

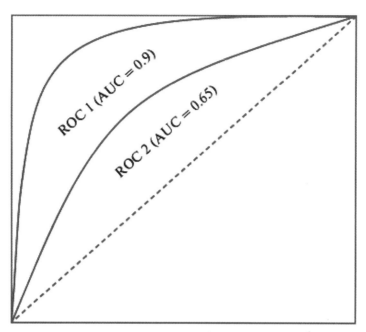

그림 3-5 AUC-ROC 그래프와 성능 평가 기준[1]

국내 신용 평가 모델, 특히 개인 신용 점수 모델의 경우, 개인신용평가기관 데이터가 잘 구비되어 있기 때문에, AUC-ROC값이 80% 이상인 경우가 많다. 이는 국내 데이터 환경이 신용 평가 모델의 성능을 높이는 데 유리한 조건을 갖추고 있음을 의미한다. 반면, 해외에서는 개인신용평가기관 데이터를 제대로 활용하지 못하는 경우가 있으며, 이로 인해 AUC-ROC값이 상대적으로 낮게 나올 수 있다. 따라서 모델의 성능을 평가할 때는 해당 지역의 데이터 환경과 접근성도 함께 고려해야 한다.

3.6 신용 평가 모델 개발을 위한 사전 지식

이번 절에서는 '신용 평가 모델링을 위한 사전 지식'에 대해 다룰 것이다. 신용 평가 모델링은 금융기관이 고객의 신용 리스크를 평가하고 결정을 내리는 데 있어 핵심적인 역할을 한다. 이 과정에서 정확하고 신뢰할 수 있는 모델을 구축하기 위해서는 특정한 도메인 지식이 필수다. 신용 평가 모델링을 통해 금융기관은 고객의 대출 상환 능력을 예측하고, 이에 기반하여 대출 승인 여부, 대출 금

1   Trifonova, O. P., P. G. Lokhov, and A. I. Archakov. "Metabolic profiling of human blood." *Biochemistry (Moscow) Supplement Series B: Biomedical Chemistry* 7 (2013): 179-186

액, 이자율 등을 결정한다.

이 절에서 소개할 내용은 신용 평가 모델링 과정에서 사용되는 기본 개념과 용어에 대한 이해를 돕기 위한 것이다. 특히 다음과 같은 핵심 요소들에 대해 자세히 살펴볼 것이다.

- 연체 기간: 대출자가 상환 일정에 뒤처지는 기간을 얼마로 정의할 것인가에 대한 기준이다. 이 기간 설정은 모델링에서 대출자의 '위험' 상태를 정의하는 데 사용된다.
- 관찰 시점: 모델링을 위해 데이터를 수집하는 특정 시점을 말한다. 이 시점을 기준으로 고객 데이터를 분석하고, 이후의 신용 행동을 예측한다.
- 관찰 기간: 고객의 신용 데이터를 관찰하는 기간으로, 이 기간 동안의 고객 행동과 데이터가 모델의 학습 자료로 사용된다.
- 성능 기간: 관찰 시점 이후로 설정된 기간으로, 이 기간 동안 고객의 신용 성과(예: 대출 상환 여부)를 추적한다. 이를 통해 모델의 예측력을 검증할 수 있다.
- 종속변수: 모델이 예측하고자 하는 목표 변수로, 예를 들어 고객의 대출 상환 능력이 될 수 있다. 이 변수의 정의는 모델링의 목적에 따라 달라진다.
- 성능 기간 설정과 빈티지 분석: 빈티지 분석은 다양한 시간대에 발생한 대출의 성능을 비교 분석하는 방법이다. 이를 통해 성능 기간을 어떻게 설정할지 결정할 수 있다.

이러한 사전 지식은 신용 평가 모델링을 수행하는 데 있어 기본적인 토대를 제공하며, 모델의 정확도와 신뢰도를 높이는 데 중요한 역할을 한다. 도메인 지식 없이는 데이터의 의미를 정확히 해석하고, 모델을 적절히 설계할 수 없기 때문에, 이 절에서는 신용 평가 모델링에 필요한 기본적인 이해와 지식을 제공함으로써 효과적인 모델링 과정을 위한 준비를 돕고자 한다.

그림 3-6 관찰 기간, 관찰 시점, 성능 기간

3.6.1 연체 기간

연체 기간(M)은 대출 상환 일정에서 고객이 얼마나 뒤처져 있는지를 나타내는 지표다. 'M'은 'month on book'의 약자에서 가져온 것으로, 여기서 'book'은 대출 장부를 의미한다. 연체 기간은 M0부터 M7+까지 다양한 구간으로 나뉘며, 이 구간들은 고객의 연체 일수에 따라 구분된다. 예를 들어 M0(현재 연체 없음)은 연체가 전혀 없는 상태를, M1(연체 1-30일)은 연체가 1일에서 30일 사이인 상태를 나타낸다. 연체 기간이 길어질수록 신용 위험도 증가하는 경향을 보인다.

2024년 1월 1일에 대출 상환일이 있었는데, 고객이 2024년 1월 15일에 상환을 완료했다면, 이 고객은 M1 구간에 속한다. 이는 연체 1~30일 사이에 해당하기 때문이다. 만약 고객이 2024년 2월 20일에 상환을 완료했다면, 연체 31~60일에 해당하는 M2 구간에 속하게 된다. 이처럼 M0부터 M7+까지의 구간은 금융기관이 고객의 연체 상태를 명확하게 구분하고 관리하는 데 도움을 준다.

3.6.2 관찰 시점

관찰 시점observation point은 분석 대상 데이터를 선택하는 기준점이다. 예를 들어 대출 신청 모델에서는 고객이 대출을 신청한 시점이 관찰 시점이 된다. 이 시점을 기준으로 고객의 데이터를 수집하고 분석하여, 그들의 신용 행동을 예측한다. 더 자세히 설명하면, 2024년 6월 1일을 기준으로 고객이 대출을 신청한 시점을 관찰 시점으로 설정할 수 있다. 이 경우, 2024년 6월 1일 이전에 대출을 신청한 모든 고객 데이터가 분석 대상이 된다. 또 다른 예로 2024년 6월 30일을 관찰 시점으로 설정하고, 그 날짜를 기준으로 대출을 받고 있지만 아직 연체가 발생하지 않은 고객의 데이터를 분석하는 것이다. 이렇게 관찰 시점을 설정함으로써, 분석하고자 하는 고객 집단을 명확하게 정의할 수 있다.

3.6.3 관찰 기간

관찰 기간observation period은 고객의 과거 정보를 분석하는 데 사용되는 시간 범위다. 이 기간 동안의 고객 행동과 데이터는 모델의 특성을 결정하는 데 사용된다. 예를 들어 2024년 대출 신청 모델을 구축한다고 할 때, 고객이 대출 신청 전 12개월 동안의 행동을 분석 대상으로 삼는다면, 2023년 전체를 관찰 기간으로 설정할 수 있다. 이 기간 동안 고객의 신용카드 사용량, 상환 내역, 계좌 입출금 내역 등을 분석하여, 고객의 신용 위험도를 평가하는 데 사용되는 특성을 추출한다. 중요한 것은 관찰 기간 내의 데이터만을 사용해야 하며, 미래의 정보를 현재의 예측에 사용해서는 안 된다는 점이다.

3.6.4 성능 기간

성능 기간performance period은 신용 위험의 결과 레이블을 정의하는 시간 범위다. 신용 위험은 지연 효과가 있으므로, 대출 후 일정 기간이 지난 후에야 연체가 발생할 수 있다. 이 기간은 고객이 '좋은' 신용 위험인지, 아니면 '나쁜' 신용 위험인지를 결정한다. 대출 신청 모델에서, 2024년 1월에 대출을 신청한 고객의 경우 대출 후 첫 6개월을 성능 기간으로 설정할 수 있다. 이 기간 동안 고객의 연체 발생 여부, 상환 성과 등을 관찰하여, 모델이 예측한 신용 위험도와 실제 결과를 비교 분석한다. 성능 기간을 통해 모델의 예측력을 검증하고, 필요한 경우 모델을 조정할 수 있다.

3.6.5 종속변수

종속변수(Y)의 정의는 신용 평가 모델링에서 핵심적인 단계로, 이는 모델이 예측하고자 하는 결과를 결정한다. 신용 리스크 관리에서 종속변수는 고객이 리스키risky한 상태에 놓일 가능성, 즉 향후 연체 또는 파산default에 대한 예측을 나타낸다. 이 과정에서, 금융기관은 어떤 고객을 위험하다고 간주할지, 어떤 기준으로 파산한 고객을 정의할지 결정해야 한다.

레이블링 과정에서 고객을 리스키한 고객으로 분류하는 기준은 연체 기간에 따라 달라질 수 있다. 예를 들어 특정 금융기관은 M3(연체 61-90일) 이상을 리스키한 고객으로 분류할 수 있다. 이는 해당 고객이 대출 상환에서 심각한 지연을 보이며, 향후 파산할 가능성이 높다고 간주되기 때문이다.

또한 파산한 고객의 정의는 통상적으로 M6(연체 151-180일) 이상의 연체를 보이는 고객으로 설정할 수 있다. 이러한 기준은 금융기관의 정책, 리스크 관리 전략, 시장 상황에 따라 다를 수 있다.

표 3-4 연체 기간 분석 예시

이번 달 연체 현황	다음 달 연체 상황이 나빠질 확률				
	M0	M1	M2	M3	M4
M0	99.71%	0.29%			
M1			54.34%		
M2				90.04%	
M3					93.72%

모델링 과정에서는 현재의 연체 현황(M0, M1, ⋯, M3)과 '다음 달 연체 상황이 나빠질 확률' 사이의 관계를 시각화하는 그래프를 활용할 수 있다. 이 그래프는 현재 연체 상태에 있는 고객 집단(예: 현재 M1에 속하는 고객들)이 다음 달에 더 심각한 연체 상태(예: M2 또는 M3로 이동)로 진행될 확률을 보여준다.

예를 들어 2024년 1월 현재 M1 상태인 고객 그룹이 2024년 2월에 M2 또는 M3로 이동할 확률을 분석함으로써, 금융기관은 이러한 고객들에 대한 신용 리스크를 더 정밀하게 평가하고, 적절한 관리 조치를 취할 수 있다. 이러한 분석은 금융기관이 미래의 리스크를 예측하고, 이에 따라 전략을 수립하는 데 중요한 역할을 한다.

종속변수를 정의하고 이를 기반으로 한 신용 리스크 모델링은 금융기관이 고객의 신용 위험을 더욱 정확하게 평가하고 관리하는 데 필수다. 이러한 과정은 고객에게 적절한 금융 상품과 서비스를 제공하는 동시에 기관의 리스크를 최소화하는 데 기여한다.

3.6.6 성능 기간 설정과 빈티지 분석

성능 기간을 설정하는 것은 마치 미래의 날씨를 예측하기 위해 과거의 기후 패턴을 분석하는 것과 비슷하다. 우리는 고객의 대출 상황을 시간에 따라 추적함으로써, 어떤 시점에서 고객이 돈을 제때 갚지 못할 가능성이 높아지는지를 알아내려고 한다. 이를 위해 빈티지 분석이라는 도구를 사용한다.

빈티지 분석vintage analysis은 대출이 시작된 시점부터 고객이 어떻게 행동하는지를 월별로 살펴보는 방법이다. 예를 들어 2024년 1월에 대출을 받은 모든 고객들의 데이터를 모아, 이들 중 몇 퍼센트가 몇 개월 후에 연체를 시작했는지를 추적한다. 이렇게 하면 대출 후 특정 시간이 지난 후에 연체가 시작되는 패턴을 발견할 수 있다.

왜 빈티지 분석이 중요할까?

- 시간에 따른 패턴 이해: 빈티지 분석을 통해 우리는 특정 시점에 대출을 받은 고객들이 시간이 지나면서 어떻게 변하는지 볼 수 있다. 예를 들어 대출 후 처음 3개월 동안은 연체가 거의 없다가 6개월이 되었을 때 연체율이 증가하기 시작한다는 것을 알 수 있다면, 이 정보는 중요한 인사이트를 제공한다.
- 적절한 성능 기간 설정: 패턴을 이해함으로써, 우리는 모델이 예측해야 하는 성능 기간을 더 정확하게 설정할 수 있다. 만약 대부분의 연체가 대출 후 6개월에서 12개월 사이에 발생한다면, 우리는 이 시기를 모델링의 중점으로 삼아야 한다.

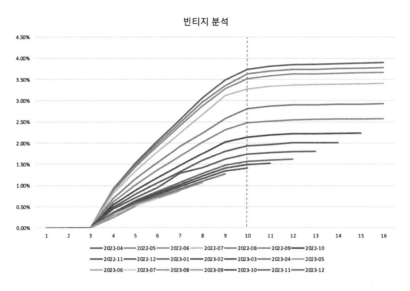

월	1	2	3	4	5	6	7	8	9	10	11	12	13	14	15	16
2022-04	0.00%	0.00%	0.00%	0.93%	1.52%	2.05%	2.55%	3.06%	3.49%	3.74%	3.81%	3.85%	3.86%	3.87%	3.89%	3.90%
2022-05	0.00%	0.00%	0.00%	0.91%	1.48%	1.99%	2.47%	2.96%	3.35%	3.63%	3.70%	3.74%	3.74%	3.76%	3.77%	3.78%
2022-06	0.00%	0.00%	0.00%	0.88%	1.43%	1.93%	2.40%	2.87%	3.28%	3.52%	3.59%	3.63%	3.63%	3.65%	3.66%	3.67%
2022-07	0.00%	0.00%	0.00%	0.82%	1.33%	1.79%	2.23%	2.67%	3.12%	3.27%	3.34%	3.37%	3.38%	3.39%	3.40%	3.41%
2022-08	0.00%	0.00%	0.00%	0.70%	1.15%	1.54%	1.92%	2.23%	2.58%	2.81%	2.87%	2.90%	2.90%	2.92%	2.92%	2.93%
2022-09	0.00%	0.00%	0.00%	0.62%	1.01%	1.36%	1.69%	2.02%	2.31%	2.48%	2.52%	2.55%	2.56%	2.57%	2.57%	2.58%
2022-10	0.00%	0.00%	0.00%	0.55%	0.88%	1.18%	1.47%	1.75%	2.03%	2.14%	2.19%	2.22%	2.22%	2.23%	2.24%	
2022-11	0.00%	0.00%	0.00%	0.49%	0.79%	1.06%	1.32%	1.59%	1.81%	1.94%	1.97%	2.01%	2.01%	2.01%		
2022-12	0.00%	0.00%	0.00%	0.45%	0.71%	0.95%	1.29%	1.42%	1.62%	1.74%	1.78%	1.80%	1.81%			
2023-01	0.00%	0.00%	0.00%	0.37%	0.64%	0.86%	1.07%	1.28%	1.48%	1.57%	1.60%	1.62%				
2023-02	0.00%	0.00%	0.00%	0.35%	0.63%	0.82%	1.02%	1.22%	1.41%	1.49%	1.52%					
2023-03	0.00%	0.00%	0.00%	0.33%	0.61%	0.78%	0.97%	1.16%	1.34%	1.41%						
2023-04	0.00%	0.00%	0.00%	0.32%	0.58%	0.74%	0.92%	1.10%	1.27%							
2023-05	0.00%	0.00%	0.00%	0.31%	0.55%	0.71%	0.89%	1.07%								
2023-06	0.00%	0.00%	0.00%	0.30%	0.53%	0.70%	0.87%									
2023-07	0.00%	0.00%	0.00%	0.32%	0.52%	0.69%										
2023-08	0.00%	0.00%	0.00%	0.25%	0.51%											
2023-09	0.00%	0.00%	0.00%	0.32%												
2023-10	0.00%	0.00%	0.00%													
2023-11	0.00%	0.00%														
2023-12	0.00%															

그림 3-7 빈티지 분석 예시

그림 3-7은 빈티지 분석을 통해 얻은 데이터의 시각화 예시로, 여기서는 대출 시작점이 다른 여러 그룹의 연체 발생 패턴을 나타낸다. 이 그래프에서 주목할 점은 모든 그룹이 대출 시작 후 약 3개월부터 연체가 발생하기 시작하며, 약 10개월이 지난 시점에 연체율이 안정화되어 **평탄화**flatten되는 현상이다.

이러한 패턴은 몇 가지 중요한 인사이트를 제공한다. 먼저, 대출 후 초기 3개월은 상대적으로 안정적인 기간으로 볼 수 있으며, 이 시기를 지나면서 연체가 증가하기 시작한다는 것을 알 수 있다. 이는 대출자가 처음 몇 달 동안은 금융적 부담을 관리할 수 있으나, 시간이 지남에 따라 경제적 압박이나 다른 외부 요인으로 인해 상환 능력에 문제가 생길 수 있음을 시사한다. 또한 10개월이 지나면 연체율이 안정화되는 것을 볼 때, 이 기간을 기준으로 모델링의 성능 기간을 설정하는 것이 합리적일 수 있다. 즉 대출 신청일로부터 10개월 동안의 고객 데이터를 분석하여 신용 위험을 평가하면, 이후의 변동성이 상대적으로 낮은 기간의 리스크를 예측하는 데 집중할 수 있다.

이 예시에서 볼 수 있듯이, 빈티지 분석은 금융기관이 고객의 연체 발생 패턴과 그 시기를 정확하게 파악할 수 있게 해주며, 이를 통해 더 효과적인 신용 리스크 관리 전략을 수립할 수 있게 도와준다. 고객의 대출 상품에 대한 신용 위험을 시간에 따라 추적하고 분석함으로써, 금융기관은 더 정밀하고 효율적인 리스크 관리 모델을 개발할 수 있다.

빈티지 분석을 통해 우리는 고객의 대출 신청 시점부터 신용 위험 변동을 시간에 따라 추적하며, 이를 기반으로 가장 적절한 성능 기간을 결정한다. 성능 기간 동안 고객의 신용 행동을 관찰하고, 이 정보를 바탕으로 고객을 다음과 같이 세 가지 주요 그룹으로 분류한다.

- 리스크가 없는 고객(y_bad=0): 성능 기간 동안 연체가 전혀 발생하지 않는 고객으로, 이는 고객이 금융적 의무를 성실히 이행하고 있으며 신용 리스크가 낮음을 나타낸다. 예를 들어 성능 기간이 6개월로 설정된 경우, 이 기간 동안 연체가 전혀 없는 고객은 리스크가 없는 고객으로 분류된다.
- 리스크가 높은 고객(y_bad=1): 성능 기간 동안 특정 수준의 연체(M1+)가 발생한 고객으로, 이는 고객이 대출 상환에 실패했음을 나타내고, 신용 리스크가 높음을 의미한다. 성능 기간 내에 M1 이상의 연체가 발생한 고객을 이 그룹에 포함시킨다.
- 판단 보류 고객: 성능 기간 동안 연체 행위가 발생했으나 리스크 고객 정의에 해당되지 않는 경우다. 예를 들어 7일 이내의 단기 연체는 일시적인 금융 문제로 인한 것일 수 있으므로, 이러한 고객은 리스크가 없는 고객으로 분류할 수도 있다.

3.6.7 데이터 분할 전략

데이터 분할 전략은 머신러닝 모델, 특히 신용 평가 모델의 학습 과정에서 모델의 정확도와 일반화 능력을 결정하는 핵심 요소다. 신용 평가 모델링에서 데이터 분할을 효과적으로 수행하기 위해 다음 세 가지 주요 고려 사항을 명심해야 한다.

- 데이터 불균형을 고려한 분할: 신용 평가 데이터셋은 대부분의 고객이 연체 없이 대출을 상환하는 '리스크가 없는 고객'과 소수의 '리스크가 높은 고객'으로 구성되는 경향이 있다. 따라서 데이터 불균형 문제가 자주 발생한다. 이러한 불균형은 모델의 예측 성능에 영향을 줄 수 있기 때문에, **층화 추출**stratified sampling 방법을 사용하여 학습 및 검증 데이터셋에서 각 클래스의 비율을 균등하게 유지하는 것이 중요하다. 이 접근법은 모델이 더 균형 잡힌 데이터에서 학습함

으로써, 정확도를 향상시키고, 예측의 신뢰성을 높인다.

- 외부 금융 이벤트를 고려한 분할: 금융 위기와 같은 큰 금융 이벤트는 전체 신용 환경에 영향을 미칠 수 있다. 이러한 이벤트는 데이터 분석과 모델링에 반영되어야 하며, 이를 위해 특정 시기의 데이터를 별도로 구분하여 분석하는 것이 필수다. 이 접근법은 모델이 이러한 이벤트의 영향을 이해하고 예측하는 데 도움을 준다.

- 시간 요소를 고려한 분할: 시계열 데이터를 활용하여 다양한 피처를 생성한 경우, 데이터 분할 과정에서 시간 요소를 고려하는 것이 중요하다. 시계열 피처는 고객의 신용 행동 패턴, 계절적 변동, 추세 등을 반영한다. 이러한 피처를 사용할 때는 데이터를 시간 순서대로 분할하는 **Time Series Split 방법**을 적용해야 한다. 이 방법은 과거의 데이터를 학습에 사용하고, 미래의 데이터를 검증에 사용함으로써, 미래 예측에서 미래 참조 편향을 방지한다.

이와 같은 데이터 분할 전략은 신용 평가 모델링의 효과를 극대화하며, 모델이 실제 세계의 다양한 상황과 변화를 반영하고 예측하는 데 필수다. 특히 시계열 데이터를 정확히 처리하고, 외부 이벤트의 영향을 이해하는 것은 금융 분야에서 모델의 예측력과 신뢰성을 높이는 데 중요하다.

3.7 머신러닝 기반 신용 평가 모델 개발

머신러닝 기반 신용 평가 모델 개발은 데이터 과학과 금융의 교차점에서 발견되는 복잡하지만 매력적인 영역이다. 데이터 과학자들은 일반적으로 데이터셋을 분석하고, 피처를 엔지니어링하며, 모델을 훈련시키는 과정에 익숙하다. 하지만 신용 평가 모델링에서는 이러한 일반적인 접근법에 몇 가지 주의해야 할 특별한 사항이 있다. 신용 평가는 단순히 예측을 넘어서 사람들의 경제적 삶에 직접적인 영향을 미치는 결정에 기여하기 때문에, 모델링 과정에서의 정밀함과 신중함은 매우 중요하다.

이번 절에서는 머신러닝 기반 신용 평가 모델 개발의 전체 프로세스를 다룰 것이다. 이 과정에는 데이터셋에 대한 접근법, 프로세스(데이터 준비부터 스코어링까지), 모델링 시 고려해야 할 특별한 주의 사항들이 포함된다. 이러한 부분들은 특히 프로젝트를 실제로 해보지 않았다면 알기 어려운, 신용 평가 모델링의 독특한 도전 과제들을 반영한다.

데이터 준비 단계에서는 결측치와 특잇값을 어떻게 처리할지에 대한 전략을 세우는 것부터 시작한다. 신용 평가 데이터는 종종 불완전하거나 예외적인 값을 포함하고 있으며, 이를 적절히 처리하는 것은 모델의 정확성에 큰 영향을 미친다.

피처 엔지니어링 단계에서는 discretization(binning), coarse classing, fine classing과 같은 기술로 데이터를 모델링에 더 적합한 형태로 변환한다. 이 과정은 변수의 예측력을 최대화하고, 모델의 해석 가능성을 높이는 데 중요하다. 변수 선택은 모델의 복잡성을 관리하고, 오버피팅을 방지하며, 예측 성능을 최적화하는 데 중요한 단계다. 다양한 변수 선택 방법을 소개하고, 각 방법의 장단점을 탐구한다.

모델링 단계에서는 신용 평가에 널리 사용되는 모델들을 소개하며, 각 모델의 특성과 사용 사례를 설명한다. 이는 모델을 선택하고 훈련시키는 데 꼭 필요한 지식을 제공한다.

마지막으로, 스코어링 단계에서는 신용 평점 스코어링 방법을 다룬다. 이는 모델의 예측 결과를 실제 신용 평가 상황에 적용하는 방법에 대한 것이다.

이 절에서 다룰 내용은 모델링에 포커스를 맞추고 있으며, 각 단계에서의 엔지니어링 작업과 신용 평가 모델링의 특별한 주의 사항을 이해하는 데 중점을 둔다. 신용 평가 모델을 개발하는 과정은 단순히 기술적인 문제 해결을 넘어서, 금융 서비스의 접근성과 공정성을 개선하는 데 기여하는 중요한 작업이다. 이러한 접근 방식이 왜 필요한지, 그리고 각 단계가 모델의 최종 성능에 어떻게 기여하는지에 대해 상세하게 설명할 것이다.

3.7.1 데이터 준비

데이터 준비는 모델링 프로세스의 핵심이며, 모델의 성능은 사용하는 데이터의 품질, 양, 처리 방식과 깊이 연관되어 있다. 신용 평가 모델을 개발할 때 중요한 것은 단순히 데이터의 양만이 아니라, 그 데이터가 얼마나 잘 구조화되어 있고, 어떤 정보를 담고 있는지가 결정적이다. 국내에서는 개인 신용평가기관인 KCB와 나이스NICE로부터 공급받는 데이터가 이러한 모델링 작업의 기반이 되곤 한다. 이들 기관으로부터 제공받는 데이터는 신용 기록, 대출 이력, 지불 행위 등 국내 신용 사회에서 매우 정교하게 관리되는 정보들을 포함하고 있다.

앞서 언급한 바와 같이, 데이터 체계의 이해는 모델을 구축하는 데 있어 기초적인 출발점이 된다. 신용 평가 모델링에 사용되는 데이터는 크게 개인 신용 정보, 거래 데이터, 사회 경제적 지표 등 다양한 출처에서 수집할 수 있다. 이 데이터들은 각각 다른 특성과 정보를 담고 있으며, 모델링 과정에서 이러한 다양한 데이터 소스를 적절히 결합하고 활용하는 것이 중요하다.

그러나 데이터 준비 과정에서는 불균형 데이터셋, 결측치, 특잇값 처리와 같은 여러 도전 과제에 직면하게 된다. 특히, 신용 평가와 같이 민감한 결정을 내리는 분야에서는 데이터의 정확한 처리가 더욱 중요하다. 불균형 데이터는 우량 고객과 불량 고객 간의 비율 차이로 인해 발생하며, 이를 효과적으로 처리하지 않으면 모델이 다수 클래스에 편향되어 소수 클래스를 제대로 예측하지 못하는 문제가 발생할 수 있다. 이를 해결하기 위한 몇 가지 접근 방법은 다음과 같다.

- 적절한 평가 지표 사용: 모델의 성능을 평가할 때 Accuracy만 사용하는 것이 아니라, Precision, Recall, F1-Score, AUC-ROC와 같은 불균형 데이터에 적합한 지표를 사용한다.
- Over-sampling과 Under-sampling의 적절한 사용: 소수 클래스의 샘플을 증가시키는 Over-sampling이나 다수 클래스의 샘플을 감소시키는 Under-sampling을 적절히 사용하여 데이터의 균형을 맞춘다.
- 클래스 가중치class weight 조정: 모델 학습 시 소수 클래스에 더 큰 가중치를 부여하여, 모델이 소수 클래스에 더 많은 주의를 기울이도록 한다.
- 교차 검증 사용: 데이터의 불균형을 고려하여 모델의 일반화 성능을 평가하기 위해 **층화된 교차 검증**stratified cross-validation을 사용한다.
- 데이터 분할 시 층화 추출 사용: 데이터를 학습셋과 테스트셋으로 분할할 때, 각 클래스의 비율을 유지하도록 층화 추출 방법을 사용한다.
- 데이터 증강 사용 시 주의: **데이터 증강**data augmentation을 통해 소수 클래스의 데이터를 인위적으로 생성할 때는, 실제 분포를 왜곡하지 않도록 주의해야 한다.

이러한 접근법은 신용 평가 모델의 성능을 최적화하고, 실제 신용 위험을 더 정확히 예측할 수 있도록 돕는다. 다음 단계에서는 모델링 과정에서 흔히 마주치는 또 다른 문제인 결측치와 누락값 처리에 대해 살펴볼 것이다.

1 특잇값

신용 평가 데이터에서 특별한 의미를 지닌 값들, 즉 **특잇값**special value은 데이터 분석 및 모델링 과정에서 주의 깊게 다뤄야 할 요소다. 이러한 값들은 데이터의 누락, 무한댓값 혹은 신용 정보 데이터에서 사용되는 특정한 표시(-9999, 8888 등)를 포함할 수 있다. 예를 들어 **NaN**not a number은 누락된 값을 나타내며, inf와 -inf는 각각 무한대와 음의 무한대를 나타낸다. 이와 같은 스페셜값들은 데이터의 특정 상황이나 조건을 의미하며, 모델링 시 이를 적절히 처리하는 것이 중요하다.

신용 평가 기관에서 제공하는 데이터에는 이러한 특잇값들이 자주 포함되어 있다. 이는 데이터 수집 및 처리 과정에서 특정 조건이나 예외 상황을 명확히 표현하기 위함이다. 예를 들어 신용 정보가 없거나 접근할 수 없는 경우 -9999와 같은 값으로 표시할 수 있으며, 이는 데이터 분석가나 모델러가 해당 상황을 인지하고 적절히 처리할 수 있도록 한다.

센티널값sentinel value은 스페셜값의 한 종류로, 데이터셋 내에서 특정 조건이나 상태를 나타내기 위해 사용된다. 이러한 값은 일반적으로 데이터셋에 실제로 나타나지 않는 값으로 설정되며, 반복문의 종료 조건이나 예외 처리 등의 목적으로 활용된다. 예를 들어 양의 정수로만 구성된 데이터셋에서 -1이나 0은 센티널값으로 사용할 수 있으며, 이는 데이터 처리 과정에서 특별한 의미를 부여한다.

신용 평가 모델링에서 특잇값과 센티널값의 적절한 처리는 모델의 정확도와 신뢰성을 높이는 데 핵심적인 역할을 한다. 이 값들을 효과적으로 처리하지 않으면 데이터에서 잘못된 해석이 발생할 수 있으며, 이는 모델의 예측 성능에 부정적인 영향을 미칠 수 있다. 따라서 데이터 준비 단계에서 이러한 특별한 값을 식별하고 적절한 데이터 전처리 기법을 적용하는 것이 중요하다.

처리 방법은 데이터 제공사로부터 특잇값의 정확한 의미와 사용 상황을 확인하는 것이 가장 우선순위로 진행되어야 한다. 그리고 상황에 따라 특잇값을 특별 범주로 지정하거나 결측치와 동일하게 취급해서 처리하는 방법도 있다.

❷ 결측치

결측치missing value 문제는 신용 평가 모델링뿐만 아니라 모든 데이터 분석 분야에서 흔히 마주치는 문제다. 특히 신용 평가 데이터는 종종 희박한sparse 분포를 가진 데이터가 많아, 결측치 처리 기술을 익히는 것이 중요하다.

표 3-5 결측치가 있는 데이터셋 예시

ID	연령	성별	연간 소득	혼인 상태	자녀 수	직업	주택 구매 여부
1	25	남성	30000	결혼	1	엔지니어	Y
2	NaN	여성	50000	미혼	NaN	학생	N
3	35	남성	NaN	NaN	2	교수	Y
4	45	NaN	70000	결혼	3	의사	NaN
5	55	여성	NaN	미혼	0	법조인	N
6	28	남성	32000	NaN	1	NaN	Y
7	37	여성	48000	미혼	NaN	교수	N
8	46	남성	NaN	미혼	2	엔지니어	NaN

결측치 문제는 데이터 분석에서 항상 중요한 고려 사항이며, 특히 신용 평가 모델링과 같은 민감한 영역에서는 더욱 주의 깊게 다뤄야 한다. 여기에는 다양한 유형의 결측치가 있으며, 각각 다른 처리 방법을 요구한다.

- 완전 무작위 결측missing completely at random, MCAR: 연령 데이터에 결측치가 있는 경우가 완전 무작위 결측의 예가 될 수 있다. 예를 들어 설문조사 중 실수로 연령 정보를 입력하지 않은 경우가 완전 무작위 결측에 해당한다. 이 경우 결측치는 다른 변수와 관계없이 발생했을 가능성이 있다.

- 리스트와이즈 삭제listwise deletion: 해당 결측치를 가진 전체 샘플(행)을 데이터에서 제거하는 방식이다. 이 유형은 데이터가 많고 결측치가 전체 데이터셋에서 상대적으로 적은 경우에 적합하다.

- 평균/중앙값/최빈값 대체: 각 변수의 결측치를 해당 변수의 평균값이나 중앙값, 최빈값으로 대체하는 방법이다. 이 유형은 데이터의 분포를 왜곡하지 않는 한도 내에서 사용할 수 있다.

- 무작위 결측missing at random, MAR: 자녀 수 데이터에 결측치가 있는 경우가 무작위 결측의 예가 될 수 있다. 이는 혼인 상태와 같은 다른 관측 가능한 변수로 설명할 수 있다. 즉 미혼인 사람들이 자녀 수를 입력하지 않을 가능성이 더 높다는 것이다.

- 다중 대체multiple imputation: 결측 데이터를 예측하기 위해 다른 관측된 변수를 기반으로 하는 여러 번의 예측을 수행한다. 다중 대체 방법은 결측치의 불확실성을 반영할 수 있으며, 여러 가지 다른 가능한 값을 생성하여 분석의 강인함을 높일 수 있다.

- 모델 기반 대체model-based imputation: 로지스틱 회귀, 결정 트리, k-최근접 이웃(K-NN) 등의 알고리즘을 사용하여 결측치를 예측한다. 이는 MAR 결측치의 패턴을 이해하는 데 도움이 될 수 있다.

- 비무작위 결측missing not at random, MNAR: 연간 소득에 대한 결측치는 비무작위 결측의 예가 될 수 있다. 비무작위 결측은 소득이 낮은 사람들이 소득 정보를 제공하는 것을 기피하는 경향이 있을 때 발생한다. 이 경우 결측치는 관측되지 않은 변수, 예를 들어 사회적 지위로 설명할 수 있다.

- 선택 모델selection model: 결측치 처리의 일환으로 사용될 수 있지만, 주로 결측치 발생의 원인을 이해하고 분석하는 데 사용된다.

- 패널 데이터 기법panel data technique: 시간에 따른 데이터를 갖고 있는 경우, 이전 시점의 데이터를 사용하여 현재의 결측치를 대체한다. 이 방법은 특히 경제학 및 금융 분야의 시계열 데이터

에서 자주 사용된다.

각 유형의 결측치 처리 방법은 주어진 데이터의 특성, 데이터의 양, 분석의 목적에 따라 달라진다. 결측치 처리 방법을 결정할 때는 데이터에 대한 깊은 이해와 함께 도메인 전문가의 통찰이 필요하다. 또한 각 처리 방법이 모델 결과에 미칠 수 있는 영향을 충분히 고려해야 한다. 결측치 처리는 데이터 전처리 과정에서 항상 세심한 주의를 기울여야 하는 부분이며, 잘못 처리된 결측치는 데이터 분석 결과에 큰 오류를 일으킬 수 있다.

3.7.2 데이터 가공(피처 엔지니어링)

데이터 가공, 특히 **피처 엔지니어링**feature engineering은 신용 평가 모델링에서 중요한 역할을 한다. 이 과정에서 IV와 WoE는 변수 선택과 변환에 있어 핵심적인 지표로 활용된다. 또한 이산화 또는 구간화는 연속 변수를 의미 있는 구간으로 나누어 모델의 예측력을 향상시키는 기법이다.

신용 평가 모델링에서 IV와 WoE는 중요한 도구로 사용된다. 이는 특히 모델이 예측을 수행할 때 변수가 얼마나 유용한지, 그리고 그 변수가 타깃 변수와 어떻게 관련되어 있는지를 수치적으로 파악하고자 할 때 유용하다. 이러한 지표들은 변수의 예측력을 평가하고, 모델의 해석력을 높이는 데 중요한 역할을 한다.

WoE(증거 가중치)weight of evidence는 주로 범주형categorical 변수의 효과를 측정하는 데 사용되며, 변수의 각 범주가 타깃 변수에 미치는 영향의 강도와 방향을 나타낸다. 계산 방법은 다음과 같다.

❶ 연속형 변수의 경우, 데이터를 여러 구간(보통 10개 정도)의 버킷bin으로 분할한다.

❷ 각 버킷에서 타깃 사건(예: 연체)과 비타깃 사건의 수를 집계한다.

❸ 각 버킷에서 타깃 사건의 비율과 비타깃 사건의 비율을 계산한다.

❹ 각 버킷의 타깃 사건 비율을 비타깃 사건 비율로 나누고, 자연로그를 취해 WoE를 계산한다.

IV(정보 가치)information value는 이러한 WoE값들을 사용해 전체 변수의 예측력을 수치화하는 지표로, 변수가 모델을 통해 예측하는 데 얼마나 중요한지를 평가한다.

IV값에 따른 유용성 기준은 다음과 같다.

- 0.02 이하: 예측에 유용하지 않음

- 0.02에서 0.1: 약한 예측력

- 0.1에서 0.3: 보통의 예측력

- 0.3에서 0.5: 강한 예측력

- 0.5 이상: (너무 강력해서) 의심스러운 예측력

더 쉬운 설명을 위해 예시를 들어보자. 가령 '나이'라는 변수를 가지고 WoE와 IV를 계산하는 상황을 생각해보자. 먼저, 나이를 여러 구간으로 나누어 각 구간별로 연체 발생 비율과 비연체 발생비율을 계산해야 한다. 예를 들어 나이를 20~29, 30-39, 40~49 등과 같이 10년 단위로 구분한다고 하자. 이제 각 연령대에서 연체를 경험한 고객의 수와 연체를 경험하지 않은 고객의 수를 집계한다.

❶ WoE 계산하기

연령대 20~29의 고객 중 10명이 연체를 경험했고, 연체를 경험하지 않은 고객이 90명이라고 가정하자. 전체 대출 고객 중 연체 고객이 100명, 비연체 고객이 900명이라고 가정하자. 20~29 연령대의 연체 사건 비율은 10/100 = 0.1이고, 비연체 사건 비율은 90/900=0.1이다. WoE는 ln(0.1/0.1)=0이다. 이는 20~29 연령대가 모델의 타깃 변수인 연체에 대해 추가적인 정보를 제공하지 않음을 의미한다.

이 내용을 파이썬 코드로 구현하면 다음과 같다.

```python
# 위에서 제공된 정보를 바탕으로 WoE를 다시 계산
# 연령대 20~29의 연체 고객 수와 비연체 고객 수
age_20_29_default = 10
age_20_29_non_default = 90

# 전체 대출 고객 중 연체 고객 수와 비연체 고객 수
total_default = 100
total_non_default = 900

# 연령대 20~29의 연체 비율과 비연체 비율 계산
default_rate_20_29 = age_20_29_default / total_default
non_default_rate_20_29 = age_20_29_non_default / total_non_default
```

```
# WoE 계산
woe_20_29 = np.log(default_rate_20_29 / non_default_rate_20_29)
woe_20_29_value = woe_20_29.item() if woe_20_29.size > 0 else "Undefined"

woe_20_29_value
```

❷ IV 계산하기

이제 모든 연령대에 대해 이 과정을 반복하고, 각 연령대의 WoE값을 계산한다. IV는 각 연령대의 연체 사건 비율과 비연체 사건 비율의 차이에 WoE값을 곱한 후, 이를 합하여 계산한다. 예를 들어 만약 20~29 연령대의 IV가 0.02라면, 이는 해당 변수가 예측에 유용하지 않음을 의미한다. 반대로, IV가 0.3을 초과하는 경우, 나이 변수는 예측에서 중요한 변수로 간주될 수 있다.

이러한 과정을 통해 각 변수가 모델의 타깃 변수, 즉 연체 여부를 예측하는 데 얼마나 중요한지를 수치적으로 평가할 수 있다. WoE와 IV는 특히 신용 평가와 같이 민감하고 중요한 결정을 내려야 하는 모델에서 이해하기 쉽고, 모델의 예측을 해석하는 데 유용한 방법을 제공한다. 예를 들어 나이와 같은 변수가 연체 여부를 예측하는 데 얼마나 영향을 미치는지를 정량화하여, 신용 평가 모델의 정교함을 향상시킬 수 있다.

표 3-6 WoE와 IV 계산 테이블 예시(출처: 나이스평가정보)

나이	고객 수	분포(%)	우량 고객 수	우량 고객 분포(%)	불량 고객 수	불량 고객 분포(%)	WoE(%)	IV
-	50	2.50	42	2.33	8	4.12	-57.28	0.0103
18~22	200	10.00	152	8.42	48	24.74	-107.83	0.1760
23~26	300	15.00	246	13.62	54	27.84	-71.47	0.1016
27~29	450	22.50	405	22.43	45	23.20	-3.38	0.0003
30~35	500	25.00	475	26.30	25	12.89	71.34	0.0957
36~43	350	17.50	339	18.77	11	5.67	119.71	0.1568
44+	150	7.50	147	8.14	3	1.55	166.08	0.1095
정봇값								0.6502

❸ fine classing과 coarse classing

fine classing과 coarse classing은 신용 평가 모델링에서 변수의 구간을 나누는 두 가지 기법이다. 이러한 기법들은 모델이 고객의 신용 위험을 평가할 때 정확도와 일반화 능력을 극대화하기 위해 중요하다.

fine classing은 변수를 매우 세밀한 구간으로 나누는 방법이다. 예를 들어 나이를 5년 단위로 나누거나 소득을 특정 구간별로 세분화할 수 있다. 이 방식은 각 구간에 대한 구체적인 정보를 모델에 제공하여 더 정밀한 예측을 가능하게 한다. 신용 평가에서는 고객의 세부적인 신용 행동을 반영할 수 있어 중요한 변수를 놓치지 않으려는 경우에 유리하다. 그러나 과적합의 위험성이 있기 때문에, 충분한 데이터가 확보되었을 때 주로 사용한다.

coarse classing은 보다 큰 구간으로 변수를 나누는 방법이다. 예를 들어 나이를 10년 단위로 나누거나 소득을 넓은 범위의 구간으로 분류할 수 있다. 이 방법은 데이터가 부족하거나 과적합을 방지하고자 할 때 유용하다. 모델이 단순해지고 일반화 능력이 향상될 수 있으나, 너무 많은 세부 정보를 잃을 수 있다는 단점이 있다. 신용 평가에서는 적은 데이터로도 신뢰할 수 있는 일반적인 패턴을 포착하고자 할 때 사용할 수 있다.

신용 평가에서의 주요 과제는 충분한 정보를 유지하면서도 모델의 복잡성을 적절히 관리하는 것이다. 이는 특히 신용 정보가 희소하거나 불완전한 경우에 더욱 중요하다. 따라서 fine classing과 coarse classing을 적절히 혼합하여 사용하거나, 특정 상황에 맞는 최적의 구간화 기법을 선택해야 한다. 예를 들어 신용 기록이 풍부한 고객군에 대해서는 fine classing을 적용하여 더 세밀한 신용 등급을 제공할 수 있고, 반대로 신용 기록이 부족한 고객군에 대해서는 coarse classing을 적용하여 과적합의 위험을 줄일 수 있다.

신용 평가 모델링에서 변수의 구간화는 예측력과 규제 준수 및 모델의 해석 가능성과도 직결되므로, 각 변수에 대한 적절한 구간화 전략을 수립하는 것이 필수다.

❹ 이산화와 구간화

이산화discretization 혹은 **구간화**binning는 연속형 변수를 이산형 범주로 변환하는 과정이며, 이는 신용 평가 모델에서 중요한 역할을 한다. 이 과정은 변수의 값들을 명확하게 구분된 구간bin으로 나누어 모델의 예측력과 해석력을 향상시키기 위해 사용된다.

앞서 설명한 fine classing과 coarse classing은 이산화의 두 가지 전략으로 볼 수 있다. fine classing은 더욱 세밀한 구간으로 나누는 방식이며, coarse classing은 보다 큰 구간으로 나누는 방식이다. 이 두 방식은 데이터의 복잡성과 모델의 과적합 가능성을 관리하는 데 있어 서로 다른 접근 방법을 제공한다. 그렇다면 어떤 방법이 도움이 되는지는 어떻게 판단할 수 있을까? 앞서 설명한 IV와 WoE 개념을 활용하면 된다.

구간화 부분에서는 또 다른 분류법이 몇 가지 있는데, 이에 대해 살펴보자.

- supervised discretization: 클래스 레이블을 기반으로 구간을 정하는 방법이다. 이 방법은 타깃 변수와의 관계를 고려하여 구간을 설정하기 때문에, 신용 평가 모델에서 우수한 성능을 발휘하는 구간을 정의할 수 있다. 이는 fine classing의 한 형태로 볼 수 있으며, 각 구간이 타깃 변수에 대한 정보를 최대한 반영할 수 있도록 한다.

- unsupervised discretization: 클래스 레이블을 고려하지 않고 구간을 정하는 방법이다. 이 방법은 데이터 자체의 분포를 기반으로 구간을 설정한다. 예를 들어 동일 간격 범위equal interval width는 모든 구간의 너비를 동일하게 설정하는 것이며, 동일 빈도equal frequency는 각 구간에 대략 동일한 수의 관측치가 포함되도록 설정하는 것이다. 이는 coarse classing에 해당할 수 있으며, 과적합을 방지하고 모델의 일반화 능력을 향상시킬 수 있다.

- 클러스터링clustering 접근 방식: K-means와 같은 클러스터링 알고리즘을 사용하여 관측치를 그룹화하는 방식이다. 이 방법은 데이터 내에 자연스럽게 존재하는 패턴을 기반으로 구간을 설정하며, supervised discretization과 unsupervised discretization의 중간 접근법으로 볼 수 있다.

이러한 이산화 기법들은 모델의 복잡성과 데이터의 세부적인 패턴 사이에서 균형을 찾는 데 중요하다. 또 신용 평가 모델에서는 각각의 접근법이 제공하는 이점과 한계를 이해하고 적절한 전략을 채택하는 것이 중요하다. 예를 들어 데이터에 충분한 변동성과 샘플 크기가 있으면 supervised discretization으로 더 높은 예측 정확도를 달성할 수 있다. 반면, 데이터가 제한적이거나 변수 간의 관계가 덜 명확하면 unsupervised discretization이나 클러스터링 접근 방식을 사용하여 모델의 일반화 능력을 강화할 수 있다.

구간화 또는 이산화 과정은 모델링에 있어 중요한 단계로, 여러 장점과 함께 몇 가지 단점을 가지고 있다. 이 과정은 연속형 변수를 범주형 변수로 변환하여, 모델의 예측력과 해석력을 높이는 데 사용된다.

장점은 다음과 같다.

- 노이즈와 이상치에 강건함: 구간화는 데이터 내의 노이즈와 이상치에 대한 모델의 민감도를 감소시킨다. 데이터를 구간별로 나누어 처리함으로써, 이상치의 영향을 줄이고 모델이 일반적인 패턴에 집중할 수 있게 한다.

- 직관적인 해석 제공: 구간화된 변수는 범주별로 해석하기 쉬워, 모델의 결정이나 예측을 설명할 때 직관적으로 이해할 수 있다.
- 연산 효율성 증가: 연속형 변수를 범주형으로 변환함으로써 연산 시간을 줄일 수 있다. 이는 특히 대규모 데이터셋을 다룰 때 유용하다.
- 모델 파라미터 조정 용이: 구간화는 모델의 파라미터를 조정하는 것보다 더 단순하고 직관적인 방법으로 모델의 성능을 개선할 수 있다.

단점은 다음과 같다.

- 정보 손실: 구간을 설정할 때 데이터의 중요한 정보가 손실될 수 있다. 특히, bin의 크기를 어떻게 설정하느냐에 따라 정보 손실의 정도가 달라질 수 있다.
- 모델 성능에 큰 영향: 구간화의 방법과 구간의 수가 모델의 성능에 큰 영향을 미칠 수 있다. 적절한 구간화 방법을 선택하는 것이 모델의 예측력에 결정적일 수 있다.
- 불균일한 분포의 정보 손실: 연속형 변수의 값 분포가 균일하지 않은 경우, 구간화로 인해 중요한 정보를 상실할 위험이 있다.
- 이산형 변수의 제한적인 개선: 이미 이산형 변수가 많은 데이터셋에서는 구간화가 큰 이점을 제공하지 않을 수도 있다.

이와 같은 장단점을 고려하여 모델 개발자는 각 변수에 대해 적절한 구간화 전략을 선택해야 한다. 구간화는 모델의 성능과 해석력에 직접적인 영향을 미치기 때문에, 이 과정은 매우 신중하게 수행되어야 한다.

5 변수 선택

신용 평가 모델링에서 변수 선택은 효율적이고 정확한 모델을 구축하기 위해 꼭 필요한 과정이다. 변수가 많으면 많을수록 모델의 복잡도가 증가하고, 이는 과적합을 유발하거나 계산 비용을 증가시킬 수 있다. 특히 신용 평가에서는 변수마다 비용이 발생할 수 있으므로, 최소한의 변수로 최대한의 성능을 내는 것이 중요하다. 또한 모델의 해석력을 유지하고, 규제 요구 사항을 충족시키기 위해서도 변수 선택은 중요하다. 이러한 배경을 바탕으로, 신용 평가 모델링에서 사용하는 세 가지 주요 변수 선택 방법에 대해 자세히 알아보자.

표 3-7 변수 선택 방법과 관련 기법 요약표

변수 선택 방법	관련 기법	설명
필터 방법	피어슨 상관계수, 카이제곱 검정, ANOVA, 피셔 점수, IV값	• 각 변수가 목표 변수와 얼마나 관련이 있는지 수치화 • 변수 간 관계를 고려하지 않는다. • 계산이 비교적 간단하고 빠르다.
래퍼 방법	RFE, 후진 소거법, 전진 선택법	• 모델 성능을 기준으로 변수 중요도를 평가 • 변수 간 상호작용을 고려한다. • 계산 비용이 높을 수 있다.
임베디드/모델 기반 방법	피처 중요도(예: 결정 트리, 랜덤 포레스트, 그라디언트 부스), LASSO, 릿지 회귀	• 모델 자체가 변수 중요도를 제공 • 모델 성능과 변수 간 상호작용을 고려한다. • 계산 비용이 적절하다. • 통합적인 변수 선택이 가능하다.

필터 방법filter method은 데이터의 특성과 목표 변수와의 관련성을 수치화하여 변수를 선택하는 기법이다. 이는 피어슨 상관계수, 카이제곱 검정, ANOVA, 피셔 점수, IV 등을 포함한 다양한 통계적 방법을 사용한다. 이 방법의 장점은 계산이 간단하고 빠르다는 것이다. 하지만 변수 간의 상호작용은 고려하지 않는다. 신용 평가에서는 이 방법을 사용하여 주요 영향 변수를 빠르게 식별할 수 있다.

래퍼 방법wrapper method은 모델의 예측 성능을 기준으로 변수의 중요도를 평가하는 방법이다. RFErecursive feature elimination, 후진 소거법backward elimination, 전진 선택법forward selection 등의 기법이 여기에 해당한다. 변수 선택 과정이 모델 훈련과 밀접하게 연결되어 있어, 변수 간의 상호작용도 고려할 수 있다. 하지만 이 방법은 계산 비용이 높다는 단점이 있다. 신용 평가 모델에서는 예측 정확도를 최적화하는 동시에 필요한 변수의 수를 최소화하려는 목적으로 사용된다.

임베디드/모델 기반 방법embedded/model-based method은 모델 자체에서 제공하는 변수의 중요도를 기반으로 변수를 선택한다. 결정 트리decision tree, 랜덤 포레스트random forest, 그라디언트 부스팅 gradient boosting과 같은 모델에서 제공하는 피처 중요도feature importance, LASSO, 릿지 회귀ridge regression와 같은 정규화 기법이 이에 해당한다. 이 방법은 모델의 성능과 변수 간 상호작용을 모두 고려하며, 계산 비용이 적절하다. 신용 평가 모델에서는 복잡도를 관리하면서도 강력한 예측력을 유지하는 변수를 선택하는 데 유용하다.

변수 선택은 모델의 성능, 해석 가능성, 운영 효율성에 직접적인 영향을 미친다. 따라서 신용 평가 모델을 개발할 때는 비용 효율성과 예측 정확도 사이에서 균형을 잘 맞추어야 한다. 이는 모델을 통해 의사결정을 지원하는 금융기관에게 매우 중요한 과제다.

3.7.3 모델링

신용 평가 모델링에서의 모델 선택은 중요한 결정 중 하나다. 모델링의 목적은 고객의 신용 위험을 정확하고 신속하게 평가하여, 금융기관이 리스크를 관리하고 의사결정을 지원할 수 있도록 하는 것이다. 각 모델은 고유의 장점과 한계를 가지고 있으며, 신용 평가의 특정 요구 사항에 따라 적합한 모델을 선택하는 것이 중요하다.

1 후보 모델 선정

로지스틱 회귀logistic regression는 전통적인 신용 평가 모델 중 하나다. 그 장점은 모델의 해석이 용이하고, 계수가 제공하는 경제적 의미를 이해하기 쉽다는 것이다. 또한 계산 효율성이 높아 대규모 데이터셋에도 빠르게 적용할 수 있다. 그러나 로지스틱 회귀는 선형 결정 경계를 가지며, 복잡한 비선형 관계나 변수 간 상호작용을 포착하는 데는 한계가 있다.

트리 기반 모델tree-based model에는 XGBoost, LightGBM, CatBoost 등이 있으며 신용 평가에서 자주 사용된다. 이 모델들은 비선형 관계와 변수 간의 상호작용을 효과적으로 학습하고, 결측치 처리와 데이터 불균형 문제에도 강한 모델을 만들 수 있다. 하지만 트리 기반 모델은 적절한 파라미터 튜닝 없이는 과적합의 위험이 있으며, 모델의 복잡성이 높아질수록 계산 비용도 증가한다.

딥러닝 모델deep learning model은 대규모 데이터셋에서 복잡한 비선형 패턴을 학습하는 데 매우 효과적이다. TabNet, 다층 퍼셉트론multilayer perceptron, MLP과 같은 모델은 복잡한 데이터에서 특징을 자동으로 학습할 수 있다. 하지만 이러한 모델들은 해석과 설명이 어렵고, 대규모 데이터셋과 복잡한 모델 구조에 대한 계산 비용이 매우 크다는 단점이 있다.

신용 평가 모델링에서 적합한 모델을 선택할 때는 다음과 같은 요소를 고려해야 한다.

- 해석력: 금융기관은 모델의 결정을 고객에게 설명할 수 있어야 하므로, 해석 가능한 모델을 선호한다.
- 성능: 높은 예측 정확도와 강건성을 가진 모델이 필요하다.
- 비용: 계산 비용과 변수 선택의 비용 효율성을 고려해야 한다.
- 규제 준수: 모델이 규제 기관의 요구 사항을 충족해야 한다.

결국, 신용 평가 모델링에서는 이러한 요소들을 종합적으로 고려하여 가장 적합한 모델을 선택하는 전략적 접근이 필요하다.

3.7.4 스코어링

신용 평가 모델에서 확률을 사용하여 신용 점수를 계산하는 방법은 모델이 제공하는 확률값을 기반으로 고객의 신용 위험을 수치화한다. 이 과정에서 Base Score와 PDO가 중요한 역할을 한다. **Base Score**는 모든 고객에게 기본적으로 할당되는 점수이며, **PDO**point to double the odds는 확률의 변화가 신용 점수에 얼마나 영향을 미치는지를 정의하는 값이다.

확률을 사용한 신용 점수 계산 방법 순서는 다음과 같다.

❶ 모델 확률값의 취득: 신용 평가 모델(예: XGBoost, LightGBM 등)을 통해 각 고객의 연체 가능성에 대한 확률값을 산출한다. 이 확률값은 고객이 특정 시간 내에 연체할 가능성을 나타낸다.

❷ Odds의 계산: 확률값(P)을 사용하여 Odds를 계산한다. Odds는 연체 가능성에 대한 확률값에 대한 비율로, `P / (1 - P)` 공식으로 계산한다. 이는 고객이 연체할 가능성 대비 연체하지 않을 가능성의 비율을 나타낸다.

❸ PDO와 Base Score의 적용:

- Factor 계산: Factor는 PDO를 기반으로 계산되며, `Factor = PDO / ln(2)` 공식을 사용한다. 이는 확률의 변화가 신용 점수에 미치는 영향력을 조정하는 값이다.

- Offset 계산: Offset은 Base Score와 Factor를 사용하여 계산되며, `Offset = Base Score - (Factor × ln(Target Odds))` 공식을 활용한다. Target Odds는 모델 개발 시 설정한 기준 Odds다.

❹ 최종 신용 점수의 계산: 계산한 Odds에 Factor와 Offset을 적용하여 최종 신용 점수를 산출한다. `점수 = Offset + (Factor × ln(Odds))` 공식을 사용하여, 각 고객에 대한 신용 점수를 계산한다. 계산한 신용 점수는 일반적으로 특정 범위(예: 250~850) 내에서 조정할 수 있으며, 이는 금융기관의 요구 사항에 따라 달라질 수 있다.

이 방법을 통해, 모델에서 산출된 확률값을 실제 신용 평가에 적용할 수 있으며, 고객의 신용 위험을 정량적으로 평가하는 데 활용된다. 이는 특히 로지스틱 회귀 모델이 아닌, 트리 기반 모델이나 딥러닝 모델과 같은 복잡한 모델을 사용할 때 유용한 방법이다.

로지스틱 회귀를 활용한 신용 평가 모델에서는 각 변수의 중요성을 반영하는 계수와 절편을 사용해 고객의 신용 점수를 계산한다. 이 과정에서 WoE와 PDO 같은 개념이 중요한 역할을 한다. 여기서 WoE는 특정 변수의 금융 위험을 수치화하는 데 사용되며, PDO는 신용 점수 체계에서 확률의 변화가 신용 점수에 미치는 영향을 정의한다.

계산 방법을 예로 들자면 다음과 같다.

❶ 변수 계수(βi)와 절편 (α)의 활용: 로지스틱 회귀 모델을 통해 각 변수에 대한 계수(βi)와 모델의 절편(α)을 추정한다. 이들은 모델의 예측력을 결정하며, 각 변수가 신용 위험에 얼마나 영향을 미치는지를 나타낸다.

❷ WoE 적용: 각 변수의 WoE값을 계산하여, 변수가 신용 점수에 미치는 영향을 조정한다. WoE는 긍정적인 결과(예: 연체 없음)와 부정적인 결과(예: 연체 발생)의 비율의 로그값을 사용하여 계산되며, 변수의 예측력을 나타낸다.

❸ Factor와 Offset의 계산

• Factor 계산: Factor는 PDO와 자연 로그의 비율로 계산된다. `Factor = PDO / ln(2)` 공식을 사용하여, 신용 점수 체계에서의 확률 변화를 점수 변화로 변환하는 데 사용된다.

• Offset 계산: Offset은 기준이 되는 신용 점수$_{target\ score}$에서 Factor와 목표 확률의 자연 로그를 곱한 값으로부터 얻는다. `Offset = Target Score - (Factor × ln(Target Odds))` 공식을 사용한다.

❹ 신용 점수 계산: 각 변수의 WoE값과 로지스틱 회귀 계수를 사용하여 각 변수에 대한 점수를 계산한다. 이 점수들의 합에 Factor와 Offset을 적용하여 최종 신용 점수를 산출한다.

고객의 수입, 나이, 가입 기간을 변수로 하는 간단한 로지스틱 회귀 모델을 가정해보자. 이 모델에서는 각 변수의 WoE값과 계수를 바탕으로 신용 점수를 계산한다. 예를 들어 수입이 높고 나이가 적당하며, 가입 기간이 긴 고객의 경우 더 높은 신용 점수를 받게 될 것이다. 이 과정에서 Factor와 Offset을 적절히 조정하여, 신용 점수가 특정 범위 내에 위치하도록 한다.

로지스틱 회귀 모델의 신용 점수 계산 방법을 더 구체적이고 이해하기 쉽게 설명해보겠다. 고객의 수입, 나이, 가입 기간을 변수로 사용하는 간단한 로지스틱 회귀 모델을 가정하고, 각 변수의 WoE값과 로지스틱 회귀 모델에서 계산한 계수를 사용하여 신용 점수를 계산하는 과정은 다음과 같다.

❶ 변수 설정 및 모델 계수:

  − 수입: 계수 = 0.5

  − 나이: 계수 = 0.3

  − 가입 기간: 계수 = 0.1

❷ WoE값 계산: 수입, 나이, 가입 기간에 대한 WoE값을 계산한다. 여기서는 단순화를 위해 가정된 WoE값을 사용한다.

  − 수입 WoE = 0.2

  − 나이 WoE = 0.1

  − 가입 기간 WoE = 0.05

• 각 변수별 점수 계산

• 변수별 점수 = WoE × 로지스틱 회귀 계수

  − 수입 점수 = 0.2 × 0.5 = 0.1

  − 나이 점수 = 0.1 × 0.3 = 0.03

  − 가입 기간 점수 = 0.05 × 0.1 = 0.005

• 총점수 계산 및 스코어 변환

• 총점수 = 수입 점수 + 나이 점수 + 가입 기간 점수 = 0.1 + 0.03 + 0.005 = 0.135

Factor와 Offset을 사용하여 신용 점수로 변환한다. 이 예에서는 `Factor = 20/ln(2)`, `Offset = 600`이다.

• 최종 신용 점수 = Offset + Factor × ln(1 + exp(총점수)) (여기서 exp는 지수 함수)

예를 들어 총점수가 0.135일 때, 신용 점수는 `600 + 20/ln(2) × ln(1 + exp(0.135))`(최종 점수는 약 622점)로 계산된다.

실제로는 훨씬 더 많은 변수를 사용해 고객의 신용 점수를 계산한다. 이 점수는 고객의 신용 위험도를 나타내며, 금융기관은 이 점수를 기반으로 대출 승인 여부, 대출 금리 등을 결정할 수 있다. 로지스틱 회귀 모델의 계수와 WoE값은 각 변수가 고객의 신용 점수에 미치는 영향을 반영한다. 다시 한번 강조하지만, 이 설명은 로지스틱 회귀 모델을 사용한 신용 점수 계산의 기본적인 원리를 단순화하여 설명한 것이다. 실제 모델링 과정에서는 더 많은 변수와 복잡한 계산이 포함될 수 있다는 점을 명심해야 한다.

3.7.5 모델의 해석력

그럼 이제 모델의 확률을 사용할 경우 해석력 부분을 어떻게 해결할 것인지에 대한 질문이 자연스럽게 떠오를 것이다. 신용 평가 모델에서의 해석력은 모델을 사용하는 금융기관뿐만 아니라 고객에게도 매우 중요한 요소다. 특히 머신러닝 모델을 활용할 경우, 모델의 예측이 어떻게 이루어지는지를 이해하는 것이 중요한데, 이는 크게 로컬 해석력과 글로벌 해석력 두 가지 관점에서 접근할 수 있다.

로컬 해석력local interpretability은 모델이 특정 개별 예측을 내릴 때 어떤 변수가 주요하게 작용했는지를 설명한다. 이는 모델의 결정 과정을 특정 사례에서 투명하게 만들어, 해당 결정에 대한 신뢰성을 높인다. 예를 들어 모델이 한 고객의 신용 점수를 낮게 예측한 경우, 로컬 해석력을 통해 이 점수가 낮은 소득, 높은 부채 비율, 불량한 지불 이력 등 특정 요인들로 인해 결정되었음을 알 수 있다.

- LIMElocal interpretable model-agnostic explanation: 개별 데이터 포인트 주변에서 간단한 모델(예: 선형 모델)을 학습하여 해당 포인트에서의 복잡한 모델의 예측을 근사하고 설명한다.
- SHAPShapley Additive exPlanation: 각 특성이 개별 예측에 얼마나 기여했는지 설명하는 데 사용할 수 있다. 이는 각 데이터 포인트에 대한 예측을 분해하여 특성 수준에서의 기여도를 계산한다.
- 반사실적 설명counterfactual explanation: 데이터 포인트를 약간 변경하여 모델 예측이 어떻게 바뀌는지 관찰한다. 이를 통해 해당 데이터 포인트에서 모델 예측이 어떤 특성에 크게 영향을 받았는지 파악할 수 있다.

글로벌 해석력global interpretability은 모델 전체의 작동 방식을 이해하는 데 초점을 맞춘다. 이는 모델이 어떻게 전체적으로 예측을 생성하는지, 어떤 변수들이 전반적으로 가장 중요한 영향을 미치는지를 보여준다. 예를 들어 모델이 일반적으로 소득 수준, 부채 비율, 지불 이력 등을 어떻게 고려하는지를 파악할 수 있다. 이러한 이해는 모델의 전반적인 정책과 결정 메커니즘에 대한 통찰력을 제공한다.

- 순열 중요도permutation importance: 각 특성을 하나씩 무작위로 섞어서 모델 성능에 얼마나 영향을 미치는지 측정한다. 특성을 제거했을 때 모델 성능이 크게 저하되면 그 특성은 중요한 것으로 간주한다.
- PDPpartial dependence plot: 특정 특성값이 변할 때 모델 예측에 어떤 영향을 미치는지 보여주는

그래프다. 특성과 예측 간 관계를 시각적으로 이해할 수 있다.

- SHAP: 각 특성이 예측에 얼마나 기여하는지 평가한다. 이를 통해 개별 예측의 해석과 모델의 전체적인 도작 원리와 특성의 상대적인 중요도를 파악할 수 있다.

- 상관관계 분석correlation analysis: 특성 간 상관관계를 분석하여, 특성이 예측에 어떻게 영향을 미치는지 파악할 수 있다. 선형 모델에서 특히 유용하다.

- KANKolmogorov-Arnold Network 알고리즘: 최근에 많은 주목을 받고 있으며, 복잡한 다변수 함수를 단일 변수 함수와 단순한 연산으로 분해하는 신경망이다. 이를 통해 모델의 예측 과정을 전반적으로 해석할 수 있게 되며, 각 변수의 기여도를 명확히 파악할 수 있다. 함수 근사 문제를 효과적으로 해결하고 모델의 글로벌 해석 가능성을 높인다.

고객 A가 신용 대출을 신청했을 때 모델이 낮은 신용 점수를 부여했다고 가정해보자. 로컬 해석력을 통해 우리는 고객 A의 낮은 소득, 높은 부채 비율, 최근의 지불 지연 등이 주요 요인으로 작용했음을 알 수 있다. 이 정보는 고객 A에게 구체적인 피드백을 제공하고 신용 상태를 개선할 수 있는 조언을 할 때 유용하다.

반면에, 글로벌 해석력을 통해 우리는 모델이 일반적으로 어떤 변수들을 가장 중요하게 여기는지 파악할 수 있다. 예를 들어 모델이 일반적으로 소득 수준과 부채 비율을 신용 점수 결정에 가장 큰 영향을 미치는 요인으로 평가한다는 것을 알 수 있다. 이러한 정보는 금융기관이 신용 평가 정책을 평가하고 조정하는 데 도움이 될 수 있다.

3.7.6 모델 배포

모델 배포는 머신러닝 프로젝트의 마지막 단계이며, 개발한 모델을 사용자 또는 시스템이 실제 환경에서 사용할 수 있도록 만드는 과정이다. 신용 평가 모델을 배포하는 방법은 회사의 인프라, 보안 요구 사항, 모델 사용 패턴 등에 따라 달라진다. 일반적으로 다음과 같은 방법이 있다.

- 웹 서비스로 배포하기: 플라스크나 장고와 같은 웹 프레임워크를 사용하여 모델을 REST API로 만들고 웹 서비스로 배포한다. 이 방법을 통해 웹 브라우저나 다른 애플리케이션에서 HTTP 요청을 통해 모델을 이용할 수 있다.

- 클라우드 서비스 이용하기: 아마존 세이지메이커Amazon Sagemaker, 구글 클라우드 AI 플랫폼 Google Cloud AI Platform, 애저 머신러닝Azure Machine Learning 같은 클라우드 플랫폼을 이용해 모델을 배포할 수 있다. 이 플랫폼들은 모델을 학습시키고, 배포하고, 모니터링하는 등의 과정을 관리할 수 있는 기능을 제공한다.

- 온프레미스 서버에 배포하기: 자체 서버에 직접 모델을 배포한다. 이 경우, 서버 관리와 운영에 대한 책임을 직접 지게 된다. 자체적인 보안 요구 사항이나 특수한 하드웨어 요구 사항이 있는 경우에 유용하다.

- 엣지 디바이스에 배포하기: IoT 디바이스나 스마트폰 같은 엣지 디바이스에 모델을 배포한다. 이 방법은 서버로 데이터를 보내고 결과를 받는 시간을 절약할 수 있지만, 디바이스의 연산 능력과 저장 공간의 한계에 직면할 수 있다.

- 머신러닝 모델 서버 이용하기: 텐서플로 서빙TensorFlow Serving, 엔비디아 트리톤 추론 서버NVIDIA Triton Inference Server, 셀던Seldon과 같은 머신러닝 모델 서버를 이용할 수 있다. 이 서버들은 모델의 배포와 관리를 효율적으로 수행하는 많은 기능을 제공한다.

배포 타입에는 배치 예측과 온라인 예측이 있는데, 신용 평가 모델에 적합한 방법은 회사의 특정 상황과 요구 사항에 따라 다르다. 실시간 데이터를 사용하는지에 따라 **온라인 예측**online prediction 또는 **배치 예측**batch prediction이 적합할 수 있다.

예를 들어 신청 모델은 고객이 대출이나 신용카드를 신청할 때 사용되는 모델로, 고객의 신용도를 실시간으로 평가해야 한다. 이 경우, 온라인 예측이 적합할 수 있다. 실시간 데이터를 기반으로 고객의 신용 상태를 평가하여 즉시 대출 승인 여부를 결정해야 하기 때문이다. 고객이 웹사이트를 통해 대출을 신청하면, 신청 정보를 바탕으로 신용 평가 모델이 고객의 신용도를 평가하고, 해당 결과에 따라 대출 승인 여부가 결정된다.

반면, 행동 모델은 고객의 거래 행동이나 계좌 사용 패턴 등을 분석하여 신용 리스크를 평가하는 모델이다. 이러한 모델은 주기적으로 대량의 데이터를 처리해야 할 때가 많으므로, 배치 예측이 적합할 수 있다. 예를 들어 은행은 매일 밤 고객의 계좌 활동을 분석하여 신용 위험을 평가하고, 이를 기반으로 고객 관리 전략을 조정할 수 있다. 배치 처리를 통해 대규모 데이터를 효율적으로 처리하며, 고객의 신용 상태 변화를 주기적으로 모니터링할 수 있다.

결론적으로, 신용 평가 모델의 배포 타입은 모델이 해결해야 할 문제의 특성, 처리해야 할 데이터의 볼륨과 속성, 요구되는 응답 시간 등 여러 요소를 고려하여 결정되어야 한다. 각 기업의 상황과 요구 사항에 맞는 최적의 배포 전략을 선택하는 것이 중요하다.

3.7.7 모니터링

모델 배포 후의 모니터링은 모델 성능을 지속적으로 추적하고 유지 관리하는 필수적인 과정이다. 이 과정에서 주목해야 할 핵심 요소 중 하나는 데이터 분포의 변화, 즉 데이터 분포 시프트다. 모델이 처음 훈련된 데이터의 분포를 **원본 분포**source distribution라고 한다면, 모델이 실제 운영 환경에서 만나게 되는 데이터의 분포는 **대상 분포**target distribution라고 할 수 있다.

데이터 분포 시프트는 주로 세 가지 유형으로 나뉜다.

❶ 공변량 시프트covariate shift: 입력 데이터의 분포가 변하는 경우를 말한다. 예를 들어 경제 상황의 변화로 인해 소비자의 지출 패턴이 변할 수 있다.

❷ 레이블 시프트label shift: 출력 레이블의 분포가 변하는 경우를 말한다. 예를 들어 신용 위험이 증가하거나 감소하는 시기에 발생할 수 있다.

❸ 개념 드리프트concept drift: 입력과 출력 사이의 관계가 시간에 따라 변하는 경우를 말한다. 예를 들어 신용 평가 기준이 변경되는 경우다.

이러한 변화를 감지하고 대응하기 위해 다양한 도구와 라이브러리가 개발되었다. Alibi Detect는 다양한 드리프트 감지 알고리즘을 구현한 오픈소스 패키지로, 데이터 분포 시프트를 자동으로 감지하는 데 유용하다. 또한 Evidently와 TFDVtensorflow data validation와 같은 도구는 모델의 입력 데이터와 예측 결과를 분석하여 시프트를 감지할 수 있으며, TOAD와 OptBinning을 활용해 PSI 지표로 모델의 안정성을 평가할 수 있다.

모델의 성능을 지속적으로 모니터링하고 데이터 분포 시프트에 대응하는 것은 모델이 실제 운영 환경에서도 예측력을 유지하게 하는 데 매우 중요하다. 이러한 모니터링 과정은 모델을 지속적으로 개선하고, 변화하는 환경에 대응하는 전략을 수립하는 데 도움을 준다.

3.8 마무리

지금까지 우리는 신용 평가 모델링을 위한 일련의 프로세스와 각 단계에서 주의해야 할 사항들을 살펴보았다. 이 과정에는 데이터 준비, 피처 엔지니어링, 변수 선택, 모델링, 평가, 스코어링, 배포, 모니터링이 포함된다. 각 단계에서 우리는 신용 평가 모델의 성능을 최적화하고, 예측력을 높이며, 모델을 실제 운영 환경에 효과적으로 적용할 수 있는 다양한 테크닉과 전략을 살펴보았다.

이 모든 과정은 신용 평가 모델링의 성공을 위해 필수이며, 각 단계에서의 세심한 주의와 적절한 기법의 적용이 모델의 예측력과 실용성을 결정한다. 데이터 과학자들은 이러한 프로세스를 통해 더 정확하고 신뢰할 수 있는 신용 평가 모델을 개발하고, 이는 금융 서비스의 접근성과 공정성을 개선하는 데 기여한다.

실습 1 밑바닥부터 시작하는 머신러닝 기반 신용 평가 모델 개발

두 가지 중요한 데이터셋에 대해 알아볼 것이다.

- 아메리칸 익스프레스 주최 파산 예측 경진대회 데이터셋
  https://www.kaggle.com/competitions/amex-default-prediction

- 홈 크레딧 경진대회 데이터셋
  https://www.kaggle.com/c/home-credit-credit-risk-model-stability/data

첫 번째 데이터셋은 아메리칸 익스프레스가 2023년에 캐글에서 진행한 파산 예측(디폴트 예측) 경진대회에서 사용한 것이다. 이 데이터셋은 실제 금융 데이터를 기반으로 하며, 총 4개의 파일로 구성되어 있고, 그 크기는 50.31GB에 달한다. 이는 매우 큰 규모이기 때문에, 학습과 실습의 편의를 위해 데이터를 고객당 하나의 행을 가진 데이터 테이블 형식으로 변환하고, 그중에서 10만 개의 행을 임의로 추출하여 사용한다.

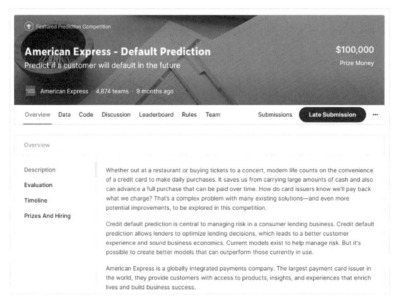

그림 3-8 아메리칸 익스프레스에서 제공하는 데이터셋

두 번째로 주목할 데이터셋은 2024년 2월 현재 진행 중인 홈 크레딧 경진대회에서 사용되는 것이다. 이 대회 역시 신용 평가 모델링을 주제로 하며, 실제 금융 데이터에 매우 가깝게 익명화된 데이터를 제공한다. 이는 실무에서 사용되는 데이터와 큰 차이가 없으며, 신용 평가 모델링 연습에 매우 적합하다.

두 데이터셋은 실제 금융 데이터에 기반을 둔 광범위하고 다양한 정보를 제공한다는 점에서 매우 가치가 있다. 특히 큰 사이즈와 다양한 특성을 갖춘 이 데이터들은 신용 평가 모델링의 다양한 측면을 탐구하고, 실제와 유사한 환경에서 모델을 개발하고 테스트하는 데 큰 도움이 될 것이다. 따라서 신용 평가 모델링에 관심이 있는 이들에게 강력히 추천하며, 이러한 데이터를 통해 실무에 가까운 경험을 할 수 있을 것이다.

	customer_ID	P_2_mean	P_2_std	P_2_min	P_2_max	P_2_last
0	f9e9fbdc82859e7fdcea35523a78f466aa40d1bb7158da...	0.419922	0.033698	0.390381	0.449951	0.390869
1	824526e632f8f6c497b71cb13ec0a519be76344d472970...	0.603516	0.033983	0.542480	0.651367	0.613281
2	b73f63bcbb43055d5bc1b0c4365efa407a939455387a25...	0.823730	NaN	0.823730	0.823730	0.823730
3	783d9b5d9f6594d1a5a42d8474d328b72e8f2a5adc0a60...	0.925293	0.070185	0.702637	0.964844	0.957031
4	2f6a347c73f2fd188d6e110f04275bacb5e0550d7d9d6c...	0.864258	0.017011	0.826172	0.890625	0.826172

D_64_count	D_64_last	D_64_nunique	D_66_count	D_66_last	D_66_nunique	D_68_count	D_68_last	D_68_nunique	target
1	U	1	1	1.0	1	1	5.0	1	1
13	U	1	0	NaN	0	13	6.0	1	0
0	NaN	0	0	NaN	0	0	NaN	0	0
13	O	1	13	1.0	1	13	6.0	1	0
13	R	1	0	NaN	0	13	6.0	1	0

그림 3-9 신용 평가 데이터 예시(출처: 캐글)

❶ AMEX 데이터를 사용한 신용 평가 모델 만들기

다음 코드는 캐글 노트북에서 제공되는 코드로, 데이터 파일의 경로를 보여준다.

```
import numpy as np
import pandas as pd

import os
for dirname, _, filenames in os.walk('/kaggle/input'):
    for filename in filenames:
        print(os.path.join(dirname, filename))
/kaggle/input/amex-data-sampled/train_df_sample.pkl
```

주피터 노트북 스타일을 변경해주었다.

```
!wget http://bit.ly/3ZLyF82 -O CSS.css -q

from IPython.core.display import HTML
with open('./CSS.css', 'r') as file:
    custom_css = file.read()
HTML(custom_css)
```

파이썬의 warnings 라이브러리를 사용하여, sklearn.metrics.cluster 모듈에서 발생하는 모든 경고 메시지를 무시하도록 설정한다. warnings.filterwarnings 함수는 경고 메시지를 제어할 수 있도록 해주며, ignore 옵션은 특정 조건에 맞는 경고가 발생해도 출력되지 않도록 한다. 여기서는 sklearn.metrics.cluster 모듈로부터 발생하는 모든 경고를 숨긴다. 이렇게 하면 경고 메시지가 콘솔에 표시되지 않아 출력이 더 깔끔해진다.

```
import warnings
warnings.filterwarnings('ignore', module='sklearn.metrics.cluster')
```

pickle 파일을 읽어온다. 위에서 프린트된 경로를 입력해주어야 한다. 마지막으로 reset_index() 메서드를 사용해 인덱스를 설정해주고 head() 메서드로 데이터를 살펴본다.

```
df = pd.read_pickle('/kaggle/input/amex-data-sampled/train_df_sample.pkl')

df = df.reset_index()
df.head()
```

	customer_ID	P_2_mean	P_2_std	P_2_min	...
1	f9e9fbdc82859e7fdcea35 523a78f466aa40d1bb7158 da...	0.419922	0.033698	0.390381	...
2	824526e632f8f6c497b 71cb13ec0a519be7634 4d472970...	0.603516	0.033983	0.542480	...
3	b73f63bcbb43055d5bc1b 0c4365efa407a93945538 7a25...	0.823730	NaN	0.823730	...
...	...	...	...	...	...
rows × 920 columns					

탐색적 데이터 분석과 피처 엔지니어링

이제 데이터에 대한 탐색적 분석을 진행하고, 결측치를 처리하는 작업을 진행한다.

다음은 Amex prediction default 데이터를 한 명의 고객 단위로 피벗pivot하고 10만 개를 샘플링한 데이터다. 해시hash된 ID값이 보인다. 이렇게 긴 문자열은 데이터 사이즈가 클 경우 메모리 사용량에 영향을 주게 된다. 필요한 만큼만 인코딩해서 사용한다. 이번 노트북에서 ID 열이 별도로 필요하진 않지만, 해시된 값을 인코딩하는 방법을 함수로 구현해 적용해보겠다.

```
import hashlib

def encode_customer_id(id_str):
    encoded_id = hashlib.sha256(id_str.encode('utf-8')).hexdigest()[:16]
    return encoded_id

df['customer_ID'] = df['customer_ID'].apply(encode_customer_id)

def drop_null_cols(df, threshold=0.8):
    """
    데이터프레임에서 결측치 비율이 threshold 이상인 변수를 제거하는 함수
    """
    null_percent = df.isnull().mean()
    drop_cols = list(null_percent[null_percent >= threshold].index)
    df = df.drop(drop_cols, axis=1)
    print(f"Dropped {len(drop_cols)} columns: {', '.join(drop_cols)}")
    return df
```

먼저 결측치 비율이 높은 변수를 제거해보자. 결측치에 대한 탐색 작업이 끝났다고 가정한다. 즉해당 데이터의 결측치에는 특별한 의미가 없다고 가정한다. 하지만 실제 모델링 과정에서 해당 결측치가 발생한 원인을 파악하는 것은 매우 중요한 작업이다. 결측치 제거를 위해 별도 함수를 만들어도 되고, 나중에 변수 선택feature selection 부분에서 추가하거나 오픈소스 라이브러리를 사용해도 된다. 코드를 간결하게 하기 위해 함수화하는 작업은 매우 중요하다.

```
df = drop_null_cols(df)

Dropped 106 columns: D_49_mean, D_49_std, D_49_min, D_49_max, D_49_last, D_73_mean,
D_73_std, D_73_min, D_73_max, D_73_last, D_76_mean, D_76_std, D_76_min, D_76_max, D_76_last,
R_9_mean, R_9_std, R_9_min, R_9_max, R_9_last, B_29_mean, B_29_std, B_29_min, B_29_max,
B_29_last, D_87_mean, D_87_std, D_87_min, D_87_max, D_87_last, D_88_mean, D_88_std,
D_88_min, D_88_max, D_88_last, D_106_mean, D_106_std, D_106_min, D_106_max, D_106_last,
R_26_mean, R_26_std, R_26_min, R_26_max, R_26_last, D_108_mean, D_108_std, D_108_min,
```

```
D_108_max, D_108_last, D_110_mean, D_110_std, D_110_min, D_110_max, D_110_last, D_111_mean,
D_111_std, D_111_min, D_111_max, D_111_last, B_39_mean, B_39_std, B_39_min, B_39_max --생략--
```

범주형 변수를 지정해준다.

```
cat_features = [
    "B_30",
    "B_38",
    "D_114",
    "D_116",
    "D_117",
    "D_120",
    "D_126",
    "D_63",
    "D_64",
    "D_68"
]
cat_features = [f"{cf}_last" for cf in cat_features]
```

범주형 변수에 대한 정보는 원천 데이터_{raw data} 설명에 나와 있다.

```
import random

num_cols = df.select_dtypes(include=np.number).columns.tolist()
num_cols = [col for col in num_cols if 'target' not in col and col not in cat_features]
num_cols_sample = random.sample([col for col in num_cols if 'target' not in col], 100)
```

우리는 범주형 변수와 100개의 수치형 변수를 임의로 선택하도록 하겠다(캐글 노트북 성능의 한계로
인해 너무 많은 변수는 다루기 어렵다).

```
feature_list = num_cols_sample + cat_features
all_list = feature_list + ['target']

df = df[all_list]

def summary(df):
    print(f'data shape: {df.shape}')
    summ = pd.DataFrame(df.dtypes, columns=['data type'])
    summ['#missing'] = df.isnull().sum().values
    summ['%missing'] = df.isnull().sum().values / len(df)* 100
    summ['#unique'] = df.nunique().values
```

```
    desc = pd.DataFrame(df.describe(include='all').transpose())
    summ['min'] = desc['min'].values
    summ['max'] = desc['max'].values
    summ['first value'] = df.loc[0].values
    summ['second value'] = df.loc[1].values
    summ['third value'] = df.loc[2].values

    return summ
```

요약 테이블은 데이터 정보를 한눈에 볼 수 있도록 해준다. 직접 함수를 구현하지 않고, 오픈소스 라이브러리를 사용해도 된다.

```
summary(df)
data shape: (100000, 111)
```

	data type	#missing	%missing	#unique	min	max	first value	second value	third value
S_24_ mean	float16	30	0.030	4862	-51.5	1.050781	0.987305	0.980469	0.960938
R_8_min	float16	0	0.000	8153	0.0	20.015625	0.001035	0.001025	0.008377
...	...	...	...	...	...	...	...	...	...
D_64_ last	category	1144	1.144	4	NaN	NaN	U	U	NaN
D_68_ last	float16	1151	1.151	7	0.0	6.0	5.0	6.0	NaN
target	int8	0	0.000	2	0.0	1.0	1	0	0

```
111 rows × 9 columns
```

NOTE 신속한 EDA 기능을 구현한 오픈소스 라이브러리는 많다. pandas-profiling은 데이터프레임의 요약 통계 정보를 자동으로 생성해주는 라이브러리다. 데이터셋의 기본 통계, 상관관계, 미싱 데이터, 변수 분포 등을 확인할 수 있다. missingno는 결측 데이터를 시각화하여 데이터셋의 누락된 값을 쉽게 파악할 수 있는 도구다.

gc.collect()는 파이썬의 **가비지 컬렉터**garbage collector를 명시적으로 호출하여 메모리를 회수하는 역할을 한다. 가비지 컬렉터는 더 이상 사용되지 않는 객체들을 자동으로 메모리에서 해제하는 파이썬의 기능이다.

```
import gc
gc.collect()
547
```

gc.collect()를 호출하는 이유는 다음과 같다.

- 메모리 관리: 파이썬은 동적 메모리 할당 및 해제를 처리하기 때문에, 메모리 관리가 중요하다. gc.collect()를 사용하여 더 이상 필요하지 않은 객체들을 메모리에서 제거함으로써 메모리 사용량을 최적화할 수 있다.
- 메모리 누수 방지: 가비지 컬렉터는 메모리 누수를 방지하기 위해 사용할 수 있다. 메모리 누수란 더 이상 사용되지 않는 객체들이 메모리에 남아 있어 메모리 사용량이 계속해서 증가하는 현상을 말한다. gc.collect()를 호출하여 메모리에서 제거되지 않은 객체들을 강제로 회수함으로써 메모리 누수를 방지할 수 있다.
- 성능 개선: 가비지 컬렉터는 메모리 회수에 관여하므로, 불필요한 객체들을 빠르게 회수함으로써 프로그램의 전반적인 성능을 향상시킬 수 있다.

gc.collect()는 일반적으로 명시적으로 호출할 필요가 없으며, 파이썬 인터프리터가 자동으로 가비지 컬렉션을 수행한다. 하지만 특정 시점에서 메모리를 즉시 회수하고자 할 때 사용할 수 있다. 주로 대규모 데이터 처리나 장기간 실행되는 프로그램에서 메모리 사용을 최적화하기 위해 사용된다.

```
df[cat_features].head()
```

	B_30_ last	B_38_ last	D_114_ last	D_116_ last	D_117_ last	D_120_ last	D_126_ last	D_63_ last	D_64_ last	D_68_ last
0	0.0	5.0	0.0	0.0	-1.0	1.0	1.0	CO	U	5.0
1	0.0	3.0	0.0	0.0	4.0	0.0	1.0	CL	U	6.0
2	0.0	1.0	NaN	NaN	NaN	NaN	0.0	CO	NaN	NaN
3	0.0	2.0	1.0	0.0	5.0	0.0	1.0	CO	0	6.0
4	0.0	2.0	1.0	0.0	-1.0	0.0	1.0	CL	R	6.0

데이터 타입을 자세히 살펴보자.

```
df[cat_features].dtypes
B_30_last      float16
B_38_last      float16
D_114_last     float16
D_116_last     float16
D_117_last     float16
D_120_last     float16
D_126_last     float16
```

```
D_63_last     category
D_64_last     category
D_68_last       float16
dtype: object
```

```
for categorical_feature in cat_features:
    if df[categorical_feature].dtype == 'float16':
        df[categorical_feature] = df[categorical_feature].astype(str)
    if df[categorical_feature].dtype == 'category':
        df[categorical_feature] = df[categorical_feature].astype(str)
    elif df[categorical_feature].dtype == 'object':
        df[categorical_feature] = df[categorical_feature].astype(str)
```

범주형 변수의 데이터 타입이 다양할 경우 데이터 처리 작업에서 오류가 발생할 가능성이 높다. 따라서 위 코드를 사용해 범주형 변수의 변수 타입을 통일해준다. 이제 범주형 변수의 데이터 타입이 일관성 있게 변경되었는지 확인해보자. dtypes 속성을 사용해 각 열에 있는 데이터 타입 정보를 반환한다.

```
df[cat_features].dtypes
B_30_last     object
B_38_last     object
D_114_last    object
D_116_last    object
D_117_last    object
D_120_last    object
D_126_last    object
D_63_last     object
D_64_last     object
D_68_last     object
dtype: object
```

다음은 결측치를 처리하는 전처리 과정이다. 결측치에 대한 처리 전략은 더 자세한 데이터 분석을 통해 결정되어야 한다. 여기서는 가장 간단한 방법을 사용하지만, 실무에서는 다양한 탐색을 토대로 처리 전략을 결정해야 한다. 자세한 방법은 3.7.1절을 참고하길 바란다.

Scikit-learn의 LabelEncoder를 사용해 범주형 특성을 숫자로 인코딩해보자. 이를 위해 먼저 fillna() 메서드를 사용해 누락된 값을 NaN 문자열로 채워줘야 한다. 그 후 LabelEncoder를 적용하면 각 범주형 값들은 고유 정수로 변하게 된다. 즉 여기서는 결측치를 하나의 고유한 값으로 처리한 것이다

```python
from sklearn.preprocessing import LabelEncoder

le_encoder = LabelEncoder()

for categorical_feature in cat_features:
    df[categorical_feature].fillna(value='NaN', inplace=True)
    df[categorical_feature] = le_encoder.fit_transform(df[categorical_feature])
```

다음은 SimpleImputer를 사용해 수치형 변수의 결측치를 처리해보자. SimpleImputer 인스턴스를 생성하고, 전략 파라미터로 평균, 중앙값, 최빈값 등을 사용할 수 있도록 함수를 만든다. 여기서는 기본값으로 평균mean을 사용한다. fit_transform 메서드를 호출해 대상 수치형 열에 대한 치환imputation을 수행한다. 이렇게 하면 각 열의 NaN값을 평균값 혹은 지정된 다른 전략에 따른 값으로 대체한다.

```python
from sklearn.impute import SimpleImputer

def impute_nan(df, num_cols, strategy='mean'):
    """
    NaN값을 strategy에 따라 num_cols에 대해 impute하는 함수

    :param df: DataFrame
    :param num_cols: list, imputation 대상 numeric column 리스트
    :param strategy: str, imputation 전략 (default: 'mean')
    :return: DataFrame, imputed DataFrame
    """
    imputer = SimpleImputer(strategy=strategy)
    df[num_cols] = imputer.fit_transform(df[num_cols])
    return df

df = impute_nan(df,num_cols_sample, strategy="mean")

df.head()
```

	S_24_mean	R_8_min	R_6_mean	D_62_mean	B_24_min	S_25_std	S_12_last	...
0	0.987305	0.001035	0.005604	0.009079	0.001167	0.000399	0.256592	...
1	0.980469	0.001025	0.005291	0.268555	0.000063	0.002991	0.177734	...
2	0.960938	0.008377	0.003263	0.322754	0.002153	0.065914	0.192261	...
3	0.958008	0.000573	0.005215	0.123047	0.000470	0.002986	0.176270	...
4	0.939453	0.001476	0.005772	0.208496	0.001136	0.003261	0.207520	...

rows × 111 columns

간단한 시각화를 진행해보겠다. 사실 순서는 상관이 없다. 오히려 시각화를 통한 데이터 파악 후 데이터에 대한 처리를 진행해주는 것도 좋은 방법이다. 다만, 시각화 코드 적용시 데이터 타입이 맞지 않거나 결측치가 있다면 잘못된 시각화 정보를 제공할 수도 있다.

다음은 타깃 데이터의 분포를 시각화해 살펴보자. 간단한 도넛 그래프를 통해 타깃 데이터 분포를 시각화할 수 있다.

```python
import plotly.express as px

fig2 = px.pie(df, names='target',
             height=400, width=600,
             hole=0.7,
             title='target class Overview',
                 color_discrete_sequence=['#4c78a8', '#72b7b2'])
fig2.update_traces(hovertemplate=None, textposition='outside', textinfo='percent+label',
rotation=0)
fig2.update_layout(margin=dict(t=100, b=30, l=0, r=0), showlegend=False,
                        plot_bgcolor='#fafafa', paper_bgcolor='#fafafa',
                        title_font=dict(size=20, color='#555', family="Lato, sans-serif"),
                        font=dict(size=17, color='#8a8d93'),
                        hoverlabel=dict(bgcolor="#444", font_size=13, font_family="Lato,
sans-serif"))
fig2.show()
```

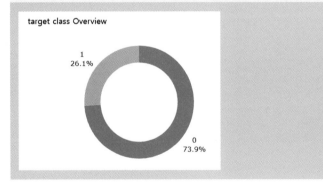

이제 각 변수들의 분포를 시각화해보자.

```python
import seaborn as sns
import matplotlib.pyplot as plt
import math

sns.set(style="whitegrid")
fig, axs = plt.subplots(math.ceil(len(cat_features)/2), 2, figsize=(20, 30))
```

```
for i, feature in enumerate(cat_features):
    row = i // 2
    col = i % 2
    sns.countplot(x=feature, data=df, ax=axs[row, col])
    axs[row, col].set_xlabel(feature)
    axs[row, col].set_ylabel("Count")
    sns.despine()
plt.show()
```

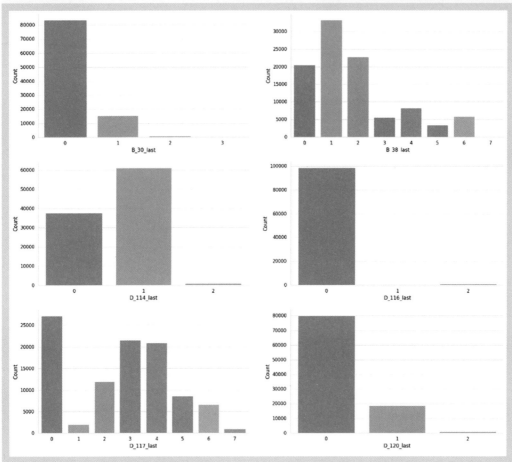

각 피처의 타깃 분포를 한눈에 보고 싶다면 코드를 어떻게 수정해야 할까? 다음과 같이 분포를 함께 볼 수 있는 히스토그램으로 시각화할 수도 있다.

```
exp_cols = random.sample(num_cols_sample, k=4)
# num_data = train_data.select_dtypes(exclude=['object']).copy()

plt.figure(figsize=(14,10))
```

```
for idx,column in enumerate(exp_cols):
    plt.subplot(3,2,idx+1)
    sns.histplot(x=column, hue="target", data=df,bins=30,kde=True,palette='YlOrRd')
    plt.title(f"{column} Distribution")
    plt.ylim(0,100)
    plt.tight_layout()
```

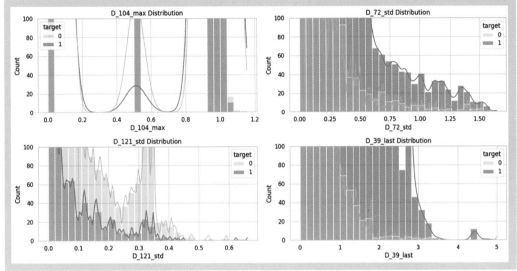

4개의 변수만 선택해 시각화해보았다. 각 변수가 타깃(0 또는 1)에 따라 어떻게 분포하고 있는지 살펴볼 수 있다. 각 분포가 상이할수록 예측력predictive power이 높을 것이라 기대할 수 있다.

WoE와 IV값을 계산하는 함수 구현

다음 코드는 주어진 데이터프레임(df)과 피처 리스트(feature_list), 범주형 피처 리스트(cat_features), 타깃 변수(target)를 기반으로 WoE와 IV를 계산한다.

```
def calculate_woe_iv(df, feature_list, cat_features, target):
    result_df = pd.DataFrame(columns=['Feature', 'Bins', 'WoE', 'IV', 'IV_sum'])
    selected_features = []  # 선택된 피처들을 저장할 리스트
    bin_edges_dict = {}  # 피처별 bin 경계값을 저장할 딕셔너리
    woe_dict = {}  # 피처별 WoE값을 저장할 딕셔너리

    for feature in feature_list:
        if feature in cat_features:  # 피처가 범주형일 경우
            df_temp = df.copy()
            df_temp[feature + '_bins'] = df_temp[feature]
            # 범주형 변수의 고윳값들을 bin으로 사용
            bin_edges_dict[feature] = sorted(df[feature].unique())
```

```
                        # 피처의 고유값들을 bin 경곗값으로 저장
            else:  # 피처가 연속형일 경우
                df_temp = df.copy()
                df_temp[feature + '_bins'], bin_edges = pd.qcut(df_temp[feature], 10,
                duplicates='drop', retbins=True)
                bin_edges_dict[feature] = bin_edges
                # 피처를 10개의 bin으로 분할하고 bin 경곗값을 저장

        # 피처의 각 bin에서 이벤트와 비이벤트의 개수를 계산한다.
        grouped_data = df_temp.groupby(feature + '_bins')[target].agg([
            ('non_event', lambda x: sum(1 - x)),  # 비이벤트(0)의 개수를 합산
            ('event', lambda x: sum(x))  # 이벤트(1)의 개수를 합산
        ]).reset_index()

        # 비이벤트와 이벤트의 비율을 계산한다.
        grouped_data['non_event_prop'] = grouped_data['non_event'] / sum(grouped_data['non_
        event'])
        grouped_data['event_prop'] = grouped_data['event'] / sum(grouped_data['event'])

        # WoE를 계산한다.
        grouped_data['WOE'] = np.where(
            grouped_data['event_prop'] == 0,
            0,
            np.log(grouped_data['non_event_prop'] / grouped_data['event_prop'])
        )

        # IV를 계산한다.
        grouped_data['IV'] = (grouped_data['non_event_prop'] - grouped_data['event_prop'])
        * grouped_data['WOE']
        iv_sum = sum(grouped_data['IV'])

        if iv_sum >= 0.02:  # IV 합이 0.02 이상인 경우 피처를 선택
            selected_features.append(feature)

        result = pd.DataFrame()
        result['Feature'] = [feature] * len(grouped_data)
        result['Bins'] = grouped_data[feature + '_bins']
        result['WOE'] = grouped_data['WOE']
        result['IV'] = grouped_data['IV']
        result['IV_sum'] = [iv_sum] * len(grouped_data)

        result_df = pd.concat([result_df, result])

        woe_dict[feature] = grouped_data.set_index(feature + '_bins')['WOE'].to_dict()

# 선택된 피처들의 개수와 목록을 출력한다.
print("전체 피처 개수:", len(feature_list))
print("선택된 피처 개수:", len(selected_features))
print("선택된 피처:", selected_features)
```

```
    return result_df, selected_features, bin_edges_dict, woe_dict
```

피처가 범주형일 경우, 해당 피처의 고유값들을 `bin`으로 사용한다. 피처가 연속형일 경우, 10개의 `bin`으로 분할하고 `bin` 경곗값을 저장한다. 각 `bin`에서 이벤트와 비이벤트(이벤트가 발생하지 않은 경우)의 개수를 계산한다.

비이벤트와 이벤트의 비율을 계산한다. WoE를 계산한다. WoE는 비이벤트 비율과 이벤트 비율의 로그 비율로 정의된다. IV를 계산한다. IV는 비이벤트 비율과 이벤트 비율의 차이에 WoE를 곱한 값이다. IV 합이 0.02 이상인 경우, 피처를 선택하고 선택된 피처 목록에 추가한다.

결과를 저장할 데이터프레임(`result_df`)에 계산된 WoE값, IV값을 추가한다. WoE값을 피처별로 저장하는 딕셔너리(`WoE_dict`)에도 계산된 값을 저장한다. 선택된 피처들의 개수와 목록을 출력한다.

다음 코드는 `result_df`(결과 데이터프레임), `selected_features`(선택된 피처 목록), `bin_edges_dict`(피처별 bin 경곗값 딕셔너리), `WoE_dict`(피처별 WoE값 딕셔너리)를 반환한다.

```
result_df, selected_features, bin_edges_dict, woe_dict = calculate_woe_iv(df, feature_list,
cat_features, 'target')
```
```
전체 피처 개수: 110
선택된 피처 개수: 96
선택된 피처: ['S_24_mean', 'R_8_min', 'R_6_mean', 'D_62_mean', 'B_24_min', 'S_25_std',
'S_12_last', 'D_89_mean', 'S_24_last', 'D_118_min', 'S_5_std', 'B_38_count', 'B_17_max',
'D_81_std', 'S_13_min', 'D_72_std', 'D_125_last', 'B_3_last', 'B_8_std', 'S_23_std',
'D_56_max', 'B_2_last', 'B_22_max', 'D_74_mean', 'D_131_last', 'P_4_mean', 'D_123_mean',
'D_53_std', 'D_116_count', 'B_11_last', 'S_7_max', 'S_12_std', 'D_74_last', 'D_39_last',
'D_121_std', 'D_53_min', 'R_19_max', 'B_4_last', 'D_125_min', 'D_143_max', 'R_14_std',
'D_103_min', 'B_13_min', 'D_104_max', 'R_15_mean', 'R_15_std', 'B_32_max', 'B_9_std',
'D_44_min', 'B_19_std', 'D_123_std', 'B_24_mean', 'R_21_std', 'D_44_std', 'D_141_std',
'D_83_mean', 'B_12_mean', 'S_8_max', 'D_54_std', 'B_22_std', 'D_47_min', 'D_89_last',
'B_7_min', 'B_16_max', 'B_5_last', 'S_25_last', 'D_83_max', 'D_118_std', 'D_86_max',
'R_20_mean', 'R_1_last', 'D_139_last', 'D_48_std', 'B_16_last', 'D_105_last', 'R_20_max',
'D_127_std', 'B_21_mean', 'B_13_mean', 'S_3_min', 'R_20_std', 'R_1_std', 'D_122_last',
'D_133_std', 'D_89_max', 'B_28_min', 'B_19_min', 'R_15_max', 'B_30_last', 'B_38_last',
'D_114_last', 'D_117_last', 'D_120_last', 'D_63_last', 'D_64_last', 'D_68_last']
```

이제 `weo`를 만드는 함수를 정의해보자. 이 함수는 데이터프레임에서 선택된 특성들(`selected_features`)을 WoE값으로 변환한다. 이 과정은 주어진 범주형 특성(`cat_features`)과 연속형 특성에 대해 다음과 같이 진행된다.

- df_woe라는 새로운 데이터프레임을 생성하여, selected_features 및 타깃 변수(target)를 포함한다.
- 만약 selected_features가 cat_features에 속하면, 해당 특성의 모든 값을 woe_dict를 사용해 WOE값으로 매핑한다. 혹은 연속형 변수라면, bin_edges_dict에 정의된 구간(bins)을 기반으로 pd.cut 함수를 사용해 구간화한다. 그리고 이 구간들을 woe_dict를 사용해 WoE값으로 매핑한다. 이 함수는 WoE로 변환된 새로운 데이터프레임 df_woe를 반환한다.

```python
def transform_to_woe(df, selected_features, cat_features, bin_edges_dict, woe_dict, target):
    df_woe = df[selected_features + [target]].copy()

    for feature in selected_features:
        if feature in cat_features:
            df_woe[feature] = df_woe[feature].map(woe_dict[feature])
        else:
            feature_bins = pd.cut(df_woe[feature], bins=bin_edges_dict[feature],
            include_lowest=True)
            df_woe[feature] = feature_bins.map(woe_dict[feature])

    return df_woe
```

앞서 만든 transform_to_woe 함수를 데이터 프레임에 적용해보자. 그리고 df_woe.head() 호출을 통해 변환된 데이터프레임의 첫 5행을 출력한다.

```python
df_woe = transform_to_woe(df, selected_features, cat_features, bin_edges_dict, WoE_dict,
'target')

df_woe.head()
```

	S_24_mean	R_8_min	R_6_mean	D_62_mean	B_24_min	S_25_std	S_12_last	...
0	−1.065325	−0.044411	0.478272	−1.680991	−0.002570	0.493067	0.583837	...
1	−1.065325	−0.044411	0.467837	2.000357	0.135513	0.818511	0.141685	...
2	−0.060860	−0.352798	0.291355	2.525603	−0.451556	−0.240031	−0.147275	...
3	−0.060860	0.071101	0.467837	0.955239	0.063204	0.818511	0.141685	...
4	0.216259	−0.114855	0.441620	1.374569	−0.002570	0.745658	0.280232	...

rows × 97 columns

모델링

간단한 전처리를 마무리했으니 이제 본격적으로 xgboost 알고리즘을 사용한 모델링을 해보자. 프로세스에 대한 설명이 주 목적이기 때문에 복잡한 하이퍼 파라미터 튜닝 작업은 진행하지 않는다.

```python
from sklearn.model_selection import StratifiedKFold
from xgboost import XGBClassifier
from sklearn.metrics import roc_auc_score

def xgboost_model(df_woe, target, folds=5, seed=2023):
    xgb_models = []  # XGBoost 모델들을 저장할 리스트
    xgb_oof = []  # out-of-fold 예측 결과를 저장할 리스트
    predictions = np.zeros(len(df_woe))  # 전체 데이터셋에 대한 예측 결과를 저장할 배열
    f_imp = []  # 특성 중요도를 저장할 리스트

    X = df_woe.drop(columns=[target])  # 독립 변수 데이터
    y = df_woe[target]  # 종속변수 데이터

    skf = StratifiedKFold(n_splits=folds, shuffle=True, random_state=seed)
    for fold, (train_idx, val_idx) in enumerate(skf.split(X, y)):
        print(f'{"#"*24} Training FOLD {fold+1} {"#"*24}')

        X_train, y_train = X.iloc[train_idx], y.iloc[train_idx]
        X_valid, y_valid = X.iloc[val_idx], y.iloc[val_idx]
        watchlist = [(X_train, y_train), (X_valid, y_valid)]

        model = XGBClassifier(n_estimators=1000, n_jobs=-1, max_depth=4, eta=0.2,
        colsample_bytree=0.67)
        model.fit(X_train, y_train, eval_set=watchlist, early_stopping_rounds=300,
        verbose=0)

        val_preds = model.predict_proba(X_valid)[:, 1]  # 검증셋에 대한 예측 확률
        val_score = roc_auc_score(y_valid, val_preds)  # 검증셋의 ROC AUC 점수
        best_iter = model.best_iteration

        idx_pred_target = np.vstack([val_idx, val_preds, y_valid]).T
        # 검증셋 인덱스, 예측 확률, 실제 타깃값으로 구성된 배열
        f_imp.append({i: j for i, j in zip(X_train.columns, model.feature_importances_)})
        # 특성 중요도 저장

        print(f'{" "*20} auc:{val_score:.5f} {" "*6} best iteration:{best_iter}')

        xgb_oof.append(idx_pred_target)  # out-of-fold 예측 결과 추가
        xgb_models.append(model)  # 학습된 모델 추가

        if val_score > 0.917:
```

```
        predictions += model.predict_proba(X)[:, 1]
        # 특정 조건을 만족하는 모델의 예측 확률을 누적

predictions /= folds  # folds 수로 나눠 평균 예측 확률 계산
mean_val_auc = np.mean([roc_auc_score(oof[:, 2], oof[:, 1]) for oof in xgb_oof])
# 평균 out-of-fold ROC AUC 점수 계산
print('*'*45)
print(f'Mean AUC: {mean_val_auc:.5f}')

return xgb_models, xgb_oof, predictions, f_imp
```

이 코드는 XGBoost 분류기를 사용하여 교차 검증과 모델 학습을 수행한다. 입력으로 데이터프레임 df_woe, 타깃 변수명 target, 교차 검증의 폴드 수 folds, 랜덤 시드 seed를 받는다.

- 모델 저장 및 결과 초기화: xgb_models 리스트는 각 폴드에서 학습된 XGBoost 모델을 저장한다. xgb_oof 리스트는 검증 데이터에 대한 예측 결과를 저장한다. predictions 배열은 전체 데이터셋에 대한 예측 결과를 누적한다. f_imp 리스트는 각 특성의 중요도를 저장한다.

- 데이터 준비: X는 독립 변수 데이터이고, y는 종속변수 데이터다.

- 교차 검증: StratifiedKFold를 사용하여 데이터를 folds 개의 교차 검증 폴드로 나눈다. 이 과정은 데이터의 클래스 비율을 유지하면서 수행된다.

- 모델 학습과 평가: 각 폴드에 대해 XGBoost 모델을 학습하고, 학습된 모델로 검증 데이터의 예측 확률을 계산한다. 이 예측 확률을 사용해 ROC AUC 점수를 계산한다. 학습은 조기 종료 조건(early_stopping_rounds)과 함께 수행된다.

- 특성 중요도 저장: 각 폴드에서의 특성 중요도를 f_imp 리스트에 저장한다.

- 조건부 예측 확률 누적: 특정 조건(예: val_score > 0.917)을 만족할 때, 해당 모델의 예측 확률을 전체 데이터셋에 대해 계산하고 predictions에 누적한다.

- 최종 예측 결과 계산: predictions 배열을 폴드 수로 나누어 평균 예측 확률을 계산한다.

- 평균 ROC AUC 점수 계산: 모든 out-of-fold 검증 결과를 사용하여 평균 ROC AUC 점수를 계산한다.

함수는 학습된 모델 리스트, 검증 결과, 최종 예측 확률, 특성 중요도 리스트를 반환한다. 이 과정을 통해 모델의 성능을 평가하고 최적화한다.

모델에 적합fit할 때 에러가 발생하지 않도록 데이터 타입을 한 번 더 확인한다.

```
df_woe.dtypes
S_24_mean      category
R_8_min        category
R_6_mean       category
D_62_mean      category
B_24_min       category
                 ...
D_120_last     float64
D_63_last      float64
D_64_last      float64
D_68_last      float64
target           int8
Length: 97, dtype: object
```

XGB 모델을 적합할 수 있도록 `category` 변수를 변환한다.

```
def convert_category_to_numeric(df):
    for col in df.columns:
        if str(df[col].dtype) == 'category':
            df[col] = df[col].astype('int')
    return df
```

앞서 만든 카테고리 변수를 수치 변수로 변환하는 함수를 적용해준다.

```
df_woe = convert_category_to_numeric(df_woe)
```

Xgboost 모델을 적합한다. `folds`는 5로 설정하고 `seed`는 2003으로 설정했다. 다섯 번의 훈련 `folds`에서 평균 AUC는 0.9468로 나타났다.

```
import warnings
warnings.filterwarnings("ignore", category=UserWarning, module='xgboost')

xgb_models, xgb_oof, predictions, f_imp = xgboost_model(df_woe, 'target', folds=5,
seed=2023)
####################### Training FOLD 1 #######################
                 auc:0.94730        best iteration:125
####################### Training FOLD 2 #######################
                 auc:0.94686        best iteration:177
####################### Training FOLD 3 #######################
                 auc:0.94540        best iteration:112
####################### Training FOLD 4 #######################
```

```
                  auc:0.94793          best iteration:111
######################### Training FOLD 5 #########################
                  auc:0.94694          best iteration:176
*********************************************
Mean AUC: 0.94689
```

다음 코드는 XGBoost 모델의 성능을 평가하기 위해 ROC 곡선과 혼동 행렬confusion matrix을 시각화하는 과정을 수행한다. 그래프를 그리기 위해 `Matplotlib`, `Seaborn` 라이브러리를 사용하고, scikit-learn에서 제공하는 평가 함수를 활용한다.

- ROC 곡선 시각화: 첫 번째 서브 플롯에서는 교차 검증 과정에서의 각 out-of-fold 예측에 대해 ROC 곡선을 그린다. ROC 곡선은 **실제 양성 비율**true positive rate, TPR 대 **거짓 양성 비율**false positive rate, FPR을 표시하여 모델의 이진 분류 성능을 나타낸다. 곡선 아래의 면적(AUC)은 모델의 성능을 수치적으로 나타낸다. 이 면적이 1에 가까울수록 모델의 성능이 좋다는 것을 의미한다.
- 혼동 행렬 시각화: 두 번째 서브 플롯에서는 혼동 행렬을 시각화한다. 혼동 행렬은 모델이 실제 클래스와 얼마나 잘 일치하는지를 보여주는 행렬로, 실제 타깃값과 모델이 예측한 클래스를 비교하여 계산한다. 이 행렬은 `Seaborn` 라이브러리의 `heatmap` 함수를 사용하여 그리며, 모델의 정확도, 민감도 등을 평가하는 데 유용하다.

```python
import matplotlib.pyplot as plt
from sklearn.metrics import roc_curve, auc, confusion_matrix
import seaborn as sns

plt.figure(figsize=(14, 6))

# ROC 커브 시각화
plt.subplot(1, 2, 1)
for oof in xgb_oof:
    fpr, tpr, _ = roc_curve(oof[:, 2], oof[:, 1])
    roc_auc = auc(fpr, tpr)
    plt.plot(fpr, tpr, label=f'ROC curve (area = {roc_auc:.2f})')
plt.plot([0, 1], [0, 1], color='navy', linestyle='--')
plt.xlim([0.0, 1.0])
plt.ylim([0.0, 1.05])
plt.xlabel('False Positive Rate')
plt.ylabel('True Positive Rate')
plt.title('Receiver Operating Characteristic')
plt.legend(loc="lower right")

plt.subplot(1, 2, 2)
```

```
# 혼동 행렬을 계산하고 그린다.
# 확률 대신 예측 클래스를 사용해야 한다.
# 예측 임곗값으로 0.5를 사용한다.
predictions_class = [1 if pred > 0.5 else 0 for pred in predictions]
cm = confusion_matrix(df_woe['target'], predictions_class)
sns.heatmap(cm, annot=True, fmt='d')
plt.title('Confusion Matrix')
plt.xlabel('Predicted')
plt.ylabel('True')

plt.tight_layout()
plt.show()
```

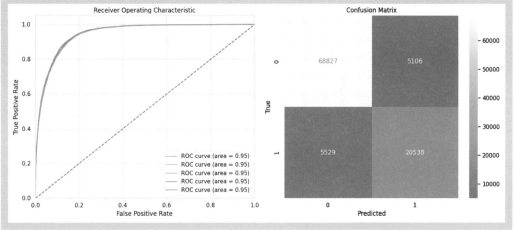

이제 머신러닝 모델로 나온 확률값을 신용 평가에 활용하기 위해 점수로 변환하는 방법을 배워보자. 앞서 배운 것처럼 여기서 수행하는 내용이 유일한 점수 변환 방법이 아니기 때문에 다양한 방법을 통해 점수를 변환하고 사용해보길 권한다.

- 기본 설정: 기본 점수(base_score)는 650점으로 설정되어 있으며, PDO(더블 포인트points of double odds)는 20점이다. 이는 확률의 로그 오즈가 두 배가 될 때 점수가 20점 증가한다는 것을 의미한다.

- 계수와 오프셋 계산: 계수(factor)는 PDO를 로그 2의 값으로 나눈 것으로 계산되며, 이를 통해 확률의 변화에 따라 점수가 어떻게 조정되는지 결정한다. 오프셋(offset)은 기본 점수에서 로그 20을 계수로 곱한 값이 차감된 결과다.

- 점수 계산 함수: calculate_score 함수는 주어진 확률(probability)에 대해 해당 확률의 로그 오즈를 계산하고, 이를 이용해 신용 점수를 도출한다. 계산된 점수는 250점에서 1000점 사

이로 제한된다.

- 점수 계산 및 반올림: 입력된 확률(`predictions`)에 대한 신용 점수를 계산하고, 결과 점수를 가장 가까운 정수로 반올림한다.

- 점수 분포 시각화: `matplotlib.pyplot` 라이브러리를 사용하여 신용 점수의 분포를 히스토그램으로 표시한다. 이 그래프는 점수의 빈도를 나타내며, 신용 점수의 전반적인 분포를 파악할 수 있게 한다.

```python
import numpy as np
import matplotlib.pyplot as plt

# 기본 스코어 설정
base_score = 650

# PDO 설정
PDO = 20

# factor와 offset을 계산한다. factor는 신용 점수 계산에서 확률의 변화가 점수에 미치는
영향의 강도를 결정한다. offset은 신용 점수 계산의 기준점 또는 시작점을 설정한다.
factor = PDO / np.log(2)
offset = base_score - (factor * np.log(20))

# 스코어 계산을 위한 함수를 정의
def calculate_score(probability, factor, offset):
    odds = (probability / (1 - probability))
    score = offset + (factor * np.log(odds))
    return np.clip(score, 250, 1000)  # Clip scores between 250 and 1000

# 스코어 계산
scores = calculate_score(1 - predictions, factor, offset)

# 스코어를 정수로 반올림
scores = np.round(scores)

# 점수 시각화
plt.hist(scores, bins=20)
plt.title('Credit Score Distribution')
plt.xlabel('Score')
plt.ylabel('Frequency')
plt.show()
```

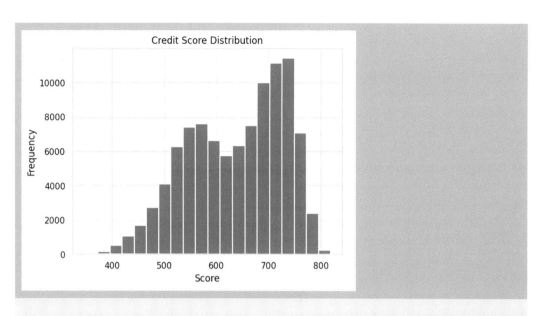

```
# 예측 확률과 스코어를 데이터 프레임에 열로 추가한다.
df_woe['probability'] = predictions
df_woe['credit_score'] = scores

# 5개 행을 랜덤으로 선택한다.
samples = df_woe.sample(5, random_state=42)

# 행을 보여준다.
samples
```

	S_24_mean	R_8_min	R_6_mean	D_62_mean	B_24_min	S_25_std	S_12_last	...
75721	-1	0	0	-1	0	0.786877	0	...
80184	0	0	0	0	0	0.818511	0	...
19864	2	0	0	0	0	0.818511	0	...
76699	0	0	0	0	0	0.818511	0	...
92991	0	0	0	-1	0	0.786877	0	...

rows × 99 columns

패키징 및 배포를 위한 인퍼런스 데이터 테스트

이제 신용 평가 모델을 어떻게 활용할 수 있을지 간단한 예시를 통해 살펴보자. 새로운 데이터 (inference)가 들어왔을 때 우리가 만든 모델이 해당 데이터에 대한 신용 평점을 출력하는 간단한 예시다.

다음 코드는 새로운 inference 데이터가 들어왔을 때 우리가 원하는 형식으로 변환시켜 결괏값을 예측하는 함수를 정의하고 우리가 원하는 아웃풋인 확률과 스코어를 보여주도록 만든다.

```python
def predict_and_score(model, instance, factor, offset):
    # 데이터를 원하는 형태로 변환
    if len(instance.shape) == 1:
        instance = instance.values.reshape(1, -1)

    # 예측
    probability = model.predict_proba(instance)[:, 1]

    # 스코어 산출
    score = calculate_score(1 - probability, factor, offset)

    # 스코어를 정수로 변환
    score = np.round(score)

    return score[0]

inference = df_woe.drop(['target','probability','credit_score'], axis=1)

inference.sample(1)
```

	S_24_ mean	R_8_min	R_6_ mean	D_62_ mean	B_24_ min	...	D_63_last	D_64_last	D_68_las
51539	0	0	0	1	0	...	-0.064498	0.474475	-0.11015

1 rows × 96 columns

```python
# 샘플 데이터를 추출한다.
sample = inference.sample(1)

# 함수를 호출해 결과를 반환한다.
score = predict_and_score(xgb_models[0], sample, factor, offset)
print("해당 고객의 신용 점수는 다음과 같습니다: ", score)
해당 고객의 신용 점수는 다음과 같습니다:  770.0
```

인퍼런스 데이터를 사용해 테스트까지 끝냈다면 배포하고자 하는 플랫폼에서 지원하는 형식에 맞춰 모델을 패키징해야 한다. 자주 사용하는 포맷으로는 PMML, ONNX 등이 있다.

실습 2 OptBinning 라이브러리를 활용한 신용 평가 모델 개발

OptBinning은 파이썬으로 작성된 라이브러리로 이진, 연속, 다중 클래스 타깃 유형에 대한 최적 구간화 문제를 해결하기 위해 엄격하고 유연한 수학적 프로그래밍 방법론을 구현한다. 이 라이브러리는 이전에 다루지 않았던 제약 조건을 포함하여 최적 구간화 문제를 해결한다.

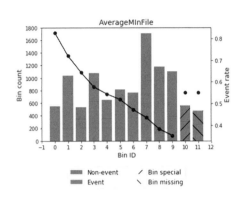
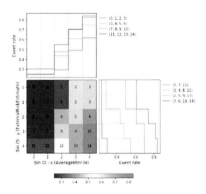

그림 3-10 OptBinning 기능 예시

❶ OptBinning 라이브러리 사용 방법

다음 코드는 캐글 노트북에서 제공되는 코드로, 데이터 파일의 경로를 보여준다.

```python
import numpy as np # linear algebra
import pandas as pd # data processing, CSV file I/O (e.g. pd.read_csv)

import os
for dirname, _, filenames in os.walk('/kaggle/input'):
    for filename in filenames:
        print(os.path.join(dirname, filename))
/kaggle/input/amex-data-sampled/train_df_sample.pkl
```

데이터를 불러와 전처리하는 과정은 이전과 동일하다. 다만 임의로 설명 변수를 선택하기 때문에 선택된 설명 변수는 다를 수 있다. 데이터는 위에서 프린트된 경로를 사용해야 한다.

```python
import warnings
warnings.filterwarnings('ignore', module='sklearn.metrics.cluster')

df = pd.read_pickle('/kaggle/input/amex-data-sampled/train_df_sample.pkl')
```

먼저 간단한 전처리를 위해 결측치가 80%가 넘는 변수를 제거하는 함수를 구현해 적용한다.

```python
def drop_null_cols(df, threshold=0.8):
    """
    데이터프레임에서 결측치 비율이 threshold 이상인 변수를 제거하는 함수
    """
    null_percent = df.isnull().mean()
```

```
    drop_cols = list(null_percent[null_percent >= threshold].index)
    df = df.drop(drop_cols, axis=1)
    print(f"Dropped {len(drop_cols)} columns: {', '.join(drop_cols)}")
    return df
```

해시 처리된 ID를 다시 인코딩한다. 그리고 결측치가 많은 변수를 모두 제거한다. 제거된 변수들은 변수명이 출력된다.

```
df = df.reset_index()
import hashlib

def encode_customer_id(id_str):
    encoded_id = hashlib.sha256(id_str.encode('utf-8')).hexdigest()[:16]
    return encoded_id

df['customer_ID'] = df['customer_ID'].apply(encode_customer_id)
df = drop_null_cols(df)
```
```
Dropped 106 columns: D_49_mean, D_49_std, D_49_min, D_49_max, D_49_last, D_73_mean,
D_73_std, D_73_min, D_73_max, D_73_last, D_76_mean, D_76_std, D_76_min, D_76_max, D_76_last,
R_9_mean, R_9_std, R_9_min, R_9_max, R_9_last, B_29_mean, B_29_std, B_29_min, B_29_max,
B_29_last, --생략--
```

전처리 부분은 앞선 실습 내용과 동일하기 때문에 생략한다.

먼저 라이브러리를 설치하자. !pip install은 파이썬 환경에서 패키지를 설치하기 위한 표준 방법이며, %pip install은 IPython 환경에서 제공되는 패키지 관리 명령어다. 일반적으로 주피터 노트북에서는 %pip install이 더 안전하며, 터미널이나 명령 프롬프트에서는 !pip install을 사용한다.

```
%pip install optbinning
```

설치된 optbinning에서 BinningProcess 클래스를 불러온다.

```
from optbinning import BinningProcess
```

[NOTE] BinningProcess는 데이터셋의 변수들을 이진, 연속형, 다중 클래스 타깃 데이터 유형을 기반으로 최적의 구간화을 계산하기 위한 프로세스다.

- variable_names(array-like): 변수 이름의 리스트
- max_n_prebins(int, default=20): Pre-binning(사전 구간화) 후의 최대 구간 수
- min_prebin_size(float, default=0.05): 각 Pre-bin에 대한 최소 레코드 수의 비율
- min_n_bins(int 또는 None, optional, default=None): 최소 구간 수. None인 경우, min_n_bins은 [0, max_n_prebins] 범위의 값
- max_n_bins(int 또는 None, optional, default=None): 최대 구간 수. None인 경우, max_n_bins은 [0, max_n_prebins] 범위의 값
- min_bin_size(float 또는 None, optional, default=None): 각 구간의 최소 레코드 수의 비율. None인 경우, min_bin_size = min_prebin_size다.
- max_bin_size(float 또는 None, optional, default=None): 각 구간의 최대 레코드 수의 비율. None인 경우, max_bin_size = 1.0이다.
- max_pvalue(float 또는 None, optional, default=None): 구간 간의 최대 p-value
- max_pvalue_policy(str, optional, default="consecutive"): p-value 조건을 만족하지 않는 구간을 결정하는 방법. "consecutive"는 연속된 구간을 비교하고, "all"은 모든 구간을 비교한다.
- selection_criteria(dict 또는 None, optional, default=None): 변수 선택 기준. 자세한 내용은 참고 사항을 참조하자.
- fixed_variables(array-like 또는 None, optional, default=None): 고정할 변수의 리스트. 선택 기준을 만족하지 않을 경우에도 이러한 변수를 유지한다.
- special_codes(array-like 또는 None, optional, default=None): 특별한 코드의 리스트. 이러한 코드를 사용하여 따로 처리해야 하는 데이터값을 지정할 수 있다.
- split_digits(int 또는 None, optional, default=None): 분할 지점의 유효 숫자 자릿수. split_digits가 0으로 설정되면 분할 지점은 정수로 처리된다. None인 경우, 분할 지점의 모든 유효 숫자 자릿수가 고려된다.
- categorical_variables(array-like 또는 None, optional, default=None): 범주형 변수로 간주할 수치 변수의 리스트. 이는 명목 변수다. 타깃 유형이 다중 클래스인 경우에는 해당되지 않는다.
- binning_fit_params(dict 또는 None, optional, default=None): 특정 변수의 최적 빈 구간을 설정하는 데 사용된다. 이 파라미터를 통해 빈의 수나 경계를 사전에 정의할 수 있으며, 기본값은 자동으로 결정된다.

구간화(binning) 프로세스 후 각 변수의 선택 여부를 결정하는 데 사용되는 기준을 정의한다.

- min: IV값이 0.025 이상인 변수만 고려한다. 이는 변수가 최소한 일정 수준 이상의 예측력을 가져야 함을 의미한다.
- max: IV값이 0.7 이하인 변수만 고려한다. 너무 높은 IV값은 변수가 과도하게 타깃에 의존하고 있음을 나타낼 수 있으므로, 이를 통해 과적합을 방지한다.
- strategy: highest 전략을 사용하여 IV가 가장 높은 변수들을 우선적으로 선택한다.
- top: 상위 20개의 변수만 선택한다. 이는 모델의 복잡성을 관리하고, 가장 유의미한 변수들만을 포함시키기 위함이다.

퀄리티 스코어는 품질 점수를 반영한다.

```
selection_criteria = {
    "iv": {"min": 0.025, "max": 0.7, "strategy": "highest", "top": 20},
    "quality_score": {"min": 0.01}
}
```

변수 선택 프로세스를 간소화할 수 있다. 조건(selection_criteria)을 정해두면 해당 조건에 맞는 변수를 추출할 수 있다.

```
binning_process = BinningProcess(feature_list,
                                 categorical_variables=cat_features,
                                 selection_criteria=selection_criteria)

X = df[feature_list]
y = df['target']

binning_process.fit(X, y)
BinningProcess
BinningProcess(categorical_variables=['B_30_last', 'B_38_last', 'D_114_last',
                                      'D_116_last', 'D_117_last', 'D_120_last',
                                      'D_126_last', 'D_63_last', 'D_64_last',
                                      'D_68_last'],
--생략--
```

information 메서드는 구간화 작업에 대한 상세 정보를 출력한다. Print_level은 출력할 정보의 상세 수준을 지정한다.

```
binning_process.information(print_level=2)
optbinning (Version 0.17.3)
Copyright (c) 2019-2022 Guillermo Navas-Palencia, Apache License 2.0

  Begin options
    max_n_prebins              20    * d
    min_prebin_size            0.05  * d
    min_n_bins                 no    * d
    max_n_bins                 no    * d
--생략--
    special_codes              no    * d
    split_digits               no    * d
    binning_fit_params         no    * d
```

```
    binning_transform_params        no   * d
    verbose                        False  * d
  End options

  Statistics
    Number of records            100000
    Number of variables             110
    Target type                  binary
--생략--
  Time                        26.4697 sec
```

summary() 메서드는 `binning_process` 객체가 수행한 구간화 과정의 요약 정보를 제공한다. 변수
이름, 구간 수, IV, WoE, 통계적 지표를 제공한다.

```
binning_process.summary()
```

	name	dtype	status	selected	n_bins	iv	js	...
0	S_16_min	numerical	OPTIMAL	False	8	0.031068	0.003829	...
1	D_83_last	numerical	OPTIMAL	False	7	0.028932	0.003555	...
2	D_71_last	numerical	OPTIMAL	False	8	0.36866	0.041046	...
...	...	...	...	...	...	...	...	...
108	D_64_last	categorical	OPTIMAL	False	3	0.209134	0.025906	...
109	D_68_last	categorical	OPTIMAL	False	5	0.206387	0.025459	...

110 rows × 9 columns

선택된 변수만 보고 싶다면 다음 코드를 참조하자.

```
summary = binning_process.summary()

selected_summary = summary[summary["selected"] == True]
selected_summary
```

	name	dtype	status	selected	n_bins	iv	...
4	S_15_std	numerical	OPTIMAL	True	10	0.673314	...
5	D_72_max	numerical	OPTIMAL	True	8	0.441648	...
7	D_53_std	numerical	OPTIMAL	True	3	0.697978	...
...	...	...	...	...	...	...	...
72	D_45_min	numerical	OPTIMAL	True	9	0.631461	...
77	B_4_std	numerical	OPTIMAL	True	12	0.543263	...
87	D_43_min	numerical	OPTIMAL	True	8	0.460865	...
91	S_7_std	numerical	OPTIMAL	True	11	0.632418	...

다음 코드는 BinningProcess 객체의 get_binned_variable 메서드를 호출하여 "D_42_mean"이라는 이름의 변수에 대한 구간화 정보를 추출한다. 반환된 객체(optb)는 해당 변수의 구간화 설정과 결과를 담고 있다.

build() 메서드는 구간화된 데이터에 대한 상세한 테이블을 구축한다. 이 테이블은 각 구간(bing)에 대한 정보, 예를 들어 구간의 경계, 구간 내의 관측치 수, 각 구간의 타깃 변수에 대한 비율, WoE값, IV값 등을 포함할 수 있다.

```
optb = binning_process.get_binned_variable("D_42_mean")
optb.binning_table.build()
```

	Bin	Count	Count (%)	...	WoE	IV	JS
0	(-inf, 0.04)	6625	0.06625	...	1.157254	0.064008	0.007582
1	[0.04, 0.18)	84662	0.84662	...	0.201464	0.032677	0.004078
2	[0.18, inf)	8713	0.08713	...	-2.097653	0.456250	0.048443
3	Special	0	0.00000	...	0.0	0.000000	0.000000
4	Missing	0	0.00000	...	0.0	0.000000	0.000000
Totals		100000	1.00000	...		0.552934	0.060103

임의로 변수를 선택하기 때문에 위 변수가 없다면 에러가 날 수 있다. 확인 후 실행하자.

구간화 그래프를 살펴보겠다. binning_table.plot()을 사용하면 쉽게 그래프를 그릴 수 있다.

```
optb.binning_table.plot(metric="event_rate")
```

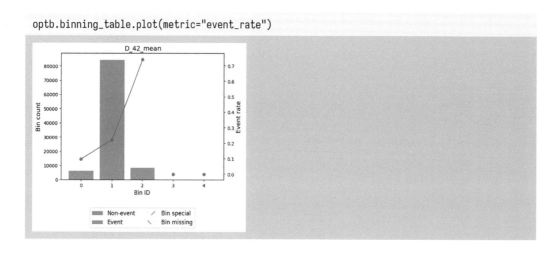

위 변수 같은 경우에는 2구간에서 불량율이 매우 높게 나타난다. 이벤트 발생 확률 또한 단조 증

가$_{monotonically\ increasing}$함을 알 수 있다. 일반적으로 구간화는 이벤트 발생 확률이 단조 증가하면 좋다고 판단한다.

```python
optb = binning_process.get_binned_variable("D_68_last")
optb.binning_table.build()
optb.binning_table.plot(metric="event_rate")
```

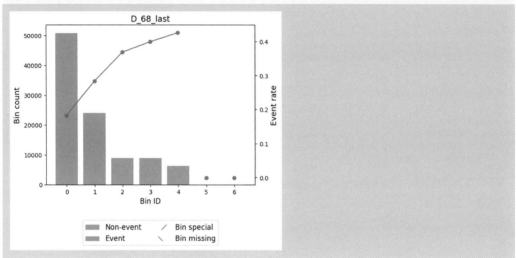

`optb.binning_table.plot()`은 `optbinning` 패키지에서 사용되는 `BinningTable` 객체의 메서드다. `BinningTable` 객체는 변수의 구간(bin) 정보를 저장하고 분석 결과를 시각화할 수 있는 기능을 제공한다.

`optb.binning_table.plot(metric="event_rate")`에서 `metric`은 그래프를 그릴 때 사용할 메트릭(`metric`)을 지정하는 파라미터다. 이 메트릭은 각 구간(bin)의 값을 기준으로 그래프를 그릴 때 사용된다. 예를 들어 `"event_rate"`를 지정하면 각 구간의 이벤트 발생 비율을 기준으로 그래프를 그린다.

어떤 변수들이 선택되었는지 살펴보자.

```python
binning_process.get_support(names=True)
array(['S_15_std', 'D_72_max', 'D_53_std', 'D_42_mean', 'S_27_min',
       'D_60_min', 'S_8_last', 'D_56_max', 'S_27_std', 'D_60_std',
       'B_14_min', 'B_9_std', 'D_46_mean', 'B_8_mean', 'R_27_mean',
       'B_14_mean', 'D_45_min', 'B_4_std', 'D_43_min', 'S_7_std'],
      dtype='<U13')
```

이전 노트북에서 직접 IV와 WoE 함수를 만들어 데이터를 변환했다. 이 작업은 `OptBinning`을 사용하면 한 줄의 코드로 실행 가능하다. 다음 코드를 보자. `tansform()` 메서드에서 WoE 메트릭을 사용하면 각 변수를 구간화된 값으로 변환해준다. 즉 데이터 X의 모든 특성을 WoE값으로 매핑한 새로운 데이터 프레임 `X_transform`을 생성한다.

```
X_transform = binning_process.transform(X, metric="woe")
X_transform
```

	S_15_std	D_72_max	D_53_std	D_42_mean	S_27_min	D_60_min	...
0	0.434330	-0.188926	0.505220	-2.097653	-0.295482	-0.432574	...
1	1.082455	0.242904	0.505220	0.201464	-0.517691	-0.432574	...
2	-0.241592	0.242904	0.505220	1.157254	1.392727	-0.432574	...
3	1.082455	0.276507	0.505220	0.201464	1.097997	-0.432574	...
...	...	...	...	...	...	...	...
99998	-0.585014	0.280506	0.505220	0.201464	-0.451609	1.117217	...
99999	0.961647	0.276507	0.505220	0.201464	0.779002	-0.601065	...

100000 rows × 20 columns

기존 변숫값이 WoE값으로 변환transform되었다. 이제 WoE값을 사용해 모델링을 진행하자.

```
from sklearn.linear_model import LogisticRegression
from optbinning import Scorecard
from optbinning.scorecard import Counterfactual

binning_process = BinningProcess(feature_list,
                                 categorical_variables=cat_features,
                                 selection_criteria=selection_criteria)

estimator = LogisticRegression(solver="lbfgs")

scorecard = Scorecard(binning_process=binning_process,
                estimator=estimator, scaling_method="min_max",
                scaling_method_params={"min": 300, "max": 850})

scorecard.fit(X, y)
```

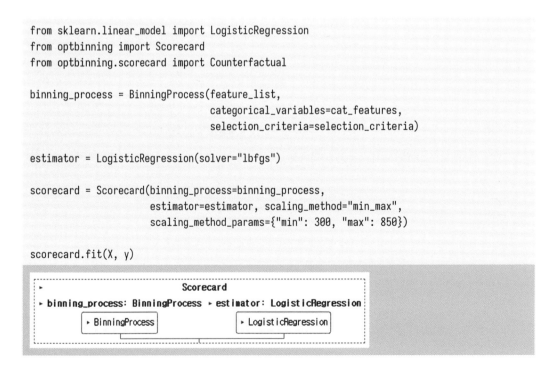

중간에 나오는 이미지는 스코어 카드의 `BinningProcess`와 로지스틱 회귀 모델의 세부 사항을 요약해 보여준다. 각 특성이 어떻게 구간화되었는지, 사용된 로지스틱 회귀 모델의 세부 사항이 무엇인지를 보여준다.

다음은 `table()` 메서드의 `style` 파라미터에 요약(summary)을 사용할 때 나오는 테이블의 예시다. 그 아래 테이블처럼 스타일(style)을 `detail`로 변경하면 더 많은 정보가 출력된다.

```
scorecard.table(style="summary")
```

	Variable	Bin	Points
0	R_27_max	(-inf, 0.03)	-0.594784
1	R_27_max	[0.03, 1.01)	28.321605
2	R_27_max	[1.01, 1.01)	34.108601
...	...	...	...
11	B_26_std	Special	30.939271
12	B_26_std	Missing	30.939271

204 rows × 3 columns

앞서 만든 스코어 카드 테이블을 살펴보겠다.

```
scorecard.table(style="detailed")
```

	Variable	Bin id	Bin	Count	...	WoE	IV	JS	...
0	R_27_max	0	(-inf, 0.03)	7533	...	-2.102011	0.395965	0.042017	...
1	R_27_max	1	[0.03, 1.01)	11249	...	-0.174490	0.003565	0.000445	...
...	...	...	...	...	...	...	...	...	...
11	B_26_std	11	Special	0	...	0.000000	0.000000	0.000000	...
12	B_26_std	12	Missing	0	...	0.000000	0.000000	0.000000	...

204 rows × 13 columns

WoE와 IV, JS값까지 보여준다. **JS Distance**는 각 구간의 신용 점수 분포 간의 거리를 측정하는 지표다. 스코어 카드에서 JS Distance는 구간별로 신용 점수가 얼마나 다른지를 나타내는 지표로 사용된다. 구간별 신용 점수 분포가 서로 다를수록 JS Distance는 높아지며, 구간 간 분리도가 높음을 나타낸다. 이는 스코어 카드가 독립 변수의 변화에 따라 점수를 적절하게 조정하여 신용 등급을 산출할 수 있도록 도와준다.

다음은 점수가 잘 나왔는지 검증하는 코드다.

```
sc = scorecard.table(style="summary")
sc.groupby("Variable").agg({'Points' : [np.min, np.max]}).sum()
Points  amin    300.0
        amax    850.0
dtype: float64
```

만든 스코어를 평가해보자.

```
y_pred = scorecard.predict_proba(X)[:, 1]

from optbinning.scorecard import plot_auc_roc, plot_cap, plot_ks
plot_auc_roc(y, y_pred)
```

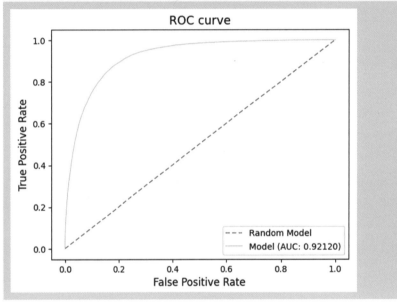

단순한 모델을 사용하니 AUC가 이전보다 떨어진 것을 확인할 수 있다. 하지만 데이터 전처리가 잘 된 편이라 점수가 아주 낮진 않다.

K-S 통계량도 간단한 함수로 계산하고 시각화할 수 있다.

```
plot_ks(y, y_pred)
```

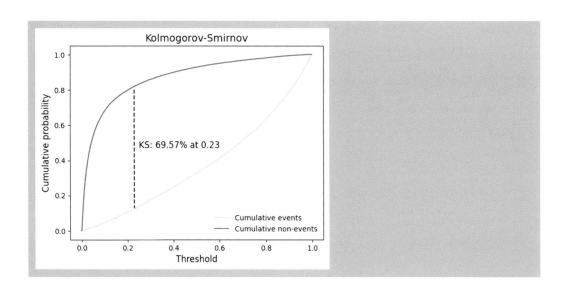

스코어 분포를 살펴보자.

```
score = scorecard.score(X)

import matplotlib.pyplot as plt
mask = y == 0
plt.hist(score[mask], label="non-event", color="b", alpha=0.35)
plt.hist(score[~mask], label="event", color="r", alpha=0.35)
plt.xlabel("score")
plt.legend()
plt.show()
```

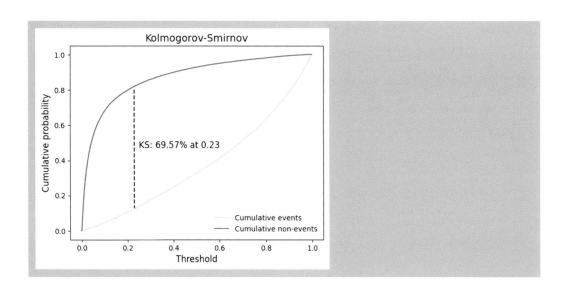

❷ OptBinning 라이브러리를 사용한 모델 모니터링

모델을 운영 환경에 배포한 후, 그 성능이 시간이 지남에 따라 어떻게 변화하는지 지속적으로 관찰하는 것은 매우 중요하다. 모델의 예측력이 예상 밖으로 변하는 현상을 **모델 드리프트**model drift라고 한다. 모델 드리프트를 식별하고 관리하는 것은 모델의 신뢰성을 유지하고 장기적인 성과를 보장하는 데 필수다.

OptBinning 라이브러리는 이런 모니터링 작업을 용이하게 하는 다양한 기능을 제공한다. 그중에서도 모델이 생성된 시점과 현재 또는 특정 시점의 데이터 분포가 얼마나 변화했는지를 측정하는 지표인 PSI를 계산함으로써, 모델 입력 변수의 분포가 시간에 따라 어떻게 변하는지 정량적으로 평가할 수 있다.

훈련 데이터셋과 테스트 데이터셋을 분할해준다. 여기서 테스트 데이터셋은 우리가 보지 못한 데이터라고 가정한다.

```
from sklearn.model_selection import train_test_split

X_train, X_test, y_train, y_test = train_test_split(X, y, test_size=0.3, stratify=y,
random_state=42)
```

스코어 카드를 적합시킨다.

```
scorecard.fit(X_train, y_train)
```

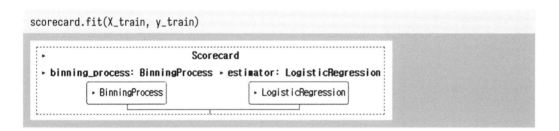

라이브러리의 ScorecardMonitoring 클래스를 사용하여 스코어카드 모델의 모니터링을 설정한다. ScorecardMonitoring 객체는 주어진 스코어카드에 대한 모델 성능 모니터링을 위해 여러 파라미터를 받아들인다.

scorecard는 모니터링할 스코어카드 모델을 지정한다. psi_method="cart"는 PSI를 계산할 때 **CART**classification and regression tree **알고리즘**을 사용하겠다는 것을 나타낸다. CART 방법은 데이터를

구분하는 결정 트리를 생성하여, 각 구간(bin)의 PSI를 계산한다. `psi_n_bins=10`은 PSI를 계산할 때 데이터를 10개의 구간으로 나누겠다는 것을 의미한다. 이는 모델 입력 변수의 분포를 구간별로 나누어 각 구간에서의 PSI를 계산한다. `verbose=True`는 모니터링 과정에서 발생하는 상세한 정보를 출력하도록 설정한다.

```
from optbinning.scorecard import ScorecardMonitoring

monitoring = ScorecardMonitoring(scorecard=scorecard, psi_method="cart",
                                 psi_n_bins=10, verbose=True)

monitoring.fit(X_test, y_test, X_train, y_train)
2023-05-16 15:36:17,613 | INFO : Monitoring started.
2023-05-16 15:36:17,614 | INFO : Options: check parameters.
2023-05-16 15:36:17,618 | INFO : System stability analysis started.
2023-05-16 15:36:18,440 | INFO : System stability analysis terminated. Time: 0.8209s
2023-05-16 15:36:18,441 | INFO : Variable analysis started.
2023-05-16 15:36:18,697 | INFO : Variable analysis terminated. Time: 0.2549s
2023-05-16 15:36:18,698 | INFO : Monitoring terminated. Time: 1.0845s
```

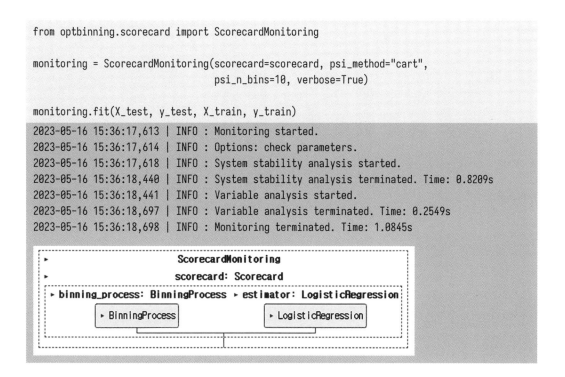

`psi_table()` 메서드는 `ScorecardMonitoring` 객체를 통해 계산된 PSI값들의 테이블을 반환한다.

```
monitoring.psi_table()
```

	Bin	Count A	Count E	Count A (%)	Count E (%)	PSI
0	(-inf, 494.60)	2907	6682	0.096900	0.095457	2.164594e-05
1	[494.60, 523.48)	2526	6075	0.084200	0.086786	7.821037e-05
2	[523.48, 542.64)	2127	4730	0.070900	0.067571	1.600550e-04
...	...	...	...	...	...	...
8	[616.97, 637.52)	3280	7647	0.109333	0.109243	7.490241e-08
9	[637.52, inf)	9517	22465	0.317233	0.320929	4.279459e-05
Totals		30000	70000	1.000000	1.000000	6.464951e-04

굉장히 안정적이다. 그래프도 쉽게 그릴 수 있다.

```
monitoring.psi_plot()
```

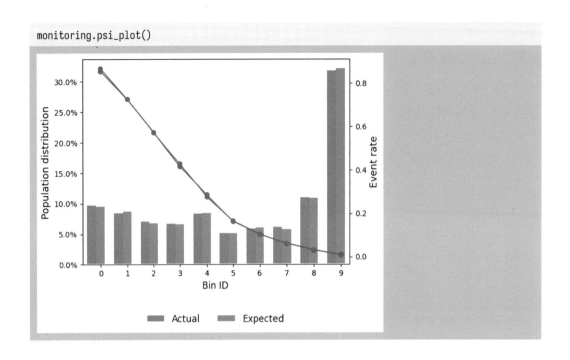

통계적 검정은 이벤트 비율(카이제곱 검정-이진 타깃) 또는 평균(스튜던트 t-검정-연속 타깃)이 유의하게 다른지 여부를 결정하기 위해 수행된다. 귀무가설은 실젯값이 예상값과 동일하다는 것이다.

```
monitoring.tests_table()
```

	Bin	Count A	Count E	Event rate A	Event rate E	statistic	p-value
0	(-inf, 494.60)	2907	6682	0.855521	0.868153	2.756439	0.096864
1	[494.60, 523.48)	2526	6075	0.725653	0.727243	0.022703	0.880232
2	[523.48, 542.64)	2127	4730	0.573578	0.571459	0.026913	0.869691
...	...	...	...	...	...	...	...
8	[616.97, 637.52)	3280	7647	0.030793	0.032300	0.169198	0.680826
9	[637.52, inf)	9517	22465	0.009142	0.007834	1.400466	0.236646

시스템 리포트를 통해 확인할 수도 있다.

```
monitoring.system_stability_report()
-----------------------------------
Monitoring: System Stability Report
-----------------------------------
```

```
Population Stability Index (PSI)


  PSI total:        0.0006 (No significant change)

        PSI bin  Count  Count (%)
  [0.00, 0.10)     10      1.0
  [0.10, 0.25)      0      0.0
  [0.25, Inf+)      0      0.0

Significance tests (H0: actual == expected)

  p-value bin  Count  Count (%)
  [0.00, 0.05)      0      0.0
  [0.05, 0.10)      1      0.1
  [0.10, 0.50)      3      0.3
  [0.50, 1.00)      6      0.6

Target analysis

               Metric  Actual  Actual (%)  Expected  Expected (%)
  Number of records    30000        -        70000         -
      Event records     7820   0.260667     18247    0.260671
  Non-event records    22180   0.739333     51753    0.739329

Performance metrics

                Metric    Actual    Expected   Diff A - E
   True positive rate  0.672251    0.673042    -0.000792
   True negative rate  0.921641    0.923135    -0.001494
  False positive rate  0.078359    0.076865     0.001494
  False negative rate  0.327749    0.326958     0.000792
    Balanced accuracy  0.796946    0.798089    -0.001143
   Discriminant power  1.755011    1.768498    -0.013486
                 Gini  0.830341    0.835401    -0.005060
```

등급뿐만 아니라 전체적인 변수의 안정성도 높다. monitoring.psi_variable_table(style= "summary") 메서드는 ScorecardMonitoring 객체를 사용하여 각 변수별로 계산된 PSI값을 요약 하여 테이블 형태로 반환한다. style="summary" 옵션은 모든 변수에 대한 PSI값들을 요약된 형태 로 보여주며, 이는 모델이 시간에 따라 어떻게 변화했는지를 빠르게 이해할 수 있도록 도와준다.

```
monitoring.psi_variable_table(style="summary")
```

	Variable	PSI
0	B_14_mean	0.000192
1	B_14_min	0.000202
2	B_4_std	0.000313
3	B_8_mean	0.000140
...	...	...
16	S_27_min	0.000244
17	S_27_std	0.000680
18	S_7_std	0.000542
19	S_8_last	0.000176

이번 실습을 통해, 우리는 신용 평가 모델링에 필요한 다양한 기능을 직접 구현해보는 경험을 가졌다. 이 과정에서는 직접 코드를 작성하여 기능을 구현하는 방법과 OptBinning과 같은 특화된 신용 평가 라이브러리를 활용하여 효율적으로 동일한 작업을 수행하는 두 가지 접근 방식을 탐구했다. 각 방법은 고유의 장단점을 지니며, 실무 적용에 있어서는 상황에 맞춰 적절한 선택이 필요하다.

특히 실습은 모델링 과정에 중점을 두고 진행되었으며, 데이터 준비와 전처리에 관한 실습은 상대적으로 적었다. 이는 앞서 이론적으로 상세히 다룬 내용들을 바탕으로, 실제 적용해보며 학습하는 것이 중요하기 때문이다. 이론 부분에서 배운 지식을 실습에 적용하며, 이해도를 높이고 실력을 향상시키는 것이 목표다.

모델 배포는 다양한 환경과 조건에 따라 실습이 어려울 수 있다. 각 조직의 특성과 요구 사항에 맞는 모델 파일 저장 방식, 인퍼런스 요청에 대한 처리 등을 고려하는 것이 중요하다. 배포 과정은 이론적으로 설명되었으나, 실제 환경에서의 적용은 다양한 변수를 고려해야 하는 복잡한 작업이다. 따라서 실습을 통해 배운 이론 지식을 기반으로, 실제 조직의 요구 사항과 환경에 맞는 배포 전략을 수립하는 것이 중요하다.

이번 실습은 신용 평가 모델링의 전체적인 프로세스를 이해하고, 실제로 적용해보는 데 중점을 두었다. 이론과 실습을 통해 얻은 지식과 경험을 바탕으로, 실제 신용 평가 모델을 개발하고 배포하는 데 필요한 기술과 전략을 갖추게 될 것이다.

4

AI를 활용한
금융 사기 거래
탐지 및 예방

이수 씨는 최근 친구로부터 급하게 소액의 돈을 빌려달라는 문자를 받는다. 문자에는 친구의 이름과 계좌 번호가 첨부되어 있다. 평소처럼 이수 씨는 자신이 신뢰하는 금융 애플리케이션을 열어 친구의 계좌 번호를 입력한다. 송금을 진행하려는 순간, '수상한 계좌'라는 경고 문구가 화면에 표시된다. 당황한 이수 씨는 즉시 친구에게 연락을 취한다. 친구는 그런 요청을 한 적이 없다고 한다. 이 사건은 금융 사기의 시도 중 하나였고, 금융 애플리케이션 내부에 통합된 AI 기반의 사기 거래 탐지 시스템 덕분에 이수 씨는 사기를 당할 뻔한 위험에서 벗어날 수 있었다.

이 이야기에서 볼 수 있듯이, 금융 사기는 점점 더 정교하고 다양해지고 있으며, 개인과 기업 모두에게 큰 손실을 초래할 수 있다. 이에 대응하기 위해 AI와 머신러닝 기술은 금융 사기 거래 탐지 및 예방 분야에서 중요한 역할을 하고 있다. 이 기술들은 빅데이터를 분석하여 사기 행위의 패턴을 학습하고, 실시간으로 의심스러운 활동을 감지하여 사용자에게 경고한다.

4장에서는 AI와 머신러닝/딥러닝 기술이 금융 사기 거래 탐지 및 예방에 어떻게 적용되고 있는지 깊이 있게 탐구한다. 먼저, 금융 사기의 주요 유형과 그 특성을 살펴보고, AI가 이러한 도전에 어떻게 대응하고 있는지 분석한다. 특히, 지도 학습과 비지도 학습 방법을 사용한 머신러닝/딥러닝 기반의 사기 거래 탐지 모델을 직접 만들어보는 실습을 통해, 이론과 실제의 연결점을 찾는다.

현대 금융에서는 머신러닝/딥러닝 기법을 활용해, 실시간 거래 모니터링, 이상 거래 탐지, 고객 행동 분석 등 다양한 방식으로 금융 사기를 식별한다. 이 과정에서 지도 학습 모델은 레이블이 지정된 데이터셋을 기반으로 사기와 정상 거래를 분류하고, 비지도 학습 모델은 레이블이 없는 데이터에서 이상치를 탐지하여 미지의 사기 패턴을 식별한다.

그래프 데이터 분석 역시 중요한 역할을 한다. 금융 네트워크에서는 개인과 기관 간의 복잡한 거래 관계가 그래프 데이터로 표현된다. 이번 장에서는 그래프 데이터를 활용하여 사기성 거래 커뮤니티를 탐지하는 방법을 추가적으로 배우고, 실제 데이터셋을 사용한 실습을 통해 그래프 기반 사기 거래 탐지 기법의 적용 방법을 학습한다.

AI 기술을 활용한 금융 사기 거래 탐지 및 예방은 금융 산업에 혁신적인 변화를 가져오고 있다. 이 장을 통해 AI가 금융 사기 예방을 어떻게 변화시키고 있는지, 그리고 이 변화가 금융기관과 고객 모두에게 어떤 의미를 가지는지에 대한 통찰을 얻게 될 것이다.

🔢 4.1 금융 사기 거래 탐지의 중요성과 AI

금융 사기 거래 탐지는 단순히 범죄를 막는 것 이상의 중요성을 가진다. 이는 금융 거래의 신뢰성과 안정성을 보장함으로써, 전반적인 금융 생태계의 건강을 유지하는 데 필수다. 사기 거래가 무분별하게 이루어질 경우, 소비자들의 신뢰는 급격히 하락하고, 이는 결국 금융 시장의 불안정성으로 이어질 수 있다. 따라서 금융 사기 거래 탐지와 예방은 단순히 개별 기업이나 소비자들을 보호하는 것을 넘어서, 금융 시장 전체의 안정과 성장을 도모하는 중요한 활동이다.

현대 금융 환경에서 결제 수단의 다양화와 온라인 결제의 증가, 글로벌화에 따른 국경을 넘어선 크로스 보더cross-border 결제의 확대는 금융 사기 거래 탐지의 중요성을 더욱 강조하고 있다. 이러한 추세는 사기꾼들에게 더 많은 기회를 제공하며, 전통적인 탐지 방법만으로는 이러한 복잡한 사기 시도를 효과적으로 막아내기 어려워졌다.

온라인 결제 시스템과 글로벌 결제 네트워크는 거래의 신속성과 편리성을 제공하지만, 동시에 익명성과 복잡성이 높아지면서 사기 행위를 감지하고 예방하는 데 더 큰 도전을 제시한다. 예를 들어 2022년 전 세계 이커머스 거래 건 중 3%가 사기 거래였다는 사이버소스Cybersource의 <2024 Global Fraud and Payments Report>[1]는 사기 거래 탐지 기술의 필요성을 절실히 보여준다. 따라서 데이터를 기반으로 고객의 구매 패턴 분석, 부정 거래의 특징 포착, 사기성 거래의 예측 등을 통해 이러한 피해를 줄이는 기술의 중요성은 더욱 강조될 것이다.

이와 동시에 AI와 머신러닝 기술을 활용한 금융 사기 거래 탐지 방법이 더욱 중요해지고 있다. 이러한 기술들은 대량의 거래 데이터를 실시간으로 분석하여 사기성 거래를 효과적으로 식별할 수 있는 능력을 제공한다. 또한 지속적인 학습과 개선을 통해 새로운 사기 유형에 빠르게 적응하고 대응할 수 있다. 이는 금융기관이 소비자들의 신뢰를 유지하고, 금융 시장의 안전과 건전성을 보장하는 데 핵심적인 역할을 한다.

또한 이상 탐지와 같은 머신러닝 기법의 응용은 금융 사기 거래 탐지를 넘어 많은 분야에서 중요한 역할을 하고 있다. 정상적인 데이터 패턴에서 벗어난 행동이나 현상을 식별하는 이 기법은 의료 분야에서 질병의 진단과 예측, 제조 산업에서 공정 중 발생할 수 있는 이상 현상의 사전 감지와 같은 다양한 분야에서 활용될 수 있다. 이는 AI와 머신러닝 기술이 금융 사기 거래 탐지뿐만 아니라 여러 분야에서 혁신을 이끌어내는 동력임을 보여준다.

따라서 AI를 활용한 금융 사기 거래 탐지 학습은 그 자체만으로도 중요하지만, 이를 통해 얻는 지식과 기술이 다양한 맥락에서 응용될 수 있다는 점에서 더 큰 가치를 지닌다. 이러한 이유로, 금융 사기 거래 탐지는 금융 거래의 안전을 보장하고, 더 넓게는 다른 여러 분야에서도 혁신과 안전을 추구하는 중요한 기술적 진보로서 그 학습과 응용에 열중하는 것이 중요하다.

---

1 https://vi.sa/4cBma5n

4.2 이상 탐지와 사기 거래 탐지

이상 탐지anomaly detection는 데이터에서 정상 범위를 벗어난 패턴을 찾아내는 기법이다. 이 기법의 목표는 주어진 데이터에서 일반적으로 나타나는 패턴과 다른, 즉 '비정상적인' 패턴을 찾아내는 것이다. 다양한 분야에서 활용되지만, 특히 금융 사기 거래 탐지에서 중요한 역할을 한다.

금융 사기 거래는 대부분의 정상 거래와 패턴이 다르게 나타난다. 과도하게 큰 금액의 거래, 평소와 다른 시간에 이루어진 거래, 혹은 고객의 평소 거래 패턴과 맞지 않는 거래 등이 그 예시다. 이상 탐지 알고리즘은 이러한 패턴을 '이상'으로 인식하고, 이를 사기 거래로 분류할 수 있다. 따라서 이상 탐지는 금융 사기 거래 탐지에서 중요한 도구로 사용된다. 고객의 거래 데이터를 분석하여 사기 거래를 식별하고, 이를 통해 사기를 예방하거나 빠르게 대응할 수 있게 한다. 이는 금융기관이 손실을 최소화하고 고객의 신뢰를 유지하는 데 중요한 역할을 한다.

완벽한 세상에서, 트래픽의 변동성은 빠르게 감지되고 분석되어 그것이 사기 공격의 결과인지, 혹은 긍정적인 판매 증가의 결과인지를 파악하는 데 이용될 것이다. 그러나 현실 세계에서는 이상 현상을 쉽게 설명하고 이해하는 것은 어렵다. 트래픽 이상 현상을 사기 공격과 연결 짓는 것을 어렵게 만드는 두 가지 주요 요인이 있다.

첫 번째는 사기 공격의 확실한 확인이 주로 피해자들의 불만 표현을 통해 이루어진다는 것이다. 이러한 불만은 차지백이나 고객 분쟁 등의 형태로 나타난다. 이는 사기의 확정적인 증거를 얻는 것을 어렵게 만든다. 두 번째는 실제로 발생하는 사기 케이스 자체가 매우 드물기 때문이다. 이로 인해 사기와 관련된 트래픽 이상 현상을 파악하고 분석하는 것이 어렵다.

AI를 활용한 금융 사기 거래 탐지 및 예방 영역에서, '이상 탐지'는 주로 비지도 학습 방법을 사용하여 사전에 이러한 사기를 예측하고 찾아내는 것을 의미한다. 반면, '사기 거래 탐지'는 기존의 사기 케이스를 기반으로 레이블을 생성하고 지도 학습을 통해 기존 사기 패턴과 유사한 거래를 찾아내는 것을 의미한다.

그러나 대부분의 경우 단순히 두 방식 중 하나로 나누어지는 것은 아니다. 이상 탐지는 도메인 지식과 기존 사기 데이터에 대한 분석을 바탕으로 한 방법이라고 이해하는 것이 좋다. 이러한 접근법은 사기 거래의 다양한 형태와 패턴을 더욱 효과적으로 감지하고 분석할 수 있게 해준다.

4.3 금융 사기 유형

금융 사기는 금융 거래의 안전성과 신뢰성을 해치는 중대한 문제다. 금융 사기는 다양한 형태로 나타나며, 지속적으로 진화하는 사기꾼의 수법으로 인해 금융 시장의 신뢰성과 안정성에 큰 위협이 되고 있다. 전통적인 금융 사기 유형뿐만 아니라, 기술의 발전과 사회의 변화에 따라 새로운 유형의 금융 사기가 계속해서 등장하고 있다.

표 4-1 **금융 사기 유형**

금융 사기 유형	설명
신용카드 사기	도난당한 신용카드 정보를 이용해 불법적인 거래를 수행한다.
신원 도용	사기꾼이 다른 사람의 개인정보를 도용하여 금융 거래를 수행한다.
피싱	사기꾼이 이메일, 문자 메시지, 전화 등을 통해 개인정보나 금융 정보를 빼낸다.
폰지 사기 및 피라미드 사기	사기꾼이 투자자에게 돈을 모아 '높은 수익률'을 약속하며, 새로운 투자자의 돈으로 이전 투자자에게 '이익'을 지급한다.
금융 상품 사기	사기꾼이 투자자에게 거짓 정보를 제공하여, 실제 가치보다 더 높게 판매하거나 존재하지 않는 상품을 판매한다.
보험 사기	고객이나 보험 대리점이 거짓 보험 청구를 제출하여 보험금을 획득하려는 경우다.
체크 사기	사기꾼이 가짜 체크를 발행하거나 도난당한 체크를 이용하여 돈을 획득하는 형태다.
돈세탁	범죄 수익의 불법적인 출처를 숨기기 위한 복잡한 과정이다.
증권 사기	주식, 채권 등의 증권을 중심으로 발생하는 사기로, 주로 가격 조작이나 내부자 거래, 거짓 정보 제공 등의 형태로 나타난다.
모기지 사기	주택 구매자, 판매자, 대출 중개인, 부동산 중개인 등이 관련되며, 보통 소득이나 신용 정보 조작, 부정확한 자산 평가 등을 통해 이루어진다.

신용카드 사기credit card fraud와 신원 도용identity theft은 금융 사기의 가장 기본적인 형태로, 도난당한 정보를 이용해 불법적인 거래를 수행하거나 다른 사람의 신분으로 금융 거래를 하는 경우를 말한다. 이 외에도 피싱phishing, 폰지 사기Ponzi scheme 및 피라미드 사기pyramid scheme, 금융 상품 사기financial product fraud, 보험 사기insurance fraud, 체크 사기check fraud, 돈세탁money laundering, 증권 사기securities fraud, 모기지 사기mortgage fraud 등이 전형적인 금융 사기 유형으로 꼽힌다.

사기꾼들은 끊임없이 새로운 방법을 찾아내며, 이에 따라 금융 사기의 유형도 점점 더 다양해지고 있다. 예를 들어 SIM 스왑swap 사기는 사기꾼이 피해자의 휴대폰 번호를 자신의 SIM 카드로 옮겨, 금융 거래에 필요한 일회용 비밀번호나 인증 코드를 가로채는 수법이다. 이 방법으로 사기꾼은 피해자의 은행 계좌에 접근하여 자금을 빼돌릴 수 있다. ATM 스키밍ATM skimming도 주목할 만한 사기 유형 중 하나다. 사기꾼은 ATM 기기에 불법적인 스키밍 장치를 설치하여 카드 정보와 PIN 번호를 훔친다. 이 정보를 이용해 사기꾼은 가짜 카드를 제작하거나 직접 금융 거래를 수행할 수 있다. 소셜 엔지니어링social engineering은 신뢰를 구축하고 사람의 심리를 이용하는 사기 수법으로, 사기꾼은 피해자로부터 민감한 정보나 금융 자산에 접근하기 위해 다양한 전술을 사용한다. 이는 특히 직장 내에서 빈번하게 발생할 수 있으며, 직원들이 외부의 위협을 인식하지 못할 때 기업의 금융 자산을 위험에 노출시킬 수 있다.

이러한 새로운 금융 사기 유형의 등장은 금융기관과 이용자들에게 사기 예방과 대응 전략을 지속적으로 갱신하고 발전시킬 것을 요구한다. 사기 예방 교육, 첨단 보안 기술의 도입, 사기 시도를 신속하게 감지하고 대응할 수 있는 시스템 구축이 필수다. 금융 사기는 개인과 기업 모두에게 심각한 재정적 손실을 초래할 수 있으므로, 이에 대한 인식과 경계를 끊임없이 유지해야 한다.

4.4 금융 사기의 특성

금융 사기의 유형을 살펴보았으니, 이제 금융 사기의 특성에 대해 이야기해보자. 《부정 적발 애널리틱스》(한울, 2019)에 따르면, 금융 사기는 몇 가지 중요한 특성을 가지고 있다. 이러한 특성은 금융 사기 거래 탐지를 어렵게 만드는 동시에, 사기를 예방하고 대응하는 데 주의 깊게 고려해야 할 요소들이다.

첫째, 금융 사기는 '희박함'의 특징을 가지고 있다. 이는 사용 가능한 데이터 중 극히 일부만이 사기와 관련이 있거나 그렇게 인식된다는 것을 의미한다. 대부분의 금융 거래는 정상적이며, 사기 거래는 전체 거래의 극소수에 불과하다. 이러한 희박성은 사기 거래 탐지를 어렵게 만들며, 이전 사례에서 학습하는 것 역시 어렵게 만든다.

둘째, 사기는 '신중함'과 '세심한 조직화'의 특성을 보인다. 사기는 절대 우연히 발생하는 것이 아니며, 대부분의 경우 잘 계획되고 조직된 범죄다. 사기꾼들은 종종 잘 정의된 역할을 가진 큰 팀에서 활동하며, 특히 돈세탁과 같은 일부 사기 유형은 수년에 걸쳐 진행되는 복잡한 구조를 포함한다.

셋째, 사기는 '미세하게 숨겨짐'의 특징을 가진다. 사기꾼들은 사기 행위 자체를 숨기고, 그 인식을 어렵게 하는 데 많은 노력을 기울인다. 이는 사기 거래 탐지를 더욱 어렵게 만드는 요인이다.

넷째, '다양한 유형과 형태로 나타남'이 사기의 중요한 특성이다. 사기꾼들은 다양한 도메인에서 다양한 기술과 접근 방식을 사용한다. 경제 활동의 많은 부분이 사기에 취약하며, 이는 사기 거래 탐지의 범위를 넓히는 요인이다.

마지막으로, 사기는 '시간에 따른 진화'의 특성을 가진다. 사기꾼들이 사용하는 기술은 사기 거래 탐지 방법에 대응하여 시간이 지남에 따라 변화하고 진화한다. 이는 사기 거래 탐지 방법도 지속적으로 갱신하고 발전해야 함을 의미한다. 양측 모두가 상대보다 한 걸음 앞서려고 노력해야 하며, 새로운 유형의 사기를 해결하기 위해 새로운 탐지 방법이 계속 필요하다.

《부정 적발 애널리틱스》는 금융 사기의 복잡성과 지속적인 진화를 깊이 있게 분석하며, 금융 사기 거래 탐지에 있어 지속적인 노력과 혁신의 필요성을 강조한다. 이러한 특성을 고려하여 모델을 개발하거나 사기 거래 탐지 규칙을 설계할 때, 사기의 미묘하고 다양한 양상을 충분히 이해하는 것이 중요하다. 사기꾼들의 전략과 기술이 계속해서 발전하고 변화하기 때문에, 사기 거래 탐지 시스템 또한 이러한 변화에 유연하게 대응할 수 있어야 한다.

특히 사기의 '시간에 따른 진화' 특성은 사기 거래 탐지 기술에서 계속된 혁신을 요구한다. 이는 단순히 기존의 사기 패턴을 학습하고 인식하는 것을 넘어서, 새로운 사기 유형과 방법에 신속하게 적응하고 대응할 수 있는 시스템의 개발을 의미한다. 이는 사기 거래 탐지 모델을 주기적으로 업데이트하고 새로운 데이터로 훈련시키는 과정이 꼭 필요하다는 점을 강조한다.

사기꾼들과의 지속적인 '전략과 기술적 싸움'에서 우위를 점하기 위해서는 인공지능과 머신러닝 기술의 발전을 활용하는 것이 필수다. 이러한 기술들은 대량의 데이터에서 패턴을 식별하고, 예측 모델링으로 미래의 사기 시도를 예측하는 데 매우 효과적이다. 그러나 기술적인 발전만으로는 충분하지 않다. 사기 거래 탐지 팀은 법률, 금융, 기술 등 다양한 분야의 전문가들로 구성되어야 하며, 지속적인 교육과 훈련을 통해 최신 사기 수법에 대한 이해를 높여야 한다.

결국, 금융 사기 거래 탐지는 고도로 전문화되고 다학제적인 접근이 필요한 영역이다. 사기꾼들의 계속되는 도전에 대응하기 위해서는 기술적, 조직적, 인적 자원의 지속적인 개발과 투자가 필요하다. 이러한 복합적인 노력을 통해 금융기관은 사기의 위험을 최소화하고, 고객의 신뢰를 유지하고 강화할 수 있을 것이다.

4.5 사기 거래 탐지와 진화하는 AI 기술

앞서 살펴본 것처럼 금융 사기는 그 유형이 다양하다. 이에 대응하기 위해 AI를 활용한 탐지 및 예방 방법도 각각의 사기 유형에 맞춰 특화되어 발전하고 있다. AI 기술의 발달로 사기 거래 탐지 시스템은 이제 고객의 지출 패턴을 학습하고, 이와 다른 이상한 거래를 즉시 탐지할 수 있다.

- 신용카드 사기: 고객이 평소 거래하지 않는 국가에서 큰 금액의 거래가 발생하거나 평소보다 훨씬 빠른 속도로 거래가 이루어지는 경우, AI는 이를 이상 거래로 분류하고 경고를 보낸다. 물론 이러한 사기 거래 탐지 시스템의 진정한 효과성은 단순한 거래 위치 변경이나 속도 증가 같은 기본적인 지표를 넘어서는 능력에 달려 있다. 고급 AI 시스템은 고객의 평소 거래 패턴, 소비 습관, 심지어 예상되는 거래 위치까지도 학습하고 분석한다. 이를 통해, 고객이 실제로 해외 여행을 계획하고 그 나라에서 결제를 시작하는 경우와 같이 정상적인 거래 활동을 정확하게 식별할 수 있다.

- 돈세탁: AI는 복잡한 금융 거래 네트워크를 분석하여 돈세탁 활동의 패턴을 탐지한다. 소액 거래의 큰 군집이나 반복적인 빠른 이체 등 돈세탁 과정에서 자주 발생하는 특징들을 학습하고 이를 통해 탐지할 수 있다.

- 보험 사기 거래 탐지: AI는 보험 청구의 패턴을 분석하고, 보험 사기 가능성이 있는 청구를 식별한다. 특정 지역에서 비정상적으로 많은 청구서가 제출되거나 비슷한 종류의 사고가 반복적으로 보고되는 경우, AI는 이를 사기로 간주한다.

- 증권 사기 거래 탐지: AI는 증권 거래의 패턴을 분석하는 데 사용된다. 예를 들어 기업의 공시 정보와 주식 가격의 변동 사이의 일관성을 분석하거나, 주식 시장에서의 불규칙한 거래 패턴을 탐지하는 데 사용할 수 있다.

- 피싱 사기: AI는 텍스트 분석과 자연어 처리 기술을 이용해 이메일이나 웹사이트의 피싱 사기를 탐지할 수 있다. 이런 시스템은 사기성 이메일이나 웹사이트에서 자주 발견되는 언어 패턴을 인식한다.

- 신원 도용 탐지: AI는 고객의 행동을 모니터링하고, 일반적인 행동 패턴에서 벗어나는 활동을 식별하여 신원 도용을 탐지한다. 예를 들어 익숙하지 않은 위치에서의 로그인 시도나 평소보다 빠른 트랜잭션, 일반적인 사용 패턴과 다른 사용자 행동 등을 감지할 수 있다.

- 폰지 사기나 피라미드 사기: 불합리한 수익률이나 이익 분배 패턴, 급격한 회원 증가 등을 분석하여 탐지할 수 있다. 이는 소셜 미디어 데이터를 분석하여 비정상적인 홍보 활동을 감지하는 데도 사용할 수 있다.

AI의 발전은 금융 사기 거래 탐지와 예방 영역에서 혁신적인 변화를 가져왔다. 이러한 변화는 단순히 이론적인 논의를 넘어서, 실제 금융 서비스 제공자들이 어떻게 AI 기술을 활용하여 고객의 자산을 보호하고, 금융 사기를 효과적으로 줄이고 있는지에 대한 구체적인 사례를 통해 더 잘 이해할 수 있다.

국내 한 은행의 사례를 살펴보면, 이 은행은 ATM에서 얼굴 인식 기술을 도입하여 사기 거래 탐지 능력을 강화했다. 고객이 ATM을 사용할 때 얼굴 인식 기술을 통해 신원을 확인함으로써, 도난이나 분실된 카드의 불법 사용을 예방하고 있다. 이러한 기술적 조치는 사기를 예방하는 동시에 고객의 금융 거래 경험을 더 안전하고 편리하게 만들어준다. 해당 은행은 광고를 통해 이 기술을 널리 알리며, 금융 산업에서의 혁신적인 보안 접근 방식을 선보였다.

또 다른 사례로, 중국의 대표적인 핀테크 업체인 알리페이Alipay는 LLM을 활용하여 사기 의심 거래를 탐지하고 있다. 알리페이는 LLM을 사용해 사람이 수행하던 거래 검토 프로세스를 최소화하고, 자동으로 해당 거래가 과거 어떤 거래 내역과 유사한지, 사기 거래인 경우 관련된 모든 거래나 사용자들을 신속하게 조회하고 탐색할 수 있게 해준다. 이는 알리페이가 거대한 거래 데이터베이스를 효율적으로 관리하고, 실시간으로 사기 거래를 차단할 수 있는 능력을 크게 향상시키는 결과를 가져왔다.

이러한 사례들은 AI 기술이 금융 사기 거래 탐지 및 예방에 어떻게 적용되고 있는지를 보여주는 구체적인 예시다. AI의 도입은 금융 산업의 신뢰성을 유지하고 강화하는 데 결정적인 역할을 하며, 계속해서 발전하는 사기 수법에 대응하기 위해 AI 기술의 지속적인 발전과 적용이 필수라는 것을 잘 보여준다. 금융기관과 핀테크 업체들은 AI 기술을 활용하여 사기를 더욱 효과적으로 탐지하고 예방함으로써, 고객의 자산을 보호하고 금융 서비스의 안전성을 높이는 데 앞장서고 있다.

4.6 금융 사기 거래 탐지 및 예방

앞서 우리는 금융 사기의 다양한 유형과 AI를 활용한 응용 예시를 살펴보며 기술의 중요성에 대해 이해할 수 있었다. 이제는 금융 사기 예방 및 탐지 방법에 대한 깊이 있는 분석을 통해 한 걸음 더 나아가볼 시간이다.

4.6.1 사기 거래 탐지 및 예방 시장 규모

세계적으로 사기 거래 탐지 및 예방 시장 규모는 2024년에 478.9억 달러(약 62조 2570억 원)로 평가되었다. 이 시장은 2024년부터 2029년까지 연평균 성장률(CAGR) 21.48%를 기록하여, 2029년에는 약 1266.9억 달러(약 164조 6970억 원)에 이를 것으로 예상된다. 사기로 인한 수익 손실 증가는 시장 성장을 촉진하는 주요 동인이다. 또한, 클라우드 기술의 발전, 온라인 애플리케이션의 증가, 모바일 뱅킹 서비스의 확장과 같은 중요한 요인들도 사기 거래 탐지 및 예방 시장의 성장을 촉진한다.[2]

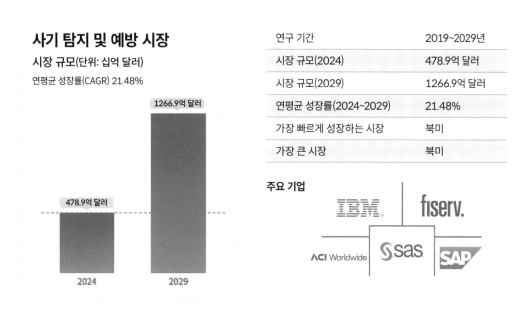

사기 탐지 및 예방 시장

시장 규모(단위: 십억 달러)

연평균 성장률(CAGR) 21.48%

1266.9억 달러

478.9억 달러

2024   2029

연구 기간	2019~2029년
시장 규모(2024)	478.9억 달러
시장 규모(2029)	1266.9억 달러
연평균 성장률(2024~2029)	21.48%
가장 빠르게 성장하는 시장	북미
가장 큰 시장	북미

주요 기업

IBM   fiserv.

ACI Worldwide   sas   SAP

그림 4-1 사기 거래 탐지 및 예방 시장 규모(출처: Mordor Intelligence)

사이버 공격의 증가는 시장 성장을 주도하고 있다. 사이버 공격과 사기의 빈도 증가로 인해 사기 거래 탐지 및 예방 시장이 확장되고 있다. 국제형사경찰기구Interpol에 따르면, 코로나19의 영향에 대한 평가에서 대상의 종류가 개인과 소기업에서 대기업으로 크게 변화하였다. 예를 들어 2020년에 기업들이 재택 근무를 위해 빠르게 원격 시스템과 네트워크를 설치했을 때, 범죄자들은 보안 약점을 이용하여 데이터를 도용하고, 수익을 창출하면서 문제를 일으켰다. 그 결과, 사기 거래 탐지 및 예방 시장은 사이버 공격과 사기의 증가로 인해 확장되고 있다.

---

2 https://www.mordorintelligence.com/industry-reports/global-fraud-detection-and-prevention-fdp-market-industry/market-size

클라우드 기술의 발전은 사기 거래 탐지 및 예방에서 주요한 발전이다. 클라우드 기술은 충분한 처리 능력, 저장 용량, 인터넷 접속을 제공한다. 또한 클라우드 기술은 사이버 범죄를 신속하게 추적하는 것을 가능하게 한다. 중소 규모의 은행과 금융기관은 클라우드 기반 사기 거래 탐지 및 예방 서비스를 적극적으로 도입하고 있다.

4.6.2 금융 사기 예방 방법

금융 사기를 탐지하고 예방하기 위한 주요 접근 방식에는 세 가지 있다는 것을 알아두는 것이 중요하다. 전문가 중심의 규칙 기반 방법, 통계적 방법, 머신러닝/딥러닝 방법이다. 각각의 방법은 사기를 탐지하는 데서 독특한 접근을 제공한다.

표 4-2 금융 사기 거래 탐지 및 예방 접근 방법 세 가지

접근 방식	설명
전문가 중심의 규칙 기반 방법	전문가의 판단을 기반으로 특정 조건을 충족하는 트랜잭션을 사기로 표시하는 규칙을 정의한다. 예를 들어 동일한 사용자가 짧은 시간 내에 비정상적으로 높은 금액의 트랜잭션을 수행하는 경우 사기로 간주할 수 있다.
통계적 방법	데이터의 통계적 특성을 이용하여 이상치를 탐지한다. 예를 들어 특정 지역에서의 트랜잭션 금액의 평균과 표준편차를 계산하고, 이 범위를 벗어나는 높은 금액의 트랜잭션을 수행하는 경우 사기로 간주할 수 있다.
머신러닝/딥러닝 방법	사기 거래 탐지를 위한 모델을 학습하는 데 머신러닝이나 딥러닝 알고리즘을 사용한다. 예를 들어 분류기를 학습하여 사기 트랜잭션과 정상 트랜잭션을 구분하거나, 비지도 학습 방법을 사용하여 데이터에서 이상치를 탐지하거나, 딥러닝 방법을 사용하여 복잡한 사기 패턴을 학습할 수 있다. 그 외에 음성 인식, 자연어 처리, 컴퓨터 비전 등의 딥러닝 기술을 활용해 금융 관련 사기를 탐지하고 예방한다.

알렉산드로 네고Alessandro Nego의 《Graph-Powered Machine Learning》(Manning, 2021)에서는 특히 전문가 중심의 규칙 기반 방법의 한계와 데이터 기반 접근법의 이점에 대해 상세히 설명한다. 전문가 중심의 규칙 기반 방법은 사기 거래 탐지 초기 단계에서 널리 사용되었다. 이 방법은 전문가의 경험과 지식을 바탕으로 특정 조건을 충족하는 트랜잭션을 사기로 표시하는 규칙을 정의하는 것을 포함한다. 예를 들어 한 시간 내에 같은 상품을 세 번 이상 구매하거나, 짧은 시간 내에 인증 실패가 다섯 번 이상 발생하는 경우 등이 사기 트랜잭션으로 간주될 수 있는 규칙의 예시다. 하지만 이 방법은 구축 비용이 높고 유지 관리가 어렵다는 단점이 있다. 사기꾼들이 지속적으로 전략을 변경하고, 시스템의 규칙을 파악하여 이를 회피하는 경우가 많기 때문에, 규칙을 지속적으로 업데이트해야 한다. 이에 따라 인간의 추가적인 참여가 필요하며, 이는 비효율적인 운영으로 이어진다.

이러한 단점을 극복하기 위해, 많은 금융기관과 연구자들은 데이터 기반의 통계 및 머신러닝 방법을 선호한다. 이러한 접근법은 큰 데이터셋을 처리할 수 있으며, 인간이 간과할 수 있는 사기 패턴을 발견하는 데 뛰어난 정밀도를 제공한다. 또한 신용카드 발행자가 매일 처리해야 하는 방대한 양의 거래를 고려할 때, 모든 거래를 인간이 실시간으로 검토하는 것은 불가능에 가깝다. 컴퓨터 기반의 시스템은 이러한 작업을 쉽게 처리할 수 있으며, 사전 필터링을 통해 인간의 조사가 필요한 경우만을 선별할 수 있다.

비용 효율성과 적응 효율성도 데이터 중심 접근법의 주요 이점 중 하나다. 데이터 중심적인 접근법은 전문가 기반 시스템에 비해 더 자동화되었으며, 구현과 유지에 있어 훨씬 경제적이다. 특히 비지도 학습 같은 자동 데이터 중심 접근법은 시간이 지나면서 사기의 변화하는 특성과 사기꾼들의 행동에 적응하는 능력을 가지고 있다.

표 4-3 **데이터 기반 접근법의 이점**

이유	설명
정밀도	자동 시스템은 대규모 데이터를 처리하며, 인간이 인식하기 어려운 사기 패턴을 발견할 수 있다.
운영 효율성	모든 거래를 일반 운영에 필요한 시간 제약 내에서 인간이 실시간으로 확인하는 것은 불가능하지만 컴퓨터는 쉽게 처리할 수 있다. 기계 기반 접근법은 사전 필터링을 통해 인간 중심 접근법을 지원하며, 각 거래/작업을 분석한 다음 가장 관련성이 높거나 의심스러운 것만 인간에게 추가 조사를 위해 전달할 수 있다.
비용 효율성	전문가 기반의 사기 거래 탐지 시스템은 구현하고 유지하는 데 어려움이 있다. 더 자동화되고, 데이터 중심적이며, 효율적인 접근법이 선호된다.
적응 효율성	자동 데이터 중심 접근법 중 일부는 비지도 학습이며, 이 점은 그들이 운영과 비용면에서 효율적일 뿐만 아니라 시간이 지나면서 진화하는 사기 특성과 사기꾼들의 행동에 적응할 수 있도록 해준다.

이와 같은 데이터 기반 접근법의 이점은 표 4-3에서도 참고할 수 있다. 금융 사기 거래 탐지 및 예방 작업을 더욱 정밀하고 효율적으로 만들어, 금융 산업의 신뢰성과 안전성을 유지하는 데 중요한 역할을 한다.

금융 사기 예방 및 탐지 기술이 발전함에 따라, 머신러닝은 이 분야에서 중요한 역할을 하고 있지만 동시에 여러 도전적인 과제에 직면하고 있다. 이러한 과제들은 금융 사기 거래 탐지 시스템을 개발하고 운영하는 과정에서 극복해야 할 중요한 문제다. 특히 머신러닝이 금융 사기를 탐지하는 데 직면하는 주요 문제 중 하나는 상대적인 데이터 부족이다. 사기 행위는 일반 거래에 비해 상대적으로 드물게 발생하기 때문에, 이를 탐지하기 위한 충분한 훈련 데이터를 확보하는 것이 어렵다. 이는 모델의 학습과 성능 개선에 제약을 초래한다.

지연된 피드백과 과적합 또한 큰 도전이다. 사기가 확인되기까지 시간이 소요되므로, 모델에 대한 즉각적인 피드백을 제공하기 어렵다. 이는 최신의 사기 패턴에 모델이 신속하게 적응하는 데 제약이 될 수 있다. 또한 모델이 훈련 데이터에 과도하게 적합되어 실제 상황에서의 성능이 저하될 위험도 있다.

레이블 데이터 문제는 사기 거래 탐지 모델의 정확성에 직접적인 영향을 미친다. 사기인지 아닌지에 대한 레이블링은 주관적일 수 있으며, 오류가 발생하기 쉽다. 이는 학습 데이터의 질과 모델의 신뢰성을 저하시킬 수 있다.

지능적인 적의 존재는 머신러닝 모델이 지속적으로 변화하는 사기 패턴에 대응해야 함을 의미한다. 사기꾼들은 탐지를 피하기 위해 계속해서 새로운 방법을 개발하는데, 이는 모델의 지속적인 업데이트를 필요로 한다.

마지막으로 설명 가능성, 윤리, 편향성 문제는 머신러닝 모델이 금융 사기 거래 탐지에서 널리 채택되는 데 중요한 고려 사항이다. 모델의 결정 과정이 불투명하거나, 윤리적 문제를 무시하거나, 데이터의 편향을 반영할 경우, 이는 사용자의 신뢰를 손상시키고 부정확한 결과를 초래할 수 있다.

결론적으로 이러한 도전적인 과제들임에도 AI 기반의 금융 사기 예방 및 탐지 기술의 발전은 금융 산업 내에서 중대한 진전을 이루고 있다. 우리는 전문가 중심의 규칙 기반 방법의 한계를 인식하고, 이를 데이터 기반의 접근법으로 전환함으로써, 지속적으로 변화하는 사기 수법에 대응하는 능력을 향상시켰다. 이러한 진보는 금융 서비스의 안전성을 강화하고, 모든 이용자에게 더욱 안전한 금융 환경을 제공하는 데 결정적인 역할을 한다.

이러한 변화의 흐름 속에서, 가장 최신의 트렌드는 LLM과 같은 첨단 AI 기술을 사기 거래 탐지와 예방에 적용하는 것이다. 알리페이 같은 선도적인 핀테크 기업들은 이미 LLM을 활용하여 기존의 전문가 시스템을 보완하고, 사람의 직접적인 리뷰가 필요한 경우의 수를 대폭 줄이며, 사기 패턴을 더욱 빠르고 정확하게 식별하는 방식으로 진화하고 있다. 이는 특히 전문가의 개입이 여전히 필수인 국내 금융 분야에서 획기적인 변화를 가져올 수 있다.

4.7 사기 거래 탐지 및 예방 리스크 관리 전략 개발 프로세스

금융 사기 예방과 관련된 리스크 관리 전략을 개발하는 과정은 마치 복잡한 퍼즐을 맞추는 것과 같다. 이 퍼즐을 완성하기 위해서는 먼저 우리가 마주하고 있는 상황의 전반적인 그림을 이해해야 한다. 시작은 항상 비즈니스와 리스크 시나리오의 교차점에서 이루어진다. 여기서 우리는 각 비즈니스 시나리오에 따른 리스크의 유형과 특성을 분석하여, 기업의 현재 리스크 관리 전략이 어떻게 작동하는지, 어디에 취약점이 있는지를 파악한다.

이 과정에서 우리는 다양한 비즈니스 시나리오를 살펴보게 된다. 가령 새로운 사용자 등록부터 은행 카드 연결, 주문, 결제에 이르기까지 단계마다 다른 유형의 리스크가 존재한다. 이를 통해 우리는 스팸 등록, 가짜 등록, 계정 도용과 같은 리스크 유형을 식별하고, 이에 따른 리스크 특성을 파악한다. 예를 들어 단시간에 고빈도 거래가 발생하거나 비정상적 장비를 사용하는 경우 등이 이에 해당한다.

이렇게 분석한 정보를 바탕으로 완벽한 리스크 관리 전략 시스템을 구축하는 것을 목표로 한다. 이 시스템은 사기 정보, 장치 지문, 데이터 서비스 등을 활용하는 사전 식별 단계부터 시작된다. 이 단계에서 우리는 사기 시도를 사전에 차단하려고 한다. 다음으로는 의사 결정 엔진과 모델 플랫폼을 포함하는 처리 중 의사 결정 단계가 있으며, 이는 실시간으로 발생하는 사기 위협에 대응한다. 마지막으로, 머신 러닝과 리스크 관리 브레인을 활용한 사후 처리 단계에서는 발생한 사기 사례를 분석하고, 이를 통해 시스템을 지속적으로 업데이트하고 최적화한다.

이러한 전략적 접근 방식을 통해 우리는 대규모 사기 공격을 예방하고, 변화하는 정보를 모니터링하여 새로운 사기 위협을 식별할 수 있다. 또한 리스크 사례 관리를 통해 데이터를 수정하고 사기 예방 기술을 지속적으로 개선할 수 있다. 이 모든 과정은 결국 금융 서비스의 안전성을 강화하고, 고객에게 보다 안전한 환경을 제공하는 것을 목표로 한다. 이것이 바로 금융 사기 예방과 관련된 리스크 관리 전략 개발 프로세스의 핵심이다.

4.7.1 리스크 관리 전략 개발 프로세스

비즈니스 프로세스의 이해는 금융 사기 예방 전략의 기초를 형성한다. 금융기관이 제공하는 서비스의 전체 흐름을 면밀히 조사함으로써, 단계별로 내재된 사기 위험을 정확히 식별하고, 그에 대한 효과적인 대응 방안을 모색하는 것이 중요하다. 이 과정은 특히 인터넷 은행과 같은 디지털 금융 서비스에서 중요하다. 예를 들어 다음 예시와 같이 고객과의 다양한 상호작용 시에 사기 위험이 존재할 수 있다.

- 가입 단계에서의 위험: 디지털 은행과 같은 인터넷 기반 금융 서비스에서 가입 과정은 사기 행위의 첫 관문이 될 수 있다. 신규 사용자 검증 과정에서 미흡한 보안 조치는 사기꾼들에게 틈을 제공한다. 따라서 다중 인증 절차 등의 철저한 신원 확인 방법을 도입하는 것이 중요하다. 예를 들어 고객이 제출한 신분증의 진위를 확인하는 과정이나 신규 가입자의 얼굴을 실시간으로 인식하는 기술을 적용할 수 있다.
- 송금 단계의 사기 위험: 송금 과정은 사기 행위에 취약한 또 다른 단계다. 예를 들어 타인의 계정 정보를 도용하여 불법적인 송금을 시도하는 경우가 이에 해당한다. 이러한 위험을 감지하기 위해, 거래 패턴을 실시간으로 분석하는 이상 거래 탐지 시스템을 운용하고, 의심스러운 거래가 감지되면 고객에게 추가적인 확인 절차를 요구해야 한다.
- 투자 단계에서의 사기 예방: 투자 관련 서비스에서는 잘못된 정보 제공을 통한 사기가 발생할 수 있다. 이를 예방하기 위해, 투자자에게 제공되는 모든 정보의 정확성과 투명성을 보장하고, 내부적으로 정보 검증 절차를 강화하는 것이 필수다. 특히, 투자 추천이나 광고에 사용되는 데이터의 신뢰성을 확보해야 한다.

이러한 분석을 통해 금융 서비스의 주요 단계에서 발생할 수 있는 사기 위험을 정밀하게 파악하고, 이에 대응하기 위한 예방 메커니즘을 개선하거나 새로 도입할 수 있다. 각 단계에서 발생할 수 있는 위험 요소를 정확히 이해하고 적절한 예방 전략을 수립하는 것이 금융 사기를 줄이고 금융 생태계의 안전을 강화하는 데 필수다.

4.7.2 리스크 분석

리스크 분석 단계에서는 각 비즈니스 활동을 통해 식별된 위험 요소들을 깊이 있게 분석한다. 이 과정은 크게 세 가지 주요 방법으로 진행된다. 데이터 분석, 과거 사기 사례 검토, 업계 전문가의 통찰을 바탕으로 한다. 데이터 분석을 통해서는 대규모 데이터를 활용해 사기 패턴을 식별한다. 예를 들면 이상 거래 탐지 시스템을 활용하여 송금 단계에서 비정상적인 금액 이체나 빈번한 거래 시도 등을 포착할 수 있다.

이 데이터 기반 접근법은 사기 거래 탐지 알고리즘을 개발하는 데 중요한 기초를 제공한다. 과거에 발생한 사기 사례를 검토하는 것은 유사한 사기 시도를 사전에 예방하는 데 도움을 준다. 명의 도용을 통한 가입 사례를 분석함으로써 신규 가입 시 요구되는 신원 검증 절차를 강화할 필요성을 파악할 수 있다.

업계 전문가의 통찰을 활용하는 것은 최신의 사기 예방 기술과 전략을 반영하는 데 중요하다. 블록체인 기술을 활용해 거래의 투명성을 높이거나, 인공지능 기반의 음성 인식 시스템을 도입해 고객 서비스 중 사기 시도를 차단하는 방법이 그 예시다.

분석 결과는 리스크 관리 전략을 설계하고 프로세스를 디자인하는 데 중요한 근거로 활용된다. 위험 요소들을 구체적으로 파악하고 이해함으로써, 더 효과적인 사기 예방 메커니즘을 구축할 수 있다. 이러한 깊은 이해와 철저한 분석을 통해, 금융 사기의 위험을 줄이고 금융 생태계의 안전을 강화하는 데 필요한 기초를 마련하게 된다.

4.7.3 전략 설계 및 프로세스 디자인

분석한 리스크 특성을 기반으로, 구체적인 예방 및 통제 전략을 설계한다. 이 과정은 전문가의 경험과 데이터 분석 결과를 결합하여 수행된다. 예를 들어 비정상적인 거래 패턴을 식별하기 위한 알고리즘 개발이나, 사용자 인증 강화를 위한 다단계 인증 절차의 도입 등이 포함된다. 또한 이 전략이 실제 비즈니스 프로세스에 어떻게 통합될지를 고려하여, 리스크 관리 프로세스를 설계한다. 여기서는 데이터, 모델 혹은 규칙, 의사결정 엔진 등이 어떻게 서로 상호작용하는지를 명확히 한다.

4.7.4 전략 효과 평가 및 진단 조율

전략을 실제로 적용해본 후, 그 효과를 평가한다. 이 과정에서는 전략이 비즈니스 요구 사항을 만족하는지, 거부율이나 기타 지표가 목표치에 부합하는지 검토한다. 필요한 경우, 누적된 데이터를 기반으로 전략을 조정하여 최적화한다. 이는 전략이 실제로 금융 사기를 줄이는 데 효과적인지를 확인하고, 필요에 따라 개선하기 위한 단계다.

4.7.5 지속적인 개선과 최적화

금융 사기의 양상은 지속적으로 변화하기 때문에, 우리의 전략 또한 시간이 지나면서 새로운 위험에 효과적으로 대응할 수 있도록 지속적으로 업데이트되고 최적화되어야 한다. 이는 사기 패턴의 변화를 모니터링하고, 새롭게 등장하는 위협에 대응하기 위한 전략을 개발하는 과정을 포함한다.

또한 리스크 관리 전략이 비즈니스의 성장과 변화에 계속해서 적합하도록 조정한다.

이러한 과정을 통해 금융 사기 예방을 위한 리스크 관리 전략을 더욱 체계적이고 효율적으로 구성할 수 있다. 각 단계는 목적에 맞게 설계되어 있으며, 금융 기업은 사기 위험을 효과적으로 관리하고 고객과 자산을 보호할 수 있는 강력한 기반을 마련할 수 있다.

[NOTE] 금융 분야에서 사기 거래 탐지와 예방 시스템을 운영하는 것은 단순히 사기를 줄이는 것 이상의 복잡한 과제를 포함한다. 특히 0% 사기 달성이라는 목표는 매우 어려운 일이며, 이는 성공적인 사기 거래 탐지 및 예방 시스템이 완벽한 사기 차단과 고객에게 불편함을 최소화하는 사이에서 미묘한 균형을 찾아야 한다는 것을 의미한다.

불필요한 마찰을 피하면서 사기를 차단하는 것은 중요하다. 이메일 인증이나 이중 인증과 같은 방법은 고객에게 부담을 줄 수 있으며, 심지어 합법적인 거래를 시도하는 고객이 거래를 중단하게 만들 수 있다. 이러한 현상을 **거짓 거부**false decline라고 하며, 이를 줄이는 것과 사기를 예방하는 것 사이에는 **트레이드오프**trade off가 존재한다.

사기 거래 탐지 시스템이 너무 엄격하면 합법적인 고객들이 거래를 거부당하거나 불필요한 검증 과정을 거쳐야 할 수 있다. 반면, 시스템이 너무 관대하면 사기율이 증가하고 회사에 재정적 손실을 입힐 수 있다. 따라서 사기 차단과 고객 경험 간의 균형을 잘 유지하는 것이 중요하다.

이 균형을 유지하기 위해서는 **투자 대비 수익**return on investment, ROI을 고려하여 사기 거래 탐지 및 예방 전략을 정해야 한다. 즉 고객의 만족도를 유지하면서도 사기를 효과적으로 줄일 수 있는 방법을 찾아야 한다. 이러한 결정은 기업의 사업 모델, 고객 기반, 시장 환경 등을 고려해야 한다.

사기 거래 탐지 및 예방은 단순히 사기를 줄이는 것만이 아닌, 고객의 신뢰와 만족도를 유지하는 동시에 금융 서비스의 안전성을 보장하는 복합적인 문제다. 이러한 이유로, 금융 분야에서는 사기 거래 탐지 및 예방 시스템을 설계하고 운영할 때 광범위한 도메인 지식과 세심한 고려가 필요하다.

4.8 마무리

우리가 지금까지 살펴본 바와 같이, 이상 거래 탐지는 다양한 AI 기술을 활용할 수 있는 매력적인 영역이다. 이 분야에서는 지도 학습과 비지도 학습, 그래프 데이터 분석과 같은 다양한 접근 방법이 사용된다. 최근에는 해외 핀테크 업체를 중심으로 생성형 AI를 접목한 금융 사기 거래 탐지 시스템의 개발이 활발하게 이루어지고 있다.

새로운 기술의 도입이 기존의 기본 원리를 대체하는 것은 아니다. 오히려 이번 장에서 설명한 기본적인 개념과 원리들은 이상 거래 탐지 분야의 근본을 형성하며, 이를 바탕으로 지속적으로 새로운 알고리즘과 방법론을 탐색하고 적용하는 시도가 중요하다. 따라서 여러분이 이 분야에서 활동하는 전문가라면, 기본에 충실하면서도 새로운 기술 트렌드에 대한 연구와 적용을 멈추지 않기를 바란다.

이러한 지속적인 학습과 혁신은 금융 사기를 더 효과적으로 탐지하고 예방하는 데 필수 요소다. 앞으로도 AI 기술의 발전은 금융 사기 거래 탐지 영역에 새로운 가능성을 열어줄 것이며, 이는 금융 산업의 안전성과 신뢰성을 강화하는 데 기여할 것이다.

실습 1 사기 거래 탐지를 위한 가장 기본적인 방법: 규칙 기반 탐지

지금까지 우리는 금융 사기의 다양한 유형과 이를 탐지하기 위한 현대적 기법들, 그리고 금융 사기 예방을 위한 리스크 관리 전략의 개발 과정에 대해 깊이 있게 살펴보았다. 이제 전략 설계 단계에서 가장 중요한 규칙과 모델에 대해 살펴보겠다. 이는 데이터 과학자와 데이터 분석가, 데이터 엔지니어, **사기 거래 탐지 시스템**fraud detection system, FDS 전문가가 함께 협력하여 구축해야 하는 시스템의 근간이 된다. 이제 이 기술적 탐구를 한 단계 더 발전시켜, 금융 사기 거래 탐지의 기본적인 방법 중 하나인 규칙 생성에 대해 깊이 탐색할 차례다.

규칙과 모델은 금융 사기 거래 탐지 시스템을 구성하는 핵심 요소다. 규칙은 비정상적인 행동을 정의하고 비즈니스 행위를 제어하려는 목적으로 설정되는데, 예를 들어 같은 물건을 한 시간 내에 세 번 이상 구매하거나 짧은 시간 내에 여러 번의 인증 실패가 발생하는 경우 같은 간단한 조건들이 이에 해당한다. 이러한 규칙은 비즈니스의 복잡한 문제를 단순화하며, 특정 조건들이 충족될 때 특정 조치를 취하는 데 사용된다. 모델은 위험을 정량화하기 위해 특성 차원을 기반으로 지수화된다. 이는 수학적 통계 방법을 통해 위험 상황을 평가하는 데 사용된다.

규칙 생성에서 결정 트리는 이 과정을 시각화하고 간소화하는 데 유용한 도구다. 전문가의 경험과 데이터 분석을 결합하여 규칙을 설정하게 되며, 이때 비즈니스 요구 사항을 고려하는 것이 중요하다. 이는 사기 거래 탐지 시스템이 완벽한 사기 차단과 고객 경험 사이에서 균형을 찾아야 한다는 점에서 기인한다.

이제 우리는 간단한 데이터셋을 활용하여 트리 기반의 규칙을 만드는 실제 과정을 살펴볼 것이다. 이를 통해 금융 사기 거래 탐지를 위한 규칙 생성의 기본 원리를 더욱 명확히 이해할 수 있을 것이다. 이 과정은 금융 사기를 예방하는 데 꼭 필요한 간단하지만 강력한 도구를 제공한다.

먼저 데이터를 만드는데 유용한 라이브러리인 `Faker`를 설치한다.

```
# 필요한 라이브러리 불러오기
# 데이터를 만들기 위한 Faker 라이브러리 설치
!pip install Faker
```

다음 코드는 금융 사기 거래 탐지를 위한 샘플 데이터를 생성한다. Faker 라이브러리와 난수 생성기를 사용하여 각 거래의 다양한 특성(예: 거래 금액, IP 주소, 계정 나이 등)을 생성하고, 시드값을 설정하여 결과의 재현성을 보장한다. create_sample_data 함수는 기본적으로 1천 개의 샘플을 생성하고, 그중 100개를 사기 거래로 라벨링한다. 생성된 데이터는 pd.DataFrame으로 반환되며, 거래 금액, IP 주소, 국가 코드 등 여러 변수들을 포함한다.

```
import pandas as pd
import numpy as np
import random
from faker import Faker

# 시드값 설정
seed_value =738
random.seed(seed_value)  # 파이썬 기본 난수 생성기에 대한 시드 설정
np.random.seed(seed_value)  # 넘파이 난수 생성기에 대한 시드 설정
fake = Faker()
Faker.seed(seed_value)  # Faker 라이브러리에 대한 시드 설정

# 데이터 생성 함수
def create_sample_data(num_samples=1000, num_frauds=100):
    data = []
    for _ in range(num_samples):
        transaction_number = fake.uuid4()
        transaction_amount = round(random.uniform(5.0, 10000.0), 2)
        is_domestic_ip = random.choice([True, False])
        transaction_ip = fake.ipv4()
        recent_7d_amount = round(random.uniform(5.0, 70000.0), 2)
        recent_7d_payment_methods = random.randint(1, 5)
        account_age_days = random.randint(1, 3650)
        transaction_time = fake.time()
        country_code = fake.country_code()
        currency_code = fake.currency_code()
        customer_age = random.randint(18, 80)
        account_balance = round(random.uniform(0.0, 50000.0), 2)
        num_past_transactions = random.randint(0, 100)
        device_id = fake.uuid4()
        payment_method = random.choice(["credit_card", "debit_card", "paypal", "bank_
        transfer"])
        is_new_account = random.choice([True, False])
        has_promo_code = random.choice([True, False])
        shipping_address_change = random.choice([True, False])
        num_recent_login_failures = random.randint(0, 10)
        label = 0  # 대부분은 사기가 아님
```

```python
        data.append([transaction_number, transaction_amount, is_domestic_ip, transaction_ip,
                    recent_7d_amount, recent_7d_payment_methods, account_age_days,
                    transaction_time,
                    country_code, currency_code, customer_age, account_balance, num_past_
                    transactions,
                    device_id, payment_method, is_new_account, has_promo_code, shipping_
                    address_change,
                    num_recent_login_failures, label])

    # 사기 데이터 설정
    fraud_samples = random.sample(data, num_frauds)
    for sample in fraud_samples:
        sample[-1] = 1  # 사기 건으로 라벨 변경

    columns = ["transaction_number", "transaction_amount", "is_domestic_ip", "transaction_
    ip",
            "recent_7d_amount", "recent_7d_payment_methods", "account_age_days",
            "transaction_time",
            "country_code", "currency_code", "customer_age", "account_balance", "num_
            past_transactions",
            "device_id", "payment_method", "is_new_account", "has_promo_code",
            "shipping_address_change",
            "num_recent_login_failures", "label"]

    return pd.DataFrame(data, columns=columns)

# 샘플 데이터 생성
sample_data = create_sample_data()
sample_data.head()
```

	transaction_number	transaction_amount	is_domestic_ip	...	shipping_address_change	num_recent_login_failures	label
0	4134ac65-17af-4295-a9ee-2572da24bf01	8521.97	True	...	True	0	0
1	cca31260-0482-493f-ad6d-6470be56ed98	7994.64	False	...	True	3	1
2	31691814-dbf5-4237-ad62-4495a8e30ee9	6186.20	True	...	True	6	0
3	5658af95-7262-4a66-baf4-856776546912	3828.94	False	...	False	0	0
4	2f904bf6-5ff8-434e-82a4-a7a4cc6fa6fb	4278.94	False	...	False	9	0

레이블 데이터의 분포를 살펴보자.

```
sample_data['label'].value_counts()
label
0    900
1    100
Name: count, dtype: int64
```

다음 코드는 금융 사기 거래를 탐지하기 위한 규칙 기반 탐지율을 계산한다. `calculate_detection_rate` 함수는 몇 가지 규칙을 정의하고, 각 규칙에 해당하는 거래를 필터링하여 사기 거래와 정상 거래의 수를 계산한다. 그다음 각 규칙에 따른 사기 거래 탐지율을 계산하여 결과를 `pd.DataFrame`으로 반환한다. 이 함수는 고액 거래, 다수 결제 수단 사용, 빈번한 로그인 실패, 신규 계정의 대량 거래, 국제 거래 및 고액 거래 등의 규칙을 사용한다. 마지막으로 규칙 적용 결과를 출력한다.

이런 식으로 간단하게 새로운 변수를 생성하거나 기존에 있는 변수를 사용해 사기 탐지 규칙을 만들고 적용할 수 있다.

```python
# 샘플 데이터를 위한 가정된 규칙에 따른 분류 및 탐지율 계산 함수
def calculate_detection_rate(df):
    # 규칙 정의
    rules = {
        '고액 거래': df['transaction_amount'] > 5000,
        '다수 결제 수단 사용': df['recent_7d_payment_methods'] >= 3,
        '빈번한 로그인 실패': df['num_recent_login_failures'] >= 3,
        '신규 계정 대량 거래': (df['account_age_days'] <= 30) & (df['transaction_amount'] >
3000),
        '국제 거래 및 고액': (~df['is_domestic_ip']) & (df['transaction_amount'] > 2000),
    }

    # 결과 저장을 위한 리스트
    results = []

    for rule_name, condition in rules.items():
        # 규칙에 해당하는 트랜잭션 필터링
        filtered_transactions = df[condition]
        # 사기 거래와 정상 거래의 수 계산
        num_good = (filtered_transactions['label'] == 0).sum()
        num_bad = (filtered_transactions['label'] == 1).sum()
        # 사기 거래 탐지율 계산
        detection_rate = num_bad / (num_bad + num_good) if num_bad + num_good > 0 else 0
```

```
        # 결과 추가
        results.append({
            '규칙명': rule_name,
            '정상 거래 수': num_good,
            '사기 거래 수': num_bad,
            '탐지율': detection_rate
        })

    # 결과를 데이터프레임으로 변환
    results_df = pd.DataFrame(results)
    return results_df

# 규칙 적용 및 결과 출력
rule_results = calculate_detection_rate(sample_data)
rule_results
```

	규칙명	정상 거래 수	사기 거래 수	탐지율
0	고액 거래	437	50	0.102669
1	다수 결제 수단 사용	548	55	0.091211
2	빈번한 로그인 실패	652	75	0.103164
3	신규 계정 대량 거래	6	1	0.142857
4	국제 거래 및 고액	365	32	0.080605

실습 2 머신러닝 기반의 신용카드 사기 거래 탐지 모델 개발

신용카드 사기는 가짜나 만료된 신용카드를 고의로 사용하거나, 다른 사람의 신용카드를 이용하여 재산을 획득하거나, 자신의 신용카드를 악의적으로 과도하게 사용하는 행위를 말한다. 신용카드 사기의 형태는 세 가지로 나뉜다. '카드 분실 이용', '가짜 신청', '가짜 신용카드'다. 사기 사건 중 60% 이상이 가짜 신용카드로 사기를 치는데, 이는 조직적인 성격을 보인다. 카드 정보를 훔치고, 가짜 카드를 만들고, 가짜 카드를 팔고, 가짜 카드를 사용하여 범죄를 저지르는 과정을 통해 엄청난 이익을 얻는다. 따라서 신용카드 사기 탐지는 은행이 손실을 줄이는 중요한 방법이다.

금융 사기 거래 탐지의 다음 단계로 지도 학습과 비지도 학습을 활용해 신용카드 사기를 탐지하는 모델을 개발하는 과정을 탐구한다. 데이터 과학의 두 방법론을 적용함으로써, 신용카드 거래 데이터에서 사기 행위를 어떻게 식별하고 예측할 수 있는지에 대한 깊이 있는 이해를 목표로 한다.

먼저 지도 학습법을 활용해 신용카드 사기 거래 탐지 모델을 개발하는 방법을 다룬다. 지도 학습법은 사전에 레이블링된 데이터로 모델이 정상 거래와 사기 거래를 구분하는 방법을 학습하도록 한다. 여기서는 실제 사기 거래와 정상 거래 사이의 패턴을 모델이 어떻게 파악하는지 살펴보겠다.

다음으로 비지도 학습법을 활용한 신용카드 사기 거래 탐지 모델 개발 방법을 Isolation Forest와 오토인코더를 통해 살펴본다. 두 방법은 레이블이 없는 데이터를 활용하여 데이터 내의 비정상적인 패턴이나 이상치를 식별함으로써 사기 거래를 탐지한다. 특히 레이블링된 데이터가 부족하거나 전혀 없는 경우에도 비지도 학습을 유용하게 활용할 수 있다.

① 데이터셋 소개

우리의 연구와 모델 개발에 사용할 데이터셋은 캐글의 'Credit Card Fraud Detection'으로, 유럽의 신용카드 사용자 거래 데이터를 기반으로 한다. 이 데이터셋은 신용카드 사기 거래 탐지에 필수인 실제 거래 정보를 포함하고 있으며, 특히 데이터의 불균형이 두드러지는 특징을 가진다. 총 28만 4807건의 거래 중 단지 492건만이 사기 거래로, 이는 전체 데이터의 약 0.172%에 해당한다.

- 캐글의 Credit Card Fraud Detection 데이터셋
  https://www.kaggle.com/datasets/mlg-ulb/creditcardfraud

사기 거래의 비율은 사기의 유형뿐만 아니라 국가별로도 크게 다르다. 예를 들어 한국과 같은 국가에서는 개인 정보 인증 절차가 철저하게 이루어져 사기 발생률이 상대적으로 낮다. 반면 브라질이나 러시아 같은 국가에서는 낮은 비용으로 쉽게 신규 번호를 생성할 수 있어 사기 발생률이 높게 나타난다. 이러한 국가별 차이는 사기 거래 탐지 모델을 개발하고 적용할 때 중요한 고려 사항이 된다.

이번 데이터셋의 특성 변수들은 주성분 분석 기법을 통한 차원 축소 과정을 거쳐 변수명이 V1, V2, … V28로 표현되었기 때문에 원본 데이터의 의미를 직접적으로 알 수 없다. 다만 거래 시간('Time')과 거래 금액('Amount')은 주성분 분석 처리를 거치지 않았으며, 두 변수는 사기 거래 탐지에서 중요한 정보를 제공한다. 'Class' 라벨은 거래의 성격을 나타내는데, 여기서 1은 사기 거래를, 0은 정상 거래를 의미한다.

동일한 데이터셋을 기반으로 다양한 모델링 접근법을 탐색하며, 사기 거래를 더욱 효과적으로 식별하고 예측하는 방안을 모색해보자. 다만 모델링 외에도 피처 엔지니어링, 즉 사기 거래 탐지에 효과적인 변수를 만드는 작업이 매우 중요한데, 해당 부분의 기술적인 내용은 자세히 다루지 않는다.

② 사기 거래 건에 대한 레이블링 프로세스

사기 거래에 대한 레이블링 과정은 금융 사기 거래 탐지 모델을 개발하고 학습시키는 데 중요한 역할을 한다. 일반적으로 사기 거래 레이블링은 두 가지 경로를 통해 이루어진다. 고객의 제보와 내

부 사기 거래 탐지 전문가의 식별이다. 이 과정은 금융기관마다 다를 수 있지만, 통상적으로 두 방법이 주로 사용된다.

첫 번째 경로는 고객의 직접적인 제보다. 예를 들어 신용카드 분야에서는 **차지백**(지불 거절) chargeback이라는 용어가 이와 관련 있다. 차지백은 고객이 자신의 신용카드 명세서에서 알아볼 수 없는 거래를 발견했을 때 신용카드 회사에 이의를 제기하고 해당 금액의 환불을 요구하는 과정이다. 이때 신용카드 회사는 고객 신고를 기반으로 해당 거래를 사기 거래로 레이블링하고 조사한다.

두 번째 경로는 내부의 사기 거래 탐지 전문가나 팀에 의한 식별이다. 일부 금융기관은 전담 팀을 운영하여 거래 데이터를 지속적으로 모니터링하고 사기 의심 거래를 식별한다. 이 팀은 다양한 사기 거래 탐지 도구와 알고리즘을 활용하여 비정상적인 패턴이나 거래를 포착하고, 이를 사기 거래로 레이블링한다. 전문 팀이 없는 경우에는 고객 서비스 팀이 이 역할을 수행할 수 있으며, 고객의 신고나 내부 모니터링을 통해 사기 의심 거래를 식별한다.

사기 거래의 레이블링은 단순히 '사기'라는 태그를 붙이는 것 이상의 의미를 갖는다. 리스크 유형에 따라 사기 거래를 세분화하여 분류하는 것이 일반적이다. 이는 사기 패턴을 더 정밀하게 분석하고, 특정 유형의 사기에 대응하는 더 효과적인 예방 전략을 개발하는 데 도움이 된다.

이렇게 사기 거래에 대한 정확한 레이블링은 금융기관이 사기를 효과적으로 탐지하고 예방하는 데 꼭 필요한 과정이다. 고객의 제보와 내부 전문가의 식별을 통해 수집된 데이터는 금융 사기 거래 탐지 모델의 학습과 개선에 중요한 자원이 되며, 이를 통해 금융 서비스의 안전성을 강화하고 고객의 자산을 보호하는 데 기여한다.

❸ 지도 학습법 기반: SMOTE

지금부터 본격적으로 사기 거래 탐지를 위한 모델링을 해보자. 첫 번째로 살펴볼 방법은 **지도 학습법**supervised learning을 활용한 모델 개발이다. 이 접근법은 레이블링 과정을 거쳐 사기로 분류된 거래 데이터를 사용한다. 특히 신용카드 사기 거래를 정확하게 예측하는 모델을 구축해본다.

금융 사기 거래 탐지에서 데이터의 불균형은 큰 도전 과제 중 하나다. 사기 거래는 전체 거래에서 차지하는 비율이 매우 낮아, 이러한 불균형한 데이터 상태에서 효과적인 모델링을 위해서는 특별한 접근 방법이 필요하다. 여기서 우리는 트리 기반 모델을 활용할 예정이며, 데이터 불균형 문제를 해결하기 위해 **SMOTE**synthetic minority over-sampling technique 기법을 사용한다. SMOTE는 소수 클래스의 샘플을 합성하여 모델 학습 시 소수 클래스의 영향력을 강화하는 기법이다.

이 단계에서는 모델의 성능 극대화를 위한 복잡한 파라미터 튜닝보다는 불균형 데이터를 처리하면서 기본적으로 사용할 수 있는 기법들을 적용하는 데 의의를 둔다. SMOTE를 통해 데이터 불균형 문제를 어떻게 완화할 수 있는지, 그리고 이로 인해 신용카드 사기 거래 탐지 모델의 예측 성능을 어떻게 개선할 수 있는지를 탐구해보자.

먼저 필요한 파이썬 라이브러리들을 임포트한다. pandas와 numpy는 데이터 처리를 위한 기본 라이브러리이며, sklearn에서는 데이터를 나누고, 검증하며, 모델을 평가하는 다양한 도구들을 제공한다. imblearn과 xgboost는 각각 불균형 데이터 처리와 머신러닝 모델을 위해 사용된다. matplotlib, plotly.express, seaborn은 데이터 시각화를 위한 라이브러리다.

코드는 캐글에서 제공하는 신용카드 사기 데이터를 로드한다. 이 데이터는 creditcard.csv 파일에서 읽어온다. 데이터를 로드한 후, 'Class' 열을 제외한 모든 열이 피처(X)로, 'Class' 열 자체는 타깃(y)으로 분리된다. 이 타깃 열은 각 거래가 사기인지 아닌지를 나타내는 레이블이다.

```
import pandas as pd
import numpy as np
from sklearn.model_selection import train_test_split, StratifiedKFold, GridSearchCV
from sklearn.metrics import roc_auc_score
from sklearn.pipeline import Pipeline
from sklearn.preprocessing import StandardScaler
from imblearn.over_sampling import SMOTE
from xgboost import XGBClassifier
import matplotlib.pyplot as plt
import plotly.express as px
import seaborn as sns
from imblearn.pipeline import make_pipeline as imbalanced_make_pipeline

# 데이터 로드
data = pd.read_csv('/kaggle/input/creditcardfraud/creditcard.csv')

# 피처와 타깃 분리
X = data.drop('Class', axis=1)
y = data['Class']
```

다음 코드는 plotly 라이브러리를 사용하여 신용카드 거래 데이터에서 사기 거래와 정상 거래의 비율을 원형 차트(도넛 차트)로 시각화한다.

먼저 plotly.offline 모듈에서 필요한 함수들을 임포트한다. init_notebook_mode 함수는 노트북 환경에서 차트가 오프라인으로 작동하게 설정한다.

`px.pie` 함수를 사용하여 원형 차트를 생성한다. 이 차트는 `'Class'` 열을 기반으로 각 범주의 이름을 표시하며, 차트의 크기는 가로 600px, 세로 400px로 설정된다. 중심 구멍의 크기는 0.7로, 차트의 전체적인 디자인을 깔끔하게 한다. 사기 거래와 정상 거래를 쉽게 구분하기 위해 차트의 색상은 두 가지다. 또한 마우스 호버 시 표시되는 텍스트 정보는 비율과 레이블만 포함하도록 설정하고, 텍스트의 위치는 차트 외부로 한다.

마지막으로 차트의 레이아웃을 세밀하게 조정하여 마진, 배경색, 제목, 텍스트 스타일을 정의한다. 이러한 세팅은 차트의 전반적인 시각적 표현을 개선하고 사용자 경험을 향상시킨다.

```
from plotly.offline import init_notebook_mode, iplot

init_notebook_mode(connected=True)
fig2 = px.pie(data, names='Class',
              height=400, width=600,
              hole=0.7,
              title='Fraud Class Overview',
                  color_discrete_sequence=['#4c78a8', '#72b7b2'])
fig2.update_traces(hovertemplate=None, textposition='outside', textinfo='percent+label',
rotation=0)
fig2.update_layout(margin=dict(t=100, b=30, l=0, r=0), showlegend=False,
                   plot_bgcolor='#fafafa', paper_bgcolor='#fafafa',
                   title_font=dict(size=20, color='#555', family="Lato, sans-serif"),
                   font=dict(size=14, color='#8a8d93'),
                   hoverlabel=dict(bgcolor="#444", font_size=13, font_family="Lato,
                   sans-serif"))
fig2.show()
```

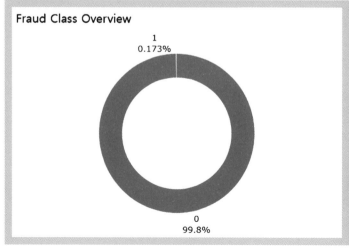

이전 실습에서 사용했던 요약 테이블 함수를 만들어 간단한 탐색적 데이터 분석을 시작해보자.

```python
# 요약 테이블 함수 생성
def summary(df):
    print(f'data shape: {df.shape}')
    summ = pd.DataFrame(df.dtypes, columns=['data type'])
    summ['#missing'] = df.isnull().sum().values * 100
    summ['%missing'] = df.isnull().sum().values / len(df)
    summ['#unique'] = df.nunique().values
    desc = pd.DataFrame(df.describe(include='all').transpose())
    summ['min'] = desc['min'].values
    summ['max'] = desc['max'].values
    summ['first value'] = df.loc[0].values
    summ['second value'] = df.loc[1].values
    summ['third value'] = df.loc[2].values

    return summ
```

이제 요약 테이블 함수를 우리가 가진 데이터에 적용해보자. 각 열별로 어떤 데이터 타입으로 저장되었는지, 결측치는 얼마나 있는지, 최솟값 및 최댓값은 얼마인지, 그리고 어떤 값들이 있는지 더욱 구체적으로 한눈에 파악할 수 있다.

summary(data)

data shape: (284807, 31)

	data type	#missing	%missing	…	first value	second value	third value
Time	float64	0	0.0	…	0.000000	0.000000	1.000000
V1	float64	0	0.0	…	-1.359807	1.191857	-1.358354
V2	float64	0	0.0	…	-0.072781	0.266151	-1.340163
V3	float64	0	0.0	…	2.536347	0.166480	1.773209
…	…	…	…	…	…	…	…
V27	float64	0	0.0	…	0.133558	-0.008983	-0.055353
V28	float64	0	0.0	…	-0.021053	0.014724	-0.059752
Amount	float64	0	0.0	…	149.620000	2.690000	378.660000
Class	int64	0	0.0	…	0.000000	0.000000	0.000000

먼저 train_test_split 함수를 사용하여 데이터를 학습용과 테스트용으로 분리한다. 테스트 데이터는 전체의 30%로 설정되며, random_state는 결과의 일관성을 보장하기 위해 42로 고정된다. 다음으로, StandardScaler를 사용하여 피처 데이터의 스케일링을 수행한다. 그리고 Stratified

KFold 객체를 생성하여 교차 검증을 준비한다. 이 객체는 클래스 비율을 유지하면서 데이터를 다섯 개의 폴드로 나누는 데 사용된다. 이는 모델의 성능을 공정하게 평가하고, 과적합을 방지하는 데 도움을 준다.

XGBoost 모델의 설정에는 GPU를 사용하는 `gpu_hist` 메서드가 포함된다. 이는 계산 속도를 높이기 위함이다.

마지막으로 `imbalanced_make_pipeline`을 사용하여 SMOTE 방법과 XGBoost 분류기를 결합한 파이프라인을 생성한다. `SMOTE`는 불균형 데이터 처리를 위해 소수 클래스의 샘플을 합성하여 추가하는 기법이다. 이 파이프라인은 모델이 학습 데이터의 불균형을 더욱 효과적으로 처리하게 돕는다.

```
# 학습/테스트 데이터 분리(3:7 비율)
X_train, X_test, y_train, y_test = train_test_split(X, y, test_size=0.3, random_state=42)

# 스케일링
scaler = StandardScaler()

# 스케일링 적용
X_train = scaler.fit_transform(X_train)
X_test = scaler.transform(X_test)

# StratifiedKFold 객체 생성
kf = StratifiedKFold(n_splits=5, random_state=42, shuffle=True)

# XGBoost GPU 설정
gpu_params = {'tree_method': 'gpu_hist'}

# SMOTE 및 XGBoost 파이프라인 설정
pipeline = imbalanced_make_pipeline(SMOTE(random_state=42), XGBClassifier(n_jobs=-1,
random_state=42, **gpu_params))
```

다음 코드는 그리드 서치를 사용하여 최적의 모델 파라미터를 찾는 과정을 설명한다. `GridSearchCV` 객체를 생성하여, `SMOTE`의 샘플링 전략과 XGBoost 분류기의 최대 깊이 및 서브 샘플 비율에 대한 여러 후보값을 설정한다. 그 후, 교차 검증을 통해 각 파라미터 조합의 성능을 평가하며, ROC AUC 점수를 기준으로 최적의 파라미터 조합을 선택한다. 최종적으로 최적의 파라미터가 출력된다.

```
# 그리드 설정
param_grid = {
        'smote__sampling_strategy': [0.1, 0.25, 0.5, 0.75, 1.0],
        'xgbclassifier__max_depth': [3, 4, 5, 6],
        'xgbclassifier__subsample': [0.6, 0.8, 1.0]
}

# GridSearchCV 설정
grid = GridSearchCV(pipeline, param_grid=param_grid, cv=kf, scoring='roc_auc',
                    return_train_score=True)

# 그리드서치 실행
grid.fit(X_train, y_train)

# 최적의 파라미터 출력
print('Best parameters:', grid.best_params_)
Best parameters: {'smote__sampling_strategy': 0.25, 'xgbclassifier__max_depth': 4,
'xgbclassifier__subsample': 0.6}
```

우리가 찾은 최적의 파라미터를 best_model에 저장한다.

```
# 최적의 모델 저장
best_model = grid.best_estimator_
```

다음 코드는 그리드 서치의 결과를 데이터프레임 형태로 변환하고, 훈련 데이터셋과 교차 검증 데이터셋에서의 성능을 비교하는 과정이다. cv_results_ 속성을 활용해 그리드 서치의 모든 결과를 데이터프레임으로 변환하고, 필요한 열만 선택하여 SMOTE의 샘플링 전략, XGBoost 분류기의 최대 깊이와 하위 샘플 비율, 각 조합에 대한 평균 훈련 점수와 테스트 점수를 표시한다. 이를 통해 모델의 과적합 여부와 각 파라미터 조합의 효율성을 평가할 수 있다.

```
# 그리드서치 결과를 데이터프레임으로 변환
cv_results = pd.DataFrame(grid.cv_results_)

# 훈련셋의 성능과 교차검증셋의 성능 비교
cv_results[['param_smote__sampling_strategy', 'param_xgbclassifier__max_depth',
        'param_xgbclassifier__subsample', 'mean_train_score', 'mean_test_score']]
```

	param_smote__ sampling_strategy	param_ xgbclassifier__ max_depth	param_ xgbclassifier__ subsample	mean_train_ score	mean_test_ score
0	0.1	3	0.6	0.999957	0.970916

1	0.1	3	0.8	0.999956	0.968853
2	0.1	3	1.0	0.999951	0.970733
3	0.1	4	0.6	0.999999	0.970082
...	...	...	...	...	...
57	1.0	6	0.6	1.000000	0.971969
58	1.0	6	0.8	1.000000	0.967552
59	1.0	6	1.0	1.000000	0.968937

다음 코드는 세 가지 주요 모델 파라미터(SMOTE의 샘플링 전략, XGBoost의 최대 깊이, 하위 샘플 비율)에 따라 모델의 성능을 비교하는 시각화를 생성한다. 각 파라미터에 대해 두 개의 선 그래프를 그려 훈련 점수와 검증 점수를 비교한다. 이를 통해 모델의 과적합 정도와 각 파라미터가 모델 성능에 미치는 영향을 평가할 수 있다.

- SMOTE 샘플링 전략: 소수 클래스의 오버샘플링 비율을 다르게 하여 그 영향을 확인한다.
- 최대 깊이(max depth): 트리 기반 모델의 깊이를 조절하여 복잡성과 성능 사이의 균형을 찾는다.
- 하위 샘플(sub-sample): 트리를 구성할 때 데이터의 일부를 사용하는 비율을 조정하여, 다양한 서브샘플링이 모델의 일반화 능력에 미치는 영향을 평가한다.

이러한 분석은 최적의 모델 파라미터를 선택하는 데 중요한 기준을 제공하며, 파라미터의 조정이 모델의 성능과 일반화에 어떻게 영향을 미치는지 이해하는 데 도움을 준다.

```
import seaborn as sns

# 샘플링 전략에 따른 성능 비교
sns.lineplot(data=cv_results, x='param_smote__sampling_strategy', y='mean_train_score',
label='Training Score')
sns.lineplot(data=cv_results, x='param_smote__sampling_strategy', y='mean_test_score',
label='Validation Score')
plt.title('Performance Comparison for Different SMOTE Sampling Strategies')
plt.ylabel('AUC ROC Score')
plt.xlabel('SMOTE Sampling Strategy')
plt.legend()
plt.show()

# 최대 깊이에 따른 성능 비교
sns.lineplot(data=cv_results, x='param_xgbclassifier__max_depth', y='mean_train_score',
label='Training Score')
sns.lineplot(data=cv_results, x='param_xgbclassifier__max_depth', y='mean_test_score',
label='Validation Score')
plt.title('Performance Comparison for Different Max Depth')
```

```
plt.ylabel('AUC ROC Score')
plt.xlabel('Max Depth')
plt.legend()
plt.show()

# 서브 샘플에 따른 성능 비교
sns.lineplot(data=cv_results, x='param_xgbclassifier__subsample', y='mean_train_score',
label='Training Score')
sns.lineplot(data=cv_results, x='param_xgbclassifier__subsample', y='mean_test_score',
label='Validation Score')
plt.title('Performance Comparison for Different Subsample Values')
plt.ylabel('AUC ROC Score')
plt.xlabel('Subsample Value')
plt.legend()
plt.show()
```

이제 테스트셋에서 우리가 만든 모델이 어떠한 성능을 내는지 확인해보자.

```
# 테스트셋에 최적의 모델 적용 및 AUC-ROC 계산
y_test_pred = best_model.predict_proba(X_test)[:,1]
print('Final ROC AUC Score:', roc_auc_score(y_test, y_test_pred))
Final ROC AUC Score: 0.9901727773529376
```

XGBoost 같은 결정 트리 기반의 모델은 훈련 데이터에 대해 완벽하게 학습overfitting할 수 있기 때문에 훈련 점수가 1이 나올 수 있다. 이것은 모델이 훈련 데이터에 과적합될 가능성이 있음을 나타낸다. 이 현상은 특히 불균형 데이터셋에서 자주 발생한다. SMOTE를 사용하여 소수 클래스를 오버 샘플링하면 새롭게 생성된 샘플은 원래 샘플과 매우 유사하기 때문에 모델이 쉽게 학습할 수 있어 훈련셋의 성능은 매우 높지만, 검증 세트에서의 성능은 상대적으로 낮아질 수 있다.

하지만 교차 검증 점수가 0.96~0.98 사이로 나타났다면 모델이 검증 세트에서도 잘 일반화되고 있다는 좋은 신호다. 물론 이 점수가 테스트셋에서도 유지될지 확인해야 한다. 교차 검증은 모델의 안정성을 평가하는 데 도움이 되지만, 실제 성능은 테스트셋에서의 결과로 판단해야 한다.

모델 개발이 완료되면 얻은 모델 스코어는 리스크 관리의 중요한 의사결정 도구로 활용된다. 이 과정에서 중요한 결정 중 하나는 모델의 임곗값을 어떻게 설정할지다. 임곗값 설정은 비즈니스의 요구 사항, 원하는 성능 수준, 고객 경험과의 균형 등을 고려해 유관 부서와 함께 결정한다. 실제 모델을 실무에 적용하는 방법은 회사마다 다를 수 있지만, 일반적으로 따르는 프로세스는 다음과 같다.

❶ 모델 파일화: 모델을 실제 환경에서 사용하기 위해 모델을 파일 형태로 저장한다. 이는 파이썬의 `pickle` 모듈을 활용하거나 PMML과 같은 표준화된 모델 포맷을 사용하여 이루어질 수 있다.

❷ 모델 배포 준비: 모델을 서버나 클라우드 환경에 배포하기 위해 준비한다. 이 과정에서는 모델을 **도커 이미지**Docker image로 패키징하는 것이 일반적이다. 도커를 사용하면 모델의 환경 의존성을 줄이고, 다양한 환경에서 일관된 방식으로 모델을 실행할 수 있다.

❸ 배포와 통합: 준비된 모델을 실제 서비스 환경에 배포한다. 이후 모델은 실시간으로 거래 데이터를 평가하거나 배치 작업으로 주기적으로 평가를 수행할 수 있다. 모델의 예측 결과는 웹 서비스 API 형태로 제공되거나, 기업의 내부 시스템과 직접 통합할 수 있다.

❹ 모니터링과 유지 관리: 모델이 실무에 투입된 이후에는 지속적인 모니터링과 유지 관리가 필요하다. 모델 성능의 변화, 새로운 사기 패턴의 등장 등을 감지하여 모델을 지속적으로 업데이트하고 최적화해야 한다.

이러한 과정을 통해 개발된 모델은 비즈니스의 요구 사항과 목표에 맞춰 최적화되고, 금융 사기 거래 탐지의 신뢰도를 높이는 데 기여한다.

❹ 비지도 학습법 기반: Isolation Forest

금융 사기 거래 탐지는 끊임없이 진화하는 사기꾼들과의 지능적인 싸움과 같다. 새로운 패턴을 학습하고 대응 방안을 찾는 동안 사기꾼들도 사기 방법을 지속적으로 변화시킨다. 이러한 상황에서는 기존의 접근 방식만으로는 충분하지 않다. 특히 사기 거래의 패턴이 빠르게 변화하고, 레이블링된 데이터가 부족한 상황에서는 더욱 그렇다. 따라서 사기의 새로운 패턴을 빠르게 감지하고 효과적으로 대응할 수 있는 새로운 기술과 방법론을 모색해야 한다.

비지도 학습법unsupervised learning은 강력한 대안이 될 수 있다. 레이블링되지 않은 대량의 데이터에서도 이상치를 식별하고 사기 거래를 포착할 수 있다. 특히 Isolation Forest 알고리즘은 단순하지만 매우 효과적이다. 정상 거래와 사기 거래 사이의 미묘한 차이를 포착하여 기존 방법론으로는 발견하기 어려운 새로운 사기 패턴을 식별할 수 있기 때문이다. 이는 사기꾼들과의 지능전에서 우위를 점할 수 있는 새로운 무기를 제공한다.

이번 절에서 살펴볼 Isolation Forest를 통해 금융 사기 거래 탐지의 새로운 지평을 열고, 금융기관과 고객의 자산을 보호하는 더욱 효과적인 방법을 발견하는 것은 물론이고, 사기꾼들과의 계속되는 싸움에서 항상 한 발 앞서 나갈 수 있게 해줄 것이다.

Isolation Forest 알고리즘

Isolation Forest 알고리즘을 이해하려면 일단 이름에서부터 시작해보는 것이 좋다. 이 알고리즘의 이름은 '고립된 숲Isolation Forest'인데, 데이터를 '숲'으로 생각하고, 이상치를 '고립된 나무'로 비유한다.

숲을 걷는 상상을 해보자. 숲속에서 눈을 가린 채로 걸어 다닐 때, 대부분의 나무는 서로 가깝게 있기 때문에 발견하는 데 오랜 시간이 걸릴 것이다. 그러나 고립된 나무(이상치)는 주변에 다른 나무가 없기 때문에 빠르게 발견할 수 있다. 이상치를 고립된 나무로 생각하는 것이 중요한 이유는 이상치를 찾는 데 필요한 단계의 수를 측정하는 것이 자연스럽기 때문이다. 이것이 바로 Isolation Forest가 이상치를 탐지하는 방식이다.

알고리즘이 어떻게 동작하는지 보자.

❶ 나무 생성: 데이터를 분리하기 위해 Isolation Tree라는 특수한 나무를 만든다. 이 과정에서는 랜덤으로 특성을 선택하고 그 특성의 최솟값과 최댓값 사이의 랜덤한 값을 분할값으로 사용하여 데이터를 분할한다. 서브셋이 더 이상 분할할 수 없거나 나무가 지정된 최대 깊이에 도달할 때까지 계속 분할한다.

❷ 평균 경로 길이 계산: 분리된 각 데이터 포인트까지의 경로 길이를 계산한다. 이상치는 주변에 비슷한 데이터가 없기 때문에 일반적으로 더 짧은 경로 길이로 분리된다.

❸ 이상치 점수 계산: 각 나무에서 계산된 평균 경로 길이를 이용하여 이상치 점수를 계산한다. 이상치 점수는 0과 1 사이의 값으로, 이 값이 클수록 해당 데이터 포인트가 이상치일 확률이 높다는 것을 의미한다. 이 점수는 다음 공식을 통해 계산된다.

$$S(x, n) = 2^{(-E(h(x))/c(n))}$$

여기서 E(h(x))는 샘플 x의 평균 경로 길이(h(x))의 평균이고, c(n)은 n개의 샘플을 가진 이 진 탐색 트리의 평균 경로 길이다. 이 공식을 통해 계산된 이상치 점수를 이용하여 이상치 를 판별한다. 점수가 임곗값보다 큰 데이터 포인트는 이상치로 분류한다.

Isolation Forest 알고리즘은 이런 식으로 높은 차원의 데이터에서도 효과적으로 이상치를 탐지할 수 있다. 고립된 나무를 찾는 방법과 이를 이용한 점수 계산 방식이 핵심이다.

Isolation Forest 알고리즘의 개념을 설명하기 위한 추가 예시로서 일련의 1차원 데이터가 주어졌 다고 가정해보자. 이 데이터 안에는 A와 B라는 두 개의 데이터 포인트가 있다. 목표는 두 데이터 포인트를 다른 데이터에서 분리하는 것이다.

어떻게 하면 될까? 데이터의 최댓값과 최솟값 사이에서 임의의 값 X를 선택하고, 이 값 X를 기준 으로 데이터를 두 그룹(<X 와 >=X)으로 분리한다. 그다음 두 그룹을 같은 방법으로 분리하고, 계속 해서 데이터를 분리해간다. 이렇게 하면서 데이터가 더 이상 분리되지 않을 때까지 계속한다.

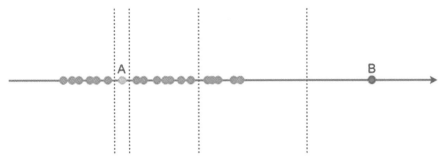

그림 4-2 1차원 데이터에서 데이터를 분리하는 예시

주목할 점은 B는 다른 데이터로부터 비교적 멀리 떨어져 있기 때문에 이를 분리하는 데 필요한 분 리 횟수가 매우 적다는 것이다. 반면 A는 다른 데이터 포인트와 군집을 이루고 있으므로, A를 분리 하는 데는 많은 분리 횟수가 필요하다.

이런 방식으로 Isolation Forest 알고리즘은 분리 횟수를 통해 데이터 포인트가 군집에 속했는지 (정상), 아니면 고립되어 있는지(이상치)를 판별한다. 즉 분리 횟수가 적을수록 데이터 포인트는 이 상치일 가능성이 높고, 분리 횟수가 많을수록 데이터 포인트는 정상 데이터일 가능성이 높다. 이러한 방법을 통해 Isolation Forest는 높은 차원의 데이터에서도 효과적으로 이상치를 탐지할 수 있다. 이상치를 고립된 나무로 생각하고, 분리 횟수를 이용하여 이상치를 판별하는 방식이 Isolation Forest 알고리즘의 핵심이다.

Isolation Forest 알고리즘은 이상치를 탐지하는 데 특화된 매우 흥미로운 기법이다. 이 알고리즘의 근본적인 가정은 두 가지로, 첫 번째로 이상치는 전체 데이터에서 차지하는 비율이 매우 적다는 것이고, 두 번째로 이상치와 정상 데이터 사이에는 큰 차이가 있다는 것이다.

알고리즘의 핵심 아이디어는 이상치가 이진 트리에서 **리프 노드**(잎 노드)leaf node로 더 빠르게 분리된다는 점이다. 즉 이상치는 트리의 **루트 노드**(뿌리 노드)root node와의 거리가 짧아, 이를 통해 이상치를 효과적으로 식별할 수 있다.

훈련 과정에서는 원본 데이터에서 일부 샘플과 피처를 선택하여 **이진 트리**binary tree(iTree[3])를 구성한다. 이 과정은 여러 번 반복되며 각각의 iTree가 앙상블로 구성된다. iTree의 구성은 트리가 지정된 깊이에 도달하거나 데이터를 더 이상 분리할 수 없을 때 중단된다.

예측 과정에서는 경로 길이path length를 계산하여 이상치 점수를 산출한다. 이 점수는 샘플이 리프 노드에 도달하기 위해 통과하는 경로의 수를 기반으로 한다. 트리가 여러 개일 경우 경로 길이의 평균을 사용한다. 이상치 점수는 샘플이 리프 노드에 도달하는 데 필요한 분리 횟수를 0과 1 사이로 정규화하여 계산된다. 이 점수가 낮을수록 샘플이 정상적이라는 의미이고, 높을수록 이상치일 가능성이 높다는 것을 의미한다.

`scikit-learn`에서 제공하는 Isolation Forest 구현은 이상치 점수를 조금 다른 방식으로 표현한다. 여기서 이상치는 음수로, 정상 샘플은 양수로 표현된다. 이런 방식을 통해 이상치와 정상 데이터를 뚜렷하게 구분할 수 있다. 코드를 통해 더 자세히 살펴보도록 하자.

이번 실습에서는 먼저 간단한 샘플 데이터를 만들어 Isolation Forest 알고리즘이 어떻게 작동하는지 살펴볼 것이다. 이어서 신용카드 사기 탐지 데이터셋을 사용해 Isolation Forest 모델의 하이퍼파라미터 조정을 통한 성능 향상 과정을 검토하고, 감지 결과의 TopN 정확도를 평가한다. 주요 목적은 알고리즘에 대한 이해도를 높이는 것으로, 실무에서 직접 활용할 수 있는 템플릿 코드를 제작하는 것은 아니므로 이 점에 유의하길 바란다.

---

3   Isolation Tree의 약어로, Isolation Forest 알고리즘에서 사용되는 개별 이진 트리를 의미한다.

```
import numpy as np
import pandas as pd

import os
for dirname, _, filenames in os.walk('/kaggle/input'):
    for filename in filenames:
        print(os.path.join(dirname, filename))
```

```
/kaggle/input/creditcardfraud/creditcard.csv
```

경고(warning)가 뜨지 않도록 경고 필터링을 해준다.

```
import warnings
warnings.filterwarnings("ignore")
```

먼저 scikit-learn의 Isolation Forest 알고리즘을 사용하여 예제를 만들고 알고리즘의 대략적인 흐름과 결과를 살펴보자. 이상 감지 도구는 여러 가지가 있지만 이번에는 다음과 같은 도구를 사용하여 테스트하고자 한다.

PyOD는 클래식 모델부터 딥러닝 모델까지 총 30가지 이상의 알고리즘을 제공하며, scikit-learn과 유사한 사용법을 가졌다. scikit-learn은 네 가지 일반적인 알고리즘을 포함하며, 간단하고 사용하기 쉽다. TODS는 PyOD와 유사한 방식으로 다양한 시계열 이상 감지 알고리즘을 제공한다. 데이터셋은 월별 급여 데이터이며, 단위는 만 원이다.

지금부터 어떤 값이 이상치인지 확인해보겠다.

```
# 필요한 라이브러리 불러오기
import numpy as np
import pandas as pd
import seaborn as sns
import matplotlib.pyplot as plt
from sklearn.ensemble import IsolationForest

# 일부 이상치를 넣어서 급여 데이터 만들기
df = pd.DataFrame({'salary':[4,1,4,5,3,6,2,5,6,2,5,7,1,8,12,33,4,7,6,7,8,55]})
```

```python
# 모델 설정
model = IsolationForest(n_estimators=100, max_samples='auto', contamination=float(0.1),
max_features=1.0, random_state = 1004)

# 모델 훈련
model.fit(df[['salary']])

# decision_function을 통해 이상 점수를 얻을 수 있다.
df['scores'] = model.decision_function(df[['salary']])

# predict() 함수를 사용하면 모델의 이상 여부 판단을 얻을 수 있다. -1은 이상치를 나타내고,
1은 정상을 나타낸다.
df['anomaly'] = model.predict(df[['salary']])
print(df)
```

```
     salary      scores   anomaly
0         4    0.194431         1
1         1    0.097424         1
2         4    0.194431         1
3         5    0.226778         1
4         3    0.141024         1
...
18        6    0.222908         1
19        7    0.206867         1
20        8    0.179884         1
21       55   -0.191967        -1
```

| salary | 4 | 1 | 4 | 5 | 3 | 6 | 2 | 5 | 6 | 2 | 5 | 7 | 1 | 8 | 12 | 33 | 4 | 7 | 6 | 7 | 8 | 55 |

세 개의 이상치 데이터가 식별되었음을 확인할 수 있다. 이상칫값이 클수록 이상치 점수도 커진다. 예를 들어 월급이 55만 원인 개인은 변칙적인 값이거나 데이터 오류가 있을 수 있다.

salary	4	1	4	5	3	6	2	5	6	2	5	7	1	8	12	33	4	7	6	7	8	55
anomaly	1	1	1	1	1	1	1	1	1	1	1	1	1	1	-1	-1	1	1	1	1	1	-1
scores	0.2	0.1	0.2	0.2	0.2	0.2	0.2	0.2	0.2	0.2	0.2	0.2	0.1	0.2	-0	-0.1	0.2	0.2	0.2	0.2	0.2	-0.2

그림 4-3 실제 데이터와 이상치 스코어 결과

이제 본격적으로 캐글 신용카드 사기 탐지 데이터셋에 앞서 배운 Isolation Forest 알고리즘을 적용해보자. 각 중요 하이퍼파라미터 조정에 따른 결과 개선 과정에 초점을 맞춰 설명한다. 먼저, 데이터를 불러오고 타깃 클래스의 분포를 `value_counts()` 메서드를 사용해 확인한다.

```
data = pd.read_csv('/kaggle/input/creditcardfraud/creditcard.csv')

data.Class.value_counts()
0      284315
1         492
Name: Class, dtype: int64
```

다음 코드는 신용카드 거래 데이터에서 사기와 비사기 거래의 수를 막대그래프로 표시한다. 각 거래 유형의 수는 `data['Class']`를 분석하여 계산된다. 막대그래프에서 사기 거래는 빨간색(`'red'`), 비사기 거래는 회색(`'lightgrey'`)으로 표시하도록 설정했다. 막대그래프 위에는 각 거래 수를 나타내는 숫자를 표시하도록 폰트 크기와 위치 등을 설정했으며, 그래프의 배경 스타일로 `'seaborn-whitegrid'`를 사용했다.

```
num_nonfraud = np.sum(data['Class'] == 0)
num_fraud = np.sum(data['Class'] == 1)

plt.bar(['Fraud', 'Non-Fraud'], [num_fraud, num_nonfraud], color=['red', 'lightgrey'])
plt.title('Number of Fraud vs Non-Fraud Transactions', fontsize=14)
plt.xlabel('Transaction Type', fontsize=12)
plt.ylabel('Count', fontsize=12)

# 막대그래프 위에 수치 표시
for i, value in enumerate([num_fraud, num_nonfraud]):
    plt.text(i, value, str(value), ha='center', va='bottom', fontsize=11, fontweight='bold')

# 그래프 배경 스타일 설정
plt.style.use('seaborn-whitegrid')

plt.show()
```

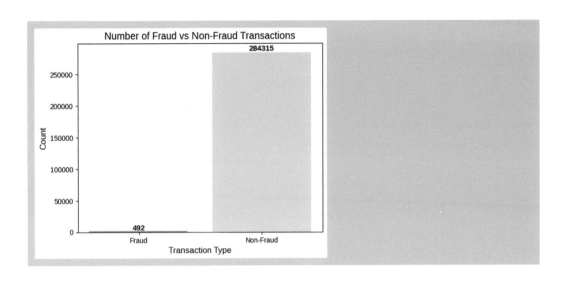

다음 코드는 데이터에서 `'Time'` 열을 시간 단위로 변환하여 `'Hour'` 열을 생성하고, 필요 없는 `'Time'`과 `'Class'` 열을 제거한 후 Isolation Forest 모델을 사용해 이상치 탐지를 수행한다. 모델은 데이터의 각 샘플에 대해 정상(1) 또는 이상치(-1)를 예측하고, 이상치 점수도 계산한다.

그 후 이상치 점수가 낮은 순서로 데이터를 정렬하고, 상위 1천 개 샘플을 선택하여 사기 거래의 비율을 계산한다. 결과적으로 상위 1천 개 샘플 중 약 13.7%가 사기 거래로 확인되었다.

```
data['Hour'] = data["Time"].apply(lambda x : divmod(x, 3600)[0])
X = data.drop(['Time','Class'],axis=1)
Y = data.Class


# 모델 훈련
iforest = IsolationForest()
# fit_predict 함수로 모델 훈련 및 예측. -1은 이상치, 1은 정상을 의미한다.
data['label'] = iforest.fit_predict(X)
# decision_function으로 이상치 점수 예측
data['scores'] = iforest.decision_function(X)
# TopN 정확도 평가
n = 1000
df = data.sort_values(by='scores', ascending=True)
df = df.head(n)
rate = df[df['Class'] == 1].shape[0] / n
print('Top{}의 정확도는: {}'.format(n, rate))

Top1000의 정확도는: 0.137
```

정확도가 낮다. 기본 파라미터가 무엇인지 확인해보자.

```
iforest.get_params()
```
```
{'bootstrap': False,
 'contamination': 'auto',
 'max_features': 1.0,
 'max_samples': 'auto',
 'n_estimators': 100,
 'n_jobs': None,
 'random_state': None,
 'verbose': 0,
 'warm_start': False}
```
```
# IsolationForest의 기본 파라미터는 다음과 같다:
# IsolationForest(n_estimators=100, contamination='auto', max_samples='auto', random_
state=None)
```

contamination는 이상치로 간주할 비율을 나타낸다. 기본값은 'auto'로 설정되어 데이터셋에서
자동으로 계산된다. max_samples는 각 결정 트리에 사용될 최대 샘플 수다. 기본값은 'auto'로 설
정되어 데이터셋 크기에 기반하여 자동으로 계산된다. n_estimators는 사용할 결정 트리의 개수
다. 기본값은 100이다. random_state는 난수 생성 시드다. 일관된 결과를 얻으려면 고정된 값을 사
용할 수 있다. 기본값은 None으로 설정되어 난수가 매번 다르게 생성된다.

하이퍼파라미터 튜닝을 통해 모델 성능 개선이 가능한지 살펴보겠다.

먼저 '정확도에 대한 n_estimators의 영향'이다. n_estimators는 생성할 트리의 개수를 나타내는
파라미터로, 기본값은 100이다. 10부터 500까지의 범위에서 테스트를 진행하여 어떤 범위에서 정
확도가 향상되는지 살펴보자.

```
import warnings
import matplotlib.pyplot as plt

warnings.filterwarnings('ignore')  # 경고 메시지 무시

n_est = list(range(10, 500, 10))
rates = []

for i in n_est:
    # 모델 훈련
    iforest = IsolationForest(n_estimators=i, max_samples=256,
contamination=0.02, max_features=5, random_state=1)
    # fit_predict 함수로 모델 훈련 및 예측. -1은 이상치, 1은 정상을 의미한다.
    data['label'] = iforest.fit_predict(X)
```

```
# decision_function으로 이상치 점수 예측
data['scores'] = iforest.decision_function(X)
# TopN 정확도 평가
n = 1000
df = data.sort_values(by='scores', ascending=True)
df = df.head(n)
rate = df[df['Class']==1].shape[0] / n
print('Top{}의 정확도: {}'.format(n, rate))
rates.append(rate)
```

```
# 그래프 그리기
plt.style.use('seaborn-whitegrid')
plt.plot(n_est, rates, linestyle='--', marker='.', color='c', markerfacecolor='red')
plt.xlabel('n_estimators')
plt.ylabel('정확도')
plt.title('The impact of n_estimators on the accuracy of outlier detection')
```

```
# 그래프 표시
plt.show()
```

```
Top1000의 정확도: 0.114
Top1000의 정확도: 0.179
Top1000의 정확도: 0.18
Top1000의 정확도: 0.184
Top1000의 정확도: 0.178
Top1000의 정확도: 0.189
...
Top1000의 정확도: 0.184
Top1000의 정확도: 0.183
Top1000의 정확도: 0.184
Top1000의 정확도: 0.183
Top1000의 정확도: 0.186
Top1000의 정확도: 0.185
Top1000의 정확도: 0.184
Top1000의 정확도: 0.185
```

그림에서 볼 수 있듯이, 나무의 개수가 200을 초과하면 정확도가 감소하기 시작한다. 약 300개의 나무에서는 상당히 낮은 수준에서 안정화되며 큰 개선이 나타나지 않는다. 따라서 나무의 개수가 많다고 해서 항상 더 좋은 성능을 보장하는 것은 아니다.

다음은 '정확도에 대한 `max_features`의 영향'에 대해 알아보자. `max_features`는 각 트리를 구성할 때 고려되는 특징의 개수를 의미한다. 우리는 1부터 시작하여 데이터셋에 있는 총 30개의 특징까지 `max_features`의 영향을 평가한다.

```python
features = list(range(1, X.shape[1]+1))
rates = []
for i in features:
    # 모델 훈련
    iforest = IsolationForest(n_estimators=100, max_samples=256, contamination=0.02, max_
    features=i, random_state=1)
    # fit_predict 함수로 모델 훈련 및 예측. -1은 이상치, 1은 정상을 의미한다.
    data['label'] = iforest.fit_predict(X)
    # decision_function으로 이상치 점수 예측
    data['scores'] = iforest.decision_function(X)
    # TopN 정확도 평가
    n = 1000
    df = data.sort_values(by='scores', ascending=True)
    df = df.head(n)
    rate = df[df['Class'] == 1].shape[0] / n
    print('Top{}의 정확도는: {}'.format(n, rate))
    rates.append(rate)

print(features)
print(rates)
```

해당 리스트를 사용하여 선 그래프를 그린다. 선은 점선(`'--'`)으로 표시하고, 각 데이터 포인트는 빨간색 원형 마커(`'.'`)로 표시한다. 그래프는 `max_features`의 변화에 따른 정확도의 변동을 시각적으로 보여준다.

```python
import matplotlib.pyplot as plt
plt.plot(features, rates, linestyle='--', marker='.', color='c', markerfacecolor='red')
plt.title('max_features and TopN accuracy')
plt.xlabel('max_features')
plt.ylabel('accuracy')
plt.show()
Top1000의 정확도는: 0.198
```

```
Top1000의 정확도는: 0.195
Top1000의 정확도는: 0.188
Top1000의 정확도는: 0.191
...
Top1000의 정확도는: 0.195
Top1000의 정확도는: 0.187
Top1000의 정확도는: 0.157
Top1000의 정확도는: 0.191
Top1000의 정확도는: 0.189
Top1000의 정확도는: 0.146
Top1000의 정확도는: 0.23
[1, 2, 3, 4, 5, 6, 7, 8, 9, 10, 11, 12, 13, 14, 15, 16, 17, 18, 19, 20, 21, 22, 23, 24, 25,
26, 27, 28, 29, 30]
[0.198, 0.195, 0.188, 0.191, 0.192, 0.185, 0.184, 0.161, 0.158, 0.166, 0.209, 0.183, 0.174,
0.169, 0.164, 0.154, 0.167, 0.17, 0.183, 0.149, 0.186, 0.18, 0.183, 0.195, 0.187, 0.157,
0.191, 0.189, 0.146, 0.23]
```

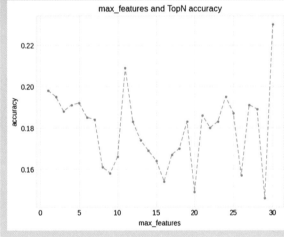

특성이 가장 많을 때 정확도가 가장 높다. 그러나 이론적으로 이는 가능하지 않다. 랜덤 포레스트
를 연구할 때 알 수 있듯이 특성이 최대일 때 모델의 상관성이 매우 높아져, 통합 정확도가 오히려
떨어진다. 그렇다면 왜 이런 상황이 발생하는 것일까? 필자는 매번 추출하는 샘플 수가 너무 적기
때문이라고 추측한다. 샘플 수를 늘려서 다시 살펴보겠다.

```python
features = list(range(1, X.shape[1]+1))
rates = []

for i in features:
    # 모델 훈련
    iforest = IsolationForest(n_estimators=100, max_samples=1200, contamination=0.02, max_
    features=i, random_state=1)
```

```python
    # fit_predict 함수로 모델 훈련 및 예측. -1은 이상치, 1은 정상을 의미한다.
    data['label'] = iforest.fit_predict(X)
    # decision_function으로 이상치 점수 예측
    data['scores'] = iforest.decision_function(X)
    # TopN 정확도 평가
    n = 1000
    df = data.sort_values(by='scores', ascending=True)
    df = df.head(n)
    rate = df[df['Class'] == 1].shape[0] / n
    print('Top{}의 정확도는: {}'.format(n, rate))
    rates.append(rate)

print(features)
# [1, 2, 3, 4, 5, 6, 7, 8, 9, 10, 11, 12, 13, 14, 15, 16, 17, 18, 19, 20, 21, 22, 23, 24,
25, 26, 27, 28, 29, 30]

print(rates)
# [0.198, 0.195, 0.188, 0.191, 0.192, 0.185, 0.184, 0.161, 0.158, 0.166, 0.209, 0.183,
0.174, 0.169, 0.164, 0.154, 0.167, 0.17, 0.183, 0.149, 0.186, 0.18, 0.183, 0.195, 0.187,
0.157, 0.191, 0.189, 0.146, 0.23]
```

샘플 수를 늘릴수록 정확도와 `max_features`의 영향이 극단적이지 않다. 대략 7 정도의 값에서 좋은 성능을 얻을 수 있다. 이로써 우리의 가설이 맞았음을 확인할 수 있으며, 계속해서 샘플 크기를 증가시켜 추가적인 테스트를 진행할 수 있다.

```python
import matplotlib.pyplot as plt
plt.plot(features, rates, linestyle='--', marker='.', color='c', markerfacecolor='red')
plt.title('max_features and Top-N Accuracy')
plt.xlabel('max_features')
plt.ylabel('Accuracy')
plt.show()
```
```
Top1000의 정확도는: 0.195
Top1000의 정확도는: 0.197
Top1000의 정확도는: 0.204
Top1000의 정확도는: 0.183
...
Top1000의 정확도는: 0.212
Top1000의 정확도는: 0.18
Top1000의 정확도는: 0.178
Top1000의 정확도는: 0.22
[1, 2, 3, 4, 5, 6, 7, 8, 9, 10, 11, 12, 13, 14, 15, 16, 17, 18, 19, 20, 21, 22, 23, 24, 25,
26, 27, 28, 29, 30]
[0.195, 0.197, 0.204, 0.183, 0.208, 0.191, 0.221, 0.195, 0.167, 0.204, 0.197, 0.171, 0.182,
0.205, 0.193, 0.173, 0.206, 0.194, 0.224, 0.188, 0.215, 0.189, 0.218, 0.178, 0.209, 0.181,
```

0.212, 0.18, 0.178, 0.22]

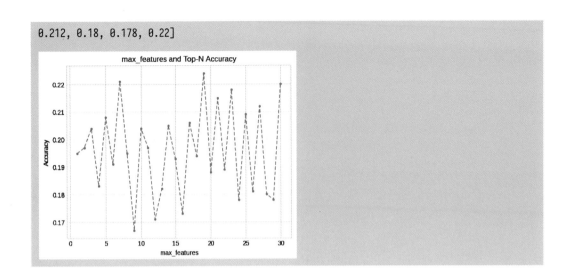

이제 '정확도에 대한 `max_samples`의 영향'을 살펴보자. `max_samples`는 각 샘플을 추출하는 개수를 나타내는 파라미터로, 기본값은 256이다. 데이터셋 크기인 28만 개의 샘플에 비교하면 매우 작은 수다. 그럼에도 이렇게 작은 수로도 매우 좋은 정확도를 얻을 수 있다. 해당 파라미터는 매우 어려운 테스트 중 하나이며, 수천에서 수십만까지 수준의 변동이 포함된다. 작은 값부터 시작하여 기본값과 동일한 수준에서 정확도의 변화를 살펴보겠다.

```python
samples = list(range(16,2066,16))
rates = []
for i in samples:
    # 모델 훈련
    iforest = IsolationForest(n_estimators=100, max_samples= i, contamination=0.02, max_
    features=5, random_state=1)
    # fit_predict 함수로 모델 훈련 및 예측. -1은 이상치, 1은 정상을 의미한다.
    data['label'] = iforest.fit_predict(X)
    # decision_function으로 이상치 점수 예측
    data['scores'] = iforest.decision_function(X)
    # TopN 정확도 평가
    n = 1000
    df =  data.sort_values(by='scores',ascending=True)
    df = df.head(n)
    rate = df[df['Class']==1].shape[0]/n
    print('Top{}의 정확도는:{}'.format(n,rate))
    rates.append(rate)
```

다음 코드는 `matplotlib`을 사용하여 샘플 수와 탐지율의 관계를 시각화한다. `plt.plot` 함수는 샘플 수(samples)와 탐지율(rates)을 점선 스타일과 특정 색상 및 마커로 그린다. 그래프의 제목을 max_samples and TopN Acc로 설정하고, plt.show 함수를 사용하여 그래프를 표시한다.

```
import matplotlib.pyplot as plt
plt.plot(samples,rates, linestyle='--', marker='.',color='c',markerfacecolor='red')
plt.title('max_samples and TopN Acc')
plt.show()
```

Top1000의 정확도는:0.142
Top1000의 정확도는:0.115
Top1000의 정확도는:0.1
Top1000의 정확도는:0.127
...
Top1000의 정확도는:0.232
Top1000의 정확도는:0.226
Top1000의 정확도는:0.228
Top1000의 정확도는:0.222

이 코드는 Isolation Forest 모델을 이용하여 데이터의 이상치를 감지하고, 감지 결과에 대한 TopN 정확도를 평가하는 것이다. max_samples 파라미터의 변화에 따른 TopN 정확도의 변화를 시각화하여, 적절한 max_samples값을 설정하는 데 도움을 주는 것이 목적이다. 이상치 감지 알고리즘의 성능은 max_samples값에 영향을 받을 수 있다.

앞서 진행한 하이퍼파라미터 튜닝 작업을 기반으로 하이퍼파라미터를 선정해 최종 모델을 만들어 보겠다.

```
# 모델 훈련
iforest = IsolationForest(n_estimators=250, max_samples = 125000, contamination=0.05, max_
features=5, random_state=1)
# fit_predict 함수로 모델 훈련 및 예측. -1은 이상치, 1은 정상을 의미한다.
data['label'] = iforest.fit_predict(X)
# decision_function을 이용해 이상치 점수를 예측
data['scores'] = iforest.decision_function(X)
# TopN 정확도 평가
n = 1000
df =  data.sort_values(by='scores',ascending=True)
df = df.head(n)
rate = df[df['Class']==1].shape[0]/n
print('Top{}의 정확도는:{}'.format(n,rate))
# 출력 결과: Top1000의 정확도는:0.251

# Top1000 데이터 저장
# df.to_csv('df.csv',header=True,index=False)
Top1000의 정확도는:0.251
```

이 코드는 Isolation Forest라는 이상치 탐지 모델을 이용하여 데이터의 이상치를 감지하고, 감지 결과에 대한 TopN 정확도를 평가하는 것이다. 여기서 N은 1000이다. 즉 가장 높은 이상치 점수를 가진 상위 1천 개의 데이터를 추출하고, 이 중에서 실제 이상치의 비율을 계산하여 모델의 정확도를 평가하는 것이다. 그리고 마지막에는 Top1000개의 데이터를 'df.csv' 파일로 저장한다.

간단한 테스트 결과, 정확도가 18%에서 25%로 크게 향상되었다. 결과가 상당히 개선되었다. 이상 탐지의 결과를 순위로 보면 매우 정확하다는 것을 알 수 있다. 따라서 비지도 학습법 이상 탐지는 많은 가능성을 가지고 있다고 할 수 있다.

실습 3 딥러닝 기반의 신용카드 사기 거래 탐지 모델 개발

비지도 학습 방법 중 하나인 오토인코더는 금융 사기 거래 탐지 분야에서도 그 가치를 발휘한다. 사기 거래의 패턴은 계속해서 진화하며, 사기꾼들도 새로운 방식을 모색하기 때문에, 우리는 이러한 변화에 빠르게 대응할 수 있는 유연한 모델이 필요하다. 오토인코더는 데이터의 복잡한 특성을 학습하여 핵심적인 정보를 압축하고, 이를 통해 정상 거래와 사기 거래 사이의 미묘한 차이를 포착할 수 있다.

이번 절에서는 오토인코더의 기본 원리와 이를 금융 사기 거래 탐지에 어떻게 적용할 수 있는지를 탐구한다. 특히 이상 탐지에 강점을 보이는 오토인코더를 활용해 신용카드 사기 거래와 같은 비정상적인 패턴을 어떻게 식별할 수 있는지 살펴볼 것이다. 이 과정을 통해 금융 사기 예방 전략에 오토인코더를 통합하는 방법에 대한 인사이트를 얻을 수 있을 것이다.

🌑 비지도 학습법 기반: 오토인코더

오토인코더는 복잡해 보일 수 있지만 기본 개념은 간단하다. 오토인코더를 생각하는 가장 쉬운 방법은 정보를 압축하고 복원하는 기계라고 생각하는 것이다.

어떻게 작동하는지 쉬운 예를 들어보겠다. 학교에서 많은 과제물을 받았다고 상상해보자. 모든 과제물을 가방에 넣으려 하지만 가방이 너무 작아서 다 들어가지 않는다. 이때 여러분이 할 수 있는 일은 무엇일까?

가장 중요한 것만 가방에 넣고, 덜 중요한 것은 빼는 것이다. 이것이 바로 인코더encoder가 하는 일이다. 인코더는 데이터의 가장 중요한 정보(핵심 특징)만을 추출하여 압축시키고, 덜 중요한 정보는 무시한다. 이제 가방에 중요한 것이 모두 들어갔다고 생각해보자. 그런데 학교에 도착해 다시 펼쳐야 한다. 여러분이 할 일은 가방에서 과제물들을 꺼내 원래의 크기로 펼치는 것이다. 이것이 디코더decoder의 역할이다. 디코더는 인코더가 압축한 정보를 바탕으로 원래의 데이터를 복원한다. 하지만 복원된 데이터는 그전과 완벽하게 동일하지 않을 수 있다는 것이다. 인코더는 압축 과정에서 일부 정보를 버렸기 때문이다.

그러나 오토인코더는 핵심 특징을 유지하면서 데이터를 효과적으로 압축하고 복원하는 방법을 학습한다. 이러한 특성 때문에 오토인코더는 효과적인 차원 축소 도구로 사용되며, 잡음 제거나 이상 탐지 등에도 적용된다.

오토인코더는 본질적으로 고차원 입력의 저차원 표현을 생성하는 데 신경망을 사용한다. 주성분 분석과 유사하지만, 비선형 활성화 함수를 사용할 때 주성분 분석의 선형적 제한을 극복한다. 두 가지 주요 부분, 즉 인코더와 디코더를 포함한다. 인코더 역할은 주어진 데이터의 압축 표현을 발견하는 것이며, 디코더는 원래의 입력을 재구성하는 데 사용된다. 훈련 과정에서 디코더는 autoencoder에 가장 정보가 많은 특징을 선택하도록 강제하며, 이는 압축된 표현에 저장된다. 최종적으로 압축된 표현은 중간 코더 계층에 저장된다.

그림 4-4를 예로 들면 원시 데이터의 차원은 10이고, 인코더와 디코더는 각각 두 개의 계층을 가지며, 중간의 코더는 총 세 개의 노드를 가진다. 이는 원시 데이터가 3차원으로 감소되었다는 것을

의미한다. 디코더는 차원이 줄어든 데이터를 바탕으로 원시 데이터를 재구성하고, 다시 10차원의 출력을 얻는다. 입력부터 출력까지의 과정에서 `autoencoder`는 실제로 잡음 감소의 역할을 한다.

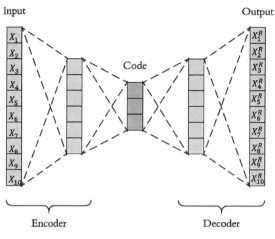

그림 4-4 간단한 오토인코더 아키텍처

이상 탐지는 일반적으로 지도 학습과 비지도 학습으로 나뉜다. 비지도 학습의 경우, 지도 학습과는 달리 학습을 위해 사용할 이상 샘플과 입력값에 대한 목표치가 주어지지 않으며, 알고리즘은 기본적으로 이상치가 다른 분포를 따른다고 가정한다. 정상 데이터를 통해 훈련된 오토인코더는 정상 샘플을 재구성할 수 있지만, 정상 분포와 다른 데이터 포인트는 잘 재구성하지 못하며, 이로 인해 재구성 오차가 커진다.

만약 샘플의 특성이 모두 수치형 변수라면 평균제곱오차mean squared error, MSE나 평균절대오차mean absolute error, MAE를 재구성 오차로 사용할 수 있다. 다음과 같이 입력 샘플이 있다고 가정하자.

$$X = (X_1, X_2, \cdots, X_{10})$$

오토인코더를 통해 복원된 결과는 다음과 같다.

$$X^R = (X_1^R, X_2^R, \cdots, X_{10}^R)$$

환원 오차[4] 평균제곱오차는 다음과 같다.

---

4 재구성 오차(reconstruction error)라고도 한다. 오토인코더와 같은 신경망 모델에서 입력 데이터를 압축한 후 다시 복원했을 때의 오차를 말한다.

$$\frac{1}{10} \sum_{i=1}^{10} (X_i - X_i^R)^2$$

평균제곱오차는 다음과 같다.

$$\frac{1}{10} \sum_{i=1}^{10} \left| X_i - X_i^R \right|$$

이번 실습에서는 비지도 학습법인 오토인코더를 사용해 잠재적인 사기 패턴을 가진 신용카드 거래를 찾아내는 방법을 배워보자.

다음 코드는 캐글에서 제공하는 디폴트 코드다. 파일 경로를 보여준다.

```
import numpy as np
import pandas as pd

import os
for dirname, _, filenames in os.walk('/kaggle/input'):
    for filename in filenames:
        print(os.path.join(dirname, filename))

/kaggle/input/creditcardfraud/creditcard.csv
```

먼저 필요한 라이브러리를 불러온다.

```
# 필요한 라이브러리 불러오기
import warnings
warnings.filterwarnings("ignore")
import os
import pandas as pd
import numpy as np
import matplotlib.pyplot as plt
#plt.style.use('seaborn')
import tensorflow as tf
import seaborn as sns
from sklearn.model_selection import train_test_split
from keras.models import Model, load_model
from keras.layers import Input, Dense,LeakyReLU,BatchNormalization
from keras.callbacks import ModelCheckpoint
from keras import regularizers
from sklearn.preprocessing import StandardScaler
```

```
from sklearn.metrics import roc_curve, auc, precision_recall_curve
```

다음 코드를 통해 신용카드 거래 데이터에서 사기 거래와 비사기 거래의 개수를 막대그래프로 시각화한다.

```
d = pd.read_csv('/kaggle/input/creditcardfraud/creditcard.csv')

num_nonfraud = np.sum(d['Class'] == 0)  # 'Class' 열에서 값이 0인 비사기 거래의 개수를 계산한다.
num_fraud = np.sum(d['Class'] == 1)  # 'Class' 열에서 값이 1인 사기 거래의 개수를 계산한다.

fraud_label = 'Fraud'  # 사기 거래를 나타내는 레이블이다.
nonfraud_label = 'Non-Fraud'  # 비사기 거래를 나타내는 레이블이다.

fraud_count = [num_fraud]  # 사기 거래 개수를 리스트에 담는다.
nonfraud_count = [num_nonfraud]  # 비사기 거래 개수를 리스트에 담는다.

plt.bar(fraud_label, fraud_count, color='dodgerblue', label='Fraud')
# 사기 거래를 나타내는 막대그래프를 생성한다.
plt.bar(nonfraud_label, nonfraud_count, color='lightgrey', label='Non-Fraud')
# 비사기 거래를 나타내는 막대그래프를 생성한다.

plt.xlabel('Transaction Type')  # x축 레이블을 설정한다.
plt.ylabel('Count')  # y축 레이블을 설정한다.
plt.title('Number of Fraud vs Non-Fraud Transactions')  # 그래프의 제목을 설정한다.

plt.legend()  # 범례를 표시한다.

plt.show()  # 그래프를 출력한다.
```

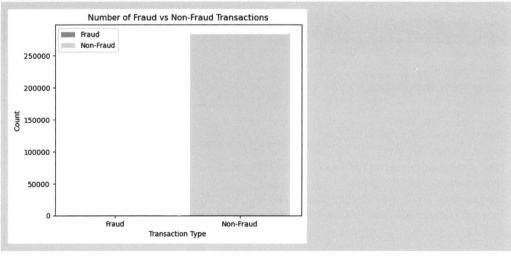

'Time' 열을 제거한 데이터프레임을 생성한다. 'Amount' 열의 데이터를 표준화하는데, 이는 'Amount' 열의 값들을 평균과 표준편차를 기준으로 표준화하여 데이터의 스케일을 맞추는 작업이다. 'Class' 열을 제외한 나머지 열을 X에 할당하는 것은 입력 데이터로 사용할 특성(독립 변수)들을 의미한다. 'Class' 열을 Y에 할당하는 것은 출력 데이터로 사용할 타깃(종속변수)을 의미한다.

```python
data = d.drop(['Time'], axis=1)  # 'Time' 열을 제거한 데이터프레임을 생성한다.
data['Amount'] = StandardScaler().fit_transform(data[['Amount']])  # 'Amount' 열의 데이터를
표준화한다.
X = data.drop(['Class'],axis=1)  # 'Class' 열을 제외한 나머지 열을 X에 할당한다.
Y = data.Class  # 'Class' 열을 Y에 할당한다.
```

다음 코드는 오토인코더 모델의 설정과 인코더 및 디코더 레이어를 정의하는 작업을 설명한다.

```python
# 오토인코더의 파라미터 설정
input_dim = X.shape[1] # 입력 차원 설정
encoding_dim = 128 # 인코딩 차원 설정
num_epoch = 30 # 에포크 횟수 설정
batch_size = 256 # 배치 크기 설정

input_layer = Input(shape=(input_dim, )) # 입력 레이어 정의

# 인코더 레이어 정의
encoder = Dense(encoding_dim,
                activation="tanh",
                activity_regularizer=regularizers.l1(10e-5)
                )(input_layer) # 인코딩 레이어 설정 및 활성화 함수, 정규화 설정
encoder = BatchNormalization()(encoder)  # 배치 정규화 적용
encoder = LeakyReLU(alpha=0.2)(encoder)  # LeakyReLU 활성화 함수 적용

encoder = Dense(int(encoding_dim/2),
                activation="relu"
                )(encoder) # 인코딩 레이어 설정 및 활성화 함수
encoder = BatchNormalization()(encoder)  # 배치 정규화 적용
encoder = LeakyReLU(alpha=0.1)(encoder)  # LeakyReLU 활성화 함수 적용

encoder = Dense(int(encoding_dim/4),
                activation="relu"
                )(encoder) # 인코딩 레이어 설정 및 활성화 함수
encoder = BatchNormalization()(encoder)  # 배치 정규화 적용

# 디코더 레이어 정의
decoder = LeakyReLU(alpha=0.1)(encoder)  # LeakyReLU 활성화 함수 적용
decoder = Dense(int(encoding_dim/4),
```

```
                    activation='tanh'
                    )(decoder)  # 디코딩 레이어 설정 및 활성화 함수
decoder = BatchNormalization()(decoder)  # 배치 정규화 적용
decoder = LeakyReLU(alpha=0.1)(decoder)  # LeakyReLU 활성화 함수 적용

decoder = Dense(int(encoding_dim/2),
                    activation='tanh'
                    )(decoder)  # 디코딩 레이어 설정 및 활성화 함수
decoder = BatchNormalization()(decoder)  # 배치 정규화 적용
decoder = LeakyReLU(alpha=0.1)(decoder)  # LeakyReLU 활성화 함수 적용

decoder = Dense(input_dim,
                    # activation='relu'
                    )(decoder)  # 디코딩 레이어 설정

autoencoder = Model(inputs=input_layer,
                    outputs=decoder
                    )  # Autoencoder 모델 정의

autoencoder.compile(optimizer='adam',
                    loss='mean_squared_error',
                    metrics=['mae','mse']
                    )  # 모델 컴파일
```

입력 차원은 입력 데이터의 열 개수로 설정된다. 인코딩 차원은 128로 설정되어 인코더 레이어에서 출력되는 차원을 정의한다. 모델은 30번의 에포크 동안 훈련되며, 한 번에 처리할 데이터의 개수인 배치 크기는 256으로 설정된다.

인코더 구성은 여러 단계의 Dense 레이어를 포함한다. 첫 번째 레이어는 tanh 활성화 함수와 L1 정규화를 사용하고, 이후 BatchNormalization과 LeakyReLU 활성화 함수가 적용된다. 이 과정은 데이터의 차원을 점차 줄이면서도 중요 정보를 유지하는 방식으로 진행된다. 각 단계마다 활성화 함수와 배치 정규화를 적용하여 모델의 학습 능력을 최적화한다.

디코더는 인코더의 출력을 받아 원래의 차원으로 데이터를 복원하는 역할을 한다. 디코더도 인코더와 유사하게 여러 단계의 Dense 레이어와 BatchNormalization, LeakyReLU 활성화 함수가 적용된다. 최종적으로 디코더의 출력 레이어는 입력 차원과 동일한 크기를 가진다.

마지막으로, 모델은 Adam 옵티마이저와 평균제곱오차 손실 함수를 사용하여 컴파일된다. 평가 지표로는 평균절대오차(mae)와 평균제곱오차(mse)가 사용된다. 이렇게 구성된 오토인코더는 입력 데

이터의 중요 특성을 압축하는 방법을 학습하고, 이를 기반으로 데이터를 재구성하여 원본과의 차이를 최소화한다.

이제 `ModelCheckpoint` 객체를 생성한다. 이 객체는 모델의 가중치를 저장하기 위해 사용된다. `filepath` 파라미터에는 모델 가중치를 저장할 파일 경로를 지정한다. 여기서는 `"autoencoder_model.h5"`로 설정했다. 그리고 `verbose` 파라미터는 진행 상황 출력을 제어하는 것으로, 0으로 설정하면 출력하지 않는다. `save_best_only` 파라미터를 `True`로 설정하면 모델의 성능이 이전보다 향상된 경우에만 모델 가중치를 저장한다.

```
checkpointer = ModelCheckpoint(filepath="autoencoder_model.h5",
                               verbose=0,
                               save_best_only=True
                               )
```

`autoencoder` 모델에 대해 `fit` 메서드를 호출하여 모델을 훈련시킨다. 첫 번째 인수인 X는 입력 데이터다. 여기서는 입력과 출력이 동일한 값을 가지므로 X를 두 번 사용했다. `epochs` 파라미터에는 에포크 횟수를 설정하며, 이전에 설정한 `num_epoch` 값을 사용한다. `batch_size` 파라미터는 배치 크기를 설정하며, 이전에 설정한 `batch_size` 값을 사용한다. `shuffle` 파라미터를 `True`로 설정하면 에포크마다 데이터를 섞는다. 주석 처리된 `validation_data`는 모델 훈련 과정에서 검증 데이터를 사용할 경우에 설정한다. `verbose` 파라미터는 훈련 과정의 진행 상황 출력을 제어하는 것으로, 1로 설정하면 출력한다. `callbacks` 파라미터에는 콜백 함수를 리스트로 전달하며, 여기서는 `checkpointer`를 사용하여 모델 가중치를 저장하는 콜백을 등록했다. `history` 변수에는 훈련 과정의 손실 및 평가 지표값을 저장한다. `.history` 속성을 사용하여 접근할 수 있다. 이렇게 작성된 코드는 모델을 훈련시키고, 훈련 과정에서 최적의 모델 가중치를 `"autoencoder_model.h5"` 파일로 저장하는 작업을 수행한다.

```
history = autoencoder.fit(X,
                          X,
                          epochs=num_epoch,
                          batch_size=batch_size,
                          shuffle=True,
                          # validation_data=(X_test, X_test),
                          verbose=1,
                          callbacks=[checkpointer]
                          ).history
```

다음 코드는 모델 훈련 과정에서의 손실 함수로서의 평균제곱오차(MSE)와 평가 지표로서의 평균절대오차(MAE) 및 평균제곱오차(MSE)의 변화를 그래프로 나타내는 작업이다.

```python
# 평균절대오차 그래프
plt.subplot(121)
plt.plot(history['mae'], c='dodgerblue', lw=3)
plt.title('Mean Absolute Error (MAE)')
plt.ylabel('MAE')
plt.xlabel('Epoch')
plt.legend(['Train'], loc='upper right')

# 평균제곱오차 그래프
plt.subplot(122)
plt.plot(history['mse'], c='dodgerblue', lw=3)
plt.title('Mean Squared Error (MSE)')
plt.ylabel('MSE')
plt.xlabel('Epoch')
plt.legend(['Train'], loc='upper right')

plt.subplots_adjust(wspace=0.3)  # 그래프 사이 간격 조정
plt.gcf().set_size_inches(12, 5)  # 그래프의 가로 길이 조정

plt.show()
```

평균절대오차 그래프는 훈련 과정에서 MAE 값의 변화를 나타낸다. 평균제곱오차 그래프는 훈련 과정에서 MSE 값의 변화를 나타낸다.

다음 코드는 훈련된 오토인코더를 사용하여 테스트 세트를 재구성하는 코드다. 재구성 오차를 계

산하고, 이를 데이터프레임에 추가한다. 그 후, 상위 N개의 샘플을 추출하여 해당 샘플들 중 사기 클래스의 비율을 계산하여 TopN 정확도를 평가한다.

```python
# 훈련된 오토인코더를 사용하여 테스트셋을 재구성한다.
pred_X = autoencoder.predict(X)

# 재구성 오차(평균제곱오차와 평균절대오차)를 계산한다.
mse_X = np.mean(np.power(X - pred_X, 2), axis=1)
mae_X = np.mean(np.abs(X - pred_X), axis=1)

# 재구성 오차를 데이터 데이터프레임에 추가한다.
data['mse_X'] = mse_X
data['mae_X'] = mae_X

# TopN 정확도 평가
n = 1000
df = data.sort_values(by='mae_X', ascending=False)
top_n_df = df.head(n)
accuracy = top_n_df[top_n_df['Class'] == 1].shape[0] / n
print('Top-{} 정확도: {}'.format(n, accuracy))
```
```
8901/8901 [==============================] - 13s 1ms/step
Top-1000 정확도: 0.329
```

다음 코드는 오토인코더를 사용하여 금융 사기 거래 탐지를 수행한다. 먼저 `'Class'`가 0인 정상 거래 데이터를 7:3 비율로 훈련셋과 테스트셋으로 분리한다. `'Class'`가 1인 사기 거래 데이터를 테스트셋으로 설정한다. 훈련된 오토인코더를 사용하여 정상 거래와 사기 거래의 재구성 오차를 계산한다. 재구성 오차를 시각화하여 정상 거래와 사기 거래 간의 차이를 비교한다. 이를 통해 재구성 오차를 기반으로 사기 거래를 탐지할 수 있다.

```python
# 'Class'가 0인 행, 즉 부정 행위가 아닌 행을 추출하고, 7:3 비율로 훈련셋과 테스트셋으로 분리
mask = (data['Class'] == 0)
X_train, X_test = train_test_split(X, test_size=0.3, random_state=520)

# 'Class'가 1인 행, 즉 부정 행위를 한 행을 추출하여 테스트셋의 일부로 설정
X_fraud = X[~mask]

# 훈련된 autoencoder를 이용하여 테스트셋을 재구성
pred_test  = autoencoder.predict(X_test)
pred_fraud = autoencoder.predict(X_fraud)

# 재구성 오차인 평균제곱오차와 평균절대오차 계산
mse_test = np.mean(np.power(X_test - pred_test, 2), axis=1)
```

```
mse_fraud = np.mean(np.power(X_fraud - pred_fraud, 2), axis=1)
mae_test = np.mean(np.abs(X_test - pred_test), axis=1)
mae_fraud = np.mean(np.abs(X_fraud - pred_fraud), axis=1)
mse_df = pd.DataFrame()
mse_df['Class'] = [0] * len(mse_test) + [1] * len(mse_fraud)
mse_df['MSE'] = np.hstack([mse_test, mse_fraud])
mse_df['MAE'] = np.hstack([mae_test, mae_fraud])
mse_df = mse_df.sample(frac=1).reset_index(drop=True)

# 테스트셋에서 정상 샘플과 부정 행위 샘플의 재구성 오차를 그림으로 표현
markers = ['o', '^']
markers = ['o', '^']
colors = ['dodgerblue', 'red']
labels = ['Non-fraud', 'Fraud']

plt.figure(figsize=(14, 5))
plt.subplot(121)
for flag in [1, 0]:
    temp = mse_df[mse_df['Class'] == flag]
    plt.scatter(temp.index,
                temp['MAE'],
                alpha=0.7,
                marker=markers[flag],
                c=colors[flag],
                label=labels[flag])
plt.title('Reconstruction MAE')
plt.ylabel('Reconstruction MAE')
plt.xlabel('Index')

plt.subplot(122)
for flag in [1, 0]:
    temp = mse_df[mse_df['Class'] == flag]
    plt.scatter(temp.index,
                temp['MSE'],
                alpha=0.7,
                marker=markers[flag],
                c=colors[flag],
                label=labels[flag])
plt.legend(loc=[1, 0], fontsize=12)
plt.title('Reconstruction MSE')
plt.ylabel('Reconstruction MSE')
plt.xlabel('Index')
plt.show()
```

```
2671/2671 [==============================] - 4s 1ms/step
16/16 [==============================] - 0s 2ms/step
```

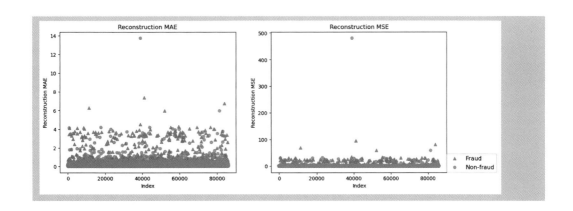

평균제곱오차와 평균절대오차를 보면 양성 및 음성 샘플 간에 상당한 차이가 있다. 이는 이 알고리즘이 우수한 이상 탐지 능력을 가지고 있다는 것을 증명한다. 그러나 일부 정상 샘플은 여전히 이상 탐지를 통해 분리하기 어렵다. 이런 경우 다른 종류의 알고리즘을 사용해보는 것도 도움이 되지만, 잘 분류되지 않는 케이스에 대해 개별 사례 분석을 하는 것이 문제의 근본 원인을 파악하는 데 도움을 줄 수 있다.

이번 실습에서는 isolation forest와 오토인코더와 같은 비지도 학습 방법을 자세히 살펴보았다. 그러나 금융 사기 거래 탐지 분야에서는 단일 방법론에 국한되지 않고 다양한 학습 방법을 혼합하는 것이 일반적이다. 특히 논문 <Combining Unsupervised and Supervised Learning in Credit Card Fraud Detection>[5]에서는 비지도 학습 기법과 지도 학습 기법을 결합하는 것이 유익하다고 주장하며, 이러한 통합이 사기 거래 탐지 성능을 높일 수 있다고 설명한다.

실제 실무에서는 지도 학습, 비지도 학습, 세미지도 학습과 같은 다양한 방법을 혼합하여 사용하는 것이 흔하다. 이는 다양한 데이터 특성과 예측 모델의 요구 사항을 충족시키기 위함이다. 이번 실습에서 배운 내용을 바탕으로, 실무에서도 이러한 기법들을 다양하게 응용하고, 실제 문제 해결에 활용할 수 있기를 바란다. 이를 통해 더욱 효과적이고 정교한 사기 거래 탐지 시스템을 구축할 수 있을 것이다.

실습 4 그래프 데이터를 활용한 금융 사기 거래 탐지 및 예방

금융 사기 거래 탐지와 예방 분야에서 그래프 데이터의 활용은 갈수록 중요해지고 있다. 우리 일

---

5 https://doi.org/10.1016/j.ins.2019.05.042

상에서부터 복잡한 시스템에 이르기까지 그래프 데이터는 훨씬 넓은 범위에서 사용되고 있는데, 특히 금융 서비스 분야에서 그 가치는 매우 높다. 금융 사기의 조직적인 특성 때문에, 사기 행위자들이 생성하는 복잡한 거래 네트워크를 이해하고 분석하는 것은 사기 거래 탐지의 핵심 요소 중 하나다.

사기꾼들이 신용카드 정보를 도용하여 온라인상에서 구매를 진행할 때 단일한 신용카드 정보로 여러 계정을 생성해 사용하게 되는 경우가 있다. 이러한 행위는 표면적으로는 별개로 보이는 여러 거래가 실제로는 단 하나의 신용카드에 연결되어 있다는 점에서 의심스러운 거래 패턴을 형성한다. 그래프 데이터 분석을 통해 이러한 관계를 파악하고, 연결된 계정들 사이의 관계를 분석함으로써 사기 거래를 효과적으로 식별할 수 있다.

이번 실습에서는 그래프 데이터의 기본 개념부터 금융 사기 거래 탐지에서 그래프 데이터가 어떻게 활용될 수 있는지까지 탐구한다. 그래프 데이터와 머신러닝의 결합을 통해 사기 행위를 어떻게 더 정밀하게 탐지할 수 있는지, 그리고 `NetworkX`와 같은 도구를 활용한 그래프 데이터 분석 실습을 통해 실제 금융 사기 거래 탐지 프로세스에 적용할 수 있는 방법론에 대해 심도 깊게 살펴볼 것이다. 이를 통해 금융 사기 예방 전략을 더욱 강화하고, 복잡한 사기 거래 네트워크를 효과적으로 분석하고 이해하는 데 필요한 지식과 기술을 습득할 수 있을 것이다.

🔳 그래프 데이터란?

그래프 데이터는 사기 거래 탐지와 같은 복잡한 문제를 해결하는 데 필요한 도구다. 간단하게 말하면 그래프는 **노드**node(또는 정점)와 그 노드들을 연결하는 **에지**edge(또는 간선)의 집합으로 구성된다. 이 구조는 실제 세계의 복잡한 관계를 모델링하는 데 매우 유용하다.

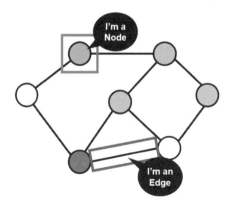

그림 4-5 그래프 데이터 예시
(출처: https://www.linkedin.com/pulse/data-structures-behind-google-map-poonkodi-p/)

금융 사기 거래 탐지에서 그래프 데이터의 활용은 특히 중요하다. 금융 사기는 종종 조직적이며, 사기꾼들 사이의 관계나 거래 패턴을 파악하는 것이 사기 거래 탐지의 핵심이 될 수 있다. 금융 사기 거래 탐지 분야에서 그래프 데이터는 사기 조직의 구조를 파악하고, 의심스러운 거래 패턴을 식별하는 데 중요한 역할을 한다. 이를 통해 사기 행위자 간의 관계나 연결성을 더 명확히 이해할 수 있으며, 이상 거래를 더 정확하게 탐지할 수 있다.

그래프 데이터는 다양한 종류가 있으며 각 특성에 따라 금융 사기 거래 탐지에 적용할 수 있다.

- 무방향 그래프undirected graph: 에지에 방향성이 없는 그래프로, 양방향 통신이나 관계를 모델링할 때 사용된다.
- 방향 그래프directed graph: 에지에 방향성이 있는 그래프로, 거래의 흐름이나 계층적 관계를 나타낼 때 유용하다.
- 가중 그래프weighted graph: 에지에 가중치가 부여된 그래프로, 거래 금액이나 빈도 등을 표현할 수 있다.
- 비가중 그래프unweighted graph: 모든 에지의 가중치가 동일한 그래프로, 단순한 연결성만을 표현한다.
- 순환 그래프cyclic graph: 최소 하나의 루프가 있는 그래프로, 순환적 거래 패턴을 모델링할 때 사용된다.
- 비순환 그래프acyclic graph: 순환 구조가 없는 그래프로, 계층적 구조를 나타낼 때 적합하다.
- 희소 그래프sparse graph: 적은 수의 에지로 구성된 그래프로, 대부분의 노드 간에 연결이 없는 네트워크를 표현한다.
- 밀집 그래프dense graph: 대부분의 노드가 서로 연결된 에지를 가진 그래프로, 밀접한 연결성을 가진 네트워크에 적합하다.

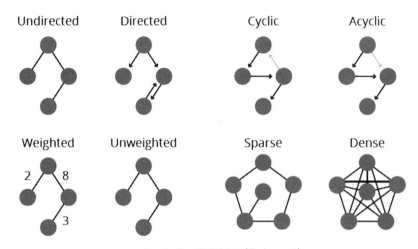

그림 4-6 그래프 데이터 종류(출처: neo4j)

❷ 그래프 데이터 활용을 위한 기본 프로세스

그래프 데이터를 활용하기 위한 일반적인 프로세스는 다음과 같이 진행된다.

첫째, 데이터 소스를 식별한다. 금융 사기 거래 탐지 프로젝트의 첫 걸음은 관련 데이터의 출처와 유형을 정확히 식별하는 것이다. 이는 분석의 기초가 되며, 어떤 정보를 기반으로 그래프를 구축할지 결정하는 데 중요하다.

둘째, 가용 데이터를 분석한다. 그래프로 변환될 데이터의 구조와 특성을 면밀히 분석하는 것이다. 이 분석을 통해 데이터 간의 관계와 그 구조를 이해할 수 있다. 이 단계에서는 사기 거래를 효과적으로 탐지하기 위해 어떤 데이터가 중요할지를 결정한다.

셋째, 데이터의 관계와 속성을 반영할 수 있는 그래프 모델을 설계한다. 여기서는 Property Graph 모델링과 **RDF**로 나뉘는데, 각각 데이터 사이의 관계를 어떻게 그래프로 표현할지 결정하는 과정이다.

- Property Graph 모델링: 노드와 에지로 구성되며 노드는 개체를, 에지는 개체 간의 관계를 나타낸다. 에지에는 방향성이 있고, 노드와 에지에 속성을 부여할 수 있다. 이렇게 복잡한 구조의 데이터를 효과적으로 표현할 수 있다. 쉬운 예시로 도서관의 책 찾는 과정을 들 수 있다. 《해리 포터》라는 책을 찾기 위해 판타지 카테고리를 찾고, 그 후에 작가인 J.K. 롤링을 찾는다. 여기서 카테고리와 책은 노드가 되고, 두 노드는 '작가'라는 에지로 연결된다. 대표적인 Property Graph 처리 프레임워크 및 쿼리 언어로는 Apache TinkerPop와 Gremlin, openCypher 등이

있다.

- Apache TinkerPop: 그래프 데이터를 위한 포괄적인 프레임워크를 제공한다. Gremlin 쿼리 언어를 사용하여 그래프 데이터를 쉽게 조회하고 조작할 수 있게 해준다. Gremlin은 유연성이 높고 다양한 그래프 데이터베이스에 적용 가능하다.
- OpenCypher: Neo4j 그래프 데이터베이스에서 사용되는 선언적 그래프 쿼리 언어다. SQL과 유사한 문법을 가지고 있어 관계형 데이터베이스 사용자에게 친숙하며, 복잡한 그래프 쿼리를 간결하게 표현할 수 있다.

- RDF~resource description framework~: 웹에서 사용되는 표준 모델로, 정보를 '주제-동사-목적어' 형태로 표현한다. 이는 웹의 시맨틱 데이터를 처리하고, 데이터 간의 연결성을 구조적으로 표현하는 데 유리하다. 이를 도서관에서의 분류 시스템으로 생각해볼 수 있다. 《해리 포터》라는 책에 대해 '해리 포터'가 주제~subject~, '작가는'이 동사~predicate~, 'J.K. 롤링'이 목적어~object~가 된다('해리 포터 작가는 J.K. 롤링'). 이렇게 세 부분으로 나눠 정보를 제공하므로, 다른 데이터와 쉽게 연결하여 구조적으로 정보를 표현하는 데 유리하다. RDF는 SPARQL이라는 강력한 쿼리 언어와 함께 사용한다. SPARQL을 사용하여, 복잡한 쿼리를 실행하고, RDF 저장소에 저장된 데이터 간의 관계를 탐색할 수 있다.

넷째, 데이터플로~dataflow~를 정의한다. 이 단계에서는 원시 데이터에서 그래프 데이터베이스로의 변환 및 전송 과정을 체계적으로 계획한다. 구체적으로는 데이터 소스에서 필요한 정보를 추출하고, 이를 그래프 데이터 모델에 맞게 변환하는 파이프라인을 설계한다. 예를 들어 송금 이벤트 데이터에서는 송금자와 수령인의 계정 정보, 거래 금액, 거래 시각 등을 추출해야 할 수도 있다. 이러한 정보들은 그래프의 노드나 에지, 속성 등으로 변환될 것이다. 데이터플로 설계는 데이터의 효과적인 추출, 변환, 로딩(ETL) 과정을 명확하게 하는 것을 목표로 한다.

다섯째, 그래프로 데이터를 가져온다. 설계된 데이터플로에 따라, 실제로 데이터를 그래프 데이터베이스로 변환하고 가져오는 작업을 수행한다. 이 과정에서는 데이터 변환 도구나 그래프 데이터베이스의 API를 사용하여, 원시 데이터를 그래프의 구조에 맞게 조정한다. 예를 들어 사용자 간의 거래 이벤트를 그래프의 에지로, 사용자 정보를 노드로 매핑하게 될 것이다. 각 에지는 거래의 세부 사항을, 노드는 사용자의 프로필 정보를 나타낼 수 있다. 이 과정을 통해 구축된 그래프는 금융 사기 거래 탐지를 위한 분석에 직접 사용될 수 있다.

마지막으로 포스트-임포트~post-import~ 작업을 수행한다. 데이터의 정제, 검증, 최적화 작업을 수행한다. 이는 데이터의 정확성과 효율성을 보장하기 위한 필수적인 후속 조치다.

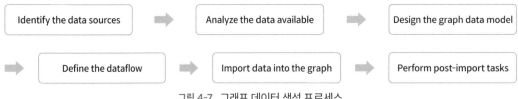

그림 4-7 그래프 데이터 생성 프로세스

그래프 데이터는 사기 거래 탐지에서 그 효용성이 높게 평가되고 있다. 최근에는 해외의 많은 금융 기관과 핀테크 기업이 그래프 데이터베이스를 적극 도입하며, 국내에서도 다양한 시도가 이루어지고 있다. 비록 아직은 해당 분야의 전문가가 부족하여 활발한 활용까지는 이르지 못했지만, 그래프 데이터의 잠재력과 가능성은 매우 크다고 볼 수 있다.

이제까지 이론적인 내용을 통해 그래프 데이터의 개념과 사기 거래 탐지에서의 중요성에 대해 알아보았다. 이제는 그래프 데이터를 활용한 머신러닝 알고리즘을 살펴보자.

❸ 그래프 데이터를 활용한 사기 거래 탐지 예시

그래프 데이터를 통한 사기 거래 탐지는 복잡한 관계와 패턴을 시각화하고 분석함으로써 사기 행위를 더욱 효과적으로 식별할 수 있도록 한다. 예를 들어 세 명의 사용자의 거래 기록에서 모두 차지백이 신고된 상황을 가정해보자. 이러한 차지백은 사용자 본인이 직접 수행하지 않은 거래에 대해 이의를 제기하는 경우에 발생한다.

사용자ID	날짜	금액	사용처	차지백(chargback)
A	2024-01-01	20000	쉑쉑버거	N
A	2024-01-01	45000	SK텔레콤	N
A	2024-01-01	10000	스타벅스	N
A	2024-01-01	300000	힐튼호텔	Y
B	2024-02-02	250000	신라호텔	N
B	2024-02-02	7000	Zara	N
B	2024-02-03	9000	스타벅스	N
B	2024-02-04	12000	투썸플레이스	Y
C	2024-03-03	100000	Zara	N
C	2024-03-03	11000	스타벅스	N
C	2024-03-08	23000	쉑쉑버거	Y

그림 4-8 차지백 신고를 한 세 명의 신용카드 사용자의 결제 내용

관계형 테이블을 사용하여 데이터를 분석하는 것은 특정 관계나 패턴을 한눈에 파악하기 어렵게

만들 수 있다. 이를 해결하기 위해, 데이터를 그래프로 구조화하는 방법을 고려해볼 수 있다. 이 방식을 통해 세 사용자의 거래 내역을 분석하고, 그 결과를 그림 4-9와 같이 표현할 수 있다. 분석 결과, 몇 가지 흥미로운 패턴이 드러났는데, 특히 이들 모두가 차지백 신고를 하기 전에 특정 지역의 스타벅스에서 거래가 이루어졌다는 공통점을 발견할 수 있었다. 이 정보는 사기 거래 탐지에 중요한 실마리를 제공한다. 예를 들어 해당 스타벅스 매장에서 카드 복제 장치가 설치되었을 가능성을 추론할 수 있다.

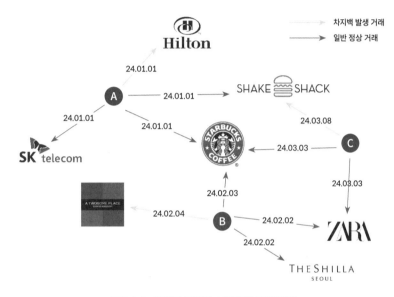

그림 4-9 그래프 형태로 시각화한 거래 내역

이처럼 그래프 데이터를 활용한 사기 거래 탐지는 단순한 거래 기록의 분석을 넘어서, 거래 간의 복잡한 관계와 패턴을 이해하는 데 중요한 역할을 한다. 사기 거래 탐지 시스템은 특정 장소에서의 거래 이후 발생하는 차지백 비율이 높다는 관찰을 통해, 이러한 패턴을 사전에 인식하고 경계할 수 있다. 이는 금융기관이 사기 예방 조치를 취할 수 있는 기반이 된다.

사기 거래 탐지 과정에서 그래프 데이터의 활용은 금융기관이 복잡한 거래 네트워크에서 숨겨진 패턴과 연결성을 발견할 수 있게 함으로써 사기 행위를 더욱 효과적으로 예방하고 고객의 자산을 보호하는 데 결정적인 역할을 한다. 예를 들어 앞에서 살펴본 예시처럼 스타벅스에서의 거래 이후 차지백이 빈번히 발생하는 패턴을 식별하는 것은 간단한 예시에 불과하다. 실제로 대량의 데이터를 분석할 경우, 더욱 복잡하고 다양한 패턴의 그래프가 나타날 수 있으며, 이는 단번에 파악하기 어려운 수준인 경우가 많다.

이러한 복잡한 패턴을 이해하기 위해, **커뮤니티 탐지**community detection와 같은 고급 분석 방법을 적용할 수 있다. 예시에서는 단순히 상점에 대한 데이터만 활용했지만, 실제로는 동일한 IP 주소나 디바이스 ID를 공유하는 거래 등, 다양한 속성을 결합하여 분석하는 것이 일반적이다. 대포 통장, 카드 위조, 보험 사기, 조세 포탈 및 자금 세탁, 부정 수급과 환급, 밀수 범죄, 이커머스 결제 사기, 피싱 및 스미싱 등 다양한 금융 사기 유형이 그래프 데이터를 통해 효과적으로 탐지하고 분석할 수 있다.

조금 더 구체적으로 설명하면, 보험 사기의 경우 대부분 보험 가입자와 서비스 제공업체 간의 복잡한 관계로 구성된다. 그래프 데이터를 활용하여 이러한 관계를 모델링함으로써, 사건 관계자들 사이의 연결 고리와 유사한 패턴의 사고까지 파악할 수 있다. 이 과정에서 숨겨진 연관 관계를 명확히 파악하고, 과거 사례를 바탕으로 의심 관계를 찾아내 새로운 사기 패턴을 예측할 수 있다.

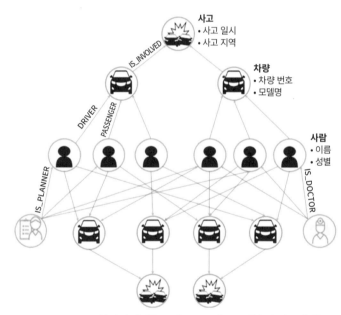

그림 4-10 보험 사기 패턴을 보여주는 그래프 모델(출처: 비트나인)

대포 통장 사기 적발에서도 그래프 데이터는 중요한 역할을 한다. 타인 명의를 도용하여 만든 통장을 통해 부당한 이익을 얻는 범죄를 분석할 때 의심 계좌와 이와 관련된 거래처, 접속 및 인증 정보 등을 그래프로 연결하여 분석함으로써 데이터 사이의 숨은 관계를 밝혀낼 수 있다. 이 과정을 통해 추가적인 의심 계좌를 탐지하고 실시간으로 모니터링하여 사기 행위를 사전에 예방할 수 있다.

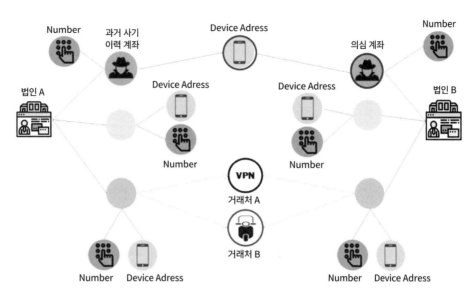

그림 4-11 대포 통장 사기 적발을 위한 그래프 데이터 모델링 예시(출처: 비트나인)

그래프 데이터는 금융 사기 예방에서 강력한 도구가 될 수 있다. 복잡한 거래 네트워크에서 숨겨진 패턴과 연결성을 발견함으로써 금융기관은 사기 행위를 효과적으로 예방하고 고객의 자산을 보호할 수 있다. 이제 캐글에서 제공하는 실제 데이터와 `Networkx` 라이브러리를 활용해 이러한 사기 집단을 찾는 실습을 해보자.

❹ Networkx 라이브러리를 활용한 커뮤니티 탐지

이번 실습에서는 이커머스 거래 데이터를 활용하여 커뮤니티 탐지 방법을 사용해 사기 집단을 찾는 방법을 소개한다. 온라인 거래에서 발생하는 사기는 종종 조직적으로 이루어지며, 이를 탐지하는 것은 매우 중요하다. 데이터는 `Faker` 라이브러리를 사용하여 실제 데이터와 유사하게 생성되며, 이 데이터에는 사용자 ID, 거래 시 사용한 IP, 기기 ID, 신용카드 번호, 전화번호 등이 포함된다.

이 데이터를 그래프 형태로 변환하여 분석하기 위해 파이썬의 `NetworkX` 라이브러리를 사용한다. `NetworkX`는 다양한 유형의 그래프를 생성하고, 조작하며, 분석할 수 있는 강력한 도구다. 이 라이브러리를 사용하기 위해서는 `pip`를 통해 설치해야 한다.

```
!pip install network
```

커뮤니티 탐지 알고리즘으로 사용하는 **Louvain 알고리즘**은 복잡한 네트워크 내에서 밀접하게 연결된 노드 그룹, 즉 커뮤니티를 찾아내는 데 특히 유용하다. 이 알고리즘의 핵심은 '모듈성'이라는 지표를 최대화하는 것이다. **모듈성**은 네트워크가 얼마나 잘 분할되어 있는지 나타내며, 커뮤니티 내 연결은 매우 밀접하고, 커뮤니티 간 연결은 상대적으로 드물 때 높은 값을 갖는다.

이를 일상적인 비유로 설명하자면, 모듈성을 최대화하는 것은 마치 대학 내 다양한 동아리 활동과 같다. 예를 들어 영화 동아리의 학생들은 함께 영화를 보고 토론하는 활동을 자주 하지만, 코딩 동아리의 학생들과는 그런 활동을 함께하지 않는다. Louvain 알고리즘은 이러한 영화 동아리나 코딩 동아리 같은 집단을 네트워크에서 식별해내는 역할을 한다. 각 동아리는 공통된 관심사를 바탕으로 서로 더 많이 연결되어 있으며, 다른 동아리의 멤버들과는 상대적으로 적게 연결되어 있다.

Louvain 알고리즘을 사용하려면 파이썬 환경에서 `python-louvain` 패키지를 설치해야 한다. 그러면 `NetworkX` 그래프와 함께 사용되어 강력한 커뮤니티 탐지 기능을 제공한다. 설치는 다음 명령어로 수행할 수 있다.

```
!pip install python-louvain
```

Louvain 알고리즘 외에도 사용할 수 있는 다른 커뮤니티 탐지 알고리즘으로는 Girvan-Newman, Infomap 등이 있다. 각 특성과 적합한 사용 사례가 있으므로 특정 데이터나 요구 사항에 맞추어 적절한 알고리즘을 선택할 수 있다.

이제 필요한 도구와 패키지를 설치했으니, 본격적으로 실습을 시작해보자. 이번 실습을 통해 데이터를 시각적으로 분석하고, 사기 집단을 효과적으로 식별하는 방법을 배울 것이다.

먼저 분석에 필요한 라이브러리를 불러온다. 이 라이브러리들은 데이터 처리와 시각화, 네트워크 구축 및 커뮤니티 탐지 기능을 제공한다. 설치되지 않은 라이브러리가 있다면, `pip` 명령어를 사용해 설치한다. 그 후에는 제공된 샘플 데이터를 읽어와 `transaction_df` 데이터프레임에 저장한다. 해당 데이터프레임은 분석의 기반으로 사용된다.

```python
import pandas as pd
import numpy as np
from datetime import datetime, timedelta
import matplotlib.pyplot as plt
from itertools import groupby
import networkx as nx
from community import community_louvain
```

```
import matplotlib.patches as mpatches
from concurrent.futures import ThreadPoolExecutor, as_completed

transaction_df = pd.read_csv('./sample.csv')
```

다음 코드는 데이터프레임을 받아 네트워크 그래프를 생성하는 `build_graph` 함수를 정의하고 있으며, 각 사용자의 식별자, IP 주소, 기기 ID, 신용카드 번호, 전화번호 간의 관계를 노드와 에지로 표현한다. `build_graph` 함수는 `NetworkX` 라이브러리의 `Graph` 객체를 사용하여 각 행의 데이터를 노드로 추가하고, 해당 사용자의 다른 속성들과 연결을 생성한다. 또한 각 노드에는 해당하는 속성 유형을 나타내는 노드 타입(`node_type`)이 할당된다.

이 프로세스는 커뮤니티 탐지 알고리즘을 적용하기 위한 준비 단계로, 이를 통해 복잡한 데이터 구조를 시각적으로 분석하고 이해하는 데 도움을 줄 수 있다. 그래프 생성 이후에는 Louvain 알고리즘 같은 커뮤니티 탐지 기법을 적용하여 데이터 내 잠재적인 패턴이나 구조를 식별할 수 있다.

이번 절에서는 데이터의 초기 처리와 그래프 구축에 집중하고 있으므로, 일반적으로 탐색적 데이터 분석을 통해 데이터를 더 깊게 이해하고 필요한 전처리를 수행하는 단계는 생략했다. 실제 데이터를 다룰 때는 결측치 처리, 데이터 정규화, 이상치 검출 등의 단계가 필요할 수 있으며, 이를 소홀히 할 경우 분석 결과에 오류가 발생할 수 있음에 유의해야 한다. 데이터를 만들 때 결측치가 없도록 조심스럽게 준비했기 때문에 본 예제에서는 바로 그래프 구축과 커뮤니티 탐지로 진행한다. 실무적 적용에서는 이러한 데이터 전처리 과정이 매우 중요하므로 반드시 고려해야 할 사항임을 명심하자.

```
# 데이터 프레임 형태로 저장된 데이터를 그래프 형태로 바꾸기 위한 함수 생성
def build_graph(data):
    G = nx.Graph()
    for _, row in data.iterrows():
        G.add_edge(row['user_id'], row['ip'], weight=1)
        G.add_edge(row['user_id'], row['device_id'], weight=1)
        G.add_edge(row['user_id'], row['credit_card_number'], weight=1)
        G.add_edge(row['user_id'], row['phone_number'], weight=1)

        # 노드 속성 설정
        G.nodes[row['user_id']]['node_type'] = 'user_id'
        G.nodes[row['ip']]['node_type'] = 'ip'
        G.nodes[row['device_id']]['node_type'] = 'device_id'
        G.nodes[row['credit_card_number']]['node_type'] = 'credit_card'
```

```
        G.nodes[row['phone_number']]['node_type'] = 'phone_number'
    return G

G = build_graph(transactions_df)
```

다음은 코드는 Louvain 커뮤니티 탐지 알고리즘을 사용하여 네트워크 그래프 G에서 커뮤니티를 식별하고, 각 노드에 커뮤니티 ID를 할당한다. 이 과정은 다음 단계로 구성된다.

❶ 커뮤니티 탐지 실행: `community_louvain.best_partition(G)` 함수를 사용하여 그래프 G의 노드들을 최적의 커뮤니티로 분할한다. 이 함수는 각 노드에 대해 가장 적합한 커뮤니티를 찾아내고, 그 결과를 `partition` 딕셔너리로 반환한다. `partition` 딕셔너리의 키는 노드 ID 이며, 값은 해당 노드가 속한 커뮤니티의 ID다.

❷ 커뮤니티 ID 할당: 반환된 `partition` 딕셔너리를 순회하며 각 노드에 커뮤니티 ID를 그래 프의 노드 속성으로 저장한다. 이는 `G.nodes[node]['community'] = comm_id`를 통해 이루 어진다. 이렇게 함으로써 각 노드가 어떤 커뮤니티에 속하는지 쉽게 식별할 수 있다.

❸ 커뮤니티별 노드 그룹화: `itertools.groupby` 함수를 사용하여 `partition` 딕셔너리를 커뮤 니티 ID에 따라 그룹화한다. 이 과정에서 `sorted(partition, key=partition.get)`을 통해 커뮤니티 ID에 따라 정렬된 노드 리스트를 생성하고, `groupby`로 이를 커뮤니티별로 그룹화 한다. 각 그룹은 해당 커뮤니티에 속하는 노드의 리스트가 되며, `all_communities` 리스트 에 저장된다.

이렇게 하면 모든 노드가 어떤 커뮤니티에 속하는지를 나타내는 명확한 구조를 갖춘 커뮤니티별 노드 리스트를 얻을 수 있다. 네트워크 내의 사회적, 구조적 집단을 이해하고, 특정 패턴이나 행동 을 분석하는 데 사용할 수 있다.

```
partition = community_louvain.best_partition(G)
for node, comm_id in partition.items():
    G.nodes[node]['community'] = comm_id

# 커뮤니티별로 모든 노드를 모은다.

all_communities = [list(group) for key, group in groupby(sorted(partition, key=partition.
get), key=partition.get)]
```

다음 코드는 네트워크 그래프에서 식별된 커뮤니티들을 분석하는 두 함수를 포함하고 있다. 먼저,

`analyze_community` 함수는 주어진 커뮤니티의 노드들을 이용해 서브 그래프를 생성하고, 이 서브 그래프의 밀도와 모듈성을 계산한다. 밀도는 커뮤니티 내의 노드들이 얼마나 밀접하게 연결되어 있는지를 보여주며, 모듈성은 커뮤니티 구분의 질을 평가하는 데 사용된다. 이 함수는 또한 커뮤니티 내의 사용자 ID, 전화번호, 신용카드 번호 노드 수를 계산하여 커뮤니티의 구성을 분석한다. 각 커뮤니티의 특성을 리스트로 반환하고, 이는 분석 결과에 중요한 정보를 제공한다.

`analyze_communities_parallel` 함수는 커뮤니티 분석을 병렬로 실행하여 전체적인 처리 속도를 향상시킨다. 파이썬의 `ThreadPoolExecutor`를 사용해 각 커뮤니티 분석 작업을 동시에 처리하는데, 이 과정은 커뮤니티의 수가 많을 때 특히 유용하다. 모든 작업이 완료되면, 결과를 종합하여 각 커뮤니티의 밀도, 모듈성, 크기, 노드 유형별 수를 포함하는 데이터프레임을 생성한다. 이 데이터프레임은 커뮤니티의 구조적 특성을 파악하는 데 도움을 준다.

두 함수는 네트워크 내의 커뮤니티 구조를 분석하고 이해하는 데 중요한 도구로, 특히 크고 복잡한 데이터 세트를 다룰 때 효과적이다. 각 커뮤니티의 세부적인 분석을 통해 네트워크의 동적인 특성을 파악할 수 있으며, 이 정보는 다양한 응용 분야에서 의사결정을 지원하는 데 사용할 수 있다.

```python
def analyze_community(G, nodes):
    subgraph = G.subgraph(nodes)
    comm_density = nx.density(subgraph)
    modularity_score = community_louvain.modularity(partition, G)
    user_count = sum(1 for node in nodes if G.nodes[node]['node_type'] == 'user_id')
    phone_count = sum(1 for node in nodes if G.nodes[node]['node_type'] == 'phone_number')
    card_count = sum(1 for node in nodes if G.nodes[node]['node_type'] == 'credit_card')
    return [comm_density, modularity_score, len(nodes), user_count, phone_count, card_count]

def analyze_communities_parallel(G, all_communities):
    community_info = []
    with ThreadPoolExecutor() as executor:
        futures = {executor.submit(analyze_community, G, nodes): comm_id for comm_id, nodes
        in enumerate(all_communities)}
        for future in as_completed(futures):
            comm_id = futures[future]
            result = future.result()
            community_info.append([comm_id] + result)
    return pd.DataFrame(community_info, columns=['Community ID', 'Density', 'Modularity',
    'Size', 'User Count', 'Phone Count', 'Card Count'])

df_community = analyze_communities_parallel(G, all_communities)
```

커뮤니티 데이터 프레임에 산출된 커뮤니티에 기반해 가장 큰 세 개의 커뮤니티를 시각화해 살펴보자. 먼저, 전체 커뮤니티 리스트 all_communities에서 가장 큰 세 커뮤니티를 크기 순으로 정렬하여 선택한다. 이를 위해 커뮤니티의 길이를 기준으로 내림차순 정렬하고, 가장 큰 세 커뮤니티를 추출한다.

선택된 커뮤니티의 노드들만 포함하는 서브 그래프 G_top을 생성한다. 이 서브 그래프를 이용해 NetworkX의 시각화 기능을 사용하여 각 커뮤니티의 노드를 서로 다른 색상으로 그린다. 색상은 plt.cm.jet 컬러맵을 사용하여 커뮤니티 ID에 따라 다르게 표시하고, 각 커뮤니티의 노드는 그래프상에서 서로 연결된 상태를 보여주는 에지로 표현한다. 이 시각화는 각 커뮤니티가 그래프 내에서 어떻게 위치하고 있는지, 커뮤니티 간의 연결 상태를 직관적으로 이해하는 데 도움을 준다.

마지막으로 plt.title을 사용하여 그래프에 제목을 추가하고, plt.show() 함수를 호출하여 시각화된 그래프를 표시한다. 이 과정을 통해 데이터 내의 주요 구조적 패턴을 시각적으로 탐색할 수 있다.

```python
# 가장 큰 세 개의 커뮤니티 선택
top_communities = sorted(all_communities, key=len, reverse=True)[:3]
filtered_nodes = [node for comm in top_communities for node in comm]
G_top = G.subgraph(filtered_nodes)

# 시각화
plt.figure(figsize=(12, 8))
pos = nx.spring_layout(G_top)  # 노드 위치를 계산
for comm_id, nodes in enumerate(top_communities):
    nx.draw_networkx_nodes(G_top, pos, nodelist=nodes, node_size=50,
                           node_color=plt.cm.jet(comm_id / len(top_communities)))
nx.draw_networkx_edges(G_top, pos, alpha=0.5, edge_color='gray')
plt.title("Top 3 Largest Communities Visualization")
plt.show()
```

결과는 그림 4-12와 같다(구체적인 그림은 달라질 수 있다). 서로 개별적으로 진행된 거래지만, 커뮤니티 탐지 기술을 활용해 찾아낸 결과는 매우 조직적으로 행해진 거래처럼 보인다.

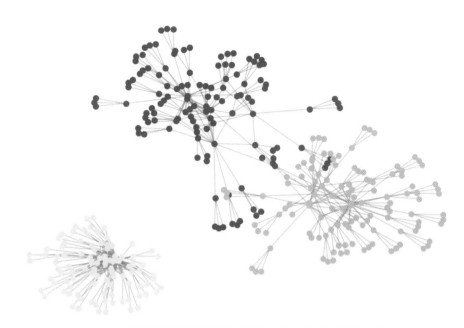

그림 4-12 커뮤니티 탐지로 찾아낸 가장 큰 3개의 커뮤니티 시각화 그래프

이렇게 살펴봐서는 구체적으로 해당 커뮤니티들이 어떤 식으로 연결되어 있는지 자세히 알 수 없기 때문에 개별 커뮤니티 구조를 살펴봐야 한다.

다음 코드는 네트워크 내에서 가장 큰 커뮤니티를 추출하고 시각화하는 과정을 담고 있다. 먼저 `all_communities` 리스트에서 가장 큰 커뮤니티를 `largest_community`로 선택하고, 이 커뮤니티를 기반으로 서브 그래프 `G_largest`를 생성한다. 이 서브 그래프는 해당 커뮤니티의 노드만 포함하므로, 커뮤니티의 내부 구조를 집중적으로 분석할 수 있다.

시각화 과정에서는 `NetworkX`의 시각화 기능을 사용하여 각 노드 유형별로 다른 색상을 할당한다. 이를 위해 `node_types` 사전에서 노드 유형과 색상을 정의하고, 해당 정보를 바탕으로 각 유형의 노드를 해당 색상으로 그린다. 각 노드를 유형별로 필터링하여 시각화함으로써, 커뮤니티 내에서의 노드 유형 분포와 연결 패턴을 명확하게 파악할 수 있다.

또한, 그래프에 범례를 추가하여 어떤 색상이 어떤 노드 유형을 나타내는지 사용자가 쉽게 이해할 수 있도록 한다. 범례는 `matplotlib.patches`를 사용해 생성하며, 각 노드 유형과 색상에 대한 정보를 제공한다. 최종적으로 생성된 그래프는 노드 유형별로 색상이 구분되어 커뮤니티의 복잡한 구조를 시각적으로 표현한다. 좌표축을 제거하여 그래프의 시각적 간결함을 유지하고, `plt.show()`를 호출하여 그래프를 표시한다. 이 시각화는 가장 큰 커뮤니티의 상세한 구조를 이해하는 데 도움을 준다.

```
# 가장 큰 커뮤니티 추출
largest_community = max(all_communities, key=len)
G_largest = G.subgraph(largest_community)


plt.figure(figsize=(12, 8))
pos = nx.spring_layout(G_largest)  # 노드의 위치 계산

# 노드 유형별로 색상 지정
node_types = {
    'user_id': 'red',
    'ip': 'blue',
    'device_id': 'green',
    'phone_number': 'yellow',
    'credit_card': 'purple'
}

# 노드 그리기
for node_type, color in node_types.items():
    nx.draw_networkx_nodes(G_largest, pos,
                        nodelist=[n for n in G_largest if G_largest.nodes[n]['node_type']
                        == node_type],
                        node_color=color,
                        node_size=70,
                        label=node_type)

nx.draw_networkx_edges(G_largest, pos, alpha=0.5)

# 범례 추가
patches = [mpatches.Patch(color=color, label=node_type) for node_type, color in node_types.
items()]
plt.legend(handles=patches, title="Node Types", loc='upper left')

plt.title("the largest community group")
plt.axis('off')  # 좌표 축 제거
plt.show()
```

결과는 그림 4-13과 같다. 자세히 살펴보면 특정 ip를 중심으로 커뮤니티가 이어져 있음을 알 수 있다. 즉 사기 집단에서 거래를 행할 때 기기나 핸드폰 번호는 계속해서 변경했지만 ip는 그러지 못했다. 후속 조치로는, 해당 ip를 더 자세히 분석해 프록시proxy를 통한 접속인지, 해외 ip인지 등에 대해 살펴보고 블랙리스트(blacklist)에 등록을 하거나, 추후 다른 거래가 해당 ip를 통해 접

속했을 시 위험 알림(alert)를 주도록 설정하는 방법 등이 있다. 물론 실제 거래 데이터에서 ip는 사기 집단이 아니어도 공유되는 경우(같은 빌라나 공공 장소에서 사용)가 많기 때문에 신중한 분석이 요구된다.

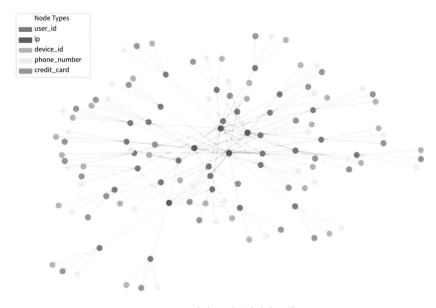

그림 4-13 가장 큰 커뮤니티의 그래프

이번 장에서 다룬 내용은 금융 사기 탐지에 AI를 적용할 때의 다양한 접근법을 보여주는 예시에 불과하다. 중요한 것은 이러한 머신러닝 및 딥러닝 알고리즘을 실제 현업에 어떻게 적용할 수 있는지에 대한 이해를 높이는 것이다. 금융 산업에서 AI 기반의 사기 탐지 솔루션을 성공적으로 구현하기 위해서는 데이터 준비, 모델 선택, 결과 해석, 지속적인 모델 개선 등 여러 단계를 신중하게 고려해야 한다. 이번 장을 통해 배운 기법들을 기반으로, 실제 현업에서 AI를 활용한 사기 거래 탐지를 효과적으로 수행하는 방법을 탐구해보자.

CHAPTER

5

금융 AI
프로덕트 관리

알고리즘에 정통한 박사 출신인 정 팀장은 국내 한 금융사의 인공지능 조직을 이끌면서, 첨단 인공지능 기반의 이상 금융 거래 탐지 시스템을 개발하고 성공적으로 런칭했다. 이 시스템은 복잡한 금융 거래 데이터를 분석하여 비정상적인 패턴을 식별하고, 실시간으로 경고를 발생시켜 사기를 예방하는 것을 목표로 했다. 초기 테스트에서는 높은 탐지 정확도와 빠른 반응 속도로 금융기관 내외부에서 기대를 모았다.

그러나 시간이 지남에 따라, 시스템은 처리 속도 저하와 오진율 증가 등의 문제에 직면했다. 특히 데이터 볼륨과 거래 복잡성이 증가함에 따라 데이터가 급격히 늘어나면서, 기존의 처리 방식으로는 거래 속도를 따라가지 못하고 지연이 발생하여 경고가 늦어지거나 잘못된 경고가 발생하는 경우가 빈번해졌다. 또한 사용자로부터의 즉각적인 피드백 수집과 이를 시스템에 반영하는 과정에서 지연이 발생하면서, 사용자의 불만이 증가하고 이는 사용자들의 이탈로 이어졌다.

이 경험은 정 팀장에게 이상 금융 거래 탐지 시스템과 같은 AI 프로덕트에서 생명 주기 전반에 걸친 지속적인 관리와 모니터링의 중요성을 깊이 인식시켰다. 기술적 우수성도 중요하지만, 시장과 사용자의 변화하는 요구에 어떻게 적응하고 개선할 수 있는지에 대한 지속적인 관심과 대응이 필수라는 것을 깨달았다.

금융 분야에서 AI 적용은 단순히 알고리즘과 이론의 적용을 넘어 실제 프로덕트로 구현하고 관리하는 과정까지를 포괄한다. 이는 이론적 지식을 실무에 적용하는 것뿐만 아니라, 해당 프로덕트의 전 생명 주기를 관리하는 능력을 요구한다. 이런 맥락에서 '금융 AI 프로덕트 관리'는 이 책의 핵심 주제 중 하나로 다룬다. 실제 금융 분야에 AI를 적용하는 과정에서는 단순한 모델 개발을 넘어서 프로덕트로서 가치를 창출하고 지속적으로 관리하며 성과를 극대화하는 것이 중요하다.

이번 장에서는 머신러닝 모델을 실제 환경에 어떻게 적용하고 관리하는지에 대한 방법을 배운다. 우선 데이터 처리부터 모델 학습, 결과 예측에 이르는 과정을 체계적으로 관리할 수 있도록 파이프라인 구축 방법을 알아본다. 또한 모델을 실제 제품으로 만들기 위한 패키징과 배포 과정을 통해 모델을 서비스화하는 방법을 배울 것이다. 실제 환경에서 모델 성능을 테스트하고 평가하는 방법도 중요한 부분으로 다룬다.

머신러닝 모델의 성능 변화에 대응하는 방법도 이 장의 핵심 내용 중 하나다. 모델 성능 저하를 신속하게 감지하고 대응할 수 있는 데이터 드리프트 탐지 방법을 살펴보고, 이를 통해 실시간으로 데이터 변화를 모니터링하는 기법을 실습한다. 이뿐만 아니라 모델 성능을 유지하거나 향상시키기 위한 재학습의 중요성과 이를 위한 적절한 전략과 프로세스에 대해서도 학습한다. 금융 AI 프로덕트의 성과 측정과 평가 방법은 프로덕트 관리의 마지막 단계다. 다양한 성과 측정 지표를 통해 모델의 영향력을 정량적으로 이해하고 이에 기반한 개선 전략을 수립하는 방법을 배운다.

이번 장에서는 머신러닝 모델을 실제 환경에 적용하고 효과적으로 관리하는 과정을 배우게 될 것이다.

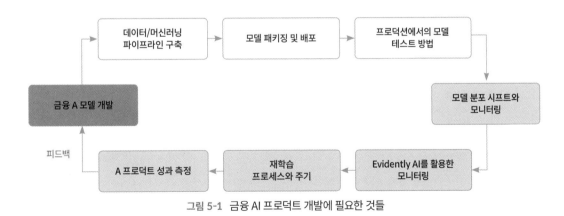

그림 5-1 금융 AI 프로덕트 개발에 필요한 것들

5.1 데이터 파이프라인 구축

데이터 파이프라인 구축은 AI 기반 시스템에서 데이터를 효율적으로 관리하고 활용하기 위한 핵심적인 작업이다. 파이프라인은 두 가지 주요 목적을 가진다. 바로 '분석을 위한 데이터 파이프라인'과 '운영 모델을 지원하는 데이터 파이프라인'이다.

분석을 위한 **데이터 파이프라인**data pipeline은 데이터 과학자와 분석가들이 데이터에 쉽게 접근하고 분석할 수 있도록 설계된다. 이러한 파이프라인은 데이터의 수집, 정제, 전처리 및 변환 과정을 포함하여 데이터를 분석 준비 상태로 만든다. 예를 들어 원천 데이터로부터 유의미한 인사이트를 도출하기 위해 데이터 웨어하우스나 데이터 레이크에 저장된 데이터를 활용할 수 있다.

운영 모델을 지원하는 데이터 파이프라인은 신용 평가와 사기 탐지 모델 같은 AI 모델이 실시간 또는 배치 처리 방식으로 데이터를 처리하고 예측할 수 있도록 지원한다. 이러한 파이프라인은 모델의 학습, 배포, 예측 결과 생성을 포함한 머신러닝 라이프사이클 자동화에 중점을 둔다.

기본적인 데이터 파이프라인 구현은 크게 배치 처리 파이프라인과 스트리밍 처리 파이프라인으로 나뉜다.

배치 처리 파이프라인batch processing pipeline은 정해진 시간이나 트리거에 따라 데이터를 일괄 처리하는 방식이다. 대량의 데이터를 효율적으로 처리할 수 있으며, 주기적인 보고서 생성이나 대규모 데이터 분석 등에 적합하다. 예를 들어 매일 또는 매주 사용자 행동 데이터를 분석하여 인사이트를 도출하는 경우에 배치 처리 파이프라인이 사용된다.

스트리밍 처리 파이프라인stream processing pipeline은 실시간으로 데이터를 수집, 처리하는 방식으로, 데이터가 생성되는 즉시 파이프라인을 통해 흐르게 된다. 이는 실시간 모니터링, 알람 시스템, 실시간 사용자 인터랙션 분석 등에 필요하다. 예를 들어 신용카드 사기 거래 탐지 시스템에서는 스트리밍 처리 파이프라인을 통해 거래가 발생하는 즉시 분석을 수행하고, 의심스러운 거래를 즉각적으로 감지할 수 있다.

데이터 파이프라인의 구성 요소로는 데이터 수집, 정제 및 전처리, 모델 학습 및 예측, 데이터 마트 생성이 포함된다. 데이터 수집 단계에서는 카프카Kafka와 같은 메시지 큐 시스템을 통해 다양한 소스로부터 실시간 데이터를 수집하고, 레디스Redis와 같은 인메모리 데이터 스토어를 사용하여 필요한 정보에 즉각적으로 접근한다. 정제 및 전처리 단계에서는 불필요한 정보 제거, 결측치 처리, 데이터 형식의 통일 작업을 수행한다. 이렇게 정제된 데이터는 분석이나 모델 학습에 적합한 형태로 변환된다.

데이터 파이프라인의 구축과 관련하여, SQL과 아파치 에어플로를 중심으로 한 배치 처리 예시를 소개하는 것은 효율적인 데이터 관리와 처리 방법에 대한 실질적인 이해를 제공한다. **SQL**은 데 이터 관련 작업에서 가장 기본이 되는 도구 중 하나이며, 대규모 데이터 처리에는 **아파치 스파크** Apache Spark 같은 분산 처리 시스템이 자주 사용된다. 스파크는 SQL과 유사한 문법을 제공하므로, SQL에 익숙하다면 스파크를 통한 데이터 처리 작업에도 빠르게 적응할 수 있다. 이는 SQL 활용이 단순한 데이터 조회를 넘어서, 대규모 데이터 처리와 분석에도 중요한 역할을 한다는 것을 의미한 다.

데이터 파이프라인을 자동화하고 조율하는 도구로는 **아파치 에어플로**Apache Airflow가 광범위하게 사용된다. 에어플로는 에어비앤비Airbnb에서 개발했으며, 그 사용성과 유연성으로 인해 개발자와 데이 터 엔지니어 사이에서 큰 인기를 얻고 있다. 깃허브 스타 수로 볼 때 에어플로는 태스크 오케스트 레이션 도구 중에서도 높은 호응을 얻고 있으며, 이는 에어플로가 데이터 파이프라인 구축 및 관 리에서 신뢰할 수 있는 선택임을 보여준다.

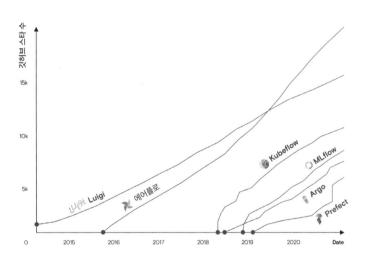

그림 5-2 오케스트레이션 도구별 깃허브 스타 수(출처: star-history)

또한, 에어플로 외에도 Argo, Prefect, MLflow, Kubeflow와 같은 도구가 데이터 파이프라인 및 머신러닝 파이프라인의 구축과 관리에 사용된다. 이러한 도구들은 클라우드 환경, 프로젝트의 규 모, 팀의 기술 스택에 따라 선택할 수 있으며, 각 도구는 고유의 기능과 장점을 가진다.

5.2 데이터 파이프라인 예시

좀 더 구체적인 예시를 생각해보자. Pawp는 원격으로 아픈 동물을 진단하고 처방을 해주는 플랫폼이다.

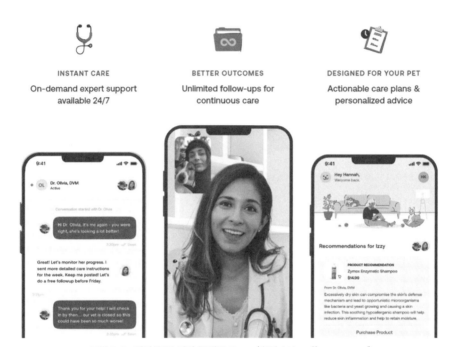

그림 5-3 원격 동물 진단 플랫폼 Pawp(출처: https://pawp.com/)

이 플랫폼에서 생성되는 원천 데이터는 다양한 데이터 소스로부터 수집되며, 각 소스의 데이터는 목적에 맞게 데이터 마트로 조직화될 수 있다.

표 5-1 데이터 소스 및 데이터 마트 예시

데이터 소스	데이터 마트
PostgreSQL	Vet
	Hospital
	Vet_Hospital
	Client
	Client_Vet
	Pet
	Pet_Client
	Case

PostgreSQL	Payment
	Address
	Video Calls
	Reviews
Amplitude	Vet app
	Client app
세일즈포스	Account
스트라이프	Charge/PaymentIntent
	Refund

예를 들어 일반적인 데이터는 PostgreSQL 데이터베이스에 저장한다. 비즈니스 프로세스에 따라, 동물 병원, 수의사, 주소, 고객 등으로 데이터를 나누고 이를 관리하는 파이프라인을 구축한다. CRM 데이터는 세일즈포스Salesforce 같은 제3자 플랫폼에서 연동해야 하고, 애플리케이션 사용자의 행동 데이터는 Amplitude 같은 분석 도구를 통해 효율적으로 수집할 수 있다.

결제 기능을 위해서는 해외에서 널리 사용되는 스트라이프Stripe를 도입하며 이를 통해 관련 데이터를 수집한다. 국내에서는 토스페이TossPay나 카카오페이KakaoPay 등의 서비스를 연동할 수 있다.

생성된 다양한 데이터 마트는 비즈니스 요구에 맞게 요약 테이블로 집계되어 Looker나 Redash 같은 비즈니스 인텔리전스 도구를 통해 대시보드화되어 비즈니스 의사결정에 활용된다. 예를 들어 결제 요약, 사례 요약, 수의사 요약 등 다양한 요약 테이블이 생성되며, 이를 통해 플랫폼의 운영 상황을 한눈에 파악할 수 있다.

표 5-2 데이터 마트로 만든 요약 테이블 예시

요약 테이블	필요한 데이터 마트
Payment Summary	Payment, Charge/PaymentIntent, Refund
Case Summary	Case
Vet Summary	Vet, Vet_Hospital, Client_Vet, Video Calls
Client Summary	Client, Client_Vet, Pet_Client, Video Calls, Reviews
Hospital Summary	Hospital, Vet_Hospital
Client Cohort Summary	Client, Client_Vet, Pet_Client, Payment, Video Calls, Reviews
Vet Cohort Summary	Vet, Vet_Hospital, Client_Vet, Video Calls
Hospital Cohort Summary	Hospital, Vet_Hospital

데이터 파이프라인을 통해 수집된 데이터는 다양한 AI 모델 운영에도 활용된다. 예를 들어 이탈 예측 모델, 광고 모델, 결제 데이터 기반 사기 탐지 모델, 동물 병원 추천 모델 등 다양한 목적의 모델을 개발하여 운영할 수 있다. 이러한 모델 개발 및 운영에는 에어플로, 아마존 세이지메이커, MLflow, Kubeflow 등 다양한 모델 훈련 및 배포 도구가 활용된다.

표 5-3 **모델을 위한 데이터 마트**

모델	활용 데이터 마트
이탈 예측 모델	Client, Client_Vet, Pet_Client, Video Calls, Reviews, Payment
광고 모델(Amplitude 데이터 활용)	Vet app, Client app
결제 데이터 이상 거래 탐지 시스템	Payment, Charge/PaymentIntent, Refund
고객 세그멘테이션 모델	Client, Client_Vet, Pet_Client, Video Calls, Reviews, Payment
병원 추천 모델	Vet, Hospital, Vet_Hospital, Client, Client_Vet

정리하면 플랫폼 비즈니스에서는 비즈니스 이벤트마다 데이터의 수집 방식과 형태가 다를 수 있다. 예를 들어 원격 동물 진단 플랫폼에서는 다양한 데이터 소스가 존재하지만, 은행 애플리케이션의 경우에는 투자 상품 가입, 회원 가입, 송금, 챗봇 Q&A 사용 등 다양한 이벤트가 발생한다. 이러한 이벤트는 각각 서로 다른 API를 통해 데이터가 수집되며, 해당 데이터는 각기 다른 형태로 쌓인다.

이렇게 수집된 데이터를 효율적으로 관리하고 활용하기 위해 데이터 웨어하우스나 데이터 마트로 옮기는 파이프라인을 구축해야 한다. 이 파이프라인을 통해 데이터는 체계적으로 정리되고, 이 데이터를 바탕으로 비즈니스 인텔리전스 도구에 연동하여 다양한 인사이트를 제공하거나 의사결정을 지원한다. 또한 해당 데이터를 활용하여 AI 모델을 개발하고, 별도의 AI 모델 파이프라인을 구축하여 AI 서비스를 제공하는 것이 데이터 파이프라인의 핵심 역할이다. 이 과정은 데이터 기반 의사결정을 강화하고 비즈니스 성과를 최적화하는 데 필수다.

5.3 SQL과 에어플로를 활용한 배치 처리 데이터 파이프라인 예시

SQL과 에어플로를 활용한 배치 처리 데이터 파이프라인 구축의 기초적인 예시를 통해, 데이터 파이프라인의 핵심 개념과 간단한 구축 방법을 알아보겠다. 이번 예시는 데이터 파이프라인 설계와 구현의 기초적인 이해를 제공하는 것이 목적이며, 실제 환경에서 복잡한 데이터 파이프라인을 설계하고 구현하기 위한 첫걸음이다. 데이터 파이프라인 구축은 광범위한 주제이므로, 이번 절에서 다루는 내용은 그 시작점에 불과하다는 점을 명심하자.

이번 예시를 잘 따라오면 데이터 파이프라인의 기본적인 이해를 얻는 것 외에도 데이터 관리 및 처리, 파이프라인 자동화와 조율 방법의 개념을 잡을 수 있다. 하지만 더 심화된 내용과 복잡한 파이프라인 구축 기술을 학습하고 싶다면 이번 절에서 다루는 내용을 기반으로 추가적인 참고 자료와 전문 서적을 참고할 것을 추천한다.

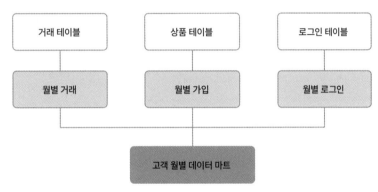

그림 5-4 간단한 데이터 파이프라인 예시

그림 5-4는 앞서 살펴본 세 개의 서로 다른 원천 데이터 소스에서 월별 집계를 통해 고객 월별 데이터 마트를 만드는 파이프라인 그래프다. 예를 들어 월별 거래(monthly_transaction), 월별 구독(monthly subscription), 월별 로그인(monthly_login) 데이터는 다음과 같은 쿼리로 집계할 수 있다.

```
-- 이번 달 동안 이뤄진 거래 집계
CREATE OR REPLACE VIEW monthly_transaction AS
SELECT
    customer_id,
    DATE_FORMAT(transaction_date, '%Y-%m') as month,
    COUNT(*) as transaction_count,
    SUM(transaction_amount) as total_transaction_amount
FROM
    transaction_table
GROUP BY
    customer_id,
month;
```

```sql
-- 로그인 후 자산 보유 건 집계
CREATE OR REPLACE VIEW monthly_login AS
SELECT
    customer_id,
    DATE_FORMAT(login_date, '%Y-%m') as month,
    SUM(asset_view_count) as total_asset_view_count
FROM
    login_table
GROUP BY
    customer_id,
    month;
```

최종 쿼리는 다음과 같다.

```sql
-- 최종 고객 데이터 마트 생성
CREATE OR REPLACE VIEW customer_monthly_data_mart AS
SELECT
    t.customer_id,
    t.month,
    t.transaction_count,
    t.total_transaction_amount,
    p.new_product_count,
    l.total_asset_view_count
FROM
    monthly_transaction t
JOIN
    monthly_new_product p ON t.customer_id = p.customer_id AND t.month = p.month
JOIN
    monthly_login l ON t.customer_id = l.customer_id AND t.month = l.month;
```

간단히 말해 총 4개의 태스크가 있다고 하면, 이러한 작업을 자동으로 스케줄링할 수 있도록 도와주는 것이 에어플로 같은 스케줄링 도구의 역할이다.

다음은 파이프라인을 최종적으로 에어플로로 스케줄링하기 위해 작성된 코드다. 월별 거래, 구독, 로그인 데이터를 집계하는 작업은 SQL 쿼리를 통해 수행되며, 이러한 집계 작업을 에어플로에서는 PythonOperator 혹은 BashOperator를 사용하여 자동화한다. 이후 집계된 데이터를 결합하는 최종 작업도 동일한 방법으로 자동화된다.

```python
from airflow import DAG
from airflow.providers.postgres.operators.postgres import PostgresOperator
from datetime import datetime
```

```
# DAG 정의
dag = DAG('customer_data_mart',
          schedule_interval='0 0 1 * *',
          start_date=datetime(2022, 1, 1))

# 월별 거래 데이터 처리 태스크
t1 = PostgresOperator(task_id='monthly_transaction',
                      sql='monthly_transaction.sql',
                      postgres_conn_id='postgres_default',
                      dag=dag)

# 월별 신규 제품 데이터 처리 태스크
t2 = PostgresOperator(task_id='monthly_new_product',
                      sql='monthly_new_product.sql',
                      postgres_conn_id='postgres_default',
                      dag=dag)

# 월별 로그인 데이터 처리 태스크
t3 = PostgresOperator(task_id='monthly_login',
                      sql='monthly_login.sql',
                      postgres_conn_id='postgres_default',
                      dag=dag)

# 고객 월별 데이터 마트 생성 태스크
t4 = PostgresOperator(task_id='customer_monthly_data_mart',
                      sql='customer_monthly_data_mart.sql',
                      postgres_conn_id='postgres_default',
                      dag=dag)

# 태스크 실행 순서 정의
t1 >> t2 >> t3 >> t4
```

에어플로의 주요 구성 요소는 다음과 같다.

- Operator: 에어플로에서 개별 작업을 정의하는 클래스다. 예를 들어 BashOperator는 배시Bash 스크립트를, PythonOperator는 파이썬 함수를 실행한다.

- Task: Operator의 인스턴스로, 실제 수행되는 작업을 나타낸다. Operator가 작업의 유형을 정의한다면, Task는 그 작업의 구체적인 실행을 의미한다.

- DAG: 작업들 간의 의존성과 실행 순서를 정의한 그래프다. DAG는 파이프라인의 전체적인 구조와 흐름을 나타낸다.

- Task Instance: Task의 실제 실행 인스턴스로, 실행 시점과 상태, 결과 등을 포함한다. Task Instance를 통해 개별 작업의 실행 세부 사항을 파악할 수 있다.

이렇게 작성된 데이터 파이프라인은 에어플로 웹 인터페이스에서 확인할 수 있다. 에어플로 웹 인터페이스는 데이터 파이프라인의 상태와 구조를 시각적으로 모니터링하는 데 유용한 도구다. 이 인터페이스를 통해 사용자는 DAG의 구성과 실행 상태를 한눈에 파악할 수 있으며, 파이프라인의 세부적인 실행 로그에도 쉽게 접근할 수 있다.

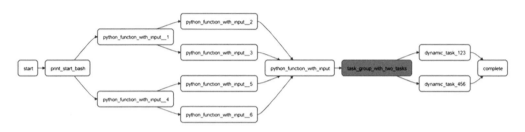

그림 5-5 에어플로 웹 인터페이스에서 확인하는 DAG 예시
(출처: https://stacktonic.com/article/apache-airflow-2-0-examples-a-basic-dag-template-for-any-project)

에어플로 UI의 주요 구성 요소는 다음과 같다.

- 노드: 에어플로 DAG에서 노드는 개별 작업을 나타낸다. 이 작업은 데이터 파이프라인에서 수행되는 개별 작업 단위로, UI에서는 사각형 블록으로 표현된다. 각 노드는 데이터 처리 과정에서 특정 작업을 수행하며, 노드를 클릭하면 해당 작업의 세부 정보를 확인할 수 있다.

- 화살표: 노드 간의 종속성을 나타낸다. 한 작업에서 다른 작업으로 연결되는 화살표는 첫 번째 작업이 두 번째 작업의 선행 조건임을 의미한다. 이 종속성은 파이프라인의 실행 순서와 흐름을 결정한다.

- 색상: DAG의 시각화에서 색상은 작업의 상태를 나타낸다. 초록색은 작업이 성공적으로 완료되었음을, 빨간색은 실패를 의미한다. 회색은 아직 실행되지 않은 작업을 나타내며, 푸른색은 현재 실행 중인 작업을 나타낸다. 이 색상 코드를 통해 파이프라인의 현재 상태를 바르게 파악할 수 있다.

- Hook: 에어플로에서 외부 시스템과의 연동을 담당하는 객체다. Hook을 활용하여 에어플로 작업이 데이터베이스, API, 클라우드 서비스와 같은 외부 리소스와 통신할 수 있다. 이를 통해 파이프라인이 다양한 데이터 소스와 통합되며, 외부 시스템으로부터 데이터를 수집하거나 외부 시스템에 데이터를 전송하는 작업을 수행할 수 있다.

에어플로의 웹 인터페이스를 통해 데이터 파이프라인의 구성과 실행 상태를 모니터링하고, 파이프라인의 성공 여부를 신속하게 확인할 수 있다. 또한 Hook을 활용하여 파이프라인이 외부 시스템과 원활하게 연동될 수 있도록 구성하는 것이 중요하다. 이러한 인터페이스와 구성 요소들은 파이프라인 관리와 모니터링을 효율적으로 수행할 수 있게 도와주며, 파이프라인의 신뢰성과 효율성을 높이는 데 기여한다.

5.4 모델 패키징 및 배포

모델 패키징 및 배포를 살펴보자. 이는 실무 경험이 부족한 데이터 과학자에게는 어려운 주제일 수 있다. 기업마다 환경이 다양해 선택할 수 있는 방법도 많다. 여기서는 자주 사용되는 몇 가지 방법을 소개한다.

5.4.1 모델 패키징하기

모델 패키징은 훈련된 머신러닝 모델을 적용 가능한 형태로 변환하는 과정이다. 이 과정을 통해 생성된 모델은 서비스나 다른 애플리케이션에서 직접 호출하여 사용할 수 있다. 이러한 패키징은 모델을 운영 환경에 효율적으로 통합하고 활용하는 데 중요하다.

pickle 모듈은 마치 데이터를 캔에 담아 보관하는 것처럼, 파이썬에서 만든 모델을 파일로 저장할 수 있게 해준다. 나중에 필요할 때 그대로 꺼내 쓸 수 있다. 하지만 캔에 담긴 음식이 오래되면 문제가 될 수 있는 것처럼, pickle 모듈로 저장된 데이터는 파이썬 버전이 바뀌면 호환성 문제가 생길 수 있고, 안전하지 않은 코드가 실행될 위험도 있다. 간단한 프로토타입이나 개인 프로젝트에 적합하다.

joblib 모듈은 대용량의 숫자 데이터를 빠르게 저장하고 불러올 때 유용하다. 마치 대용량 파일을 압축해서 빠르게 전송하는 것과 비슷하게 작동한다. 특히 수치 데이터 처리에 최적화되어 있다. 다만 scikit-learn과 넘파이 배열 저장에 한정된다.

ONNXopen neural network exchange는 다양한 프로그램(예: 파이토치PyTorch, 텐서플로TensorFlow)으로 만든 모델을 표준화된 형태로 바꿔서 어디서든 쓸 수 있게 해준다. 마치 다양한 전자기기에도 같은 충전기를 쓸 수 있게 해주는 어댑터 같은 역할을 한다. 여러 프레임워크에서 만든 모델을 다양한 플랫폼과 하드웨어에서 사용할 수 있게 해주며, 다양한 플랫폼에서 모델을 배포해야 하는 경우에 적합하다. 다만 변환 과정에서 모든 모델 기능이 지원되지 않을 수 있다.

PMMLpredictive model markup language은 데이터 분석 모델을 표준화된 XML 파일로 저장해, 다양한

도구에서 쉽게 사용할 수 있게 해준다. 마치 문서를 PDF로 저장해 어디서나 같은 모양으로 볼 수 있게 하는 것과 비슷하다. 모델을 빠르게 배포하고 다른 시스템에서 쉽게 사용할 수 있지만, 최신 딥러닝 모델을 지원하지 않을 수 있다.

텐서플로 SavedModel은 텐서플로로 만든 모델을 저장하는 전용 포맷이다. 모델의 구조와 학습된 정보를 모두 포함한다. 마치 게임의 진행 상황을 저장해두었다가 나중에 그대로 불러와 계속할 수 있는 것과 비슷하다. 텐서플로 생태계 내에서 모델을 쉽게 배포하고 사용할 수 있지만, 텐서플로 외의 다른 플랫폼이나 라이브러리에서 사용하기는 어렵다.

파이토치 TorchScript는 파이토치로 만든 모델을 다른 환경에서도 실행할 수 있게 변환해준다. 마치 여러 언어로 번역해서 다양한 국가의 사람들이 읽을 수 있게 해주는 것과 같다. 파이토치 모델을 웹 애플리케이션이나 임베디드 시스템과 같은 다른 환경에서 실행해야 하는 경우에 적합하지만 변환 과정이 복잡할 수 있고, 모든 파이토치 기능이 지원되지 않을 수 있다.

도커Docker는 애플리케이션이 어떤 컴퓨터에서든 동일하게 실행될 수 있도록 모든 필요한 파일과 설정을 포함하는 컨테이너를 만든다. 집을 옮길 때 모든 가구와 물건을 한 상자에 담아 새 집에서도 똑같이 꾸밀 수 있게 해주는 것과 비슷하다. 환경 설정 문제를 최소화하며, 모델을 안전하게 배포하고 관리해야 하는 경우에 적합하다. 그러나 컨테이너를 관리하고 설정하는 데 학습 곡선 learning curve이 있다.

이러한 방법들은 모델을 안전하게 저장하고, 필요할 때 쉽게 사용할 수 있게 해준다. 각 방법은 장단점이 있으니, 상황에 맞게 적절한 도구를 선택하는 것이 중요하다.

5.4.2 배포하기

배포 방법을 살펴보면 여러 경로를 통해 AI 모델을 사용자에게 제공할 수 있다. 각 방법은 특정 상황에 더 적합할 수 있다. 자신의 프로젝트 요구 사항에 맞게 선택하는 것이 중요하다.

첫 번째 방법은 웹 서비스로 배포하는 것이다. 모델을 웹 서비스로 만드는 것은 매우 일반적인 접근 방식이다. **REST API** 형태로 배포하면 어떤 애플리케이션이든 모델에 HTTP 요청을 통해 예측을 요청할 수 있다. 이는 플라스크나 장고 같은 웹 프레임워크로 구현하기 쉽다. 보편적이고 접근하기 쉽다는 장점이 있는 반면, 고성능 인프라 관리가 필요할 수 있다.

두 번째 방법은 **클라우드 서비스**를 이용하는 것이다. 아마존 세이지메이커, 구글 클라우드 AI 플랫폼Google Cloud AI Platform, 애저 머신러닝Azure Machine Learning 같은 클라우드 기반 서비스는 학습부터 배포, 모니터링까지 머신러닝 라이프사이클 전체를 관리한다. 이들은 대규모 트래픽과 데이터를 처리하는 데 필요한 인프라를 제공한다. 즉 강력한 인프라와 편리한 관리 기능을 제공한다. 다만 비용이 높을 수 있고, 클라우드 벤더에 종속될 위험이 있다.

세 번째 방법은 **온프레미스 서버**에 배포하는 것이다. 자체 서버에 모델을 배포하는 것은 데이터 보안과 제어가 중요한 기업에 적합하다. 서버 관리와 유지보수 등에 대한 책임은 기업에 있다. 데이터 보안과 제어가 용이하지만 서버 관리와 유지보수에 대한 부담이 크다.

네 번째 방법은 **에지 디바이스**edge device에 배포하는 것이다. IoT 디바이스나 스마트폰에 모델을 배포함으로써 데이터 생성 위치에서 바로 처리할 수 있다. 이는 네트워크 지연을 줄이고 효율을 향상시킨다. 하지만 디바이스의 처리 능력이나 저장 공간에 제한을 받는다.

다섯 번째 방법은 **머신러닝 모델 서버**를 이용하는 것이다. 텐서플로 서빙TensorFlow Serving, 엔비디아 Triton Inference Server, Seldon 같은 모델 서버를 사용하면, 고급 배포와 관리 기능을 활용할 수 있다. 즉 여러 버전의 모델을 서비스할 수 있고, 고급 기능을 제공한다. 그러나 구축과 관리가 복잡할 수 있다.

각 방법은 특정 상황과 요구 사항에 따라 장단점이 있으므로, 프로젝트의 목적과 환경을 고려해 적합한 배포 방법을 선택하는 것이 중요하다. 대용량 머신러닝 모델의 경우, 분산 컴퓨팅 프레임워크를 활용하는 것이 좋은 방법일 수도 있으며, 모델 배포 결정은 모델의 유형, 사용 사례, 인프라, 유지보수 요구 사항을 고려해야 한다.

5.5 프로덕션 환경에서의 모델 테스트 방법

프로덕션 환경에서의 모델 테스트 및 배포 전략은 매우 중요하다. 대규모 트래픽을 처리하는 서비스에서는 한 번에 모든 사용자에게 새 모델을 배포하는 것이 아니라, 다양한 전략을 통해 점진적으로 배포하며 유저 경험에 미치는 영향을 신중하게 평가한다. 여기서는 몇 가지 일반적인 배포 전략에 대해 설명하겠다.

- 블루/그린 배포Blue/Green deployment: '블루' 환경에서 현재 서비스되고 있는 모델과 '그린' 환경에 새로운 모델을 배치한다. 테스트가 완료되고 새 모델이 안정적이라고 판단되면 트래픽을 새 모델이 있는 그린 환경으로 전환한다. 이 전략의 장점은 롤백rollback이 쉽다는 것이다.

- 섀도 배포shadow deployment: 실제 사용자 트래픽은 이전 모델에만 서비스되지만, 동시에 새 모델에도 동일한 트래픽이 복사되어 전송된다. 새 모델에서의 처리 결과는 사용자에게 보이지 않으며, 모델의 성능 평가 목적으로만 사용된다. 이 방식은 실제 환경에서 새 모델을 테스트할 수 있다는 장점이 있다. 반대로 실제 환경 테스트가 가능하지만, 사용자에게는 보이지 않아 실제 효과를 확인하기 어렵다는 단점이 있다.

- A/B 테스트A/B testing: 사용자 그룹을 무작위로 나누어 한 그룹에는 기존 모델을, 다른 그룹에는 새 모델을 적용한다. 두 모델의 성능을 비교 분석하여 더 나은 모델을 선택한다. 이 방법은 직접적인 비교를 통해 모델의 효과를 측정할 수 있다는 장점이 있다. 모델 비교가 용이하지만, 테스트 기간 동안 사용자 경험에 영향을 줄 수 있다.

- 카나리 배포Canary deployment: 새 모델을 소수의 사용자에게만 먼저 배포하여 테스트하고, 문제가 없을 경우 점진적으로 더 많은 사용자에게 배포하는 방식이다. 이 방법은 리스크를 최소화하면서 새 모델을 안정적으로 배포할 수 있다. 마치 카나리아를 탄광에 보내는 것과 비슷하다.

- 인터리빙 배포interleaving deployment: 두 모델의 결과를 번갈아 가며 사용자에게 제공하여, 사용자 반응을 기반으로 더 나은 모델을 선택한다. 이는 특히 검색 결과와 같이 순위를 결정하는 시스템에서 유용하게 사용할 수 있다. 마치 레스토랑에서 메뉴를 번갈아 제공하는 것과 같다.

- 두 단계 실험 과정two stage experimental process: 초기에는 소규모 사용자 그룹을 대상으로 실험을 진행하고, 성공적이라면 점진적으로 실험을 확대하는 방법이다. 이는 카나리 배포와 유사하지만, 실험 과정을 더 세분화하여 진행한다. 성공 확률을 높일 수 있지만, 시간이 더 소요될 수 있다.

- 멀티 암드 밴딧 알고리즘 배포multi-armed bandit algorithm deployment: 이 방법은 여러 모델 중에서 자동으로 최적의 모델을 선택하도록 한다. 사용자 반응을 실시간으로 분석하여 가장 성능이 좋은 모델에 점차 더 많은 트래픽을 할당한다. 자동화가 가능하지만, 알고리즘 설계가 복잡할 수 있다는 단점이 있다.

각 배포 전략은 그 상황에 맞는 장단점을 가지고 있으므로, 프로젝트의 목표, 리소스, 리스크 수용도 등을 고려하여 적절한 전략을 선택해야 한다.

5.6 AI 프로덕트 성능 모니터링

AI 프로덕트의 개발과 운영은 단순히 알고리즘을 선택하고 모델을 학습시키는 것을 넘어서는 복잡한 과정이다. 지금까지 우리는 데이터 파이프라인 구축에서부터 AI 모델의 배포 방법과 다양한 전략에 이르기까지, AI 프로덕트를 만들고 운영하기 위한 핵심 단계들을 살펴보았다. 이 과정들을 통해 우리는 데이터의 수집, 처리, 모델의 학습 및 평가, 최종적으로 사용자에게 서비스를 제공하는 단계까지의 여정을 이해할 수 있었다.

하지만 이 모든 단계를 성공적으로 수행한 후에도 AI 프로덕트의 지속적인 성공을 위해서는 한 가지 더 중요한 과제가 남아 있다. AI 프로덕트의 성능을 어떻게 지속적으로 모니터링하고, 필요한 경우 유지 혹은 향상시키기 위한 결정을 어떻게 내릴 것인가 하는 문제다. AI 프로덕트 설계 시 설정한 다양한 성능 지표들, 예를 들어 재현율, AUC-ROC, 신용 평가 모델의 K-S 지표 등을 지속적으로 트래킹하는 것은 이 과정의 기본이다.

그러나 성능 모니터링의 핵심적인 도전 과제 중 하나는 바로 데이터 분포의 변화, 즉 데이터 분포 시프트에 대응하는 것이다. 실제 세계에서는 경제적, 사회적, 기술적 변화 등 다양한 외부 요인으로 인해 데이터의 분포가 지속적으로 변화한다. 이러한 변화는 모델의 예측 성능에 직접적인 영향을 미치며, 때로는 기존에 잘 작동하던 모델을 무력화시킬 수도 있다. 따라서 AI 프로덕트의 성능을 지속적으로 유지하고 향상시키기 위해서는, 이러한 데이터 분포 시프트를 정확히 감지하고, 적절한 조치를 취할 수 있는 능력이 필수다.

공변량 시프트와 개념 드리프트는 AI 모델을 실제 환경에서 운영할 때 마주치게 되는 중요한 문제들이다. 두 현상을 이해하고 적절히 대응하는 것은 AI 프로젝트의 성공에 결정적인 역할을 한다.

5.6.1 공변량 시프트

공변량 시프트는 우리가 모델을 학습시킬 때 사용한 입력 데이터의 분포가 시간이 지나면서 변하는 현상을 말한다. 하지만 주어진 입력 데이터에 대한 출력(예측값)의 조건부 확률은 변하지 않는다. 즉 입력 데이터는 바뀌었지만, 이 데이터를 바탕으로 예측하는 과정은 그대로라는 뜻이다.

예를 들어보겠다. 은행에서 고객의 신용도를 예측하는 모델을 만들었다고 가정해보자. 이 모델을 만들 때 사용된 데이터에는 고객의 나이, 소득, 거주 지역 등이 포함되어 있었다. 그런데 시간이 흐르면서 사람들의 소득 수준이 전반적으로 상승했다고 해보자. 이러한 변화는 모델의 입력 데이터 분포에 영향을 미친다. 그러나 고객의 신용도를 결정하는 기본적인 메커니즘은 변하지 않았기 때문에, 모델 출력을 결정하는 조건부 확률은 그대로일 것이다. 이런 상황이 바로 공변량 시프트의 예다.

5.6.2 개념 드리프트

개념 드리프트는 입력 데이터의 분포는 변하지 않았지만, 그 입력 데이터에 대한 출력(예측값)의 조건부 확률이 변하는 현상을 말한다. 이는 주로 사회적, 경제적, 계절적 변화 또는 행동 패턴의 변화로 인해 발생한다. 예를 들어 신용카드 사기 탐지 모델을 운영 중이라고 생각해보자. 처음에 모델을 학습시킬 때는 특정 유형의 사기 거래 패턴이 있다. 하지만 사기꾼들은 새로운 방법을 개발하여 사기를 시도하기 시작했다면 이로 인해 동일한 고객 정보에 대한 사기 거래 발생 여부(모델의 출력)를 결정하는 조건부 확률이 변하게 된다. 고객 데이터의 분포는 그대로지만, 이 데이터가 가리키는 현실은 달라진 것이다. 이것이 개념 드리프트의 예시다.

5.6.3 모델 성능 저하를 불러오는 변화 유형

공변량 시프트와 개념 드리프트를 모두 잘 관리하는 것은 AI 모델의 예측 성능을 지속적으로 유지하기 위해 필수다. 이를 위해 정기적인 모델 업데이트, 데이터 분포의 모니터링, 조건부 확률 변화에 대한 감지 메커니즘 구축 등이 필요하다. 또한 현실에서 모델 성능을 저하시킬 수 있는 몇 가지 변화 유형이 있다.

첫째, **피처 변화**feature change다. 신규 피처의 추가, 기존 피처의 제거, 피첫값의 가능한 범위의 변화 등이 포함된다. 예를 들어 '연령' 피처를 연 단위에서 월 단위로 변경하는 경우 피처 범위가 크게 변하게 된다.

둘째, **레이블 스키마 변화**label schema change다. 출력값(Y)의 가능한 범위가 변하는 경우를 말한다. 신용 점수의 범위 변경이나 신규 클래스의 추가로 인해 레이블 스키마가 변경되는 것이 여기에 해당한다.

5.6.4 데이터 분포 시프트를 감지하는 방법

데이터 분포 시프트를 감지하는 다양한 방법이 있으며, 이는 공변량 시프트와 개념 드리프트에 모두 적용할 수 있다.

- PSI: 우리가 신용 평가 모델링 내용에서 학습했던 PSI는 두 데이터 집합 간의 분포 차이를 측정하는 데 사용된다. 0.1 미만이면 두 데이터 집합은 유사하며 안정적이라고 할 수 있다. 반면, 0.25 이상이면 상당한 차이가 있으며 불안정성을 의미한다. 이 지표는 계산하기 쉽다는 장점이 있지만 데이터 차이를 정확하게 반영하지 못할 수 있다는 단점도 존재한다.

- KLD(쿨백-라이블러 발산)Kullback-Leibler divergence: 두 확률 분포 간의 상대적 차이를 측정하는 방법이다. 학습 데이터와 검증 데이터 간의 분포 차이를 수치화하여 데이터 드리프트를 감지할 수 있다. 장점은 정보 이론 기반으로 정확한 분포 차이 측정이 가능하다는 점이고, 단점은 KLD가 비대칭이기 때문에 값 해석이 어려울 수 있다는 점이다.

- Jensen-Shannon distance: 두 확률 분포 간의 차이를 측정하는 또 다른 방법이다. 0과 1 사이의 값을 가지며, 값이 클수록 두 분포 간의 차이가 크다는 것을 의미한다. KLD의 비대칭성을 해결하고 결괏값 해석을 용이하게 한다. 다만 계산 과정이 복잡한 것이 단점이다.

- Wasserstein distance: 두 확률 분포 간의 거리를 측정한다. 이는 한 분포에서 다른 분포로 변환하는 데 필요한 최소 작업량을 의미하며, 값이 클수록 두 분포 간의 차이가 크다는 것을 나타낸다. 직관적인 해석이 가능하다는 장점이 있지만 계산 과정이 복잡하고 특정 분포에 대한 가정이 필요하다는 단점이 있다.

- K-S testKolmogorov–Smirnov test: 두 데이터 집합이 같은 분포에서 추출되었는지를 검증하는 방법이다. 두 분포 간의 최대 차이를 측정하고, 이 차이가 특정 임곗값을 초과하면 데이터 드리프트가 발생했다고 판단한다. 비모수적 검정으로 데이터 분포에 대한 가정이 필요 없다는 장점이 있지만 통계적 검정력이 다소 약할 수 있다는 단점이 있다.

이러한 방법들을 통해 데이터 분포의 변화를 감지하고, 이에 따라 모델을 업데이트하거나 조정하는 전략을 세울 수 있다. 모델의 성능을 지속적으로 유지하기 위해서는 이러한 데이터 분포 시프트 감지 방법을 적극적으로 활용해야 한다.

데이터 분포 시프트를 모니터링하는 데는 다양한 도구가 있으며, 각각의 도구는 고유한 특성과 장점을 가지고 있다. Evidently AI 외에도 Alibi Detect, 아마존 세이지메이커 모델, 데이터로봇 MLOps 등 다양한 도구들이 AI 프로덕트의 성능 모니터링을 지원한다.

- Alibi Detect: 데이터와 모델에 대한 다양한 유형의 드리프트를 감지하는 데 사용된다. 광범위한 데이터 드리프트 감지 기능과 대부분의 기계 학습 프레임워크와의 호환성을 제공하지만, 통합 대시보드 기능이 없으며, 이를 사용하기 위해 높은 수준의 전문성이 필요할 수 있다.

- 아마존 세이지메이커 모델 모니터Amazon SageMaker model monitor: AWS에서 제공하는 이 서비스는 실시간 모델 성능 모니터링과 드리프트 감지를 지원한다. 통합된 모니터링 환경과 큰 규모의 데이터셋을 처리할 수 있는 스케일링 능력, AWS와의 높은 상호 운용성이 장점이다. 하지만 비용이 발생하고 AWS 플랫폼에 의존한다는 단점이 있다.

- 데이터로봇 MLOps_{DataRobot MLOps}: 모델 관리, 모니터링, 재학습을 지원하는 엔드-투-엔드 MLOps 솔루션을 제공한다. 통합된 모니터링 환경과 모델 관리 및 배포를 지원하며 사용이 간편하지만, 비용이 발생하며 데이터로봇 플랫폼에 익숙해야 한다는 단점이 있다.

5.7 AI 프로덕트의 모델 재학습 주기

AI 프로젝트에서 모델 재학습 프로세스와 주기 설정은 모델의 지속적인 성능 유지와 개선을 위해 꼭 필요하다. 다음은 모델 재학습 프로세스와 주기 결정에 관한 상세한 가이드라인이다.

먼저 모델 재학습 프로세스를 살펴보자.

① 데이터 드리프트 및 모델 성능 모니터링: 지속적인 모니터링을 통해 데이터 드리프트 및 모델 성능의 변화를 감지한다. 심각한 데이터 드리프트나 모델 성능 저하가 발견되면 재학습이 필요할 수 있다.

② 재학습 주기 결정: 재학습 주기는 데이터 변화 빈도, 모델의 중요성, 리소스 및 비용 등을 고려하여 결정한다. 예를 들어 빠르게 변하는 데이터 또는 고위험 금융 거래 모델의 경우 더 자주 재학습할 필요가 있다.

③ 재학습 임계치 설정: 모델 성능 저하의 정도에 따라 재학습 임계치를 설정한다. 예를 들어 성능이 5% 이상 저하될 경우 재학습을 진행한다는 등의 기준을 설정할 수도 있다.

④ 프로덕션 테스트와 재학습: 재학습된 모델을 프로덕션 환경에서 테스트하여 실제 성능 향상을 확인한다. 성능이 저하된 경우, 재학습 전략을 재검토해야 할 수도 있다.

⑤ 자동화: 데이터 드리프트 모니터링, 재학습 트리거, 프로덕션 테스트 등을 가능한 한 자동화하여 리소스를 절약하고 시스템의 안정성을 유지한다.

다음은 재학습 주기 예시다.

- 신용 평가 모델: 경제 상황, 법률 변경, 금리 변동 등 외부 요인에 의해 영향을 받을 수 있으므로, 6개월 또는 1년마다 재학습을 고려해야 한다.
- 금융 사기 탐지 모델: 사기 패턴의 지속적인 변화에 신속하게 대응하기 위해, 일주일 또는 한 달마다 재학습을 고려하는 것이 적절하다.
- 퀀트 투자 모델: 시장 변동성이 높은 데이터를 다루기 때문에, 일주일 또는 한 달마다 재학습하는 것이 필요할 수 있다.

모델 재학습 주기와 프로세스는 모델의 유형, 사용되는 데이터의 성격, 비즈니스 요구 사항 등에 따라 달라질 수 있다. 따라서 모델을 지속적으로 모니터링하고, 재학습 전략을 유연하게 조정하는 것이 중요하다.

5.8 AI 프로덕트 성과 및 가치 측정

AI 프로덕트의 성과와 가치를 측정하는 것은 비즈니스의 성공을 결정짓는 중요한 요소다. 이 과정은 단순히 숫자를 넘어서 프로덕트가 비즈니스 목표와 어떻게 부합하는지, 그리고 사용자 및 시스템 전반에 어떤 영향을 미치는지를 이해하는 것을 포함한다. 이러한 측정은 비즈니스적 관점과 시스템적 관점에서 접근할 수 있으며, 각각은 프로덕트의 성공을 평가하는 데 필수적인 다양한 지표를 제공한다.

5.8.1 비즈니스 관점

비즈니스 목표의 달성은 모든 프로젝트의 궁극적인 목적이다. AI 프로덕트는 효율성을 증가시키고, 결정 품질을 개선하며, 새로운 비즈니스 기회를 탐색하고, 규제 준수를 지원하는 등 다양한 방식으로 이 목표에 기여할 수 있어야 한다. 또한 AI 프로덕트의 목표 설정은 복잡한 고려 사항과 트레이드오프를 반영해야 한다. 신용 평가 모델의 경우 단순히 예측의 정확도를 높이는 것뿐만 아니라, 연체율을 낮추면서도 감내할 수 있는 연체율을 기준으로 최대한 많은 신용카드를 발급하는 것을 목표로 할 수 있다. 이러한 목표 사이에는 항상 트레이드오프가 존재한다. 예를 들어 너무 엄격한 기준을 적용하면 신용이 좋은 고객들까지 거절할 위험이 있으며, 너무 관대하게 접근하면 연체율이 높아질 수 있다. 따라서 모델을 설계할 때는 이러한 트레이드오프를 면밀히 고려하여 비즈니스 목표에 부합하는 최적의 균형점을 찾아야 한다.

이상 금융 거래 탐지 시스템에서도 비슷한 고려 사항이 적용된다. 사기 탐지율을 최대화하는 것이 중요하지만, 만약 모든 거래를 사기로 간주하면 사기 탐지율은 100%가 될 것이다. 하지만 이는 온라인 거래의 중요한 측면인 고객 경험을 해칠 수 있다. 실제로 온라인 거래에서는 고객의 편의성과 신뢰를 유지하는 것이 중요하며, 이를 위해 오탐율 혹은 거짓 양성을 낮추는 것이 필수다. 사기로 오인하여 거래를 거절하는 경우 고객 만족도에 부정적인 영향을 미칠 수 있기 때문이다. 따라서 이상 금융 거래 탐지 시스템의 설계 및 성능 평가에서도 사기 탐지 정확도와 오탐율 사이의 균형을 맞추는 것이 중요하다. 이와 같이, AI 프로덕트의 목표 설정과 성능 평가에는 단순한 지표를 넘어서 복잡한 비즈니스 요구와 고객 경험을 모두 고려한 종합적인 접근이 필요하다.

5.8.2 시스템적 관점

시스템적 관점에서 AI 프로덕트의 설계와 평가에 접근할 때 《머신러닝 시스템 설계》(한빛미디어, 2023)에서 제시한 칩 후옌Chip Huyen 교수의 통찰은 근본적인 지침을 제공한다. 후옌 교수는 성공적인 AI 시스템을 위한 네 가지 주요 특성(신뢰성, 확장성, 유지보수성, 적응성)을 강조하여, 이들이 어떻게 시스템의 전반적인 효율성과 효과성을 좌우하는지 설명한다. 각 특성은 데이터 과학자와 엔지니어가 AI 프로젝트를 설계하고 평가하는 데 꼭 필요한 고려 사항이다.

❶ 신뢰성: AI 시스템이 일관된 예측을 제공하며, 예기치 않은 상황이나 데이터 이상으로부터 빠르게 회복할 수 있는 능력을 강조한다. 신뢰할 수 있는 시스템은 이상 징후를 자동으로 감지하고, 문제가 발생했을 때 이를 적절하게 해결할 수 있는 메커니즘을 포함해야 한다. 이는 시스템의 지속적인 운영을 보장하고, 사용자의 신뢰를 유지하는 데 중요하다.

❷ 확장성: 시스템이 데이터의 양이나 처리 요청의 증가에 따라 성능을 유지하거나 향상시킬 수 있는 능력을 의미한다. 확장 가능한 시스템은 비즈니스 성장과 변화하는 시장 요구에 유연하게 대응할 수 있으며, 리소스 사용의 최적화를 통해 비용 효율성도 보장한다.

❸ 유지보수성: 시간이 지나도 시스템이 지속적으로 관리 및 업데이트할 수 있는 능력이다. 코드의 가독성, 모듈화, 기술 부채의 최소화는 시스템의 장기적인 성공을 위해 필수다. 또한 유지보수성은 시스템이 새로운 데이터 소스, 변화하는 비즈니스 요구 사항, 기술 발전에 맞춰 적절하게 조정할 수 있게 한다.

❹ 적응성: AI 시스템이 외부 환경의 변화에 유연하게 반응하고, 새로운 상황에 맞춰 자신을 조정할 수 있는 능력을 가리킨다. 이는 시장의 변화, 사용자 행동의 변화, 기술 진화와 같은 외부 조건의 변화에 대응하는 능력을 포함한다. 적응성은 시스템이 시간이 지나면서도 관련성을 유지하고, 효과적으로 기능할 수 있도록 한다.

네 가지 핵심 특성을 고려하는 것은 시스템적 관점에서 AI 프로덕트를 평가하고 설계하는 데 필수다. 비즈니스 관점과 시스템적 관점 사이의 균형을 찾는 것은 프로젝트의 성공을 위해 매우 중요하며, 이는 양립 불가능한 대립되는 평가 방법이 아니다. 오히려 각 관점은 상호 보완적이며, 시스템적 목표를 달성하기 위해 필요한 트레이드오프를 고려하는 데 중요한 역할을 한다.

5.8.3 체계적이고 정량적인 지표를 제공하자

AI 프로덕트의 성공을 체계적으로 평가하는 매커니즘을 마련하는 것은 프로덕트 개발과 개선 과정에서 중요한 역할을 한다. 위에서 언급한 비즈니스 관점, 시스템적 관점에서 출발해 더 입체적이고 정량적인 지표들을 만들 수 있다. 예를 들어 이러한 평가 체계는 데이터 접근성, 상호 운용성, 분석 가능성, 최종 사용자가 평가하는 가치 등의 다양한 지표들을 포함할 수 있다. 각 지표에는 해당 분야에서 프로덕트가 얼마나 잘 수행되고 있는지를 나타내는 점수를 할당할 수 있으며, 이를 통해 프로덕트의 강점과 개선이 필요한 영역을 명확히 식별할 수 있다.

표 5-4 AI 프로덕트 평가 지표 예시

지표	비율(%)	1점	2점	3점	4점	5점
데이터 접근성	20	낮은 데이터 접근성	제한된 데이터 접근성	중간 데이터 접근성	높은 데이터 접근성	매우 높은 데이터 접근성
상호 운용성	15	상호 운용성 없음	제한된 상호 운용성	중간 상호 운용성	높은 상호 운용성	매우 높은 상호 운용성
분석 가능성	15	분석하기 어려움	제한적인 분석 가능성	중간 분석 가능성	높은 분석 가능성	매우 높은 분석 가능성
최종 사용자(end user)가 평가하는 가치	50	사용자에게 가치 제공 어려움	제한적인 사용자 가치	중간 사용자 가치	높은 사용자 가치	매우 높은 사용자 가치

정량적인 평가 지표들을 사용하는 것은 다음과 같은 이유로 유익하다.

- 객관성과 일관성: 정량적 지표를 사용함으로써 평가 과정에 객관성을 부여하고, 시간이 지나도 동일한 기준으로 프로덕트를 평가할 수 있다. 이는 프로덕트의 진행 상황과 성장을 일관되게 추적하는 데 도움이 된다.

- 성능 벤치마킹: 특정 지표들에 대한 점수는 프로덕트의 성능을 벤치마킹하고, 경쟁 프로덕트나 업계 표준과 비교하는 데 사용할 수 있다. 이는 프로덕트의 시장 내 위치를 이해하고, 경쟁 우위를 확보하는 데 중요한 정보를 제공한다.

- 개선 영역 식별: 각 지표에 할당된 점수를 분석함으로써 개발 팀은 프로덕트의 성능을 개선할 수 있는 구체적인 영역을 식별할 수 있다. 이는 개발 노력을 최적화하고, 프로덕트의 전반적인 품질을 향상시키는 데 중요하다.

- 사용자 경험 향상: 최종 사용자가 평가하는 가치 등의 지표는 사용자 경험을 중심으로 프로덕트를 평가하는 데 중요하다. 사용자의 요구와 기대를 충족시키는 프로덕트를 만들기 위해서는 사용자의 관점에서 가치를 제공하는 것이 중요하다.

- 의사결정 지원: 정량적 평가 지표는 개발 팀과 경영진에게 중요한 의사결정 지원 도구를 제공한다. 이를 통해 리소스 배분, 개발 우선순위 설정, 전략적 방향성 결정과 같은 중요한 결정들을 정보에 기반하여 수행할 수 있다.

이러한 평가 체계를 통한 AI 프로덕트 개발 과정은 목표 지향적이고, 결과물은 시장과 사용자의 요구에 부합하는 방향으로 진행될 수 있을 것이다.

5.9 마무리

이번 장에서는 금융 AI 프로덕트 관리의 다양한 측면에 대해 깊이 있는 탐구를 진행했다. 금융 분야의 AI 프로덕트 개발을 중심으로 풀어낸 설명들이지만, 여기서 다룬 원칙과 방법론은 다양한 산업 분야에 적용 가능한 일반적인 지침들을 포함하고 있다. 이번 장에서는 모델 개발 과정을 시작으로, 데이터와 머신러닝 파이프라인의 구축, 모델의 패키징 및 배포, 배포 전략, 프로덕트 배포 후의 지속적인 모니터링과 재학습 프로세스, 성과 측정에 이르기까지, AI 프로덕트 생명 주기 전반에 걸친 핵심 작업을 체계적으로 다뤘다.

이러한 과정은 단순히 데이터 과학자의 역할을 넘어서 데이터 엔지니어링, 관련 개발 부서, 비즈니스 팀 등 다양한 이해관계자와의 긴밀한 협력을 필요로 한다. 이는 AI 프로덕트의 개발과 운영을 일련의 순환 고리로 보는 관점에서, 지속 가능한 성공을 위한 필수 과정이다. 이와 같은 통합적 접근 방식은 프로덕트의 지속적인 개선과 시장 요구에 대한 민첩한 대응을 가능하게 한다.

이번 장에서 다룬 내용의 깊이와 범위는 하나의 책으로 충분히 확장할 수 있을 만큼 방대하고 중요하다. 그러다 보니 여기서 제공한 설명이 모든 주제를 완전히 다루지 못했다. 이에 대해 독자 여러분의 양해를 구한다. 이번 장의 목적은 AI 프로덕트 관리의 기본적이고 핵심적인 개념을 소개하고, 이를 바탕으로 추가적인 학습을 진행할 수 있는 출발점을 제공하는 것에 있다.

이번 장을 통해 금융 AI 프로덕트 관리에 관한 포괄적인 이해를 얻었기를 바라며, 이 지식이 실제 프로젝트 수행에서 귀중한 지침이 되기를 기대한다. AI 프로덕트의 성공적인 관리와 운영을 위한 여정에 뜻깊은 첫걸음이 되길 희망한다.

실습 1 **Evidently AI를 활용한 모니터링**

Evidently AI를 사용한 간단한 실습을 해보자. Evidetnly AI를 선택한 이유는 여러 가지다. 첫째, Evidently AI는 특히 데이터 분포 시프트와 관련된 모니터링에 특화된 기능을 제공한다. 이 도구는 사용자가 쉽게 데이터 분포의 변화를 감지하고 분석할 수 있도록 설계되었다. 둘째, Evidently AI는 사용하기 쉬운 인터페이스와 다양한 시각화 옵션을 제공하여, 사용자가 빠르게 인사이트를 얻을 수 있도록 돕는다. 셋째, Evidently AI는 오픈소스 도구로서 무료로 사용할 수 있으며, 활발한 커뮤니티 지원을 받고 있다. 이는 예산에 제약이 있는 프로젝트나 실험적인 AI 프로젝트에서도 쉽게 도입할 수 있음을 의미한다.

Evidently AI는 사용자 친화적인 인터페이스를 제공하며, 특히 주피터 노트북 환경에서 손쉽게 사용할 수 있다. 이를 통해 데이터 과학자와 개발자는 모델의 성능 모니터링을 더 직관적이고 효율적으로 수행할 수 있다. 대화형 대시보드로 제공되는 분석 결과는 문제의 원인을 신속하게 파악하고, 적절한 조치를 취하는 데 필요한 정보를 제공한다. 특히 다음 세 가지 영역에 대한 모니터링을 진행할 수 있다.

- 데이터 드리프트 감지: 모델이 학습된 데이터와 시간이 지나면서 수집되는 새로운 데이터 사이의 분포 차이를 식별한다. 이는 시간에 따른 데이터의 자연스러운 변화나 예상치 못한 사건으로 인한 변화를 포착할 수 있다. 데이터 드리프트 감지는 모델이 여전히 유효한지, 아니면 업데이트가 필요한지를 결정하는 데 중요한 역할을 한다.
- 모델 드리프트 감지: 모델의 예측 성능이 시간에 따라 어떻게 변화하는지 감지한다. 이는 모델이 예측하는 대상의 기본적인 패턴이 변화했는지 여부를 파악하는 데 유용하다. 모델 드리프트를 통해 성능 저하의 징후를 조기에 발견하고, 필요한 조치를 취할 수 있다.
- 예측 분산 분석: 모델의 예측이 시간에 따라 얼마나 일관되게 이루어지는지, 예측 결과의 분산을 통해 모델의 안정성을 평가한다. 이는 모델이 다양한 조건에서도 신뢰할 수 있는 예측을 제공하는지 확인하는 데 도움이 된다.

지금부터 간단한 예제 데이터를 사용해 실습을 진행해보자.

- https://www.kaggle.com/code/linakeepgoing/evidently

먼저 Evidently AI를 설치하기 위해서 `pip` 명령어를 사용한다.

```
%pip install evidently
```

다음 코드는 먼저 evidently 라이브러리를 임포트하려고 시도한다. 만약 evidently가 설치되어 있지 않다면, 깃허브에서 직접 설치를 수행한다. 그 후, 파이썬에서 발생할 수 있는 경고 메시지를 표시하지 않도록 설정한다. 이렇게 함으로써 코드 실행 중에 발생하는 불필요한 경고를 억제한다. 다음으로 필요한 라이브러리를 모두 불러온다.

```
try:
    import evidently
except:
    !pip install git+https://github.com/evidentlyai/evidently.git

# warning 메세지가 뜨지 않도록 해준다.
import warnings
warnings.filterwarnings('ignore')
warnings.simplefilter('ignore')

import pandas as pd
import numpy as np

from sklearn.datasets import fetch_california_housing
from evidently.report import Report
from evidently.metric_preset import DataDriftPreset, TargetDriftPreset
from evidently.metrics import ColumnDriftMetric
from evidently.test_suite import TestSuite
from evidently.tests import *
from evidently.tests import TestNumberOfDriftedColumns
```

fetch_california_housing 함수는 scikit-learn 라이브러리에서 제공하는 함수로, 캘리포니아의 주택 가격 데이터셋을 가져온다. as_frame=True 파라미터를 사용하여 데이터를 판다스의 DataFrame 형식으로 반환한다.

housing_data는 판다스 DataFrame 객체로, 주택 가격과 관련된 여러 특성을 포함한다. 데이터셋에는 2만 640개의 샘플이 있으며, 다음과 같은 특성을 포함한다.

- MedInc: 해당 지역의 중간 소득
- HouseAge: 해당 지역의 주택 연식 중간값
- AveRooms: 해당 지역의 평균 방 개수

- AveBedrms: 해당 지역의 평균 침실 개수

- Population: 해당 지역의 인구 수

- AveOccup: 해당 지역의 평균 주택 점유율

- Latitude: 해당 지역의 위도

- Longitude: 해당 지역의 경도

- Target: 해당 지역의 주택 가격 중간값

housing_data.head()는 데이터프레임의 첫 다섯 개 행을 반환하는데, 이를 통해 데이터셋의 구조와 각 특성의 값을 확인할 수 있다.

```
data = fetch_california_housing(as_frame=True)
housing_data = data.frame
housing_data.head()
```

	MedInc	House Age	AveRooms	AveBedrms	Population	AveOccup	Latitude	Longitude	MedHouse Val
0	8.3252	41.0	6.984127	1.023810	322.0	2.555556	37.88	-122.23	4.526
1	8.3014	21.0	6.238137	0.971880	2401.0	2.109842	37.86	-122.22	3.585
2	7.2574	52.0	8.288136	1.073446	496.0	2.802260	37.85	-122.24	3.521
3	5.6431	52.0	5.817352	1.073059	558.0	2.547945	37.85	-122.25	3.413
4	3.8462	52.0	6.281853	1.081081	565.0	2.181467	37.85	-122.25	3.422

다음 코드는 housing_data에서 무작위로 5천 개의 샘플을 추출하여 reference와 current 데이터프레임을 생성한다. 이를 통해 학습 데이터와 검증 데이터를 준비할 수 있다. replace=False 파라미터를 사용하여 중복을 허용하지 않고 샘플을 추출하자.

```
housing_data.rename(columns={'MedHouseVal': 'target'}, inplace=True)
# target값에 가우시안 분포를 더하여 prediction 컬럼을 생성한다.
housing_data['prediction'] = housing_data['target'].values + np.random.normal(0, 5, housing_
data.shape[0])
reference = housing_data.sample(n=5000, replace=False)  # 학습 데이터
current = housing_data.sample(n=5000, replace=False)  # 검증 데이터
```

이제 Evidently AI의 Report 객체를 생성하고, 이를 사용하여 reference_data(기준이 되는 데이터)와 current_data(현재 드리프트를 확인하려는 데이터) 간의 데이터 드리프트를 감지할 수 있다.

```
report = Report(metrics=[
    DataDriftPreset(),
    TargetDriftPreset()
])

report.run(reference_data=reference, current_data=current)
report.show(mode='inline')
```

DataDriftPreset()와 TargetDriftPreset()은 드리프트 감지를 위한 설정 옵션을 포함하고 있다. 주요 옵션은 다음과 같다.

- columns: 데이터 중에서 드리프트를 확인하고 싶은 특정 컬럼을 지정할 수 있다.
- stattest: 드리프트를 판단하기 위해 사용하는 통계적 검정 방법을 지정할 수 있다.
- drift_share: 드리프트 감지에 사용할 데이터의 비율을 지정할 수 있다. 전체 데이터셋을 사용하는 것은 계산 비용이 많이 들 수 있기 때문에 일부 데이터만 사용해도 효과적으로 드리프트를 감지할 수 있다.
- stattest_threshold: 통계적 검정 결과에서 드리프트로 판단하는 임곗값을 지정할 수 있다. 이 값을 조정함으로써 드리프트 감지의 정밀도를 조절할 수 있다.

모든 옵션을 기본값으로 두면, Evidently AI는 자동으로 모든 컬럼에 대한 드리프트를 계산하고, 데이터의 특성에 맞는 드리프트 감지 알고리즘을 선택하여 사용한다.

`report.show(mode='inline')` 코드를 통해 결과를 시각적으로 확인할 수 있다. 결과 창에서는 각 피처의 분포 변화와 두 데이터 집합 간의 Wesserstein distance(사용된 드리프트 감지 방법)와 목표 변수와 다른 피처 간의 상관관계 변화도 확인이 가능하다.

다른 방법인 PSI를 사용해보자.

```
report = Report(metrics=[
    DataDriftPreset(stattest = 'psi'),
    TargetDriftPreset()
])

report.run(reference_data=reference, current_data=current)
report.show(mode='inline')
```

데이터 분석을 깊이 이해하는 과정에서 데이터 드리프트와 통계적 테스트는 필수 요소다. 위에서 소개한 PSI 방법을 사용한 보고서는 특정 통계 테스트를 통해 데이터 집합 간의 변화를 시각적으로 분석하고 이해하는 데 도움을 준다. 이와 관련하여 `Evidently` 라이브러리는 `TestSuite` 함수를 제공하는데, 이는 데이터의 품질과 일관성을 평가하기 위해 다양한 테스트를 그룹화하여 실행하고 결과를 분석하는 데 사용된다. 이 함수는 주로 데이터 드리프트, 분포 변화, 통계적 유의성 등의 테스트를 포함하여, 데이터 분석의 신뢰성을 보장하는 데 중요한 역할을 한다. 따라서 데이터 드리프트와 상관관계 변화를 검토하는 것과 더불어 `TestSuite`를 활용하는 것은 데이터의 질을 더욱 철저히 관리하고 분석의 정확성을 높이는 데 유용하다.

```
tests = TestSuite(tests=[
    TestShareOfDriftedColumns(),  # 전체 컬럼 중 Drift가 발생한 컬럼의 비율을 측정하는
    테스트
    TestNumberOfDriftedColumns(),  # Drift가 발생한 컬럼의 개수를 측정하는 테스트
])
tests.run(reference_data=reference, current_data=current)
# tests 객체의 run 메서드를 호출하여 데이터 드리프트 테스트를 실행한다.
# reference_data에는 학습 데이터인 reference를, current_data에는 검증 데이터인 current를
전달한다.

tests.save_html("test_drift.html") # tests 객체의 결과를 HTML 파일로 저장한다. 저장된 HTML
파일은 "test_drift.html"로 지정된다.
```

TestSuite 객체를 생성한 후, tests 매개변수에 테스트들을 리스트로 전달하여 객체에 추가할 수 있다. 각 테스트는 데이터 특성에 대한 검증 규칙을 정의하고, 실행하여 테스트 결과를 얻을 수 있다. TestSuite 객체의 run 메서드를 호출하여 추가된 테스트들을 실행하고 결과를 반환받을 수 있는데, 반환된 결과는 분석, 시각화, 저장 등 다양한 후속 작업에 활용하는 것이 가능하다.

| 2 | 2 | 0 | 0 | 0 |
| Tests | Success | Warning | Fail | Error |

All tests ▾

✓ Share of Drifted Columns
The drift is detected for 0% features (0 out of 10). The test threshold is lt=0.3   DETAILS

Feature name	Stattest	Drift score	Threshold	Data Drift
target	Wasserstein distance (normed)	0.015	0.1	Not detected
prediction	Wasserstein distance (normed)	0.024	0.1	Not detected
AveBedrms	Wasserstein distance (normed)	0.017	0.1	Not detected
AveOccup	Wasserstein distance (normed)	0.021	0.1	Not detected
AveRooms	Wasserstein distance (normed)	0.012	0.1	Not detected
HouseAge	Wasserstein distance (normed)	0.022	0.1	Not detected
Latitude	Wasserstein distance (normed)	0.011	0.1	Not detected
Longitude	Wasserstein distance (normed)	0.013	0.1	Not detected
MedInc	Wasserstein distance (normed)	0.018	0.1	Not detected
Population	Wasserstein distance (normed)	0.044	0.1	Not detected

✓ Number of Drifted Features
The drift is detected for 0 out of 10 features. The test threshold is lt=3.   DETAILS

그림 5-6 TestSuite로 만든 결과 예시

그림 5-6처럼 아무것도 검출되지 않았다. 검출되는 상황을 보여주기 위해 데이터를 수정해서 다시 진행해보겠다.

```python
# 'HouseAge' 컬럼에 무작위 정수를 더해서 데이터 드리프트를 일으키도록 설정한다.
current['HouseAge'] = current['HouseAge'] + np.random.randint(0, 20, current.shape[0])

# 데이터 드리프트를 검출하기 위한 테스트 설정. 이 경우 Drift가 발생한 컬럼의 개수가 1
미만이어야 함을 지정한다.
tests = TestSuite(tests=[
    TestNumberOfDriftedColumns(lt=1),
])

# 테스트를 실행한다. reference_data는 원본 데이터셋이며, current_data는 변경된 데이터셋이다.
tests.run(reference_data=reference, current_data=current)

# 테스트 결과를 HTML 파일로 저장한다. 저장된 HTML 파일의 이름은 "test_drift.html"이다.
tests.save_html("test_drift_v2.html")
```

| | 1 | | 0 | | 0 | | 1 | | 0 | |
| Tests | | Success | | Warning | | Fail | | Error | |

All tests ▼

ⓘ **Number of Drifted Features**   DETAILS
The drift is detected for 1 out of 10 features. The test threshold is lt≈1.

Feature name	Stattest	Drift score	Threshold	Data Drift
HouseAge	Wasserstein distance (normed)	0.743	0.1	Detected
target	Wasserstein distance (normed)	0.014	0.1	Not detected
prediction	Wasserstein distance (normed)	0.018	0.1	Not detected
AveBedrms	Wasserstein distance (normed)	0.025	0.1	Not detected
AveOccup	Wasserstein distance (normed)	0.034	0.1	Not detected
AveRooms	Wasserstein distance (normed)	0.037	0.1	Not detected
Latitude	Wasserstein distance (normed)	0.038	0.1	Not detected
Longitude	Wasserstein distance (normed)	0.034	0.1	Not detected
MedInc	Wasserstein distance (normed)	0.035	0.1	Not detected
Population	Wasserstein distance (normed)	0.017	0.1	Not detected

그림 5-7 이상치를 만들어 새로 검출한 결과 예시

그림 5-7을 보면 일부러 변경했던 HouseAge 변수가 감지된 것을 확인할 수 있다.

Evidently 라이브러리를 활용한 이번 실습을 통해, 데이터의 품질과 변화를 모니터링하는 방법을 학습할 수 있었다. 이 과정에서 데이터 과학자가 데이터의 상태를 정확히 이해하고, 시간에 따라 변하는 데이터의 패턴을 식별하는 데 꼭 필요한 도구들을 사용해보았다. 이러한 도구들은 모델의 성능을 지속적으로 관리하고, 예상치 못한 문제들을 사전에 발견하여 대응하는 데 매우 유용하다. 데이터 과학의 세계에서 데이터의 질을 유지하고 개선하는 것은 프로젝트의 성공에 결정적인 요소이므로, 이번 실습을 통해 얻은 지식을 실제 문제 해결에 적극적으로 활용해보기를 바란다.

금융에서의
생성형 AI 활용

국내 대형 은행에서 근무 중인 김 대리는 최근 사내에서 개발된 'FinanceGPT(가칭)' 도구를 업무에 적극적으로 활용하고 있다. 새로운 업무 배치를 받을 때마다 이전에는 인수인계를 받고 필요한 정보를 습득하는 데 수주가 걸렸지만, 이제는 회사 내부 데이터에 정통한 FinanceGPT 덕분에 빠르게 적응하며 업무 효율을 대폭 향상시키고 있다. 같은 은행의 플랫폼 운영 팀 박 과장도 이 도구를 활용해 팀원들의 코드 리뷰 시간을 단축시키고 업무 효율을 극대화하여 탁월한 실적을 기록하고 있다.

또한 HR 부서에서도 FinanceGPT의 도움을 받아 일상적인 직원 문의 처리를 자동화함으로써, HR 팀은 직원들의 복지 향상과 채용 과정에 더 많은 시간과 노력을 집중할 수 있게 되었다. 간단한 문의 사항은 FinanceGPT가 처리하고, 복잡한 사안만 인간의 손을 거치도록 하여, HR팀의 업무 효율성이 이전과는 비교할 수 없을 정도로 향상되었다.

고객 서비스 분야에서도 FinanceGPT의 영향은 매우 긍정적이다. 기존의 어색했던 챗봇 서비스가 생성형 인공지능을 기반으로 한 훨씬 자연스러운 대화형 챗봇으로 업그레이드되면서, 실제 사람과 대화하는 듯한 경험을 제공하고 있다. 이로 인해 고객 만족도가 크게 상승하였으며, 이는 고객 충성도와 긍정적인 서비스 평가로 이어지고 있다.

생성형 인공지능generative AI(이하 **생성형 AI**)은 기존의 AI와 달리 주어진 데이터로부터 새로운 콘텐츠를 생성해낼 수 있는 강력한 능력을 지니고 있다. 이는 문맥에 기반하여 텍스트, 코드, 그래픽 등 다양한 형태의 결과물을 창출하는 데 탁월한 성능을 발휘한다. 이러한 기술은 기존의 패턴 인식과 예측에 집중된 AI 시스템과는 구별되며, 창의성과 혁신을 AI 분야에 불어넣고 있다.

LLM, 예를 들어 **ChatGPT**는 이러한 생성형 AI의 하위 집합으로 분류된다. LLM은 방대한 양의 텍스트를 학습하여 사람처럼 자연스러운 언어를 생성할 수 있는 능력을 가진다.

LLM의 특징 중 하나인 **스케일 법칙**scale law[1]은 모델 크기가 증가함에 따라 성능이 향상된다는 점을 입증한다. 이는 모델이 커질수록, 더욱 정교하고 복잡한 언어 이해 및 생성 능력을 발휘할 수 있다는 것을 의미한다. 오픈AI의 연구에 따르면, 크기가 증가할수록 모델은 더 낮은 오류율을 보이고, 예측의 정확성이 개선되며, 샘플 효율성이 증가한다.

이와 동시에 구글의 연구[2]에서 제시한 **emergent abilities**는 모델이 충분한 정보와 상호작용을 통해 학습할 때, 특정 임계점을 넘어서며 이전에는 예측할 수 없었던 새로운 능력을 발휘할 수 있다는 개념을 소개한다. 이는 AI가 주어진 데이터로부터 새로운 설루션을 창출하고, 인간과 비슷한 수준의 통찰력을 제공할 수 있음을 나타낸다. 따라서 이러한 연구는 초거대 AI 모델이 AI 기술의 새로운 지평을 열고 있으며, 이는 우리가 AI를 활용하는 방식에 변혁적인 변화를 가져올 주류 기술로 자리 잡을 것임을 예고하고 있다.

이미 많은 분야에서 주류 기술로 자리 잡은 생성형 AI는 금융 서비스에도 큰 영향을 미칠 것으로 예상된다. 이러한 기대는 생성형 AI의 폭발적인 성장과 투자 추세를 살펴봄으로써 더욱 확실해진다. 2017년 이후로 생성형 AI 분야에 대한 투자는 꾸준히 증가하는 추세를 보이고 있으며, ChatGPT의 등장 이후 이러한 성장세는 가속화되었다. 또한 ChatGPT와 같은 대화형 LLM의 직관적인 인터페이스는 사용자들의 빠른 채택을 가능하게 했고, 이는 기술 채택 속도에 대한 기존의 기준을 새롭게 정립했다. 예를 들어 ChatGPT는 공개 후 단 5일 만에 100만 명의 사용자를 확보하며, 넷플릭스가 1300일이나 걸렸던 것과 대조적으로 급속한 성장을 보였다. 인터넷과 휴대전화가 대중화되기까지 걸린 시간을 훨씬 단축시키며, 인스타그램의 초기 성장 속도보다도 빨랐다. 이러한 속도는 다른 온라인 애플리케이션이나 혁신적인 기술들과 ChatGPT의 채택 속도를 그래프로 나타

1   Kaplan, Jared, et al. "Scaling laws for neural language models." arXiv preprint arXiv:2001.08361(2020)
2   Wei, Jason, et al. "Emergent abilities of large language models." arXiv preprint arXiv:2206.07682(2022)

내 비교했을 때 한눈에 바로 알아볼 수 있는 결과를 제공한다(그림 6-1 참조).

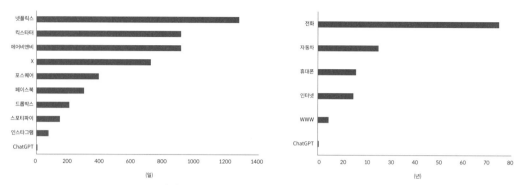

그림 6-1 다른 플랫폼(좌) 및 기술(우)과 비교한 ChatGPT가 100만 사용자까지 도달한 시간
(출처: <Generative Artificial Intelligence in Finance>)

금융 분야에서의 생성형 AI의 응용은 점차 확대되고 있으며, 이는 메타의 오픈소스 상업용 LLM인 LLaMA 발표 등의 획기적인 발전으로 인해 가속화되고 있다. 이러한 모델들의 등장은 금융 서비스의 제공 방식에 혁명을 일으키고 있다.

6.1 생성형 AI의 핵심 원리와 사용 방안

LLM을 기반으로 생성형 AI의 핵심 작동 원리를 설명하면 다음과 같이 세 부분으로 나눌 수 있다.

❶ 입력 처리(신호 전달 및 문맥적 특징 인코딩): 간단한 영어 문장 'The quick brown fox jumps over the lazy dog'를 예로 들면 LLM의 첫 번째 작업은 각 단어를 숫자 벡터, 즉 임베딩으로 변환하는 과정이다. 임베딩 과정에서 quick, brown, fox 같은 각 단어는 그들의 의미와 문법적 특성을 나타내는 벡터로 변환된다. 이후 트랜스포머의 어텐션 메커니즘이 임베딩된 벡터들을 처리하여 모든 단어 간의 상호작용을 분석한다. 이를 통해 'fox'와 'jumps'의 연결 방식과 'lazy' 및 'dog'의 관계를 파악하면서, 문장 전체의 구조와 각 단어의 문맥적 중요성을 이해하게 된다.

❷ 경로 형성(학습된 지식 기반 예측): 임베딩된 벡터와 어텐션을 거친 데이터는 트랜스포머의 다수 은닉층을 통과한다. 이 은닉층들은 복잡한 언어적 패턴과 구조를 인코딩하며 문장의 더 깊은 의미를 추출한다. 예를 들어 'Why did the fox jump over the dog?' 같은 질문에 대응할 때, 모델은 'jump over'의 인과관계를 이해하고 이에 기반한 적절한 반응을 예측한다.

이 과정에서 모델은 학습 과정에서 습득한 언어적 지식을 활용하여 입력된 텍스트의 의미와 의도를 파악하고, 다양한 가능한 응답을 통계적 확률로 계산한다.

❸ 텍스트 생성(자연스러운 언어 표현): 마지막 단계에서 모델은 학습된 언어 패턴과 문맥 정보를 활용하여 새로운 텍스트를 생성한다. 예를 들어 'The fox jumped because it was being chased by a hound' 같은 문장은 주어진 시나리오의 문맥을 고려하여 생성된다. 이 과정에서 모델은 문법적 정확성을 유지하면서도, 이전 대화의 내용을 참조하여 의미적으로 일관된 내용을 제공한다. 더 나아가, LLM은 토픽에 관련된 창의적인 아이디어를 도출하고 이를 통해 독창적이고 상상력 풍부한 텍스트를 만들어냄으로써, 입력된 질문과 완벽하게 조화를 이룬다.

이러한 전체 과정은 트랜스포머 모델의 강력한 어텐션 메커니즘과 다층적인 구조를 활용하여 복잡한 언어 이해와 생성을 가능하게 한다. 생성형 모델(LLM)을 사용할 수 있는 방법은 크게 세 가지로 나눌 수 있다.

먼저, 직접 모델을 훈련시키는 방법이 하나 있다. 이러한 **파운데이션 모델**foundation model은 빅테크나 전문적인 생성형 AI 기업에서 주로 만든다. 다른 기업들은 이러한 파운데이션 모델을 사용해 미세 조정하거나 프롬프트 조정을 통해 생성형 AI를 활용하게 된다. 미세 조정은 사전 훈련된 기본 LLM을 특정 작업이나 도메인에 최적화하기 위해 추가적인 학습을 수행하는 과정이다. 이는 텍스트 생성 과정 이전에 이루어지며, 모델이 특정 유형의 텍스트를 생성하거나 특정 스타일, 톤을 반영하도록 학습 데이터와 함께 조정된다. 예를 들어 모델은 금융 보고서 작성이나 특정 장르의 문학적 스타일을 모방하는 등 특수한 요구 사항에 맞추어 조정할 수 있다.

프롬프트 엔지니어링prompt engineering은 텍스트 생성 과정을 시작하기 전에 필요한 정보를 모델에 입력하는 프롬프트(질문이나 명령)를 세심하게 설계하는 과정이다. 이 접근 방식은 생성할 텍스트의 방향성과 품질을 직접 조절할 수 있으며, 입력 프롬프트의 구조나 내용을 조정함으로써 모델이 원하는 출력을 내도록 유도한다. 다음은 몇 가지 주요 프롬프트 엔지니어링 기법들이다.

* ICLIn-context learning: 모델에게 몇 가지 예시를 제공하여 모델이 원하는 출력의 예를 학습하도록 한다.

Q: 오늘 날씨 어때?

A: 오늘은 맑습니다.

Q: 내일 날씨는?

A: 내일은 비가 올 예정입니다.

- Zero-Shot Prompting: 별도의 예시 없이 단순히 명령어를 제공하여 모델이 바로 원하는 출력을 생성하도록 한다.

Q: 오늘 날씨 어때?

A: 오늘은 맑습니다.

- CoT chain of thought: 복잡한 문제를 해결할 때 모델이 단계별로 생각을 전개하도록 유도한다.

Q: 12 + 45는?

A: 12에 45를 더하면 57입니다. 따라서 답은 57입니다.

- CCoT contrastive chain of thought: 올바른 답변과 함께 잘못된 답변의 예시를 제공하여 모델이 더 정확한 출력을 생성하도록 한다.

Q: 12 + 45는?

올바른 답변: 12에 45를 더하면 57입니다.

잘못된 답변: 12에 45를 더하면 67입니다. 따라서 올바른 답은 57입니다.

- Thought Generation: 모델이 스스로 생각을 생성하고 이를 기반으로 답변을 도출하게 한다.

Q: 왜 하늘은 파란색인가요?

A: 하늘이 파란 이유는 빛의 산란 때문입니다. 태양빛이 대기 중의 입자에 의해 산란되며, 파란색 빛이 다른 색보다 더 많이 산란되기 때문에 하늘은 파란색으로 보입니다.

- Decomposition: 복잡한 문제를 여러 단계로 나누어 각 단계별로 모델이 답변하도록 한다.

Q: 24와 36의 최대공약수는?

A: 단계 1: 24의 약수는 1, 2, 3, 4, 6, 8, 12, 24입니다. 단계 2: 36의 약수는 1, 2, 3, 4, 6, 9, 12, 18, 36입니다. 단계 3: 두 수의 공통 약수는 1, 2, 3, 4, 6, 12입니다. 따라서 최대공약수는 12입니다.

이러한 간단한 프롬프트 엔지니어링 방법으로도 성능을 크게 개선시킬 수 있지만, 실제 프로덕션 레벨에서는 RAG 기술을 결합하는 경우가 많다. RAG는 모델이 질문에 답하기 위해 관련 정보를 검색하여 활용하는 방식으로, 모델의 성능과 정확성을 크게 향상시킬 수 있다

.RAG는 대규모의 정보가 필요하거나 모델이 학습 데이터에 직접 포함되지 않은 최신 정보를 참조해야 하는 경우에 유용하다. RAG는 정보 검색과 텍스트 생성 과정을 결합하여 더 정확하고 유용한 응답을 제공한다. 더 자세히 이해하고 싶다면 그림 6-2 **RAG 시퀀스 다이어그램**을 참고하자.

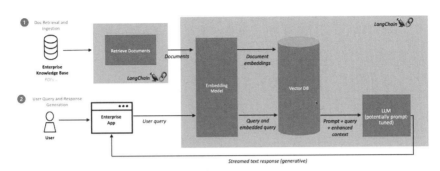

그림 6-2 RAG 시퀀스 다이어그램 예시(출처: 엔비디아)

6.1.1 데이터 수집 및 변환

첫 번째 단계는 사용자의 질의에 맞는 문서를 검색하여 수집하는 것이다. 이 과정에서는 회사의 데이터 레이크, 데이터 웨어하우스(예: 빅쿼리, 데이터브릭스, 레드시프트, S3 등)에 저장된 다양한 형태의 문서를 포함할 수 있다. 예를 들어, 회사의 최신 재무제표, 뉴스 기사, 시장 보고서 등이 여기에 해당한다. 이러한 문서는 엔터프라이즈 지식 베이스enterprise knowledge base에 저장되며, PDF 파일, 데이터베이스 레코드 등이 포함될 수 있다. 외부에서 준실시간 혹은 실시간으로 수집해야 하는 정보가 있다면 별도의 파이프라인을 통해 이러한 데이터를 통합해야 한다.

6.1.2 임베딩

임베딩embedding은 문서의 의미를 수치화하여 벡터 공간에 나타내는 과정이다. 임베딩의 주된 목적은 고차원 벡터 공간에서 유사한 문서끼리 가까운 위치에 배치되도록 하는 것이다. 이를 통해 의미적으로 관련된 정보를 빠르게 검색할 수 있다. 문서 임베딩을 생성하는 방법으로는 다양한 접근 방식이 있으며, BERT와 같은 트랜스포머 기반 모델을 사용한다. 임베딩 과정에서는 청크chunk 사이즈를 결정하는 것이 중요한데, 이는 데이터를 적절한 크기로 나누어 효율적으로 검색하고 처리할 수 있도록 돕는다.

6.1.3 질의와 문서 임베딩 비교

사용자의 질의와 문서 임베딩을 비교하여 관련성 있는 문서를 찾는 단계이다. 이는 벡터 데이터베이스에서 이루어지며, 유사한 임베딩을 신속하게 검색하여 가장 관련성이 높은 문서를 찾아낸다. 벡터 데이터베이스는 고차원 벡터 공간에서 유사성 검색을 수행하기 때문에, 문서와 질의의 임베딩을 효과적으로 비교할 수 있다. 여기서 유사한 벡터를 빠르게 찾기 위해 코사인 유사성, 유클리드 거리 등의 메트릭을 사용할 수 있다.

6.1.4 프롬프트 보강

최종적으로 사용자의 질의를 보강하기 위해 관련 문서에서 추출한 정보를 포함한 **프롬프트**prompt를 생성한다. 이 보강된 프롬프트는 기본 모델(예: GPT-4, LLaMA3, Claude 3.5 등)에 전달되어 최종 응답을 생성한다. 이렇게 보강된 프롬프트는 모델이 더욱 구체적이고 정확한 응답을 제공할 수 있도록 도와준다.

이 일련의 과정을 **랭체인**LangChain으로 쉽게 구현할 수 있으며, 최근에는 **LangGraph**를 사용하여 더욱 복잡한 에이전트 시스템agent system을 오케스트레이션orchestration할 수 있다. LangGraph는 랭체인 에이전트보다 더 낮은 수준에서 제어할 수 있는 프레임워크로, 복잡한 연쇄 및 검색 흐름을 구현하는 데 유용하다. 이러한 도구는 앞으로 계속해서 발전할 것이며, 보다 효율적이고 정교한 데이터 처리 및 검색 기능을 제공할 것이다.

기존의 LLM 모델을 그대로 사용하거나 약간의 프롬프트 엔지니어링을 거쳐서 사용한다면, 회사 내부 정보나 최신 수집 정보를 반영하지 못하고 제너럴하게 답변하는 경향을 발견하여 프로덕션 레벨에서 사용하기에 부족함을 느낄 수 있다. 그러나 RAG를 사용하면 비용이 많이 드는 복잡한 미세 조정 없이도 특정 목적에 맞게 시스템을 구축할 수 있다. 예를 들어, 재무제표와 최신 기사를 반영한 애널리스트 보고서를 생성하는 경우, 질의를 주었을 때 실시간 데이터와 기존 내부 데이터, 히스토리 데이터 등이 이미 임베딩되어 벡터 데이터베이스에 저장되므로 빠르게 검색하여 파운데이션 모델에 전달할 수 있다. 이렇게 함으로써 모델은 더 정확하고 임팩트 있는 답변을 제공할 수 있게 된다.

6.2 LLM 애플리케이션을 만들기 위한 도구들

그림 6-3은 생성형 AI (LLM을 예시로) 애플리케이션을 구축하기 위한 다양한 도구를 분류한 것이다. 기본 모델을 사용해 비즈니스 임팩트를 낼 수 있는 LLM 애플리케이션을 만들기 위해 현재 많이 사용하고 있는 RAG와 미세 조정을 위한 도구를 나열했다.

그림 6-3 LLM 애플리케이션을 만들기 위한 도구들

6.2.1 RAG

RAGretrieval-augmented generation는 입력된 프롬프트를 바탕으로 관련 데이터베이스나 문서에서 정보를 검색하고 검색된 정보를 통합해 응답을 생성하는 방법이다. 일반적인 LLM은 이미 학습된 데이터를 바탕으로 텍스트를 생성한다. 이 모델들은 대량의 텍스트 데이터로 훈련되어 일반적인 질문에 논리적이고 자연스러운 답변을 할 수 있지만, 그 데이터가 최신의 정보를 반영하지 못하는 경우가 있다. 즉 훈련 데이터에 없는 최신 정보나 특정한 전문 지식을 요구하는 질문에는 정확하게 대응하기 어려울 수 있다.

반면에 RAG는 필요할 때마다 적절한 데이터를 즉시 검색하여 정보를 찾아 답변을 생성한다. 이 과정에서 RAG는 입력된 프롬프트와 관련된 정보를 데이터베이스에서 실시간으로 검색하고, 검색된 정보를 기반으로 응답을 구성한다. 이 방식은 모델이 학습 데이터에 포함되지 않은 최신 정보나 더 깊이 있는 데이터에 접근할 수 있게 해준다. 결과적으로 RAG를 사용할 때는 더 업데이트된 정보를 반영하고, 더 정확하고 신뢰성 있는 답변을 생성할 수 있다.

- 데이터 소스/파이프라인: 데이터를 수집하고 처리하는 데 사용되는 플랫폼 및 서비스다. 예를 들어 데이터브릭스Databricks, 에어플로, AWS, GCPGoogle Cloud Platform, 애저 등이 있다. 일반적인 머신러닝과 딥러닝에서 필요한 내용과 동일하다.

- 벡터 데이터베이스vector database: 벡터 데이터베이스는 특히 LLM을 사용하는 RAG 같은 경우에 매우 중요한 역할을 한다. 이는 일반적인 머신러닝과 딥러닝 모델과는 다른 차원의 데이터 처리와 검색을 필요로 하기 때문이다. 벡터 데이터베이스는 고차원 벡터 공간에서 효율적으로 **유사성 검색**similarity search을 수행할 수 있다. 이는 RAG에서 정보를 검색할 때 매우 중요한데, 모델이 생성해야 할 답변과 관련된 문서나 데이터를 빠르고 정확하게 찾아내기 위해서는 유사한 벡터를 신속하게 찾는 능력이 필요하다. Pinecone, Weaviate, Faiss 같은 시스템은 텍스트나 이미지 데이터를 벡터로 변환하고, 이를 효과적으로 검색할 수 있도록 설계되어 있다. 이 데이터베이스들은 코사인 유사성cosine similarity, 유클리드 거리Euclidean distance 등의 메트릭을 사용해 입력된 쿼리 벡터와 유사한 아이템을 빠르게 찾아낼 수 있다.

6.2.2 공통 도구

AI 프로젝트는 일반적으로 많은 도구가 필요하지만, 생성형 AI 프로젝트는 그 중요성이 더욱 강조된다. 일반적인 AI 프로젝트와는 달리, 생성형 AI는 대규모 데이터셋에서 새로운 콘텐츠를 생성하는 데 초점을 맞추고 있어, 모델의 학습, 배포, 실시간 반응 관리가 특히 중요하다. 이에 따라 강력하고 특화된 도구들이 프로젝트의 성공에 결정적인 영향을 미치게 된다. 이번 절에서는 생성형 AI를 위한 공통 도구들을 살펴보며, 왜 이러한 도구들이 프로젝트에 꼭 필요한지를 탐구해본다.

- 모델: OpenAI, Anthropic, Llama3 등 다양한 기본foundation 모델이다. 허깅 페이스Huggingface에는 다양한 오픈소스 모델이 제공되고 있다.

- 호스팅: 애플리케이션을 배포하고 호스팅하는 서비스를 의미한다. Streamlit, 모달Modal 등이 있다.

- 오케스트레이션: 오케스트레이션 도구는 LLM과 관련된 여러 프로세스를 조율하고 자동화하는 데 사용된다. 가장 인기 있는 도구는 랭체인이다. 랭체인은 LLM의 기능을 다양한 애플리케이션과 서비스에 통합하고, 복잡한 워크플로를 자동화하는 데 사용된다.

- 평가: LLM의 평가는 모델이 생성하는 텍스트의 정확성, 관련성, 독창성과 같은 여러 품질 지표에 기반한다. 사용자 경험을 중심으로 모델의 유용성을 측정하며, 다양한 시나리오와 도메인에

걸친 모델의 범용성을 평가한다.

- 모니터링: LLM의 경우, 모니터링은 모델의 실시간 성능, 사용자 상호작용, 모델의 응답에 대한 사용자 피드백 등을 추적하는 것을 포함한다. 주요 목적은 예상치 못한 모델의 행동을 감지하고, 모델이 생성하는 컨텐츠의 품질을 지속적으로 관리하는 것이다.

6.2.3 미세 조정

생성형 AI 모델의 **미세 조정**fine tuning은 일반적인 딥러닝 모델의 미세 조정과 몇 가지 중요한 차이점이 있다. 먼저, 생성형 AI 모델은 대체로 매우 큰 규모의 데이터셋에 대해 훈련하고, 이로 인해 훈련과 미세 조정 과정에서 발생하는 비용이 상당히 높다. 예를 들어 LLM의 경우, 수십억 개의 파라미터를 최적화하기 위해 필요한 연산 자원과 시간이 상당히 소요되며, 이는 클라우드 서비스 비용 증가로 직결된다.

또한, 생성형 AI 모델의 미세 조정은 모델을 특정 작업에 맞추기 위해 더 세밀하게 조정되어야 하는 경우가 많다. 이 과정에서 다루어야 할 데이터의 다양성과 복잡성도 일반적인 모델보다 훨씬 크다고 할 수 있다. 이러한 요소들 때문에 생성형 AI 모델의 미세 조정은 특히 기술적인 전문성과 자원을 요구하는 과제로, 이를 효과적으로 관리하기 위해서는 적절한 훈련 프레임워크와 실험 관리 도구의 선택이 매우 중요하다. 이는 모델의 성능을 극대화하고, 투자한 자원을 최적화하는 데 결정적인 역할을 한다.

- 훈련 프레임워크training framework: 모델을 훈련시키는 데 사용되는 클라우드 서비스와 머신러닝 프레임워크를 지칭한다. AWS, GCP, 애저 파운드리Azure Foundry, 파이토치, 텐서플로 등이 이에 속한다.
- 실험: 실험 관리와 결과 분석을 돕는 도구다. Weights & Biases, Comet, MLflow 등이 있다.

6.3 금융에서의 생성형 AI 활용 방안

OECD에서 2023년 12월 발간한 <Generative Artificial Intelligence in Finance>는 금융 서비스 분야에서 생성형 AI 기술의 활용 사례를 포괄적으로 정리했다. 이 보고서는 특히 금융 기업이 생산성 향상과 가치 창출의 두 가지 주요 영역에서 어떻게 AI를 활용하고 있는지 상세히 논의하고 있다. 먼저 생산성 향상과 가치 생성을 두 가지 큰 영역으로 두고 활용 범위를 나열하고 있다.

생산성 향상　　　　　　　　　**가치 생성**

그림 6-4 금융에서의 생성형 AI 활용 방안

(출처: OECD의 <Generative Artificial Intelligence in Finance>를 기반으로 재가공)

생산성 향상은 주로 **백/미들 오피스**back/middle office 오퍼레이션을 최적화하고 자동화하여 효율성을 높이는 것에 초점을 맞춘다. 다음과 같은 사용 사례가 있다.

- 규제 준수 및 보고: 생성형 AI는 복잡한 규제 환경에서 필수적인 보고 요구 사항을 충족하는 자동화된 보고서를 생성하는 데 사용된다. 생성형 AI를 통해 거래 데이터, 의사 결정 과정, 정책 준수 기록 등에서 중요한 정보를 식별하여 규정 준수를 간소화하고, 속도를 높이며 오류를 감소시킬 수 있다.

- 데이터 분석: 생성형 AI는 다양한 데이터 소스에서 추출한 정보를 분석하여 경영진에게 심층적인 시장 동향과 고객 행동을 파악할 수 있는 인사이트를 제공하는 데 사용된다. 이는 데이터 분석가의 역할을 보조하거나 자동화하여 더욱 효율적인 의사 결정을 지원한다.

- 거래 손익 및 조정: 거래 후 손익 계산과 금융 장부의 조정을 자동화하여 재무 정확성을 보장하는 데 도움을 준다.

- 위험 모델링 및 관리: 생성형 AI가 고객 및 시장 데이터를 분석해 위험을 평가하고, 관리 전략을 개발하는 데 사용할 수 있다. 특히 상시 모니터링되는 위험 요소들을 바탕으로 시뮬레이션을 진행하여 포트폴리오 관리의 효율성을 극대화할 수 있다.

- 자금세탁 방지/대테러 자금 조달: 의심스러운 거래를 실시간으로 탐지하고 예방하는 데 생성형 AI가 핵심적인 역할을 할 수 있다. 이는 기존의 사람이 하는 분석을 대체하거나 보완하여 감지 능력을 향상시킬 수 있다.

- 사기 탐지 및 예방: 거래 패턴을 분석하여 사기를 식별하고 예방하는 알고리즘을 생성한다. 혹은 위험 거래 발생 시 해당 거래와 연관된 정보를 빠르게 검색하고 추출할 수 있도록 도와준다.

반면 가치 창출은 프론트 오피스 작업에 생성형 AI를 적용하여 새로운 서비스를 개발하거나 고객 경험을 향상시키는 방법을 탐색한다. 구체적인 예시는 다음과 같다.

- 신제품 개발: 생성형 AI를 활용해 시장의 요구 사항과 고객 선호도를 분석하여 맞춤형 금융 상품을 개발할 수 있다. 이는 상품 기능 최적화를 포함하여 판매와 마케팅 전략을 강화할 수도 있다.
- 고객 세분화: 생성형 AI는 고객 데이터를 주기적으로 분석하여 타깃 마케팅 캠페인을 최적화하고, 개인화된 판매 전략을 수립한다.
- 고객 온보딩/인증: 생성형 AI는 고객 친화적인 인터페이스를 통해 신규 고객의 신속한 온보딩과 복잡한 인증 절차를 간소화하는 데 기여할 수 있다. 또한 고객 알기 제도 검사를 자동화함으로써 신속한 고객 등록과 복잡한 인증 절차를 간소화하는 데 기여한다.
- 거래 전략 및 실행: 생성형 AI는 고급 거래 알고리즘을 통해 시장에서의 거래 기회를 포착하고 실행하는 역할도 수행 가능하다. 이미 많은 스타트업이 이와 관련된 제품을 선보이고 있다. 이러한 활용 사례는 생성형 AI의 잠재력을 금융 분야에 효과적으로 적용하는 방법을 보여주며, 기존의 프로세스를 향상시키고 새로운 기회를 창출하는 데 중요한 역할을 할 것이라 기대된다.

구체적으로 어떻게 기존 업무를 향상시키고 새로운 가치를 만들지는 표 6-1을 참고하자.

표 6-1 금융에서의 생성형 AI 활용 예시

회사	분류	서비스	설명
골드만삭스	기업 및 투자 은행	코딩	개발자의 코딩을 지원하는 자체 ChatGPT 스타일의 인하우스in-house 도구 사용
JP모건 체이스			코드 추천 기능을 통해 소프트웨어 개발 프로세스를 용이하게 하는 Senatus라는 도구 사용
도이체 방크		데이터 분석 지원	구글의 AI 및 LLM을 대규모로 테스트해 재무 분석가에게 새로운 통찰력을 제공
블룸버그	금융 연구	고객 지원	블룸버그 데이터에 대해 교육받은 금융 전용 LLM 개발
Brex	핀테크	개인 자산 관리	ChatGPT 스타일 CFO 도구 개발. 기업 지출에 대한 통찰력을 제공하고 실시간으로 중요한 비즈니스 질문에 답변
Alaan			오픈 AI의 고급 AI 기술을 사용자 플랫폼에 통합하여 기업 지출에 대한 통찰력을 제공하고 실시간으로 중요한 비즈니스 질문에 답변
CLEO		고객 지원	은행 계좌에 연결돼 적시에 푸시 알림을 해주거나 재정에 대한 적극적인 조언과 정보를 고객에게 제공

표 6-1 금융에서의 생성형 AI 활용 예시(계속)

회사	분류	서비스	설명
Citadel LLC	헤지펀드	코딩	개발자가 더 나은 코드를 작성하고, 언어 번역에 소프트웨어를 지원하며 다양한 유형의 정보 분석을 자동화
모건 스탠리	자산 관리	재무 고문 지원	재무 고문이 MSWM 콘텐츠에서만 콘텐츠 및 데이터를 다량으로 질문하고 고려할 수 있도록 GPT-4 기능을 사용
		영업 및 마케팅	내부에서 구축된 'Next Best Action'이라는 생성형 AI 엔진을 사용해 재무 고문의 지침에 따라 고객 및 잠재 고객에게 적시에 맞춤 메시지를 제공
Klarna	핀테크	제품 추천	조언을 구하는 사용자에게 선별된 제품 추천을 통해 개인 맞춤형 쇼핑 경험 제공
TROVAT		고객 지원	금융 및 재무 질문에 대한 실시간 답변

이미 글로벌 금융사와 핀테크 업체에서는 제품 추천, 내부 개발자의 생산성 향상을 위한 코딩 지원, 고객 지원 등 다양한 분야에서 생성형 AI를 폭넓게 활용하기 시작했다. 특히 내부 생산성 향상을 위한 생성형 AI의 도입이 매우 적극적으로 이루어지고 있다는 점에 주목해야 한다. 최근 국내에서도 생성형 AI를 빠르게 도입하기 위한 규제 완화 정책이 다각도로 검토되고 있기 때문에, 이에 대한 준비를 철저히 해야 한다. 전통적인 금융 기업이나 핀테크 업체 외에 생성형 AI 애플리케이션을 제공하는 새로운 업체들도 계속해서 생겨나고 있으므로, 이들의 서비스를 주시해야 한다.

ACTIVE.ai는 대화형 금융 서비스를 현실로 만들어, 기업들이 그들의 가상 지능 어시스턴트를 쉽게 통합할 수 있도록 돕는다. LivePerson과 같은 업체는 고객과의 의미 있는 일대일 대화를 가능하게 하는 고도화된 AI 설루션을 제공한다. Boost.ai와 Streebo Inc는 은행을 위한 사용자 친화적인 고객 서비스 설루션을 제공하며, 고객 경험에 중점을 두고 있다. 이와 더불어, 금융 분석과 개인화된 투자 조언을 위해 FinChat.io나 TOGGLE과 같은 서비스들은 실시간 데이터 분석을 제공하여 고객들에게 깊이 있는 통찰력을 전달한다.

이러한 서비스들은 단순한 고객 지원을 넘어 기업이 보유한 데이터를 활용하여 규제 준수 보고서 생성과 같은 복잡한 작업을 수행할 수 있도록 지원한다. 이 모든 것은 금융 분야에서 생성형 AI의 힘을 활용하여, 고객 경험을 향상시키고, 신규 상품 개발을 가속화하며, 최신 시장 동향에 기반한 전략적 결정을 내리는 데 중요한 역할을 하고 있다. 변화하는 금융 환경에서 기업들은 새로운 기술을 통해 경쟁 우위를 확보하고, 미래에 대비해야 한다.

6.4 생성형 AI에 대한 오해와 진실

생성형 AI는 최근 몇 년간 주목받으며 다양한 분야에서 활발히 활용되고 있지만 몇 가지 오해가 존재한다. 이번 절에서는 오해와 진실을 다루고자 한다.[3]

6.4.1 생성형 AI 기술은 새롭다

많은 사람이 생성형 AI 기술이 최근에 개발된 것으로 생각하지만, 실제로는 그렇지 않다. 생성형 AI의 많은 응용은 새로울 수 있지만, 기술적 토대는 오랜 역사를 가지고 있다.

- 정보 검색 시스템: 정보 검색은 생성형 AI의 핵심이다. 정보 검색 시스템은 1920년대에 처음 설명되었다. 이는 검색 엔진과 추천 시스템의 기본이 된다.
- 벡터 검색: 벡터 검색 기술은 2010년대 초반부터 존재해왔다. 이를 통해 문서 간의 유사성을 효율적으로 찾을 수 있다.
- 언어 모델링: 언어 모델링은 1950년대에 처음 도입되었다. 이는 문장의 확률을 계산하는 기본적인 기술이다.
- 어텐션 메커니즘: 어텐션 메커니즘은 2015년에 도입되었다. 이는 문맥을 이해하고 중요한 정보를 강조하는 데 사용된다.
- 추론 최적화 기술: 양자화, 저랭크 팩토라이제이션low rank factorization, 지식 증류 등은 오랫동안 사용된 기술이다. 모델의 성능을 높이고 효율성을 증가시킨다.

이러한 기술들은 일시적인 해결책과는 달리 오랫동안 중요하게 남을 것이다. 중요한 것은 일시적인 해결책과 기본 기술을 구분하는 것이다.

6.4.2 기반 모델이 기존의 머신러닝을 완전히 대체할 것이다

많은 사람이 생성형 AI가 기존의 머신러닝을 완전히 대체할 것이라고 생각하지만, 실제로는 그렇지 않다. 대부분의 생성형 AI 응용은 여전히 기존의 머신러닝 구성 요소를 포함하고 있다. 정보 검색을 활용하는 것 외에도 30~50%의 응용은 다음과 같은 분류 구성 요소를 포함한다.

- 의도 분류: 쿼리의 의도를 예측하여 올바른 모델로 라우팅한다. 이를 통해 사용자는 더 적절한 결과를 얻을 수 있다.

---

3   이번 절은 칩 후옌의 블로그 글을 참고했다. https://huyenchip.com/blog/

- 점수 매기기: 각 출력을 1에서 5까지 점수로 평가한다. 이를 통해 모델의 출력을 더 정밀하게 조정할 수 있다.
- 다음 행동 예측: 모델이 여러 도구에 접근할 수 있는 경우, 다음에 사용할 도구를 예측한다. 이를 통해 작업의 효율성을 높일 수 있다.

기반 모델은 기존의 머신러닝을 대체하는 것이 아니라 함께 사용되어야 한다. 이러한 협업을 통해 더 나은 결과를 도출할 수 있다.

6.4.3 환각 현상 때문에 생성형 AI 응용이 불가능하다

모델이 환각을 일으키는 이유는 확률적이기 때문이다. 그러나 모델이 적절한 정보를 얻지 못할 때 환각 현상이 더 자주 발생한다. 여러 연구에 따르면, 모델에 적절한 맥락을 제공하거나 웹 검색과 같은 도구를 통해 모델이 맥락을 수집할 수 있도록 하면 환각 현상을 크게 줄일 수 있다. 이를 통해 모델은 더 정확한 답변을 제공할 수 있다. 환각 현상은 많은 응용에서 문제를 일으킬 수 있지만 충분히 억제하여 많은 응용에서 생성형 AI를 사용할 수 있다. 따라서 환각 현상은 완전히 피할 수는 없지만, 충분히 관리 가능하다.

6.4.4 생성형 AI가 모든 문제를 해결할 것이다

생성형 AI는 강력한 도구이지만, 모든 문제를 해결할 수 있는 만능 해결책은 아니다. 생성형 AI를 효과적으로 활용하려면 기존 기술과의 조화를 고려해야 한다. 예를 들어 생성형 AI는 텍스트 생성에 강점을 보이지만, 데이터 분석이나 예측 모델링 등에서는 기존의 머신러닝 기법이 여전히 중요한 역할을 한다. 또한, 생성형 AI의 성능은 데이터의 품질과 양에 크게 의존한다. 데이터가 부족하거나 품질이 낮으면 생성형 AI의 성능도 떨어질 수 있다. 따라서 데이터를 충분히 확보하고, 데이터의 품질을 관리하는 것이 중요하다. 이러한 점을 고려할 때 생성형 AI는 기존 기술과 협력하여 사용될 때 가장 큰 효과를 발휘할 수 있다.

새로운 기술이 나타나면 다양한 논의와 오해가 따라오기 마련이다. 3년 전만 해도 생성형 AI가 이렇게 주목받을 것이라고 예측한 사람은 많지 않았다. 중요한 사실은 이러한 한계가 있더라도 기술은 예상보다 빠르게 극복될 것이며, 기존의 기술들이 한순간에 무용지물이 되지는 않을 것이라는 점이다.

우리가 앞서 배운 전통적인 머신러닝이나 딥러닝 방법들이 순식간에 생성형 AI로 대체되지는 않는다. 오히려 이들 기술은 생성형 AI와 조화를 이루어 함께 발전할 것이다. 따라서 기본에 충실하면서도 새로운 트렌드를 따라가는 것이 중요하다. 이를 통해 우리는 더 나은 성과를 이루고, 빠르게 변화하는 기술 환경에서 살아남을 수 있을 것이다.

6.5 마무리

금융 산업에서 생성형 AI의 활용은 신속한 속도로 진화하고 있으며, 그 영향력은 점점 확대될 것이다. 우리가 상상할 수 있는 범위를 넘어, AI 기술은 지속적으로 새로운 가능성의 문을 열고 있다. 생성형 AI가 현재 뜨거운 주목을 받고 있으며 앞으로도 많은 기대를 모으고 있지만, 우리가 이전에 학습했던 기초적인 지식도 여전히 중요하다. 예를 들어 생성형 AI는 사기 탐지 및 방지에서 상세한 분석을 가능하게 하지만, 실시간 거래 승인 여부를 결정하는 데 직접 적용하기에는 아직 한계가 있다.

신용 평가도 마찬가지로, 생성형 AI기반의 애플리케이션을 도입함으로써 자동 심사 등 더욱 향상된 결과를 도출할 수 있겠지만, 심사를 위한 스코어 산출에서는 여전히 우리가 배운 신용 평가 모델이 그 역할을 담당할 것이다. 각 기업은 생성형 AI 도입 시 발생할 수 있는 트레이드오프를 잘 이해하고, 간단한 도구로 해결할 수 있는 문제에 대해서는 가장 효율적이고 경제적인 방법을 선택하는 것이 최선일 것이다.

생성형 AI의 미래가 밝고 비용 효율적이라 할지라도, 기술적 진보는 항상 우리가 직면한 실질적인 문제를 해결하는 데 중점을 두어야 한다. 금융 기업들은 새로운 기술을 실험하고 채택하는 데 있어 신중해야 하며, 혁신을 추구하는 동시에 신뢰성과 안정성을 유지하는 미묘한 균형을 찾아야 할 것이다.